NEY CAVALCANTE

COBIÇADO

POR EMPRESAS E POR HEADHUNTERS

ALTA BOOKS
E D I T O R A

Rio de Janeiro, 2021

Cobiçado por Empresas e por Headhunters

Copyright © 2021 da Starlin Alta Editora e Consultoria Eireli.
ISBN: 978-65-5520-558-9

Todos os direitos estão reservados e protegidos por Lei. Nenhuma parte deste livro, sem autorização prévia por escrito da editora, poderá ser reproduzida ou transmitida. A violação dos Direitos Autorais é crime estabelecido na Lei nº 9.610/98 e com punição de acordo com o artigo 184 do Código Penal.

A editora não se responsabiliza pelo conteúdo da obra, formulada exclusivamente pelo(s) autor(es).

Marcas Registradas: Todos os termos mencionados e reconhecidos como Marca Registrada e/ou Comercial são de responsabilidade de seus proprietários. A editora informa não estar associada a nenhum produto e/ou fornecedor apresentado no livro.

Impresso no Brasil — 1ª Edição, 2021 — Edição revisada conforme o Acordo Ortográfico da Língua Portuguesa de 2009.

Erratas e arquivos de apoio: No site da editora relatamos, com a devida correção, qualquer erro encontrado em nossos livros, bem como disponibilizamos arquivos de apoio se aplicáveis à obra em questão.
Acesse o site www.altabooks.com.br e procure pelo título do livro desejado para ter acesso às erratas, aos arquivos de apoio e/ou a outros conteúdos aplicáveis à obra.

Suporte Técnico: A obra é comercializada na forma em que está, sem direito a suporte técnico ou orientação pessoal/exclusiva ao leitor.

A editora não se responsabiliza pela manutenção, atualização e idioma dos sites referidos pelos autores nesta obra.

Dados Internacionais de Catalogação na Publicação (CIP) de acordo com ISBD

C376c	Cavalcante, Ney
	Cobiçado por empresas e por headhunters / Ney Cavalcante. - Rio de Janeiro, RJ : Alta Books, 2021.
	416 p. ; 16cm x 23cm.
	Inclui índice e bibliografia.
	ISBN: 978-65-5520-558-9
	1. Carreira profissional. 2. Desempenho. 3. Planejamento. I. Título.
	CDD 658.5
2021-2858	CDU 658.5

Elaborado por Odilio Hilario Moreira Junior - CRB-8/9949

Rua Viúva Cláudio, 291 — Bairro Industrial do Jacaré
CEP: 20.970-031 — Rio de Janeiro (RJ)
Tels.: (21) 3278-8069 / 3278-8419
www.altabooks.com.br — altabooks@altabooks.com.br

Produção Editorial
Editora Alta Books

Gerência Comercial
Daniele Fonseca

Editor de Aquisição
José Rugeri
acquisition@altabooks.com.br

Produtores Editoriais
Illysabelle Trajano
Maria de Lourdes Borges
Thales Silva
Thiê Alves

Marketing Editorial
Livia Carvalho
Gabriela Carvalho
Thiago Brito
marketing@altabooks.com.br

Equipe de Design
Larissa Lima
Marcelli Ferreira
Paulo Gomes

Diretor Editorial
Anderson Vieira

Coordenação Financeira
Solange Souza

Assistente Editorial
Luana Goulart

Equipe Ass. Editorial
Brenda Rodrigues
Caroline David
Luana Rodrigues
Mariana Portugal
Raquel Porto

Equipe Comercial
Adriana Baricelli
Daiana Costa
Fillipe Amorim
Kaique Luiz
Victor Hugo Morais
Viviane Paiva

Atuaram na edição desta obra:

Revisão Gramatical
Carolina Ponciano
Kamila Wozniak

Diagramação
Rita Motta

Capa
Rita Motta

Ouvidoria: ouvidoria@altabooks.com.br

Editora afiliada à:

AGRADECIMENTOS

Gosto de falar que trabalho há mais de 35 anos apoiando profissionais que estão em transição de carreira. Durante esse tempo, tenho tido oportunidade de apoiar alguns milhares de profissionais de variadas posições e níveis. Tive a chance de compartilhar diferentes experiências, o que contribuiu para meu crescimento intelectual, espiritual e profissional. Agora, mais uma vez estou dividindo com você histórias vivenciadas por clientes que estavam em busca de evolução nas suas carreiras. Agradeço a eles pela confiança em mim depositada. Este livro é o veículo para retribuir um pouco do muito que tenho recebido.

Minha gratidão também a **Editora Alta Books** por acolher e apoiar mais este trabalho, em especial ao Anderson Vieira, Gerente Editorial, a Luana Goulart e toda sua equipe.

Matheus Cavalcante, meu querido filho, a sua colaboração, estímulo e apoio foi de grande valia para a conclusão deste trabalho, meu reconhecimento.

Sou grato ao meu primo **Francisco Cavalcante** e ao meu amigo **Douglas Capocecera** pela valiosa contribuição e correções na realização deste trabalho.

Rita, agradeço por seu apoio incansável, paciência, força, intensa participação, observações precisas, trabalho e muito amor.

Desejo a todos nós muita saúde e energia positiva para que possamos enfrentar e superar os desafios que vieram com a pandemia do "Corona Vírus".

SUMÁRIO

APRESENTAÇÃO 9

INTRODUÇÃO 13

PARTE 1   O TESOURO ESTÁ NO TOPO DA PIRÂMIDE 21

PARTE 2   SUBINDO OS DEGRAUS DA PIRÂMIDE 33

PARTE 3   A SUBIDA É PURA DIVERSÃO 55

PARTE 4   VIRTUDES FAZEM DE VOCÊ UMA PESSOA DIFERENTE 83

PARTE 5   VOCÊ PODE TER TUDO QUE QUISER! 107

PARTE 6   SURPREENDA O SELECIONADOR — SEU DIFERENCIAL! 129

PARTE 7   TIRE BOM PROVEITO DE CADA CICLO DA SUA VIDA 149

PARTE 8   SEJA CONHECIDO COMO UM PROFISSIONAL DE VALOR 167

PARTE 9   SEU FUTURO COMEÇA AGORA! 187

PARTE 10   ENTREVISTA 201

PARTE 11	NEGOCIAÇÃO	249
PARTE 12	LINKEDIN	287
PARTE 13	IDADE AVANÇADA	309
PARTE 14	A ERA DO CONHECIMENTO	343
PARTE 15	PARA QUEM VOCÊ TRABALHA?	363
PARTE 16	QUAL O FUTURO DA SUA PROFISSÃO?	391

CONCLUSÃO E RESUMO — FUI ADMITIDO! QUE ALEGRIA! 403

BIBLIOGRAFIA 407

ÍNDICE REMISSIVO 409

APRESENTAÇÃO

> *"Um passo à frente, e você não está mais no mesmo lugar."*
> Chico Science 1966/97 — cantor e compositor pernambucano.

❖ 2020 FOI UM DIVISOR DE ÁGUAS?

Em busca de evolução, a humanidade vem aumentando suas passadas de forma vertiginosa. No cinema e na televisão vimos produções com intenção de provocar forte impacto. Os títulos já diziam o que veríamos, tais como CONTÁGIO, EPIDEMIA, EXTERMÍNIO, dentre outros. Encontramos também algumas produções que abordavam o tema, mas com chamadas menos evidentes, como: *Sentidos do Amor*; *Guerra Mundial Z*, com Brad Pitt; *Eu Sou a Lenda*, com Will Smith; fora ainda os menos famosos.

Em 2020, algumas das coisas que eram apenas ficção tornaram-se realidade e a partir daí, todos passaram a dizer que o mundo "virou de cabeça pra baixo". Mal sabemos, com toda a certeza, que nós ainda vamos ver muitas mudanças radicais nos próximos anos.

Futurólogos, com facilidade, discorrem sobre tendências e imaginam como a vida das pessoas poderá ficar diferente. Eu lhe pergunto, consegue imaginar as transformações que ocorrerão no relacionamento entre pessoas no ambiente profissional? — Com certeza teremos fortes mudanças de forma acelerada no campo da tecnologia. Veremos avanços na automação e produção industrial. O mesmo ocorrerá na área da saúde, na agricultura, no processamento de alimentos, viagens espaciais e no relacionamento entre pessoas, não apenas dentro das empresas. Também existe a previsão de que o dinheiro físico desaparecerá em breve. Muitas lojas comerciais de rua ou de shopping serão substituídas pelo comércio virtual. O que ocorrerá, de fato, nos próximos anos? É uma grande interrogação.

Será que viveremos em um paraíso? Quem continuar vivo até lá verá. Nem mesmo Aldous Huxley conseguiu imaginar tudo isso em seu livro *Admirável Mundo Novo*, escrito em 1931.

Temos visto que os engenheiros e cientistas estão trabalhando para que consigamos meios de transporte mais seguros e menos poluentes. Os carros elétricos autônomos já são uma realidade. Imagino que em breve nosso espaço aéreo estará congestionado por drones que transportarão até mesmo pessoas: o que antes parecia apenas algo para um futuro longínquo, de repente, tornou-se presente. É o que está acontecendo com o trabalho feito a distância, fora da empresa, na sua própria casa (*home office*).

A atitude audaciosa das startups, que era vista com reserva pelas empresas tradicionais, não é mais. A mudança foi provocada por necessidades que inesperadamente surgiram. Surgiram alternativas.

As repentinas mudanças estão influenciando inclusive o nosso vocabulário, e pessoas comuns ainda ficam sem entender o que os especialistas estão dizendo. Exemplos de expressões usadas principalmente por profissionais de TI: Edge Computing, Estratégia Multicloud Híbrida, Blockchain, Bitcoin, QR Codes, Transformação Digital e Organizacional, Rede Neural Artificial, Nanotecnologia... E também: inteligência artificial, disrupção, nuvem, inovação. Para quem não está envolvido com esses assuntos, essas palavras são difíceis de serem assimiladas e entendidas.

As empresas implantaram novas formas mais flexíveis e dinâmicas para que o trabalho feito a distância continue sendo desenvolvido com eficiência e eficácia. Os gestores perceberam que a liderança precisa ser desenvolvida com menos burocracia, com mais confiança e menos controle. Para que bons resultados continuem surgindo, a comunicação via internet precisa estar mais fluida, rápida e regular. As reuniões estão sendo feitas remotamente, com gestão a distância. A forma de relacionamento das empresas mudou muito, tanto com seus clientes, como com colaboradores e parceiros. Novos produtos e serviços continuarão surgindo de forma acelerada.

Tem muito mais para ser escrito, mas vou deixar para você ouvir a futuróloga e mestra Lidia Zuin. Você vai encontrá-la no LinkedIn e no YouTube.

Estou lembrando de um velho ditado apropriado para o momento presente, "o futuro a Deus pertence". Vamos ver o que mais surgirá para nos surpreender. O ano de 2020 provocou a necessidade de pegar o mapa de navegação e corrigir o rumo da nossa nave. Aonde vamos chegar? Precisamos lembrar: "barco sem leme, qualquer vento é contra."

Winston Churchill

Este não é o fim, nem é o começo do fim, mas é, talvez, o fim do começo de uma nova era.

❖ O LIVRO

Este livro pretende fornecer apoio para várias camadas profissionais — Você vai ver a palavra "executivo" muitas vezes. Na realidade, essa obra foi elaborada pensando não apenas em quem está no auge da carreira, mas também em quem está no meio da subida. Do mesmo modo, foi lembrado quem está na base, no início da escalada, assim como o profissional que já cumpriu com sua missão, mas que quer continuar contribuindo com sua experiência e seu trabalho.

Todos encontrarão interessantes e estimulantes dicas para o desenvolvimento de sua vida no mundo corporativo. Os mais experientes em situações já vivenciadas e imagino que até vão se divertir com alguns relatos. É um livro dirigido a quem quer progredir profissionalmente e quer descobrir alternativas.

Há muitos anos vejo empresas com dificuldade para encontrar bons profissionais e preencher posições de liderança. Em contraposição também tenho encontrado executivos competentes, que quando estão em transição de carreira, têm muita dificuldade para se recolocarem.

Progredir na sua carreira profissional é uma ambição saudável e necessária. Todo nosso universo evolui e naturalmente você também quer continuar melhorando e progredindo, esse é o seu destino. Escolher uma profissão interessante em que você se sinta motivado a dar o melhor de si é importante, mas não é suficiente. Esperar que seu chefe reconheça o seu valor e que a empresa lhe dê oportunidades e promoções espontaneamente é sonhar fora da realidade corporativa. É você quem tem que fazer por onde. Sugiro ler e estudar sobre liderança, técnicas de negociação, marketing pessoal e desenvolvimento de networking. Quando você lê a biografia de um jovem que "veio do zero" e é visto como um líder que atingiu a presidência de uma grande empresa, tenha certeza de que houve planejamento, ação, trabalho, erros, acertos e muito mais. Os invejosos diriam que foi sorte, pode ser, mas ela só aparece para quem a procura.

Planejamento de carreira profissional deve começar até mesmo antes de a pessoa ingressar na vida universitária. — Projeto de vida é o que você precisa fazer! — Isso não foi feito? Quer começar agora? Então inicie analisando e escrevendo sobre o seu momento atual. Na sua trajetória de vida onde você está? O que foi feito para chegar até este momento? Pense com detalhes, aonde quer chegar? Qual seu objetivo final? Em quanto tempo? O que você ganhará quando chegar lá? Descubra quais habilidades e novas competências precisam ser adquiridas. Enfim, estabeleça metas bem definidas e determine que ações precisam ser desenvolvidas. Coloque no papel, registre.

Quem poderá lhe ajudar a atingir seus objetivos? Familiares, parentes, verdadeiros amigos, professores, antigos colegas ou chefes. Quando você se comunica de forma positiva, eles compreenderão qual é seu propósito, quais são suas metas e desafios, e com apoio deles ficará mais fácil chegar aonde você quer.

O primeiro livro que escrevi sobre esse assunto foi publicado em 1983. O mundo tem presenciado fortes transformações em todos os campos, por essa razão, de lá para cá continuo escrevendo sobre meu assunto preferido, registrando mudanças e me atualizando, além de confirmar a validade de alguns antigos conceitos e pontos de vista.

Caro amigo, mantenha contato comigo. Coloco-me a sua disposição para troca de ideias, esclarecimentos, orientação, contato pessoal ou apoio de forma efetiva. Terei prazer de receber seu relato contando um caso de sucesso ou não. Participe da "corrente do bem" e compartilhe seu conhecimento com outros profissionais. Na minha página do LinkedIn, você encontrará meus dados atualizados assim como meu endereço de e-mail e meu número de celular. Aceito sugestões, eu sei que apesar deste livro ter sido relido e revisado algumas vezes ele continuará necessitando de correções.

"Não tente deixar perfeito. Em vez disso, deixe interessante!" Encontrei no livro do **Haemin Sunim**, *As coisas que você só vê quando desacelera* da editora Sextante (presente do meu grande amigo Douglas Capocecera).

INTRODUÇÃO

A tecnologia está realizando e atingindo níveis inimagináveis em todos os campos, inclusive no meu (RH). Fico impressionado com a área da saúde. Nela tem havido avanço positivo com grandes descobertas e criação de novos medicamentos, além de processos para diagnósticos computadorizados com extraordinária precisão prevendo surgimento doenças que ainda não se manifestaram. É assustador quando vemos aparecer novas doenças e ameaça de epidemia ou reaparecimento de algumas que eram tidas como "erradicadas".

❖ ENVELHECER SEM ADOECER

Dr. Paulo Niemeyer Filho é considerado um dos mais importantes neurocirurgiões do mundo. Encontrei uma entrevista que ele concedeu à Revista *PODER* (10/fev/2012). Nela eu confirmei a minha observação de como estamos melhorando. Ela pode ser lida por inteiro no Google. Selecionei alguns trechos:

PODER: — Você acha que a vida moderna atrapalha?

PN: — Não, eu acho a vida moderna uma maravilha. A vida na Idade Média era um horror. As pessoas morriam de doenças que hoje são banais de ser tratadas. O sofrimento era muito maior. As pessoas morriam em casa com dor. Hoje existem remédios fortíssimos, ninguém mais tem dor.

PODER: — Você acha que nós somos a última geração que vai envelhecer?

PN: — Acho que vamos morrer igual, mas vamos envelhecer menos. As pessoas irão bem até morrer. É isso que a gente espera.

> Ninguém quer a decadência da velhice. Se você puder ir bem de saúde, de aspecto, até o dia da morte, será uma maravilha, não é?

Fonte: http://saudepreventivaemharmonia.blogspot.com/2012/01/entrevista-com-dr-paulo-niemeyer-filho.html

Como se pode ver, o homem está vivendo cada vez mais e tudo indica que em breve não haverá mais doenças e os anos passarão sem ninguém envelhecer. Continuaremos jovens e vigorosos por muito mais tempo. Nossa vida produtiva será mais bem aproveitada. Até pouco tempo, quem chegasse aos 40 já não tinha mais oportunidade de emprego. Dizem que hoje o limite são os 50 ou 60 anos de idade. "Amanhã" deveremos chegar aos 70 ou 90. Depois nem consigo imaginar. Cientistas com tecnologia avançada entraram em ritmo de moto-contínuo buscando superar os desafios do próximo nível. O futuro não tem limite.

O ritmo das transformações está cada vez mais acelerado. Grandes empresas multinacionais desapareceram. Novas startups surgem e se tornam poderosas, assim como profissões estão sendo substituídas por novas para atender a demanda do mercado. A ciência e a tecnologia apresentam novidades a cada dia.

❖ MULHERES VENCEDORAS

O mesmo ocorre no campo social. As mulheres estão ocupando cada vez mais espaço, estão mostrando seu valor e conquistando respeito cada vez maior. Estão trabalhando e fortalecendo grandes empresas. O número de mulheres atingindo posições de alta liderança nas empresas e na política aumenta todos os anos. As universidades estão "lotadas" dessas jovens estudantes.

Elas se libertaram das amarras e investiram no desenvolvimento profissional e no empreendedorismo. Como consequência, precisam se desdobrar para continuar cuidando da família e da sua nova vida profissional. Ao mesmo tempo, os homens tomam consciência de que o trabalho doméstico precisa ser compartilhado para que ninguém fique sobrecarregado. O mundo está evoluindo.

Muitas dessas mulheres dependem de outras pessoas para cuidar dos seus próprios filhos. Hoje existe uma atenção maior com a educação e um novo estilo de cuidar das crianças. Imaginávamos que o fato de homem e mulher saírem para trabalhar provocaria um distanciamento entre pais e filhos. Na realidade, está acontecendo o contrário, pois todo o tempo livre deles deve ser usado para o lazer da família. Essas oportunidades de convívio familiar devem ser muito mais bem aproveitadas fazendo com que todos fiquem mais unidos. Precisamos apenas estar atentos para que o celular e o computador não interfiram de forma negativa no relacionamento familiar. Existem países, como a Coreia do Sul, que está preocupada com o "vício" no uso de celular e outras tecnologias. Tenho certeza de que em breve surgirão outros equipamentos que substituirão os atuais.

Há alguns anos, quando uma mulher se destacava por algum feito, era um verdadeiro espanto. Hoje nós vemos notícias positivas sobre elas todos os dias. Recomendo digitar no Google "Mulheres Poderosas" ou então "Mulheres Empreendedoras e Inspiradoras" e "Mulheres Investidoras Anjo". É maravilhoso ver como o mundo ficou melhor. Mas se colocarmos o foco apenas no **Brasil,** podemos ver em nossa história recente, quais as lideranças femininas que vêm se destacando no esporte, na política, na saúde, educação, na arte, moda, no mundo corporativo.

Apenas para citar alguns nomes de pessoas que aparecem na mídia com certa frequência: Marta, nossa supercampeã de futebol; Gisele Bündchen, modelo mundialmente famosa; Luiza Helena Trajano, vitoriosa e influente empresária; Vanessa Brandão, Diretora de Marketing na Heineken; Claudia Meirelles, Diretora de Recursos Humanos Itaúsa; Viveka Kaitila, Presidente & CEO GE Brasil; Tania Cosentino, General Manager Microsoft Brasil; Rachel O. Maia, CEO La Cost; Mayana Zatz, Professora titular de genética na USP; Cristina Palmaka, Presidente da SAP, grande mestra em TI; Beatriz Sairafi, Diretora de RH da Accenture; Nara Vaz Guimarães, CEO da Plural Sales; Flavia Maria Bitencourt, CEO da Adidas; Ana Fontes, fundadora do Mulheres Investidoras, dentre outras. A lista é imensa!
— Nosso padrão de vida melhorou muito.

Muitas pessoas não concordam comigo. Recomendo ver o filme *A Fita Branca*, superpremiado dirigido por **Michael Haneke**, austríaco. A história mostra uma aldeia no norte da Alemanha em 1913. As pessoas, principalmente crianças e mulheres, viviam sob o autoritarismo, violência, punição severa, preconceito declarado, intolerância e falta de humanidade. Lembro-me que meus pais contavam histórias de como os professores puniam alunos que tinha dificuldade para aprender: ajoelhar sobre o milho ou apanhar de palmatória. Felizmente, quando nasci, os professores já não faziam isso, mas se existisse, provavelmente eu seria um frequente "cliente" da palmatória.

O mundo melhorou muito. Quando eu era jovem, andar de avião era um privilégio para poucos. Agora viajar para outros países é algo que qualquer pessoa pode fazer todos os anos em suas férias. Ter um automóvel era coisa de rico, hoje o carro "zero" é coisa comum. O mundo continuará melhorando.

Os conceitos de liderança estão sendo revistos, novos líderes mundiais estão surgindo. Temos visto mudanças radicais na economia e na política internacional, as fronteiras entre países estão em transformação com grandes ondas de migração. Problemas graves com o crescimento demográfico estão trazendo consigo preocupações com produção de alimentos, água e consequente aumento na produção de lixo. A preocupação com "planejamento familiar" aumenta cada vez mais.

Bem, se eu for escrever aqui como era antes e como é bom hoje, com certeza, teremos muito assunto, você vai ficar entediado. Então, vamos parar com essa reflexão e falar do nosso ponto principal: *"O mais difícil não é escrever muito, é dizer tudo escrevendo pouco"* — Júlio Dantas.

❖ QUAL A MOTIVAÇÃO PARA VOCÊ LER ESTE LIVRO?

Ainda está trabalhando, mas percebeu que está "marcando passo"? Quer ser promovido, mas não sabe o que fazer para atingir seu objetivo? Está vendo seu colega sendo promovido e você preterido? Está ganhando pouco e sabe que merece ganhar mais? Você quer estar tranquilo e seguro com relação ao seu futuro, mas sua empresa vai de mal a pior. O que fazer? Está perto de se aposentar, mas não quer ficar parado? Está pensando em trabalhar por conta própria? Como usar o presente para ter um futuro feliz e tranquilo? Perdeu o emprego?

Aqui está o livro que poderá lhe responder de forma construtiva essas perguntas.

"Você só pode ajudar a quem quer ser ajudado" — Se estiver lendo este livro já é um ótimo indício, pois mostra que está consciente de que existe necessidade de desenvolver estratégias para superar obstáculos. Quando você recebe apoio de quem conhece o "caminho das pedras", os desafios vão sendo resolvidos gradativamente.

Tenho certeza de que você já leu um pouco da minha história e sabe que estou trabalhando como apoiador na transição de carreira há muitos anos — mais de 35. Tenho apoiado alguns milhares de profissionais de diferentes formações e níveis organizacionais, jovens e principalmente aqueles mais experientes. É raro encontrar alguém que tenha feito um consciente plano de carreira.

Grande parte das pessoas, quando consegue o tão almejado emprego, se deixa levar pelo conforto e fica esperando que um dia seja promovido, mas não faz muita coisa para que isto ocorra. Ou então, fica torcendo para que nada de ruim aconteça com a empresa e que o mercado não tenha bruscas oscilações. Quando acontece um infortúnio sai correndo atrás do prejuízo, sem saber ao certo o que fazer. Faz planejamento estratégico na empresa, mas é incapaz de fazer isso com sua própria vida. A explicação é o "envolvimento emocional" ou talvez a acomodação.

Eu sugiro seis temas que devem ter sua atenção e que contribuirão para seu desenvolvimento: Idioma Inglês, Técnicas de Negociação, Marketing Pessoal, TI, Liderança e Quociente Emocional. Estude esses assuntos com profundidade e frequência.

Encontrei no Google: "O quociente emocional e a sua relação com a liderança. Um líder bem-sucedido é aquele que possui um alto quociente emocional. Isso porque ele consegue compreender os seus liderados e incentivá-los. É importante lembrar que as nossas emoções afetam todas as áreas da nossa vida, inclusive a profissional."

Ralph Nader, advogado e político norte-americano: "A função da liderança é produzir mais líderes, não mais seguidores."

Abílio Diniz pratica o que fala: "Eu tenho um estilo de liderança bastante exigente, busco resultados, mas sempre coloco em primeiro lugar meus liderados. Um bom líder precisa ser humano e ter um olhar cuidadoso para as pessoas do seu time. O trabalho não pode ser um sacrifício para ninguém. O que busco da minha gente, como gosto de falar, é garra, determinação, vontade de realizar coisas e crescer." Ele completa, "um líder sabe diferenciar determinação e sacrifícios".

❖ FILMES RECOMENDADOS

Divirta-se e aprenda assistindo a filmes que inspirem liderança e atitude positiva diante dos desafios da vida como **O Patriota**, **Coração Valente** e **Fomos Heróis** com Mel Gibson. Assista ao filme com Will Smith e seu filho **À Procura da Felicidade**. Se quiser aprender um pouco mais sobre negociação, veja: **O Abutre** com Jake Gyllenhaal. Com Denzel Washington, também **Um Ato de Coragem** analisando o extremo de uma negociação e a diferença entre preço (a vida do pai) e valor (a vida do filho). Recomendo **Um Senhor Estagiário** com Robert De Niro e observe como ele planeja a entrevista e como a experiência de um executivo aposentado pode agregar valor ao empreendimento de jovens.

Em resumo, assista a histórias reais que mostram pessoas que enfrentaram situações com desafios extremos, mas que foram corajosamente superados como em **127 Horas** e também **Vidas à Deriva**. Veja **Radioactive** com Rosamund Pike, sobre a vida de Marie Curie e seu marido Pierre (vencedores do Prêmio Nobel).

Na Netflix, recomendo uma análise sobre planejamento estratégico, negociação e liderança ao assistir ou rever, pelo menos, a primeira temporada da série **La Casa de Papel**. Vale conferir também, *Em Busca de Sentido*, livro escrito por **Viktor Frankl**. *Consiga o que Você Quer*, escrito por **Stuart Diamond** sobre técnicas de negociação.

Aviso: casos citados servem como exemplo ilustrativo. Por ética os nomes das pessoas foram trocados.

❖ DEPOIMENTOS ESPONTÂNEOS

"Olá, Sr. Ney, meu nome é Claudio.

Uma amiga me sugeriu a leitura do seu livro. Que surpresa gratificante.

Há tempos não encontrava alguém que expressasse uma visão com tanta serenidade, clareza e sem extremismos. Com sinceridade, após ter lido alguns artigos e assistido a muitos vídeos no YouTube sobre recolocação nos últimos meses, afirmo que agora estou com visão mais positiva.

Como engenheiro sempre atuando em área técnica e acostumado a "sopa de letrinhas" tão recorrente aos profissionais da área diria que seu livro atingiu o objetivo. Digo que a cada exemplo ou comentário seu, no mesmo instante me fazia recordar de alguma experiência semelhante.

Declaro que seu livro contribuiu para o meu momento e já comecei a pôr em prática parte de suas orientações. Certamente agregarão em meu currículo. Mesmo que apenas leia este e-mail, fica aqui o registro de minha admiração e reconhecimento pela ajuda em potencial. Ficaria feliz se pudesse participar de um workshop e mais ainda se puder conhecê-lo pessoalmente. Com direito a autógrafo no livro."

"Olá, Ney, boa tarde! Espero que esteja bem. Agradeço por sua atenção e profissionalismo, em todas as vezes que me recebeu, além de todo direcionamento realizado em nossos encontros e mensagens enviadas.

Parabéns por seu belo trabalho!

Um grande abraço, Bruno Gomes Soares."

O TESOURO ESTÁ NO TOPO DA PIRÂMIDE

1

❖ PLANEJAMENTO DE CARREIRA PROFISSIONAL

Há mais de 35 anos entrevisto muitos executivos que estão mudando de emprego ou se aposentando. Falar bem de um amigo e enaltecer as virtudes dele, competências e habilidades é fácil. Mas falar bem de você mesmo e das suas próprias qualidades pode passar uma ideia de vaidade, falta de profundidade, falsidade, autopromoção e ninguém quer correr esse risco.

Quando você quer conseguir uma promoção na empresa ou está pensado em procurar um novo emprego, necessitará fazer um planejamento de como será conduzido o processo. É como se você estivesse diante de um tabuleiro de xadrez imaginando quais suas jogadas devem ser feitas com antecedência e quais as do outro para que consiga dar o xeque-mate.

Para vender imagem boa e positiva para o selecionador da empresa ou ao *Headhunter*, você precisa de planejamento, preparação técnica, ensaio, estudo e apoio de alguém que realmente conheça o assunto e que tenha comprovada e larga experiência profissional. Tem que ser alguém que não esteja envolvido emocionalmente com você, pois eventualmente você terá que ouvir o que não gostaria durante uma análise crítica sobre suas colocações ou atitudes. Só uma pessoa isenta pode lhe dar um feedback honesto.

Todos os executivos que entrevisto imaginam que eles têm CV e entrevista imbatíveis. E por causa disso, não conseguem entender o real motivo pelo qual estão tendo dificuldades. Eles imaginam que estão desempregados há muitos meses por causa de uma crise divulgada pela imprensa, o que provoca elevado número de pessoas procurando emprego. Ou então é por falta de sorte. Alguns desses candidatos dizem que sua dificuldade é por causa de entrevistadores incompetentes. Dificilmente admitem que precisam de um acompanhamento. É mais fácil e confortável transferir a responsabilidade para outros fatores que estejam distantes deles e que estão fora da sua ingerência e controle. De certa forma, aquelas justificativas aliviam sua responsabilidade e para a família é uma ideia mais fácil de vender.

Alguns desses executivos foram agraciados pela ex-empresa com um programa de *outplacement*. Isso talvez tenha ocorrido há dois, três anos ou mais e por essa razão, imaginam que sabem tudo sobre o assunto. A verdade é que neste espaço de tempo as experiências e as estratégias necessárias que usaram naquela época, já estão bem esquecidas, além disso, o momento que o mercado de trabalho está vivendo é outro, pois muita coisa mudou e por essa razão, é necessário atualização. Esse profissional nem ao menos se lembra de pegar os apontamentos que fez na última vez que procurou emprego, ele confia cegamente na sua memória. Acha que não precisa de ajuda.

Quando se desligou da empresa pensou: "vou aproveitar as primeiras semanas para descansar e esfriar a cabeça." Dessa forma, ele decide sair para passear com a família, ou então vai resolver algumas pendências, ou reformar a casa do sítio. E assim, as semanas vão passando rapidamente e ele não percebe que já perdeu um, dois meses ou muito mais.

❖ CÍRCULO VIRTUOSO

Sem pensar direito, ele vai pegando o dinheiro da indenização para pagar as contas que continuam chegando. A reserva vai diminuindo gradativamente mês a mês. Até que a ficha cai e o desespero toma conta. A primeira coisa que faz é procurar um site com formulários de currículo ou então paga a alguém para fazer isso por ele — aí está o primeiro erro. Nada acontece. O prejuízo aumenta. O risco de ele se deixar levar pela ansiedade e pelo pessimismo é muito grande. — O que pode ser feito para não entrar em um "círculo vicioso"? O que pode ser feito para reverter a situação e passar para um "círculo virtuoso"? É um dos pontos que vamos debater neste livro.

❖ EMPREGABILIDADE E INDISPENSABILIDADE

Empregabilidade — esse termo que vem do inglês *Employability*, significa "o conjunto de conhecimentos, habilidades, comportamentos e talentos que tornam o profissional importante para qualquer empresa". Essas características transcendem as empresas e atendem às necessidades do mercado de uma forma geral. Portanto, empregabilidade é a condição para que o profissional apresente ou deva apresentar para se adequar às novas exigências do mercado.

Ter empregabilidade é de extrema importância para o profissional, graças à concorrência empresarial, aos avanços tecnológicos e globalização dentre outros fatores. Vivemos nesse panorama no qual o mercado está cada vez mais exigente e busca profissionais cada vez mais competentes, atualizados, qualificados e preparados para atuar em qualquer empresa nacional ou multinacional. Você precisa ter essa condição de "empregável" dentro de um planejamento de evolução na sua carreira profissional.

O que tem feito para se tornar "empregável e indispensável"? Tem investido no seu desenvolvimento? Quando foi e qual o último curso que fez e que foi pago por você mesmo? Tem se atualizado em TI? Tem estudado sobre liderança, técnicas de comunicação e de negociação? Tem evoluído na sua comunicação no idioma inglês? Tem registrado em seu computador os grandes resultados que conseguiu para sua empresa? Preparou líderes para substituí-lo? Quando foi sua última promoção? Espera sua próxima para quando? Quantos elogios, recomendações, prêmios, troféus recebeu nos últimos anos? O que tem feito em benefício do seu marketing profissional e pessoal? Sua página no LinkedIn está atualizada?

❖ PROFISSÕES QUE DESAPARECERAM NO SÉCULO PASSADO

Com a mudança do cenário muita gente precisou buscar outro tipo de trabalho para manter sua empregabilidade. Neste século que estamos vivendo, o ritmo de mudança está mais frenético e muito mais profundo. Com o acelerado progresso da tecnologia várias profissões desaparecerão radicalmente. Se você quiser manter sua empregabilidade tenha visão de futuro e comece imediatamente um programa de desenvolvimento profissional, de preferência com um viés tecnológico.

Com a "quarta revolução industrial", começaram a surgir as empresas 4.0. Está havendo profundas mudanças no mundo corporativo e nos modelos de negócios. Até na saúde o diagnóstico de doenças ficou mais preciso. Vemos transformações na educação, nos transportes, energia, novas perspectivas nas viagens espaciais, no mercado de capitais e na política entre os países. Consequentemente está ocorrendo o mesmo na nossa vida profissional e pessoal.

Os edifícios em São Paulo estão sendo construídos sem garagem para automóveis, pois os urbanistas apostam na melhoria do transporte urbano, acompanhando uma tendência mundial. São mudanças que até bem pouco tempo seriam difíceis de imaginar. Você já viu o que está sendo feito com a inteligência artificial?

Para não ficar para trás e conseguir manter sua empregabilidade e indispensabilidade, você vai ter que investir na sua atualização permanente com visão de futuro. Voltarei a esse assunto mais à frente no capítulo onde escrevi sobre "Empresas que Desapareceram".

❖ AUTOAVALIAÇÃO

Quando o profissional se acomoda e fica dependendo da avaliação do chefe, a tendência é ficar "marcando passo" ou então, é só esperar pela demissão. Tome iniciativa e faça uma autoanálise sincera e honesta para decidir se continua como está ou se há necessidade de fazer algo novo e diferente. Não precisa ser um navegador para saber que o comandante de um veleiro, mesmo com todos os recursos tecnológicos, regularmente verifica seus instrumentos e faz correções necessárias no rumo do seu barco. O mesmo deve ocorrer com sua vida profissional. Regularmente faça uma autoavaliação e corrija o curso que está seguindo quando houver necessidade.

Faça perguntas a você mesmo e tire suas conclusões diante das suas respostas: a minha trajetória profissional é interessante e é capaz de despertar interesse nos selecionadores de empresas e de *Headhunters*? As minhas qualificações e especializações são interessantes a ponto de me diferenciar dos meus concorrentes? Se eu tivesse uma empresa e precisasse contratar um profissional competente para a minha posição, eu me contrataria ou preferia alguém mais qualificado?

A pessoa que reclama do governo, da vida, do mundo, da sua família, da empresa: essa pessoa ainda não parou para pensar que muitas mudanças pretendidas podem estar em suas mãos. A mudança está dentro da própria pessoa.

O ponto de partida para desenvolver sua empregabilidade é fazer uma honesta autoavaliação. Como está seu autoconhecimento? Já se perguntou "quem sou eu"? Você sabe quais são seus pontos fortes e aqueles que precisa melhorar?

Exercício de autoavaliação. Recomendo tentar responder: quais são seus valores? O que mais lhe motiva? Quais seus maiores interesses, prioridades e preocupações? Como definiria sua personalidade? Qual seu nível de flexibilidade? Quais são suas melhores habilidades? Quais suas maiores conquistas? Qual legado você deixou nas empresas por onde passou? Qual o seu ambiente preferido? O que você faz com seu tempo livre? Qual seu principal diferencial em relação aos seus colegas de trabalho? Você presta atenção quando recebe um feedback e realmente procura tirar o melhor proveito dele? Em um processo de "avaliação de desempenho" que pontuação você tem recebido? Como você é visto por seus colegas, pares e superiores? Tem feito algo para melhorar e evoluir?

Quando atendo o meu cliente no escritório, alerto que quando ele vai ser entrevistado por um selecionador, deve estar consciente de que na realidade está indo fazer uma "venda". Então eu pergunto: — O que você está vendendo? Ele responde: — "Eu mesmo". ENGANO! É o que eu digo para ele. Você e eu somos invendáveis. O que você está vendendo é sua capacidade de solucionar problemas, superar desafios e produzir resultados positivos. RESULTADOS positivos é o que você vende e precisa entregar, além de facilidade de se relacionar com outras pessoas e capacidade de liderança. Ainda vou repetir essa frase muitas vezes.

Henry Ford vendia automóveis. **Steve Jobs** vendia computadores. Você "vende" os resultados do trabalho que executou:

Aumentou a produção em 50% — Diminuiu refugo em 98%. — Vendeu sucata e com o que apurou construiu refeitório para operários — Reduziu quadro de funcionários em 40% e aumentou a produção em 20% — Eliminou reclamações trabalhistas — Aumentou as vendas em 35%. Atualizou o equipamento e reduziu consumo de energia em 15%. Incrementou relacionamento com parceiros.

Esses exemplos encontrei em CVs de diferentes profissionais e considero de grande valor. Vou reforçá-los algumas vezes neste livro. Espero que consiga lhe passar de forma positiva essa mensagem.

❖ PERFIL DO SEU MERCADO COMPRADOR E SUAS NECESSIDADES

É de fundamental importância saber o que você está vendendo, assim como é vital identificar o perfil do seu mercado comprador e quais suas principais necessidades. Por quê — Para desenvolver seu planejamento estratégico. Você precisa contar com sua proatividade e perceber, com antecedência, possíveis mudanças de mercado. Como já alertei, é um verdadeiro jogo de xadrez.

Você é testemunha de empresas que na soberba imaginaram que eram imortais e não acompanharam a evolução global, falharam na estratégia, consequentemente na administração. Resultado: elas se deixaram levar pelo conforto e sumiram do mapa.

Certas profissões desapareceram e outras em breve desaparecerão. O supercomputador Watson está deixando muita gente de sobreaviso. Tenho lido que dentro de alguns anos os advogados terão muita dificuldade em conseguir emprego devido ao avanço e domínio da tecnologia. Parecido deve ocorrer na área da saúde, pois os radiologistas preveem que haverá uma grande mudança na sua área. Com a evolução da tecnologia os médicos terão nível de acerto muito maior ao receber o diagnóstico produzido a partir dos exames. Pacientes estão sendo monitorados a distância. Com a pandemia, os médicos passaram a atender online e as consultas presenciais se tornaram cada vez mais raras. Na verdade, em muitas outras profissões teremos grandes transformações em futuro breve.

Sendo assim o que você deverá fazer? Descobrir as mudanças que poderão ocorrer na sua área e se antecipar. Procure se atualizar e desenvolver novas competências e habilidades para poder manter sua empregabilidade. Faça a sua pesquisa de mercado e descubra o que pode fazer para atender futuras necessidades dos seus "compradores".

❖ MARKETING PESSOAL — PONTOS QUE PROMOVEM SUA EMPREGABILIDADE:

- Imagem de Competência Profissional com trajetória interessante e com destacados resultados. Posições ocupadas como gestor e líder, mas considerando também atuação em diferentes tipos de empresas. Enfim, uma carreira consistente, evitando tempo demasiado numa só posição ou empresa, assim como a instabilidade, seria prejudicial.
- Que seja verdadeiramente ético, tanto nas palavras como na atitude. Líder empreendedor, com elevado senso de iniciativa e responsabilidade, com autonomia, mas também com boa aceitação para receber sugestões ou orientações, flexibilidade. Coragem para correr riscos.
- Sua empregabilidade depende da sua imagem, da sua "**marca**". Ela é construída pela sua atitude, postura e imagem que as pessoas têm de você. Detalhes como a maneira de cumprimentar e tratar as pessoas e seu vocabulário pode acrescentar valor.
- Autoconfiança e autoestima elevada serão mantidas com mais firmeza quando você tem boa reserva financeira. Tenha disciplina e guarde no mínimo 10% do que ganha. Previna-se com relação ao seu futuro.
- O Marketing Pessoal é feito por uma comunicação vibrante com entusiasmo bem equilibrado, saúde física e mental, postura elegante, respeito pelas pessoas, visão positiva do futuro, bom humor, senso de responsabilidade, ética. Esses são pontos importantes.
- Ainda no Marketing Pessoal, para manter empregabilidade é importante que seus **resultados** sejam de conhecimento das pessoas certas começando por sua família, elas precisam saber que você é competente e que seu trabalho é importante. Sua imagem tem que ser constantemente bem "vendida" para elas.
- A equipe precisa valorizar "o líder". Quem tem que promover sua marca é você, pois ninguém fará isso no seu lugar. Seus

chefes têm que ter consciência de que não podem perder você para a concorrência. Se seus pares ficarem com inveja e ciúme é sinal de que você está no caminho certo. Como minha avó já dizia *"ninguém dá pontapé em cachorro morto"*...

- O Networking tem que estar em constante desenvolvimento. O LinkedIn poderá ajudá-lo muito. Escolha as pessoas que aceitarão como conexão (diariamente). Por meio dessa ferramenta você terá condição de interagir com profissionais de diferentes áreas no Brasil e exterior. Haverá troca de informações, experiências e até nascimento de novas amizades.
- Um Currículo bem diagramado e adaptado para cada situação, completa este quadro.

Ainda um pouco sobre o marketing pessoal: até que ponto você dá valor ao que faz? No contexto empresarial, você se vê importante? Se você sair da empresa eles sentirão muito sua falta ou não? Não importa se você é um Operacional, Gerente, Diretor ou Presidente, em qualquer situação, para ter possibilidade de progresso, o primeiro a perceber sua importância é você. Você está ali só para receber o salário no fim do mês ou também quer deixar sua marca?

Imagina como um médico se sente quando salva o paciente da morte ou o comandante de um jumbo quando consegue pousar o bichão no meio de uma tempestade de neve com visibilidade zero. Ou então o engenheiro que construiu o edifício mais lindo em Dubai. Eles estão orgulhosos e fazem a maior propaganda do grandioso feito.

Guardando as devidas proporções, o mesmo tem que ocorrer com o vigilante que livrou a empresa de um assalto ou de um incêndio. Ou então a passadeira de camisas que é campeã em capricho e produtividade. A cozinheira que faz a melhor feijoada da cidade ou o garçom mais antigo da casa e que conhece todos os seus clientes pelo nome.

Você é o Executivo que conseguiu bater recorde de venda, ou que reergueu a filial falida? É o Gerente que construiu a equipe campeã de toda a América Latina? Ou é o contador que dentro da lei pagou o menor imposto de renda da história da empresa? É o advogado que conseguiu apaziguar os acionistas? Você é Gerente de TI que informatizou toda a empresa e eliminou 50% da papelada? Você sabe qual é o seu valor? Tem orgulho dos seus resultados? Faz propaganda deles? Sua valorização tem que começar por você, por sua atitude física e mental de forma positiva.

Você é um líder dentro da família. Até que ponto seus familiares sabem das suas realizações na empresa? Eles demonstram que têm orgulho de você? O apreço deles por você é reflexo da sua atitude e o estímulo deles é fundamental para seu sucesso.

❖ ANEDOTAS

A GALINHA E A PATA — principalmente quem mora no interior, na zona rural, conhece uma engraçada história sobre as duas. Quando as pessoas vão fazer compras no mercado preferem o ovo da galinha. Provavelmente o motivo é que a galinha faz propaganda do seu produto. Quem só viveu em cidade grande terá um pouco de dificuldade para fazer conexão com a ideia de marketing, mas vamos lá: o ovo da pata é o dobro ou triplo do tamanho do da galinha, mas o desta é o mais vendido no mercado. Sabe por qual razão? É que a pata, apesar do esforço que faz para produzir um ovo tão grande, ela não faz ruído, nem propaganda. Mas a galinha, quando coloca um ovinho pequenininho faz um barulho danado. Ela faz uma propaganda escandalosa, o galinheiro inteiro fica sabendo e o galo ajuda no barulho. De forma que quando as pessoas aparecem na quitanda para fazer compras só querem saber do ovo da galinha.

É apenas uma história engraçada, mas que é usada para ilustrar o assunto.

❖ RESULTADOS: FAÇA PROPAGANDA DOS SEUS

Mesmo que seja de forma discreta. Ninguém fará isso melhor que você. Procure desenvolver projetos que propiciem maior visibilidade. Pelo menos, uma vez por mês convide seu chefe para um almoço. Provavelmente ele já lhe cumprimentou por seus resultados nos últimos dias, mas nesse encontro pode aproveitar para comentar o "trabalhão" que você teve para superar a meta estabelecida. Ele precisa saber o quanto se esforçou:

- Você ganhou uma batalha na justiça;
- Conseguiu uma bela negociação com o banco ou com fornecedores;
- Concluiu um projeto antes do prazo;
- Conseguiu a liberação de um carregamento retido na alfândega;
- Conquistou um novo grande cliente;
- Qualquer dessas tarefas foi desenvolvida com muito trabalho.

Faça com que seu chefe saiba do seu esforço, ele precisa saber o valor que você tem. Você pode me dizer que seu marketing provocará inveja ou ciúmes. Realmente são possíveis efeitos colaterais. O líder honesto que respeita seus adversários, precisa ter coragem para enfrentar os comentários maldosos. Sua subida incomodará os que estão acomodados.

Se você incomodou alguém com seu sucesso, é bom sinal. Se estiver tudo muito tranquilo à sua volta é mau sinal. Faça de tudo para não permanecer tempo demasiado na zona de conforto.

SUBINDO OS DEGRAUS DA PIRÂMIDE

2

Talvez você esteja trabalhando ou não, mas percebe que precisa fazer alguma mudança na sua carreira profissional. É provável que queira ser promovido e sair da inércia ou precisa se preparar para a aposentadoria e montar sua própria empresa. Prepare-se, pois haverá necessidade de fazer um bom planejamento e usar técnicas e estratégias muito especializadas.

Fico assustado quando vejo alguém, apenas baseado na improvisação ou no entusiasmo, se aventurar sem um plano estruturado e definido. Improvisar e contar com o acaso é um risco sério de elevado dano.

Tempo prolongado na busca para atingir determinado objetivo é prejuízo moral, psicológico e muitas vezes até financeiro. Especialmente para alguém que perdeu o emprego, mas também para alguém que planeja montar um negócio próprio. São experiências que normalmente consomem muita energia.

Muitas vezes por ser um profissional experiente e ter trabalhado na última empresa por muitos anos, sente-se confiante e não percebe que necessita de reciclagem. O excesso de confiança também ocorre com um jovem recém-formado. Será exigido muito esforço, foco, determinação, disciplina, preparo psicológico, técnica e estratégia. E nem sempre a pessoa consegue atingir os seus objetivos sozinha.

O foco deste livro está dirigido principalmente para quem está pensando em fazer um plano de carreira, mudança de área ou de empresa, ou até mesmo está prestes a se aposentar e montar um negócio próprio. Obviamente as estratégias variarão de acordo com o momento que o profissional está vivendo. Caso seja jovem, necessitará de orientação para fazer o CV, descobrir oportunidades de emprego e dicas de como se preparar para fazer uma entrevista vitoriosa.

É um executivo experiente? Provavelmente há muito tempo não faz uma entrevista com um selecionador. Nesse caso, necessitará buscar suporte com um profissional competente que tenha condição de mostrar alternativas e desenvolver estratégias atualizadas. À medida que ele sobe na pirâmide organizacional, o cone superior vai se estreitando e a concorrência, consequentemente, vai aumentando.

A grande maioria dos candidatos não se prepara convenientemente, de forma que quem tiver mais disciplina, determinação e disposição para investir esforço e trabalho em seu próprio benefício, superará os concorrentes despreparados — um exímio músico por algum motivo ficou sem manusear seu instrumento durante dois, três ou quatro anos, que necessitará de algum tempo e muito exercício até voltar à antiga forma. A mesma coisa vai acontecer com quem ficou na mesma empresa durante muitos anos: quando vai para uma entrevista, se "desmonta" na frente do selecionador. Para ter chance de sucesso, vai precisar de uma boa preparação. Com o apoio de um experiente **coach** ficará bem melhor.

Você se recorda de quando e como foram suas últimas experiências como candidato? Lembra das suas entrevistas enfrentando selecionadores há três ou quatro anos como foram fáceis ou desafiadoras? Detalhes importantes já foram esquecidos. De lá para cá muita coisa mudou. O que fazer para se atualizar?

❖ CASO ALBERTINO

Albertino Araújo era executivo de "primeira linha" que havia sido demitido de uma multinacional, a qual estava encerrando suas operações no Brasil. Profissional experiente, com ótima formação, dominando outros idiomas, ocupava uma posição como Gestor. Sua contratação era CLT. O salário era equivalente a aproximadamente US$8 mil (referência), além dos excelentes benefícios.

Conversamos sobre como o coaching poderia apoiá-lo, mas em sua opinião ele conseguiria atingir seu objetivo sem suporte. Encerramos a conversa e nos despedimos cordialmente. Seis meses depois, ele me procurou. Falou que já havia feito várias entrevistas, sem resultado positivo. Não entendia o que estava acontecendo e lamentou, pois em seis meses deixou de entrar em seu caixa cerca de US$48 mil (por baixo), e sua reserva estava sendo consumida. Além disso, havia um desgaste moral com a família, pois sua esposa saía para trabalhar e ele ficava em casa cuidando das crianças e fazendo comida para o jantar. Precisava manter sua dignidade como ser humano e como profissional. Ficava com inveja ao ver os vizinhos saírem para trabalhar e ele não. Estava se sentindo muito mal com aquela situação. Ele falou:

— Peço desculpas, eu estava errado quando não aceitei seu apoio, você estava certo, descobri que preciso de ajuda.

Ele é um dos profissionais de sucesso que aparecem no rol de recomendações na minha página do LinkedIn. A busca por uma nova colocação é algo que exige muito esforço do profissional. É um momento de solidão. Muitas vezes ele espera que algumas pessoas possam lhe indicar para boas posições, mas infelizmente isso nem sempre acontece. Ele imagina que os amigos sumiram, mas não é bem assim. Cada um deles está envolvido com seus próprios problemas e está com dificuldade de oferecer solidariedade. É hora do profissional fazer uma reflexão e descobrir se foi indiferente com outras pessoas, quando estava "bem de vida". Talvez esteja apenas "colhendo o que plantou".

❖ JORNAL DO BRASIL — "O ANO PERDIDO"

Há muitos anos li no antigo *Jornal do Brasil* do Rio de Janeiro um artigo de página inteira contando a história de alto executivo americano que ficou um ano procurando emprego. O título era "O Ano Perdido". Parece que, de lá para cá, nesse campo, pouca coisa mudou. As pessoas, tanto os recém-formados quanto os experientes executivos continuam tendo a ilusão de que conseguirão o tão almejado emprego sem precisar de apoio para uma reciclagem ou atualização. A supervisão de um especialista de comprovada experiência é fundamental, principalmente nos ambientes de elevada concorrência como acontece nos dias de hoje.

Esse artigo foi publicado originalmente por *Printers' Ink* em novembro de 1962 com o título: *Job Hunter: the Diary of Lost Year*.

Você talvez esteja pensando que isso ocorreu há muito tempo e que hoje a realidade é diferente. Concordo que muita coisa mudou, mas no íntimo as pessoas e suas atitudes continuam as mesmas. Nos últimos anos tenho atendido centenas de pessoas que estavam se sentindo sem direção e sem saberem o que estava acontecendo. E quando eram questionadas, colocavam a responsabilidade na crise, no governo, na sua pouca experiência ou na idade avançada. É muito difícil olhar para dentro de si e assumir a responsabilidade. Seu sucesso depende exclusivamente de você.

❖ MEU EMPREGO — MINHA ALEGRIA, MEU SUCESSO

Quando eu era garoto ouvia dizer que o aluno é quem faz a escola. Também diziam que as escolas particulares — pagas — eram melhores que as públicas. Será que essas afirmações são verdadeiras?

Temos visto personalidades que se destacam em suas profissões apesar de terem passado por escolas vistas como de baixo nível. Vemos também profissionais, que por terem estudado em entidades tradicionais e de grande prestígio, de quem se esperava muito, no entanto, poucos progrediram. Tenho a tendência de concordar que "cada um faz o seu destino", nós fazemos nossas escolhas e muito está ligado às atitudes.

Quando somos escolhidos ou escolhemos uma empresa para trabalhar, a intenção é de ficarmos ali por longo tempo. Acho que ninguém quer ficar apenas alguns meses em cada empresa. Em princípio, a intenção é nos aprofundarmos e darmos o melhor de nós. Pode acontecer de depois de iniciar, o profissional perceba que fez a escolha errada, mas, se isso é recorrente, ele precisa parar para pensar e identificar os verdadeiros motivos da sua "instabilidade", em vez de colocar a culpa na falta de sorte ou nos chefes que teve.

Nos estudos, no trabalho e na família, a atitude positiva é fundamental para um relacionamento duradouro e produtivo. "No começo tudo são flores", depois, quando vem a rotina, algumas pessoas correm o risco de dar mais atenção aos pontos críticos e desagradáveis. É grave quando se dá importância demasiada a esses pontos. E quando isso acontece fica difícil da sua história ter um final feliz.

Na empresa, cabe ao profissional continuar descobrindo aspectos positivos em seu trabalho para continuar se automotivando, se entusiasmando, melhorando resultados e aumentando a produtividade. Cada desafio vencido deve ser motivo de encantamento. Cada meta e objetivo alcançado precisa ser comemorado, mesmo que seja em particular. Valorize-se e dê o devido valor às pessoas que trabalham com você. Lidere pelo exemplo, seja coerente com suas palavras e ações. Trabalhe com honestidade e ética e seu futuro será brilhante.

❖ MUDANÇAS NA CARREIRA — PROJETO

Evite tropeços, dor de cabeça e perda de muito dinheiro. Recomendo fazer um profundo e detalhado planejamento, é o primeiro passo para montar o seu PROJETO.

Aconselho evitar ficar tempo demais planejando e partir para a ação. Não improvise e nem conte apenas com sua intuição. Mais à frente vou escrever sobre esse assunto com mais alguns detalhes. Faça um bom planejamento, coloque no papel como se estivesse fazendo um projeto para uma empresa. Ponto zero, objetivo final, metas, cronograma, acompanhamento, medição de resultados, correções etc. Seja detalhista, calma, é o seu futuro, ele merece um bom investimento.

ANÁLISE SWOT (**S**trengths, **W**eaknesses, **O**pportunities, **T**hreats) — É uma valiosa ferramenta que deve ser aplicada em seu projeto. Proporciona autoconhecimento dando reforço e consciência das suas **FORÇAS** e **FRAQUEZAS**. Desperta atenção para **OPORTUNIDADES** que podem ser aproveitadas e como se prevenir antecipadamente das **AMEAÇAS** que existem no trajeto (**FOFA**).

- Antigamente nós procurávamos emprego nos jornais. Hoje o primeiro impulso é ir ao computador e colocar o CV nos sites especializados, pois é o que quase todos fazem. Depois é só esperar uma "chuva" de entrevistas. Parece ser mais cômodo e confortável, mas o resultado normalmente é bem demorado e fraco. A concorrência é muito grande. Recomendo que segure um pouco o seu impulso inicial e primeiro faça o seu planejamento. Pense em outras opções para desenvolver uma campanha de sucesso.

- Segure a ansiedade e prepare-se técnica e psicologicamente para procurar amigos, parentes, antigos chefes e colegas de trabalho ou de faculdade. "Alimente" seu networking. Pense em como chegar até as empresas de grande potencial, aquelas que você admira e onde gostaria muito de trabalhar. Inicie esses contatos somente quando estiver muito bem preparado, pois é aí que está seu maior trunfo.

- Nesse grupo, que não é pequeno, faça uma abordagem personalizada (vamos falar sobre isso mais adiante). Considere empresas concorrentes das que trabalhou e também aquelas que existem próximas da sua residência. É nesse grupo que existe maior possibilidade de sucesso. Procure seguir um caminho diferenciado dos outros candidatos para obter um resultado diferente e melhor.

- Headhunters trabalham para grandes empresas. Eles preferem buscar aqueles que ainda estejam em atividade em algum concorrente da empresa para a qual estão trabalhando. De modo geral, quando o candidato está desempregado, para eles, o interesse diminui. O domínio de idioma estrangeiro é pré-requisito.

- Atenção: fique longe de quem promete emprego mediante pagamento. Existem pessoas desonestas que ludibriam incautos ansiosos para conseguir um caminho mais fácil. Isso não existe. Esteja consciente de que procurar trabalho é muito trabalhoso.

- Se você perdeu o emprego e está pensando em aliviar a tensão e para isso vai sair de férias, ou iniciar uma reforma na sua casa, ou talvez preparar a festa de aniversário da sua filha ou até mesmo trocar de carro. Tudo isso deve ser deixado para depois. É impossível prever quanto tempo demorará sua busca. Procure outras formas para relaxar e concentre-se no seu projeto. Nomear prioridades e criar um bom planejamento financeiro faz parte do projeto. Estar 150% envolvido na sua busca é uma ótima terapia. Procure comemorar cada pequena meta atingida. Mantenha sua família otimista e tenha visão positiva de futuro. Seja honesto consigo mesmo. Lembre-se: você é o líder e sua atitude será copiada por sua família e amigos.

- Se porventura você foi demitido de forma injusta, recomendo colocar uma pedra sobre esse assunto e não comentar com ninguém. Cada vez que falar sobre a sua demissão, lembrará de momentos desagradáveis, contaminando-se negativamente e as pessoas que estão perto de você. Inconscientemente levará essa energia para as entrevistas que surgirem. Procure lembrar e falar apenas das coisas boas. Fale apenas o que agrega valor.

As pessoas não gostam de ouvir lamentos muito menos os selecionadores. Ninguém quer saber quais são suas justificativas.

- Alguns profissionais resolvem mudar de área ou setor aproveitando que perderam o emprego. É um risco grande neste momento. Essas mudanças podem ser feitas, mas com um bom planejamento e com "mar sereno". Imagine o comandante de um veleiro, ele está enfrentado tempestade com fortes ventos e grandes ondas alto-mar. É o momento apropriado para fazer manobras e seguir em direção contrária? Acredito que não, seria um grande risco, ele seria aconselhado a esperar o vento e o mar se acalmarem. Consiga seu novo emprego naquilo que tem experiência, onde domina. Então, com calma, descubra que competências e habilidades precisa desenvolver para fazer o que gosta. Talvez alguma pós-graduação, MBA, aprimoramento em algum idioma estrangeiro, desenvolvimento em Tecnologia, Liderança, Negociação, Comunicação ou Oratória. Com novos conhecimentos você poderá não apenas mudar de área, mas também conseguir uma promoção ou montar seu próprio negócio.

- Agência de emprego ou uma consultoria quando é contratada por uma empresa é para funcionar como "filtro". Depois da entrevista com o consultor, mesmo que você descubra o nome de quem está contratando, evite fazer contato direto com a empresa. Até por questão ética você deve esperar que o consultor lhe comunique o dia e a hora do seu contato com o "dono" da vaga. Caso contrário, você pode "queimar" uma ótima oportunidade. É conveniente manter contato com seu consultor, mas de forma discreta, elegante, sem invasão nem insistência desagradável. Vou escrever melhor sobre isso mais adiante.

❖ PLANEJAMENTO

Obviamente planejamento é algo que você precisa fazer independentemente de ter muita experiência ou de ter iniciado sua vida profissional, mas que pouca gente faz. Pergunto: você pretende evoluir e continuar subindo na escala hierárquica, com prestígio, reconhecimento e melhores salários? A primeira coisa a fazer é desenvolver um plano de ação, um projeto, iniciando o trabalho no dia de hoje e tendo como destino final até muito depois de se aposentar.

Quando escrevo sobre "planejamento de carreira" espero que continue flexível e que evite a rigidez de um robô. Independentemente de seguir uma carreira corporativa ou de se tornar um empreendedor isso precisa ser feito, é imperativo. Pense primeiro no seu objetivo mais distante mesmo que pareça impossível de ser alcançado. Serão os primeiros passos em direção ao resto da sua vida. Depois imagine o que será possível conseguir em médio prazo. Metas de curto prazo são mais fáceis de serem concebidas e realizadas. Escreva tudo numa agenda especial por mais simples que a ação possa parecer, mas isso tem que ser feito.

Metas bem definidas com prazos estabelecidos. Tudo deve ser reavaliado periodicamente. Nenhum projeto vai do começo ao fim sem fazer correções. Anote sobre os cursos que vai fazer (idiomas, TI, Pós-Graduação, MBA, Mestrado, atualizações...) além de viagens, promoções, mudança de emprego, congressos, simpósios, feiras de amostra, livros e artigos que escreverá etc. Escreva também sobre sua vida pessoal, como casamento, academia de ginástica, parar de fumar ou o que quer fazer nas próximas férias. A vida passa muito rápido, você tem que estar constantemente em atividade, tenha sempre um novo projeto em mente. Isso é estimulante.

❖ PRIMEIROS PASSOS EM DIREÇÃO AO SUCESSO

Adote atitude e postura de um líder vencedor. Repito: ninguém faz nada grandioso sozinho. A palavra-chave para conseguir subir a "pirâmide organizacional" é RELACIONAMENTO. Pense nas pessoas que conhece e descubra quem são os amigos, colegas e parentes que venceram na vida, aqueles que são os otimistas e que podem colocá-lo para cima, procure-os, converse com eles sem falar do seu projeto. Escute as boas histórias que eles têm para contar. E você também, procure falar apenas o que lhes agrega valor. A verdade é que ninguém gosta de ouvir o problema dos outros.

Você falará com eles do seu objetivo somente quando estiver muito bem preparado e convicto do que quer. Inicialmente você não está.

❖ ESPERE UM POUCO MAIS

Pessoas pessimistas nunca admitem serem consideradas assim, elas se dizem "realistas" e sentem simpatia por quem pensa igual. É natural um assimilar as ideias do outro. O mesmo acontece com otimistas e empreendedores, eles se identificam. Quero dizer que se eu convivo com pessoas vencedoras e inteligentes, corro o risco de me tornar parecido com elas. E se convivo com pessoas medrosas e pessimistas, ficarei parecido com elas. Você quer progredir na vida? Então seja seletivo em relação às pessoas com quem costuma conversar, assim como os livros que ler ou os filmes que assistirá.

❖ FAMÍLIA/CÍRCULO VIRTUOSO

As pessoas seguem o líder e procuram copiá-lo. A liderança na sua família está com você, portanto a sua atitude, positiva ou negativa influenciará seu cônjuge, filhos, irmãos, pais e até os amigos. E eles desenvolverão a mesma energia para você. É um "**círculo virtuoso**". Você tem um objetivo ou quer encontrar solução para um problema? Recomendo que adote postura de esperança otimista para que sua "equipe" possa ter visão de futuro positivo e tenha vontade de contribuir construtivamente para sua vitória. Cada um deverá aplicar ações para que todos possam avançar para o alto.

Pare de ver noticiários, pelo menos, por um tempo. Vacine-se contra o pessimismo. Procure fontes de inspiração positiva como livros de empresários vitoriosos. Assista a filmes que inspirem luta e vitória. Você tem religião? As preces, orações e a fé podem ajudar consideravelmente.

Abílio Diniz tem que ser visto e muitos outros vitoriosos, homens e mulheres no TED TALK, YouTube. Veja o que Wikipédia escreveu sobre esse importante projeto:

TED (acrônimo de *Technology, Entertainment, Design*; em português: Tecnologia, Entretenimento, Planejamento) é uma série de conferências realizadas na Europa, na Ásia e nas Américas pela fundação Sapling, dos Estados Unidos,[3] sem fins lucrativos, destinadas à disseminação de ideias.

❖ QUAL É SEU OBJETIVO?

Quer ser promovido na empresa? Montar um negócio próprio? Encontrar um novo emprego? Fazer um plano de carreira? Para qualquer uma dessas perguntas você terá que ter um projeto. Tenho certeza de que já atuou como gestor e líder. Então sabe quais os elementos básicos que compõem um projeto. Aplique esses princípios que conhece tão bem para atingir seu objetivo final. Comece estabelecendo o que realmente quer, de forma positiva. Coloque no papel como se fosse um contrato, escreva aonde quer chegar, determine metas bem específicas e definidas, assim como os prazos.

O projeto precisa antes de tudo de um bom planejamento, previsão orçamentária, preparo técnico, equipe unida e vibrando positivamente, acompanhamento permanente para a conclusão de cada etapa dentro do cronograma, assim como correções necessárias ao longo do percurso.

Vamos imaginar que esteja pensando em montar um negócio próprio, de que recursos você dispõe? Os especialistas recomendam que, nesse caso, se inicie em algo que tenha bastante conhecimento ou que alguém da equipe o tenha. Você tem esse profundo conhecimento? Caso contrário, corre risco de sério prejuízo. Já fez um "plano de negócios"? O **SEBRAE** recomenda o **EMPRETEC**, que é uma metodologia desenvolvida pela Organização das Nações Unidas (**ONU**) a qual busca desenvolver características de comportamento empreendedor e atitude correta diante dos desafios.

Sabe quanto capital terá que investir? Tem reservas ou pensa em pegar dinheiro emprestado ou buscar investidores? Estrategicamente escolheu o local para se instalar? Já estudou o "perfil" do seu possível futuro mercado comprador? Já preparou sua história de venda? Como será o seu marketing? Já fez algum curso de vendas ou de negociação? Sabe como conquistar novos clientes para seu negócio?

Para ter alguma chance de acertar, antes de iniciar terá que responder muitas perguntas. Estando com dúvidas para elaborar seu projeto, procure um especialista consagrado para ajudá-lo a começar. Para montar um negócio próprio, com certeza, sem dívidas, com boa margem no capital de giro e com "plano de negócio" bem estruturado, suas chances aumentarão consideravelmente.

❖ SEU CASO ENTÃO É OUTRO?

- Está numa boa empresa ganhando um bom salário, mas não vê perspectivas de promoção?
- Pediu demissão sem ter nada em vista. Está há meses procurando, mas nada efetivo aconteceu?
- Está numa empresa familiar, era grande, mas está "encolhendo" todo ano. As demissões estão acontecendo. Vai esperar sua hora? Ou vai partir para ações?
- O diretor foi substituído e você foi demitido sem motivo aparente?

"Ensinar padre a rezar missa" não é minha intenção. Sei que você é mestre em gestão de projetos, mas vou tentar fazer uma breve conexão do seu conhecimento com nosso tema. "Planejamento de carreira profissional" é o foco.

Você sabe que tudo na sua vida depende de planejamento, até os projetos mais simples, por exemplo: quando pensar no que vai fazer no próximo feriadão ou nas próximas férias (pra onde eu vou?); para fazer a festa de aniversário do seu filho precisa calcular quantas pessoas convidará ou como será o bolo que encomendará; qual mestrado que quer fazer na Europa (em que país?); como será a compra de um novo apartamento (onde e qual tamanho?); o que fará quando for mais velho e se aposentar, se vai montar uma consultoria ou vai morar no sítio?

Alguns projetos são simples e não necessitam de muita elaboração, mas outros são complexos exigindo elevado investimento de capital e esforço em longo prazo. Cuidar do desenvolvimento do seu progresso profissional exigirá disciplina e determinação. É o projeto mais importante da sua vida. Você deve ter visão de futuro. Tudo precisa ser cuidado com carinho e muito entusiasmo com bastante antecedência. São muitos detalhes para serem pensados e decidir quais as ações que devem ser tomadas.

Faça uma reflexão sobre o seu momento atual. Está satisfeito com o que conseguiu ou poderia estar diferente? Embora esteja bem, o que pode ser feito para ficar melhor? Até onde você acha que pode chegar? Para conseguir evoluir mais um pouco o que precisa ser feito? Quem poderia colaborar com você para concluir mais esta caminhada? O que vai ganhar ao chegar lá? Estabeleceu datas para conclusão de cada etapa? Quando?

❖ MÉTODO SMART E OUTRAS "FERRAMENTAS"

Peter Drucker, como você sabe, criou o **Método SMART**, que é uma ferramenta que auxilia na hora da definição de metas, sejam elas pessoais ou profissionais. É uma das mais famosas ferramentas de Coaching por sua ampla possibilidade de uso e de variação conforme o contexto particular de cada aplicação. O Método **SMART** tem o objetivo de definir metas construídas de forma a se considerar cinco atributos: **S** (Específico), **M** (Mensurável), **A** (Atingível), **R** (Relevante) e **T** (Temporal).

Tanto o objetivo final quanto as metas têm que ser muito bem definidas, claras e específicas, sem abstrações. Metas têm que ser mensuráveis — para haver acompanhamento com possibilidade de correções antecipadas. É necessário que cada meta seja medida com o devido registro. Por isso, precisam ser desafiadoras e atingíveis, pois se forem "frouxas", não gerarão estímulos. Se for o contrário, quando muito severas, não serão atingidas e provocarão frustração. Destarte, o objetivo final e metas precisam ser relevantes para que você se sinta estimulado e motivado pelo "prêmio" que alcançará no final de cada trajeto.

Cada meta tem que ter um prazo para ser cumprida, é temporal. Estabeleça um tempo, data para cada meta ser atingida — cronograma é um ponto relevante. Com um bom acompanhamento, os indicadores mostrarão que você está no caminho certo ou se precisa haver alguma reavaliação ou correção em alguma parte do projeto.

Obviamente detalhes como pessoal de apoio, equipamento, investimento, local da operação e outros, também deverão ser considerados. Outras "ferramentas" que também são utilizadas em coaching e que podem lhe ajudar no planejamento estratégico:

BSC (*Balanced*, *Score*, *Card*) — "Métrica: se não é possível medir, não é possível gerir", Kaplan e Norton.

PDCA — Ciclo de Deming ou Shewhart — Controle total da Qualidade — *Plan*, *Do*, *Check*, *Act*. A fase de Planejamento é a mais trabalhosa e complexa. Um bom Planejamento facilita a passagem pelas demais etapas.

❖ CONSULTORIAS DE RH — DIFERENÇAS

Headhunters, Agências de Emprego, Consultorias de *Outplacement* e as de Recolocação ou *Job Hunting*. Inicialmente recomendo se inteirar basicamente sobre as diferenças entre elas e como funcionam. Elas podem lhe ajudar muito. Cuidado para não confundir uma com outra. Você também precisa ter ideia das estratégias usadas pelos selecionadores das empresas para encontrar novos talentos. Vou lhe fornecer uma visão geral sem entrar em grandes detalhes, mas esse conhecimento vai lhe permitir ter uma noção de como poderá começar seu planejamento.

❖ HEADHUNTER

Traduzindo do idioma inglês ao pé da letra, eles são "caçadores de cabeças", ou seja, a especialidade deles é descobrir quem está na "cabeça" das empresas. Eles querem "caçar" os melhores profissionais que existem no mercado e seduzi-los para aceitar a proposta dos seus clientes, as empresas. Eles estão caçando "cérebros", as "cabeças" que comandam as grandes empresas.

Eles trabalham exclusivamente para empresas, jamais para pessoa física. Para você criar abordagem estratégica e apropriada é importante perceber a diferença que existe entre os diferentes tipos de consultorias.

O trabalho dos chamados Headhunters é altamente especializado e muito respeitado pelas empresas. Essa consideração se deve principalmente à responsabilidade do seu trabalho e o compromisso de ética e sigilo. Eles querem saber quem são os líderes que colocarão a empresa em evidência, no caminho do sucesso.

Eles querem encontrar executivos como os principais gestores, diretores, presidentes, gerentes de primeira linha. São líderes de grande responsabilidade. Eles farão com que a empresa progrida, cresça, obtenha maior lucratividade etc.

Os Headhunters estarão o tempo todo atentos para se relacionar com os líderes que estão se destacando no mercado de trabalho. Quando são contratados por uma empresa para selecionar um Diretor ou um Presidente querem atender ao pedido com celeridade e qualidade, para isso o "banco de talentos" deles precisa sempre estar muito bem suprido.

Quando fecham o contrato com a empresa cliente, existem algumas cláusulas importantes, não apenas sobre o valor e forma de pagamento, mas também sobre o perfil do profissional, garantias de reposição, confidencialidade e prazos. Caso o escolhido não se adapte, a consultoria tem o compromisso de refazer o trabalho com custo zero para a empresa. Sendo o nível do cargo mais "elevado", a garantia de reposição pode variar de seis meses a um ano ou mais. O mesmo ocorre com o valor cobrado, o qual normalmente é sobre o ganho anual. É um valor consideravelmente elevado, mas compensa. Sigilo, ética, confidencialidade e qualidade no atendimento são fatores da maior importância.

A empresa sabe que o Headhunter usará estratégias especiais para encontrar o candidato certo. Muitas vezes o trabalho é complexo e pode demorar vários meses. Em alguns casos acontece de haver cancelamento do contrato no meio do processo, depois de muitas entrevistas terem sido realizadas, e, claro, o prejuízo é grande e ninguém quer isso. Quando uma empresa contrata uma consultoria especializada em selecionar executivos? Os motivos podem ser variados, com exemplos:

- A posição é de grande importância estratégica havendo necessidade do processo ser desenvolvido com absoluto sigilo. Talvez por conta de algum conflito entre parceiros ou expansão dos negócios etc.
- Os recursos internos para encontrar o candidato ideal já foram esgotados e eles não conseguiram localizar ninguém com potencial.
- Talvez haja necessidade de "roubar" o profissional de uma empresa da mesma área. Haverá necessidade de fazer isso com certa diplomacia e estratégia para evitar "guerra" entre concorrentes. O *Headhunter* será contratado para fazer essa triangulação e conduzir de forma elegante a negociação. Sempre que necessário preservando a identidade do seu cliente, além de ser discreto em relação ao profissional que provavelmente está bem empregado.

O Headhunter, como foi escrito acima, em certos casos, é incumbido de "caçar ou roubar" determinado executivo da concorrência, o qual foi indicado por seu cliente. Será um verdadeiro trabalho de sedução, pois é claro que o dito cujo está trabalhando, deve estar com um bom salário e ele só vai se interessar se a conversa e a proposta forem muito boas. Alguns profissionais ficam tão arredios quando são abordados que recusam qualquer tipo de entrevista, mas o especialista no assunto consegue descobrir onde o possível candidato frequenta e elabora um plano de abordagem. Como já escrevi, esse processo pode demorar meses.

Espero ter conseguido mostrar como o trabalho de seleção para encontrar grandes talentos tem necessidade de muita especialização. Não é tarefa para um selecionador comum. Muitos deles são especialistas, alguns em finanças, outros em TI, agronegócios... Os candidatos também são verdadeiras "feras" e não se deixarão levar por um entrevistador incompetente ou inseguro. Eles terão que estar nivelados.

Entender como Headhunters e selecionadores de empresas funcionam é fundamental para que você consiga montar sua estratégia de sucesso. Construir e manter relacionamento com profissionais da sua área é tão importante quanto com os de Recursos Humanos e isto terá um impacto direto na direção que quer dar à sua carreira. Com este livro você poderá descobrir o que deve ser feito para construir um futuro de sucesso na sua profissão.

❖ AGÊNCIAS DE EMPREGO

Essas consultorias também trabalham exclusivamente para as organizações. Elas são remuneradas pelas empresas, pois são suas clientes. Por meio de contrato, assumem compromisso de sigilo quando necessário, prazo de garantia para reposição a custo zero, prazo de entrega, número mínimo de candidatos dentro do perfil estabelecido pela empresa, condições de pagamento etc. A maior diferença é que elas trabalham fundamentalmente com funcionários operacionais, chegando aos gerentes em nível intermediário ou em início de carreira. Algumas são especializadas em temporários e em serviços de apoio aos subsistemas de RH como folha de pagamento.

❖ OUTPLACEMENT

Este tipo de serviço teve seu início nos Estados Unidos quando terminou a Segunda Guerra Mundial. Com os soldados voltando para seus lares e precisando trabalhar, consultores como **Bernard Haldane** e também **Robert Jameson**, iniciaram trabalho de apoio para aqueles jovens. As universidades e o governo absorveram a ideia e em seguida as empresas adotaram o processo para incluir no pacote de benefícios do executivo para quando ele fosse demitido.

As consultorias que trabalham com *outplacement* têm como clientes exclusivamente as empresas. Elas são contratadas para apoiar individualmente o executivo que foi demitido. No serviço está incluído o apoio de um coach com o objetivo de traçar planejamento para o projeto do coachee (profissional assessorado).

Cada um desses profissionais pode ter projeto de futuro diferente. Alguns querem apenas aumentar suas chances de encontrar um novo emprego com mais agilidade. Outros querem desenvolver plano de negócio para montar sua própria consultoria ou comércio com franquia.

❖ COACHING

Tem por objetivo estimular o desenvolvimento de autoconhecimento comportamental e autoavaliação de competências e habilidades. Além disso, o coachee se sentirá incentivado a elaborar um plano estruturado de desenvolvimento de carreira.

O consultor especialista que trabalha nessa área deve ser alguém com muita vivência e experiência em variados tipos de empresas, grandes e pequenas, familiares e multinacionais. Ele tem que ter cultura e formação credenciada para dar apoio a diferentes profissionais. É uma parceria na qual a confidencialidade é fundamental.

É um momento em que alguns coachees ficam fragilizados. É o coach quem dará o apoio necessário para que ele resgate sua autoconfiança e tenha visão positiva de futuro. Essa transição precisa ser aproveitada como um grande aprendizado, pois sempre existe o risco de que outros "acidentes" e que demissões possam ocorrer no seu percurso de vida.

Uma consultoria de *outplacement* não assume compromisso de arranjar emprego. Ela vai possibilitar que ele descubra alternativas e novas formas para tirar melhor proveito de vagas anunciadas. Além de encontrar vagas de empregos que ainda não são de conhecimento público. Também vai apoiá-lo para que desenvolva diferencial em relação a outros profissionais e preparação para a entrevista vitoriosa com melhor negociação de salário. Essa é uma grande oportunidade de desenvolvimento pessoal e profissional que deve ser muito bem aproveitada.

❖ RECOLOCAÇÃO OU *"JOB HUNTING"*

Estas consultorias trabalham para profissionais. Algumas se intitulam erroneamente como *Headhunters*, não se engane. Elas têm proposta parecida com as que fazem *outplacement*. A diferença está aí, o cliente é o profissional, é ele quem remunerará. A empresa recebe os CVs e não remunera a consultoria. De modo geral, elas cobram o equivalente à pretensão salarial.

O pagamento é feito 50% na contratação e o restante será pago quando iniciar no novo emprego, ou de alguma outra forma.

Existem ótimas consultorias fazendo esse trabalho. Mas como é normal, você também poderá encontrar as "enganadoras". Como se prevenir contra os desonestos? Antes de fazer a entrevista pesquise o SITE, descubra há quanto tempo a consultoria existe, quem são os donos, quais são os serviços oferecidos, nível dos clientes. Com o nome do consultor, entre na página dele no LinkedIn, leia e analise o conteúdo (onde trabalhou anteriormente, tempo de experiência, em que área ele é formado e cursos complementares, passatempo, ele tem algum livro publicado?). Veja quantas recomendações o consultor recebeu no LinkedIn. Ele está com seu CV e pesquisou nas redes sociais sobre você e sua vida. Com certeza, já sabe muito sobre você. Faça o mesmo em relação a ele.

Caso esse consultor seja muito jovem e pouco experiente, dificilmente terá condição de desenvolver sólido apoio para você. Alguém que trabalhou em poucas empresas e que nunca ficou desempregado terá dificuldade para se colocar no lugar de alguém que foi demitido e está angustiado na procura de um novo emprego. A recomendação é não apenas ser entrevistado, mas entrevistar e analisar seu possível futuro consultor. No trabalho de coaching tem que haver confiança entre o coach e o coachee. Pode ter certeza de que procurar um novo emprego recebendo apoio de um consultor realmente competente é muito mais seguro, uma vez que diminui risco de prejuízo, pois agiliza todo o processo e sua experiência será muito melhor aproveitada.

Neste livro, estou compartilhando com você experiência em mais de 35 anos com planejamento e desenvolvimento de carreira citando exemplos vivos de casos concretos de clientes que obtiveram sucesso.

Quando a empresa contrata um Headhunter ou Agência? — De modo geral essa decisão será adiada, pois a visão inicial deles é que isso representa despesa. A contratação ocorre muitas vezes quando há necessidade de manter sigilo por se tratar de uma substituição de importante posição estratégica dentro da empresa. Também pode ocorrer quando os recursos internos de recrutamento se esgotaram e a empresa necessita de um prestador de serviço especializado para encontrar bons candidatos em curto prazo. O departamento de Recursos Humanos precisa estar bem estruturado para atender a todas as demandas da empresa com agilidade.

Meu amigo **Baltazar** colocou no Facebook dele uma publicação interessante: "Se você acha que custa caro um bom profissional, é porque não faz ideia de quanto custa um incompetente."

A SUBIDA É PURA DIVERSÃO

3

Muitas vezes vemos nos filmes norte-americanos que abordam o tema *esporte*, a figura do "olheiro". Ele aparece procurando novos talentos. No mundo da "moda", acontece parecido. Com relação aos executivos, existem os Headhunters que estão com o "radar ligado" para descobrir os mais valiosos profissionais para apresentar aos seus clientes na hora certa. O que fazer para se tornar cobiçado por eles?

Nenhum Headhunter deletará do seu banco de talentos o currículo de um profissional que considera "mosca branca". Onde estão esses caçadores? Que lugares eles frequentam (lugares públicos, clubes e associações)? Como encontram os profissionais mais cobiçados? O que você pode fazer para encontrá-los? O que pode ser feito para se tornar visível e cobiçado por eles?

Ter uma boa formação, cursos de extensão, pós-graduação, domínio de outros idiomas, experiência em diferentes áreas nas empresas onde tenha trabalhado, além de certa estabilidade. Esses são alguns dos pontos que serão considerados pelos "caçadores". Tudo isso e muito mais precisa ser apresentado em um currículo bem elaborado e diagramado com técnicas de um verdadeiro especialista em publicidade. Também serão considerados aspectos de cunho pessoal, tais como facilidade de relacionamento interpessoal, capacidade de liderança, espírito criativo e inovador, ética, visão positiva de futuro e visão global do negócio da empresa, compromisso e envolvimento com objetivos, determinação, ousadia, resiliência e atitudes construtivas diante dos desafios, além de competência para encontrar soluções e conseguir resultados positivos.

Com certeza, também será exigido capacidade de se expressar e de ouvir ativamente, argumentação, flexibilidade diante dos desafios e humildade para reconhecer os pontos a serem melhorados.

Ser entrevistado por um consultor que atua como Headhunter é relativamente simples. O ponto de partida é sua postura, energia e atitude como numa conversa de parceiros, com igualdade de condições. Nem arrogante e nem humilde ou simples demais. Certa dose de elegância agrega valor.

Você já sabe como um Headhunter opera. Você sabe que ele só trabalha para empresas e é remunerado por elas. Ele é contratado para "caçar" determinados profissionais, é um especialista. É como se fosse um preposto da empresa defendendo os interesses dela. Ele jamais vai lhe cobrar para encaminhá-lo para uma empresa, seria antiético.

Ele pode lhe apresentar a uma ótima empresa e você é o profissional que vai lhe proporcionar uma bela comissão e marcação de pontos positivos com o cliente dele. Se você demonstrar soberba ou tiver comportamento submisso estará fora do processo. O Headhunter também analisará sua competência como negociador. Quando ele perguntar "qual sua pretensão salarial?", devolva a pergunta e faça uma tentativa para que ele diga o número dele primeiro. Pergunte: "quanto o seu cliente está pagando?" — Vamos escrever mais sobre esse assunto.

Quando você está trabalhando e é contatado por um verdadeiro e autêntico Headhunter, se ele lhe chamou para uma entrevista, é um sinal muito positivo a seu favor. Você não estava procurando emprego, não colocou seu CV em nenhum site de procura de emprego, e certo dia ele lhe telefona convidando para uma conversa. Aproveite o momento. A proposta dele tem que ser muito sedutora para que você prossiga na conversa com ele. Para o profissional que recebeu o convite, é uma vantagem, mas que precisa ser bem avaliada e aproveitada.

❖ OPORTUNIDADES BATEM À SUA PORTA!

Um experiente Headhunter normalmente possui forte rede de relacionamento. Quando está fazendo seleção para um dos seus clientes, ele vai se valer desse recurso para checar as informações e as referências fornecidas pelo candidato, confirmando ou não o que foi colocado no CV e na entrevista. Surgindo alguma dúvida, o candidato estará fora do processo.

Para se tornar um profissional visível e cobiçado por empresas e por Headhunters, é preciso também adotar algumas iniciativas e desenvolver estratégias para promover seu marketing pessoal de forma ética, como por exemplo:

> Leia e estude um pouco de marketing e publicidade sem necessidade de se tornar especialista no assunto. Use os princípios em benefício da sua carreira. Lembre-se de valorizar a empresa onde trabalha e seus companheiros (chefes e colaboradores). Contribua com alguma causa social principalmente quando ela está ligada a sua própria empresa, seja um colaborador atuante.

❖ DEMONSTRE BOA VONTADE E INTERESSE PARTICIPATIVO

Sua visibilidade aumenta ao escrever breves artigos contribuindo com o boletim interno da empresa. Colabore com revistas técnicas e publicação de livros. Use as redes sociais para divulgar um "blog" ou gravação de vídeos com temas profissionais. Incremente e alimente seu network, isso ajuda na criação de imagem profissional confiável. O LinkedIn precisa ser usado com frequência, aumentando suas conexões com profissionais que sejam do seu interesse (da sua área ou de RH). Faça também um curso de oratória para proferir palestras, até mesmo sem interesse financeiro. Organize cursos ou dê aulas em instituição de ensino. Participe de entidade de classe e clube de serviço (**Rotary**, **Lions** ou **Maçonaria**). Colabore com alguma entidade de cunho social. Lembre-se de que você pode estar na "alça de mira" de um desses "caçadores".

❖ SER VISTO POR HEADHUNTERS

O que faz com que o CV do executivo fique mais competitivo? O que pode criar diferenciais? Seria possível copiar e adaptar algumas estratégias de marketing utilizadas pelas empresas e aplicar em favor da imagem do profissional? Tenho certeza de que você já descobriu a resposta para essas perguntas. Agora já sabe o que os "caçadores" levarão em consideração quando estiverem caçando.

Você precisa desenvolver competências e habilidades para se tornar um atraente executivo aos olhos dos selecionadores de empresas e Headhunters. Esse é um projeto para toda sua vida profissional. Talvez a faculdade que você fez não seja tão famosa, mas a pós-graduação ou MBA em alguma instituição de renome pode compensar. Conseguindo fazer mais alguns cursos no exterior ou mestrado, com certeza, isso será um reforço considerável. Para estudar fora do Brasil, obviamente será necessário dominar outros idiomas, e isso pesará muito positivamente no seu currículo. Um cursinho rápido de um mês em Miami não vai ajudar muito. Você pode melhorar muito em outro idioma estudando com disciplina aqui mesmo no Brasil. Depende da sua motivação, visão de futuro, determinação e disciplina.

O prestígio e o valor da marca das empresas onde trabalhou influenciará no seu CV. Na sequência, eles observarão o tempo que esteve em cada uma delas, as posições ocupadas, o ritmo das promoções e os resultados obtidos.

Eles também analisarão suas redes sociais e observarão como e com quem você se relaciona. Qual a impressão profissional e pessoal que você transmite para as outras pessoas e que conceito elas têm sobre você. Como você é visto por seus liderados, pares, superiores e até por antigos professores. Afinal de contas, você também representará a imagem da empresa e eles precisam saber até onde vai seu traquejo social.

Abraham Lincoln
"Não destruirei meus inimigos quando os transformo em amigos?"
Marketing pessoal.

Algumas vezes encontrei pessoas comentando com desdém sobre um colega que foi promovido, eles dizem "eu não fui o escolhido porque não sou bajulador". Realmente usar o elogio deslavado e a bajulação barata para tentar ganhar a simpatia das pessoas deve ser rejeitado, é preciso um pouco de cuidado com os extremos.

O excesso de formalidade, seriedade, frieza, rispidez, objetividade ou sinceridade direta no relacionamento com outras pessoas pode ser sentido como grosseria. Observe que você precisa de equilíbrio para desenvolver certo espírito político para poder fazer marketing da sua imagem profissional:

- Às vezes franqueza demais ofende; tenha mais sensibilidade e tato para dar feedback;
- Cada colaborador na sua equipe é estimulado de forma diferente; alguns precisam de pressão ou até repreensão, mas outros são impulsionados para cima com elogios e premiações; cada um dos seus liderados deverá ser conduzido de forma diferente;

- Seja pródigo ao elogiar sua equipe; esteja atento e valorize cada resultado, mesmo que seja aparentemente pequeno;
- Evite dar "bronca" na presença de outras pessoas. Já leu o **O Gerente-Minuto**? Autoria de **Kenneth Blanchard** e **Spencer Johnson**, editora Record;
- Aprenda a "engolir sapo". Responder é diferente de reagir. Pessoas inteligentes respondem com a cabeça fria. Analise a questão com calma para responder (em particular) na hora certa. Cuidado para não confundir o profissional com o pessoal;
- Evite participar de comentários negativos sobre a empresa ou chefia, saia de perto. Saiba o que é **SNIOP** — **S**alve-se das **N**efastas **I**nfluências de **O**utras **P**essoas — do filme *O Homem Milagre* com a história verdadeira de **Morris Goodman**;
- Reconheça, pelo menos, mentalmente, o valor da sua empresa, afinal é um lugar que lhe acolheu. Reservadamente comente sobre isso com seu chefe, ele tem que saber que pode contar com você;
- "Ninguém é totalmente bom ou ruim", é um pensamento atribuído ao **Dalai Lama**. Não existe empresa perfeita, elas são feitas por pessoas imperfeitas. Da mesma forma, não existem funcionários perfeitos e muito menos chefes. Se você ficar observando muito o defeito deles, nenhuma empresa será suficientemente boa para você. Sendo assim, aprenda a perceber e valorizar a qualidade positiva de cada pessoa que esteja por perto;
- Você gosta de receber elogio? Gosta quando seu chefe demonstra reconhecimento por seu valor? Tenho certeza de que a resposta é SIM. Seu chefe também. Discretamente, reservadamente, sem ser um bajulador descarado, faça um elogio sincero ao seu chefe quando ele merecer. Isso deve ser feito com honestidade. Agradeça pelo que tem aprendido com ele ou pelo apoio que tem recebido. Gratidão é uma virtude de poucos (10% da humanidade) e que precisa ser cultivada;
- Evite ficar isolado. Estimule a criação de eventos na sua empresa, obviamente participando e colaborando entusiasticamente em sua realização;

- Participe ativamente de eventos sociais para os quais a empresa colabora com a comunidade. Seja voluntário nas causas nobres. Essas ações serão incorporadas ao seu CV;
- Estimule a criação de um boletim interno do seu departamento ou até de toda a empresa. Escreva nele sobre as pessoas, destaques do mês, artigos técnicos. Demonstre para sua diretoria as vantagens de uma integração da equipe, argumente sobre produtividade e lucratividade. Leia o livro *Felicidade dá Lucro* de **Márcio Fernandes** e o *Virando a Própria Mesa* de **Ricardo Semler**. É possível encontrá-los em sites como Estante Virtual, Amazon e Submarino;
- Faça palestras e escreva artigos técnicos para revistas, mesmo que seja "Pro Bono". Publicar livros ajuda a fazer com que sua "marca" seja bem-vista. Partilhar conhecimento é algo que vai engrandecer seu espírito, lhe dará um grande prazer e lhe obrigará a se manter atualizado. Além de incrementar seu networking com pessoas jovens ou não, mas, com certeza, interessantes.

Essas são algumas das iniciativas desenvolvidas por executivos que são "caçados" por Headhunters e por selecionadores de empresas. Ninguém faz nada grandioso sozinho, o grande líder sempre precisará do apoio e da ajuda de outras pessoas. Contar com a sorte ou improviso para subir os degraus da "pirâmide" é uma temeridade, faça um bom planejamento, arregace as mangas e parta para a ação.

❖ NETWORKING — NINGUÉM CONSEGUE FAZER ALGO REALMENTE GRANDIOSO SOZINHO

A tendência natural do ser humano é buscar evolução, progresso e melhoria constante, mas para isso, a troca de informações e experiências é fundamental. Interagir com outras pessoas faz com que consigamos atingir esses objetivos, tanto na paz quanto na guerra, tanto acertando quanto errando. Seria ótimo se pudéssemos aproveitar todos os momentos para fazer novos amigos. Oportunidades não faltam: na faculdade, no trabalho, na igreja, no clube etc.

Experimente desenvolver um trabalho como professor voluntário em uma ONG, ou então participar de entidades de classe como CREA, CRA, Associação Comercial, Academia Paulista de Letras, Rotary, Lions, Maçonaria etc. São alguns dos lugares onde você encontrará pessoas com afinidade intelectual e profissional, o que propiciaria considerável incremento no seu networking.

Meu cliente veio me contar que, na empresa onde trabalhava, o Diretor foi substituído. Quando o novo Diretor assumiu, a primeira coisa que fez foi demitir toda a equipe "velha" e em seguida substituiu pela equipe que já estava com ele há um bom tempo. Era o time dele, pessoas nas quais confiava e que ele, como líder, não abriria mão. Quando ele "fechou" sua contratação com o Presidente da empresa, combinaram que sua admissão seria dessa forma. Temos visto isso acontecer em times de futebol quando o técnico é substituído. E você? O que faria no lugar daquele Diretor? É autossuficiente e acha que não precisa de ninguém ou está consciente de que é o contrário? Você tem "alimentado" o contato com os antigos colegas de faculdade, tem se preocupado em manter "a chama acesa" com ex-colaboradores e com parceiros? E com aquele que foi seu chefe? Você tem incrementado sua rede com novos conhecidos?

Tem gente que só pensa em fazer contato com antigos colegas, chefes ou "amigos" quando está com alguma necessidade. Isso está errado. A vida não é feita só de trabalho, a parte social também contribuirá para seu progresso profissional.

Pense bem, uma pessoa que passa meses e até anos dizendo que não tem tempo nem para tirar férias é porque tem alguma coisa errada. Fazer um curso de "administração do tempo" é algo premente. Pessoas que alegam estarem sobrecarregadas de trabalho e não conseguem um espaço na agenda para se reciclar, ficarão marcando passo enquanto os seus colegas continuam avançando e progredindo na vida. Esteja atento aos eventos que ocorrem na sua cidade, principalmente aos de cunho profissional em sua área, como feiras de amostra, simpósios, palestras, convenções, cursos, homenagens aos melhores do ano, jantares beneficentes, por exemplo.

Normalmente nesses locais você tem oportunidade de reencontrar pessoas com quem trabalhou e que hoje estão em outras empresas ocupando posições privilegiadas. Também poderá conhecer gente nova, não apenas profissionais recém-ingressados no mercado de trabalho, além de outros que ocupam cargo de Diretoria em boas empresas. Terá oportunidade de conhecer quem trabalha na concorrência ou similares ou fornecedores. Descobrirá interessantes novidades que não têm nada a ver com sua atividade, mas que poderão despertar sua curiosidade.

Hoje, com as redes sociais, Instagram, Twitter, YouTube, Facebook e principalmente LINKEDIN, ficou bem fácil alimentar relacionamentos profissionais. Não tem desculpa, eles noticiam quando alguém troca de emprego, ou é promovido e até quando faz aniversário!!! Fique vigilante e envie uma breve mensagem personalizada (não padronizada, automática). Incrementar conexões com pessoas do seu interesse deve ser rotina constante. Há alguns anos você tinha dificuldade para fazer contato com colegas de profissão que trabalham em outros países, mas hoje é tudo muito mais fácil, é instantâneo.

❖ EVENTOS

Participar de eventos que convergem executivos de diferentes empresas e até de outros países é uma extraordinária oportunidade para incrementar seu networking. Compareça com espírito positivo e aproveite ao máximo. Suas ações devem ser planejadas com antecedência, incluindo a preparação da pessoa que ocupará a liderança da equipe durante sua ausência. Tem um pensamento que diz que é fácil descobrir que tipo de gerente você é: fique ausente por um tempo, na volta você descobrirá. Você se garante?

Você já sabe que quando for convidado para participar de um importante evento, será uma ótima oportunidade para iniciar relacionamentos e conhecer profissionais de outras empresas. Sendo assim, evite sentar-se na mesma mesa onde estão seus colegas de trabalho, reconheço que é mais confortável, pois vocês já se conhecem. Mas você perderia uma ótima oportunidade de conhecer gente nova. Algumas das boas oportunidades de um novo emprego são descobertas em momentos assim. Partindo de uma simples conversa, pode surgir um interessante convite.

Tome iniciativa e procure fazer o máximo de contatos. Nos eventos é obrigatório ter cartões da empresa com seu nome impresso, mas às vezes eles acabaram na carteira e não foram repostos. Recomendo deixar um pouquinho deles no bolso de cada paletó para que essa falha não ocorra. Pode acontecer de você se aproximar de alguém e depois da apresentação inicial estender seu cartão, mas a pessoa diz que o dela acabou. No verso do seu, anote o e-mail do novo amigo para que vocês possam dar prosseguimento àquele contato. Lembre-se das possibilidades do LinkedIn.

Esses contatos podem ser importantes em curto e longo prazo, não apenas para uma eventual troca de emprego. Mas também poderá lhe ajudar a conquistar uma nova conta para sua empresa, ou ajudá-lo no seu futuro planejamento para montar uma consultoria ou até mesmo troca de conhecimento e informação técnica. As possibilidades são muitas. Quando o evento é importante e tem uma duração maior, provavelmente haverá necessidade de fazer um breve planejamento:

- Informe-se sobre o objetivo do evento. Haverá algum homenageado especial? Ou serão palestrantes (quais as suas empresas)? Quem provavelmente fará parte da mesa diretora, quem será o organizador?
- Veja a foto deles no LinkedIn ou no convite ou em revistas. Você precisa identificá-los com facilidade no meio de todos os convidados. Coloque o foco dos seus contatos nessas pessoas. Lembre-se de que o seu tempo é limitado, que é um pouco maior antes de começar a solenidade e bem menor depois que acaba;
- Procure ser um dos primeiros a chegar para poder fazer os contatos com as pessoas que lhe interessam. Seja pontual. Tenha seus cartões prontos para a troca. Aproveite até o final para fazer seus contatos, seja um dos últimos a ir embora;
- Quando chegar ao local observe o ambiente. Veja como as mesas estão localizadas em relação ao palco. Estrategicamente o seu ponto deverá estar localizado próximo à porta principal, tanto no início quanto no final. Ali você verá quando os participantes que lhe interessam estiverem chegando ou saindo;
- Se estiver acompanhado de um colega da sua empresa, separe-se dele durante o evento. Seja educado ao se distanciar dele;

- Quando se aproximar de um grupo, seja discreto e educado e não um intrometido;
- As conversas devem ser rápidas, mais ainda quando é com alguém que já conhece ou que não está na sua lista de prioridades. Cuidado para não falar demais, mas mantenha a fisionomia de quem está feliz e bem-humorado;
- Logo após uma apresentação formal fale o nome da outra pessoa, pelo menos, duas vezes. A primeira é para memorizar e a segunda para a outra pessoa se sentir valorizada e considerada. As pessoas gostam de ouvir o seu próprio nome;
- Abra mão das bebidas alcoólicas e do cigarro. Esteja absolutamente sóbrio, todos estarão lhe observando. Alimente-se antes para evitar comer enquanto fala. Tenha consciência de que todos que estão ali têm a intenção de "vender" a imagem de líder vitorioso, incluindo você. Ali só tem "águia", nenhum ingênuo;
- Quando fizer contato positivo com a pessoa que lhe interessa, sentindo receptividade, lembre-se de que já leu sobre ela no LinkedIn. Aproveite para falar sobre algo que seja de interesse comum, procure criar um vínculo, um *rapport*. Procure criar um elo de simpatia e confiança. A intenção é fazer com que surja a possibilidade de contatos futuros;
- Havendo troca de cartões, logo após, escreva resumidamente os pontos principais da conversa, para que você possa dar prosseguimento em possíveis encontros futuros. No dia seguinte ao evento, pelo e-mail ou pelo LinkedIn, envie breve mensagem para ele confirmando a conexão do dia anterior. Seja educado e cordial. De modo geral, as pessoas esquecem-se de agradecer e pedir "por gentileza", são expressões que demonstram personalidade polida e produzem bons relacionamentos;
- Para criar relacionamentos sólidos e duradouros, primeiro você precisa se doar para depois... Esteja consciente de que nem sempre receberá retribuição. Formar uma boa rede leva muito tempo, mas vale a pena.

❖ CASO "JOSÉ — O DESPREPARADO TÍMIDO — E AMILTON BORGES"

Imagine, um executivo, o nome dele é José. Ele é convidado para um importante evento e alguém, ao vê-lo isolado em um canto, se aproxima. Com um sorriso simpático o cumprimenta, pergunta seu nome e diz:

— *José Alves! Sim, já ouvi falar de você, que prazer em lhe conhecer.*

Depois de retribuir a educação, José também pergunta a ele:

— *Qual o seu nome?*

Ele responde com orgulho:

— *Amilton Borges.*

O José faz cara de desentendido, e diz:

— *Não me lembro, mas eu acho que já ouvi falar de você!*

Em seguida, Amilton se identifica como sendo o homenageado da noite (eu já vi essa cena). Nosso herói se encontra numa situação constrangedora por não ter se preparado para encontrar executivos de "elevada patente" de importantes empresas. José foi ingênuo em sua resposta. Tudo indica que ele nem sabe qual é o propósito daquele evento. Traquejo social é algo para ser aprendido e desenvolvido.

Networking precisa ser feito em todos os níveis e direções. Mantenha contato com antigos colegas de faculdade, em cursos realizados, com antigos chefes e colaboradores, até mesmo com pessoas interessantes com quem teve breve contato para que o relacionamento seja positivo, construtivo e duradouro.

Mario Sergio Cortella comenta que "não importa se é o dono da empresa ou se é o faxineiro, trate todo mundo com respeito". Relacione-se com todos de modo semelhante com cordialidade, respeito e educação. Preconceito, qualquer que seja, é algo tão negativo que poderia ser incluído na lista dos pecados capitais. Como você se sentiria sendo uma vítima desse mal? Corremos o risco de perder contato com pessoas muito especiais por causa de um julgamento preconcebido. Quando estiver orando peça mais sabedoria e luz para sua inteligência.

Dentro de um planejamento bem elaborado para incrementar o seu networking, comece pelo básico. Mantenha contato com alguma regularidade com parentes, amigos, vizinhos, colegas de trabalho e de faculdade atuais e antigos, incluindo os chefes, obviamente. Cortesia e cordialidade precisam fazer parte da sua maneira de ser. Para incrementar seu networking recomendo que veja isso com prazer e visão de como essa iniciativa poderá contribuir para seu crescimento profissional, faça um planejamento, exemplo:

- Pesquise organizações ou entidades onde você poderia se associar tipo "Clube de Engenharia", "Associação Comercial", Conselho Federal da sua área, Sindicato de Classe, Rotary, Lions etc.
- Relacione o nome de pessoas influentes na sua área profissional. Procure descobrir oportunidades que possibilitem um contato. Imagine quais estratégias deverá aplicar para conseguir uma aproximação, talvez um amigo dessa pessoa. Como você faria para se aproximar de uma garota por quem estivesse apaixonado?
- Anote o nome de pessoas que você conhece e que são excelentes em fazer networking, peça conselhos e descubra o que pode ser feito para ampliar sua rede.

❖ CATIVAR NOVOS AMIGOS

Gerar novos relacionamentos é questão de hábito. Descubra o prazer em fazer isso. É preciso gostar de pessoas, de gente. Tenha consciência de que você só evolui quando compartilha experiências e conhecimento, quando dá e recebe. Existem tribos que continuam primitivas por estarem isoladas no meio da selva. Esteja atento para aproveitar oportunidades e o prazer de interagir com pessoas interessantes que podem ser simples como uma criança ou um idoso, ou talvez um vendedor ambulante ou o seu vizinho, enfim as possibilidades são muitas, elas estão aí, desfrute, é só aproveitá-las.

Uma ocasião, eu estava trabalhando intensamente, em um ritmo frenético no Rio de Janeiro, com pouco tempo para fazer minhas refeições. Perto do escritório havia a "Leiteria Mineira", eu gostava de ir lá, mas vivia lotada. Naquele dia dei sorte, consegui uma mesa vazia rapidinho. Sentei, fiz meu pedido e meu "tradicional garçom", o Miguel, serviu o meu almoço. Rapidamente o lugar ficou "lotado" de gente esperando uma mesa ficar vaga. Um homem ficou em pé ao lado da minha mesa e eu toquei no seu braço e perguntei se ele aceitaria dividir a mesa comigo. Ele sorriu, agradeceu e aceitou. Eu falei:

"Quem agradece sou eu, não gosto de almoçar sozinho, nem com estranhos. Como é seu nome?"

Mais uma vez ele sorriu e falou:

— Meu nome é Wilson, e o seu?

— O meu é Ney. Você trabalha com o quê?

— Sou engenheiro na Petrobras. E você, faz o quê?

Bem você consegue imaginar como nosso almoço foi agradável e produtivo? Percebe como uma gentileza gera um bom relacionamento? Como perguntas curtas produzem uma demonstração de interesse e um positivo efeito de retorno? O sorriso dele foi o indício de que haveria receptividade. Esse tipo de aproximação pode ser criado nas mais diferentes situações, em um congresso, numa viagem de avião, na empresa, na escola, na igreja, no clube, na praia... Desenvolva suas habilidades de comunicação e assuma um compromisso de cativar um amigo novo por dia.

❖ PRAIA DO FORTE — BA

É uma experiência que se repete frequentemente. Eu tirei uma semana para "desacelerar" e fui até um paraíso na Praia do Forte na Bahia. Estava um sol maravilhoso de inverno. Eu sentia uma suave brisa sentado em um banco de madeira e para melhorar, estava aproveitando a sombra de um coqueiro na beira da praia. O mar estava suave. Por causa da época do ano, tinha pouca gente. O perfume do acarajé estava no ar. Eu apreciava as pessoas felizes no seu vai e vem, crianças brincando na areia e a simpatia dos vendedores de coco. Você consegue imaginar a cena? Eu estava em outro plano, saí do planeta Terra, eu "flutuava" numa nuvem.

Sem que me desse conta, sentou-se no outro banco um cara um pouco mais novo que eu. Depois de um bom tempo ele acena para mim e com sotaque de estrangeiro me pergunta:

— Você mora aqui?

Fui pego de surpresa e fiquei olhando para a cara dele sem falar nada. Ele repetiu a pergunta e respondi:

— Não.

Ele continuou olhando pra mim e falou:

— Aqui tem tantas opções que estou em dúvida onde vou almoçar. Você me recomenda algum restaurante?

Respondi:

— Eu sou de São Paulo, não conheço o lugar. E você de onde é?

— Eu sou americano e trabalho como Diretor de Operações dentro da Petrobras...

Ele também me perguntou em que eu trabalho e nossa conversa se estendeu bastante. Trocamos cartões e de volta para São Paulo enviei mensagens por e-mail e conexão no LinkedIn. Mais uma pessoa interessante para o meu *mailing*. É um grande prazer conhecer gente nova e principalmente uma pessoa cheia de simpatia como ele. As boas oportunidades estão por aí, basta estarmos atentos e com a mente aberta para desfrutá-las, mas precisamos lembrar de "alimentar" os relacionamentos.

❖ ROTARY CLUB

Foi fundado por **Paul Harris** há mais de cem anos. De forma resumida vou lhe contar a história da sua fundação, conforme me foi relatada. Você pode encontrar informações mais detalhadas no Google.

Paul Harris era um atribulado advogado de Chicago. Certo dia, por acaso, encontrou um antigo colega de colégio. Coincidentemente era hora do almoço, então aproveitaram esse momento para sentar em um restaurante para colocar a conversa em dia e se alimentar. Foi um momento tão agradável que combinaram um novo encontro no mesmo local e horário para a próxima semana. Acontece que no dia marcado os dois tiveram a mesma ideia e assim cada um levou um amigo, então foi um almoço com quatro. Na semana seguinte foram oito e assim o grupo foi aumentando.

Apenas dezesseis anos depois o Rotary estava presente em todos os continentes. Ele é construído com base na amizade, companheirismo e ideal de servir ao próximo. É constituído por líderes de diferentes profissões e áreas, empresários e profissionais liberais. É um clube que presta serviços à comunidade e com relevantes campanhas desenvolvidas na área da saúde, educação e outras. Recomendo ler mais detalhes sobre sua história e também sobre a famosa "Prova Quádrupla".

Você é líder e quer continuar crescendo profissionalmente, então bem provavelmente no futuro se tornará Rotariano ou Rotariana. Velha e sábia frase: "junte-se aos bons e será um deles."

Saia da sua zona de conforto. Pare de alegar falta de tempo ou cansaço e reserve já um tempo na sua agenda para enviar uma mensagem, telefonar, almoçar, jantar ou um simples cafezinho com algumas dessas pessoas. Em vez de dizer "precisamos nos encontrar qualquer dia destes", diga logo com precisão quando e onde será o encontro. Coloque de imediato na sua agenda. Para que seu amigo não esqueça, na véspera envie mensagem confirmando o encontro. Se você tiver oportunidade de ser útil ao seu amigo, é uma ótima oportunidade para reforçar os laços.

Todos os lugares e eventos são propícios para incrementar relacionamentos. Ensine e cobre dos seus filhos hábitos sadios de relacionamento. Cultive e faça cobranças no relacionamento cordial, educado e de simpatia, dentro da própria família. Dizer bom dia em alto e bom som é como se fosse um "mantra" explicado pela física quântica. Tenho visto famílias nas quais ninguém se cumprimenta. É difícil ver gestos de carinho entre eles. Fico pensando: como será o relacionamento dessas crianças fora de casa? E depois que crescerem? É fundamental cultivar afeto, carinho, consideração e respeito dentro da própria família.

❖ VIZINHOS

Algumas pessoas parecem torcer para não encontrar vizinhos no elevador. Quando se cruzam nas alamedas do condomínio, cada um deles vira o rosto para outro lado ou então ficam olhando fixamente para o monitor do celular. Por quê? Para não terem que se cumprimentar? É uma constatação preocupante, principalmente nas grandes cidades. As pessoas estão se distanciando ou se desumanizando.

Você só recebe o que dá. Trate com carinho, compreensão e tolerância a sua família e faça uma projeção dessa atitude no seu ambiente social e no seu local de trabalho. Seja cordial, pratique relacionamento com as pessoas num clima de simpatia. Mostre para os familiares a importância, as vantagens e benefícios de um bom relacionamento. Cultive o seu sorriso e bom humor. Cumprimente audivelmente seus colegas de trabalho, na faculdade, na igreja, e no clube que frequenta.

Equipes de elevado rendimento e alto desempenho trabalham em clima de harmonia, engajamento e colaboração. Observe uma orquestra sinfônica apresentando uma obra clássica, na qual todos são importantes. Existe uma interdependência de bom desempenho. Acontece parecido numa sala de cirurgia, o cirurgião chefe precisa tanto da atenção e concentração da enfermeira quanto do anestesista. Mais uma vez todos são de grande importância. A falha de um deles repercutirá no resultado final.

Encontrei na *Revista Época* de julho de 2019 uma reportagem muito boa com o título "Como fazer NETWORKING quando você é tímido". O autor fala de um livro com ótimas dicas para incrementar relacionamento, o título é *Friend of a Friend* (Amigo de um Amigo, tradução livre) do professor de negócios **David Burkus**. O artigo recomenda também:

> **Karen Wickre** é consultora sênior no Brunswick Group, em São Francisco (EUA), ex-diretora editorial do Twitter e autora do livro Taking the Work Out of Networking (Eliminando o Work de Networking, tradução livre).
> https://epocanegocios.globo.com/Carreira/noticia/2019/07/como-fazer-networking-quando-voce-e-timido.html

❖ *STORYTELLING*

Nos últimos anos tem se tornado uma "ferramenta" interessante para empresas no campo de "Gestão do Conhecimento". Percebe-se que é uma forma eficaz para transferir experiências adquiridas por equipes e seus líderes com efeito multiplicador. As histórias contadas devem ser curtas e têm por objetivo inspirar com visão de futuro ou até de falar a respeito de alguma situação que pode ser imprevisível.

Diz um ditado popular: "quem conta um conto aumenta um ponto"... À medida que o caso vai sendo "pintado" por diferentes pessoas ele vai recebendo cores e tonalidades diversas dependendo do narrador, da emoção, do momento e do objetivo a ser atingido.

Relato aqui casos de alguns dos meus clientes e amigos que conseguiram gerenciar de forma ética e inteligente o momento em que decidiram mudar de empresa. Essas histórias são exemplos de forte disciplina, determinação, esforço, competência, planejamento estratégico, definição de objetivo, foco, entusiasmo e atitude. O compartilhamento de experiências de vida é uma virtude espiritual do ser humano e isso nos proporciona grande satisfação. Precisamos dividir nossas vivências na esperança de servir de inspiração a outras pessoas que vivem o momento de transição de carreira e estão buscando um novo direcionamento. Casos citados servem como exemplo ilustrativo. Por ética os nomes das pessoas foram trocados.

❖ CASO DINO CÔNGELLE

Dino trabalhou na empresa por mais de vinte anos. Desde que iniciou não parou de subir. Durante todo aquele tempo dedicou-se à empresa integralmente. Amava o que fazia, mas havia um ponto que incomodava: era deslocado com frequência para diferentes unidades da empresa. Isto fazia com que ficasse afastado da família que morava em São Paulo.

Nos últimos anos a empresa passou por uma série de transformações de forma que Dino entrou em acordo para se desligar. Apesar do Presidente da empresa lamentar seu afastamento, isso acabou acontecendo. Embora tenha sido alvo de atenção especial, consideração e muitos elogios, sentiu um aperto no coração, ele ficou um pouco apreensivo. As notícias sobre o mercado, naquela ocasião, não eram nada boas.

Dino é um executivo de primeira linha, experiente e durante esses anos enfrentou diferentes momentos de stress, venceu grandes desafios, muitas batalhas forjaram seu espírito e assim desenvolveu forte resiliência. Ele se moldava e se recuperava.

Depois que me contratou fizemos algumas sessões de coaching. Dino estava tranquilo, bem-humorado e colocando em prática todo seu conhecimento estratégico. Foi um grande prazer para mim. Preparou seu novo CV e planejou como contaria sua história. Revigorou seu networking, reencontrou antigos amigos que por força do trabalho há muito tempo não se encontravam. Em seguida buscou contato com alguns Headhunters.

E as portas começaram a se abrir para ele. Sempre que nos encontrávamos ele vinha com uma notícia nova e positiva. Uma vez ele falou na possibilidade de iniciar um negócio com amigos, numa outra havia sido chamado por um concorrente da sua antiga organização. Além disso, selecionadores de algumas empresas lhe telefonavam para confirmar dados.

Foi chamado por um famoso Headhunter. O consultor estava assessorando uma empresa multinacional. Fez algumas entrevistas, inclusive com o VP da matriz norte-americana. A proposta de remuneração era consideravelmente vantajosa, mas ele disse que pensaria. No dia seguinte sua antiga empresa entrou em contato com ele pedindo para voltar. O afeto falou mais alto, recusou a proposta por um salário maior e retornou à antiga casa, cheio de alegria. Feliz por ver que seu valor havia sido realmente reconhecido.

Um profissional competente, ético, honesto e que tenha dado **lucro** para a empresa durante tantos anos cria indispensabilidade. Quando ele se afasta, todos percebem a falta que faz e assim começa a torcida por seu retorno. Foi o que aconteceu. Dino está feliz da vida por ter sentido um concreto reconhecimento do seu valor. Valeu a pena ter se dedicado tanto.

❖ NETWORKING — COMO CRIAR RELACIONAMENTOS

Eddie Murphy no divertido filme *Um príncipe em Nova York* o personagem principal, foi para aquela cidade e queria descobrir uma mulher que pudesse se tornar sua esposa. Tenho certeza de que você já assistiu a esse filme, mas vou fazer uma breve recapitulação dos pontos que mais me chamaram atenção.

Para tanto, nosso herói começou a frequentar lugares onde era possível encontrar muitas mulheres, como em boates, festas, praças públicas e também nos bares com pessoas bebendo e se divertindo. Dessa forma o príncipe, com identidade camuflada, só conseguia contato com mulheres que não tinham a menor possibilidade de se tornarem rainha de um país. Nenhuma delas conseguiria assumir tais responsabilidades.

Certo dia, ele conheceu um humilde "sábio" que lhe aconselha a procurar a mulher dos seus sonhos em lugares diferentes, condizentes para suas pretensões. Eles perguntaram ao "sábio", onde podemos encontrar a mulher dos sonhos? O velho sugeriu: em escolas, entre as moças que estão com planos de progredir e levar uma vida séria, honesta e com responsabilidade ou então nas igrejas ou em um bom ambiente de trabalho...

Ele e seu "escudeiro" decidiram trabalhar numa lanchonete para vivenciar a experiência de trabalhar nos Estados Unidos.

Quem já assistiu a esse divertido filme deve lembrar que o final é previsível e feliz. Sua colega de trabalho é a eleita para ser sua rainha.

Para quem quer fazer network com gente interessante, a recomendação não é muito diferente. Você encontrará pessoas certas nas faculdades, em um bom clube, na igreja, na empresa onde trabalha, na festa da família, com amigos dos amigos, nas viagens, congressos, bons restaurantes etc. Aproveite as oportunidades com "antena ligada".

Você tem hábito de fazer compras em lugares regulares? Procure memorizar o nome do seu vendedor, do barbeiro, cabeleireiro, do dono da farmácia, da padaria, do posto de combustível e do frentista, do seu caixa no supermercado, no banco onde é correntista, do garçom que o atende no restaurante. Trate-os pelo nome. É uma demonstração de interesse e atenção por essas pessoas. Tenha certeza de que eles também gravarão que você é gentil, cordial e educado. Lembre-se: é dando que se recebe.

As pessoas se sentem bem quando alguém demonstra consideração ao gravar o nome delas. Socialize-se com os humildes, mas também com pessoas de nível intelectual e cultural elevado. Trate-os com respeito e simpatia e dessa forma você contribuirá para que o mundo pareça melhor e sua vida também progredirá consequentemente.

Posso lhe fazer uma pergunta? — O que tem feito para incrementar e cultivar novas e boas amizades?

❖ CASO CARLOS PALMEIRAS

Palmeiras é um experiente profissional tem ocupado elevadas posições em grandes empresas. Na realidade, ele possui uma verdadeira coleção de habilidades. É um homem culto, escreve e fala com muita fluência. Tem competência para cuidar principalmente da área Financeira, mas também da Administração Geral, RH, apoio ao Jurídico. Ele é polivalente.

Ele é um grande vendedor. Tem uma capacidade incrível para fazer boas amizades com Diretores de Bancos, Factorings, Empresários...

Há alguns anos o Palmeiras estava como Diretor Financeiro de uma *Trading*. Foi quando tive o privilégio de conhecê-lo. Um dia ele foi procurado por um empresário que estava com um sério problema (liquidação judicial). Palmeiras falou que não poderia ajudá-lo devido ao seu trabalho que era muito absorvente. O empresário ficou insistindo durante dias, angustiado pedindo "socorro", pois as recomendações que havia recebido sobre o Palmeiras garantiram que ele seria a solução.

Diante de tanta insistência, Palmeiras lembrou que tinha dois períodos de férias vencidos. Cancelou uma viagem que havia planejado para Israel e acertou com o empresário um valor e mais um percentual sobre o que fosse conseguido.

Em uma das negociações, a empresa devia cerca de R$5 milhões ao banco. Palmeiras disse que negociaria para pagar R$500 mil. O cliente duvidou que Palmeiras fosse conseguir. Lançou um desafio: — Estou tentando negociar essa dívida há um tempão, mas os Diretores desse banco são durões, não cedem nem um centímetro. Se conseguir trazer a dívida para R$500 mil, eu te dou mais R$500 mil.

Palmeiras imaginou que o banco já havia desistido de cobrar e colocou o valor em "fundo perdido". Adivinha o que aconteceu: Palmeiras ganhou!!!

Com esse cliente ele conseguiu mais dois. Pediu demissão da *trading* e hoje vive só fazendo consultorias se especializando em recuperação judicial. Tem uma equipe de consultores autônomos atuando em um *coworking*. Não tem mais patrão, tira férias quando quer e é ele quem faz o seu salário.

❖ DIA DO AMIGO — MEU PAI

Ele trouxe o "Dia Internacional do AMIGO" para o Brasil. Ele conseguia fazer amizade tanto com intelectuais como com pessoas humildes. Era uma época difícil para desenvolver relacionamento se considerarmos as facilidades da nossa atualidade digital. Os meios de comunicação eram muito limitados, mas isso não era impedimento para ele. Cada uma das suas cartas era datilografada ou escrita à mão.

Há dias encontrei entre os seus guardados uma caixa "lotada" de selos das cartas que ele recebia, de todos os estados do Brasil e do exterior. Imagino a imensidão de mensagens que ele escreveu para receber tantas de volta.

Ele sempre descobria ou inventava um motivo para refazer contatos e reforçar laços. Eram trocas de ideias ou então parabéns por algum evento. Ele fazia elogios, mas também era elegante ao criticar. Contava muitas anedotas, escrevia sobre sua infância e vida profissional, opinava sobre o momento político com profundidade, apresentava um amigo para outro, enfim, ele sempre mantinha o vínculo e buscava uma forma de ter contato pessoal com todos eles.

Algumas vezes seus encontros aconteciam em uma simples visita ao amigo (ele também recebia muitos em nossa casa e minha mãe era uma ótima anfitriã). Outras vezes os encontros eram nos jantares do Rotary Club ou no almoço no Clube dos Diretores Lojistas.

Hoje eu vejo que as pessoas têm muito mais facilidade de comunicação interpessoal, dispõem de recursos tecnológicos como internet e celulares. Coincidência ou não, mas parece que os relacionamentos estão se tornando menos consistentes, mais superficiais.

As pessoas só se relacionam por interesses pessoais? Será verdade? Ou será que sempre foi assim? Li em algum lugar "quando o almoço é grátis, eu sempre fico desconfiado". O "fenômeno" do distanciamento social, talvez seja fruto da facilidade e do conforto com que somos "premiados" pela tecnologia. Mas de repente vem uma "ordem" do governo dizendo para todo mundo ficar dentro de casa. Entrar no banco usando máscaras seria algo impensável, mas tornou-se comum.

O isolamento social parece um perigo que deixará frágil os relacionamentos, mas acredito que não. O ser humano é fundamentalmente social e certamente encontrará um caminho para a integração. Na verdade é mais cômodo escrever poucas palavras em uma mensagem em um pequeno teclado do que manuscrever uma carta ou enfrentar o trânsito para encontrar uma pessoa amiga.

❖ RESULTADO POSITIVO — É SOMENTE O QUE IMPORTA?

Já encontrei um executivo que havia obtido bons resultados, mas, apesar disso, foi demitido. Por quê? Na "escalada" ele se esqueceu de que precisava tratar as pessoas com respeito e simpatia. Sua arrogância incomodava seus colegas e a chefia, mas ele estava "cego", não percebia. Tinha certeza de que seus resultados eram garantia de estabilidade, não era. Depois da sua demissão, ele fez um esforço enorme para entender o que havia acontecido. Foi uma lição e um aprendizado. Demorou muitos meses para conseguir um novo emprego.

Muitos profissionais responsabilizam fatores negativos externos por não conseguirem progredir em sua área como crise mundial, época do ano etc. Falam até de falta de reconhecimento por parte da sua chefia ou então culpam a má sorte. Os dois principais motivos de demissão nas empresas são: dificuldade no relacionamento interpessoal e falta de resultados positivos.

Se você fosse o dono de uma empresa o que seria mais importante para você? Resultados. É o que cobraria de todos os seus colaboradores, seja ele vendedor, ou financeiro, entregador, produção industrial, logística, telemarketing, enfim, para pagar os compromissos e progredir você precisa de resultados positivos!

A empresa é um verdadeiro time de futebol. O atacante ou o goleiro sozinho não ganharia o jogo. É preciso haver compromisso de toda a equipe, da defesa, meio de campo e do ataque, para que haja resultado com gols, para ter chance de vitória.

Uma indústria precisa estar com sua linha de produção bem "azeitada", mas se o departamento comercial falhar, o resultado vai ser negativo e vice-versa.

❖ CONCESSIONÁRIA DE AUTOMÓVEIS

Uma ocasião eu conheci o dono de uma concessionária de automóveis. Ele sempre reclamava que os negócios estavam meio parados. Que providências poderiam ser tomadas? Ele deveria ficar parado esperando sua empresa falir? Na visão dele, tudo que poderia ser feito para aumentar o volume de negócios foi feito. Por mais que se esforçasse, nada melhorava. Eu vi essa história acontecer, ela é real. A loja era grande, localizada em um excelente ponto estratégico que poderia beneficiar qualquer tipo de negócio. Seu imenso espaço para estacionamento provocava inveja nos seus concorrentes. Tinha tudo para dar certo, mas ele só via o lado negativo do negócio.

Vivia reclamando da fábrica, ou então do mercado, da concorrência desleal e do governo. Ele vendia cerca de 30/50 carros por mês. Até que um dia conseguiu passar adiante seu comércio. Ficou aliviado. Três ou quatro meses depois me encontrei com ele. Comentei que havia passado na frente da sua antiga concessionária e vi que a fachada estava cheia de bandeirolas, também tinha uma banda de música atraindo a atenção dos passantes e umas garotas bonitas panfletando. Perguntei se o novo dono estava tendo bom resultado. Ele respondeu meio "entre dentes" que o cara conseguiu no segundo mês vender mais de trezentos carros.

Pelo meu ponto de vista, ele colocou o foco nas dificuldades e nos pontos negativos. Isso o impediu de desenvolver ações e descobrir alternativas. O pessimismo petrifica, congela e mina as energias, levando a vítima para o desalento e derrota.

O que você precisa fazer para sua carreira decolar? Esteja vigilante, "a peteca não pode cair". Sua atitude mental tem que estar sempre otimista para conseguir contornar as dificuldades. Mantenha energia para que suas ações atinjam seus objetivos. As pessoas com quem conversará devem ser aquelas que nos colocam para cima. Mantenha sua mente aberta para a esperança e as coisas boas da vida. Tem feito um bom marketing dos seus resultados? Tem consciência do seu próprio **valor**? Tem convivido com pessoas otimistas, positivas, empreendedoras e vitoriosas?

❖ TED TALKS — APRENDA COM OS LÍDERES

No Google você poderá assistir a palestras de verdadeiros mestres, vencedores no campo de batalha corporativo, eles são inspiradores. Você tem lido livros e assistido a filmes que relatam histórias de luta e vitória. "Alimente-se mentalmente" com tudo que pode colocar você para a frente e para o alto. Não existe empresário ou profissional vencedor que abra mão de contato com um experiente mentor disposto a compartilhar seu conhecimento e experiências ao relatar como superou dificuldades e conseguiu suas vitórias. No TED TALKS você tem oportunidade de ouvir esses "gurus" e se inspirar com eles. ***O Homem Milagre*** — já escrevi sobre ele — é um filme antigo sobre **Morris Goodman**, distribuído por Siamar, caso verídico, são apenas vinte minutos. Tem um momento em que ele entrega uma placa de metal para a enfermeira com uma sigla (**SNIOP**) **S**alve-se das **N**efastas **I**nfluências de **O**utras **P**essoas. No YouTube você deve assistir. É um filme motivacional.

Notícias negativas, tragédias e calamidades na TV conseguem muito mais audiência que as boas. Quando vejo TV prefiro programas que possam me agregar conhecimento útil ou simplesmente procuro me distrair ouvindo música. Os sistemas de comunicação são intensos. Mesmo sem querer saber de notícias negativas elas vêm até mim.

❖ CASO MARCO ANTONIO — O COMUNICADOR

DETERMINAÇÃO, PERSISTÊNCIA, INTUIÇÃO

Marco era Executivo de Comunicação e Relações Institucionais. Logo após ter sido demitido, fui contratado pela empresa para apoiá-lo como coach.

Seu networking era poderoso, mas nunca havia pensado em se utilizar desse recurso. Lembrar-se dos "amigos" só quando têm necessidade, isso é o mais comum. É o que acontece com a maioria das pessoas.

Ele se esforçou bastante para restabelecer antigos contatos e conseguiu. Sua busca por uma boa empresa para trabalhar durou poucos meses. Foi contratado por uma grande mineradora em Belo Horizonte.

Com o trabalho que ele havia feito na procura por novas oportunidades, mesmo depois de ter iniciado sua nova atividade, ele continuou sendo chamado para entrevistas.

Na época, as notícias sobre o mercado de trabalho eram muito pessimistas, mas contrariando a tendência, Headhunters e também outras boas empresas entraram em contato com ele demonstrando interesse.

Entre todas, havia uma multinacional com escritório em São Paulo. Marcos tinha especial interesse nela. Em função disso, ele, vez por outra, inventava um pretexto para enviar um e-mail ou telefonar para a pessoa responsável por captação e retenção de talentos. Falava também com a principal executiva de sua área de atuação, mas nenhum convite formal foi feito. Os meses foram passando e a pessoa da empresa se sentiu à vontade para pedir alguns conselhos em sua área. Ele chegou inclusive a fazer alguns trabalhos mais complexos sem cobrar nada.

Repentinamente, na empresa onde estava trabalhando, grande mineradora, aconteceu a maior tragédia ambiental da história do país e, por conta disto, ele ficou muitos dias trabalhando direto sem dormir.

Sendo um Comunicador, sua competência foi submetida a uma dura prova de fogo. É fácil imaginar os momentos de angústia a que foi submetido. Durante os meses seguintes esteve sob alta pressão de todos os lados (da Diretoria da empresa, da imprensa, dos políticos, polícia, das vítimas...).

O contato com aquela multinacional de São Paulo ficou menos frequente, mas foi mantido. Ele me falou que não havia intenção consciente de tirar alguma vantagem nesse relacionamento.

De repente, ele recebe uma ligação da matriz dessa "bendita empresa" em São Paulo. Formalizaram convite para assumir o setor. Ele ficou surpreso não apenas pelo momento atribulado que estava vivendo, mas também pelo salário ser 70% maior do que o que estava ganhando. Você poderia dizer "que sorte"! Com certeza eu digo que foi resultado da atitude correta e aprendizado com experiências anteriores e também forte intuição. Algo dizia que dali poderia vir uma notícia boa.

Ele ligou para mim dizendo que eu era a segunda pessoa a saber da sua felicidade, a primeira foi a mãe dele. Também fiquei muito feliz por sua vitória. Precisamos persistir com determinação em nossos objetivos. Servir outras pessoas desinteressadamente, ter atitude e pensamento positivo diante das dificuldades é fundamental, além de manter foco no que consideramos prioritário.

Nesse caso, o que também chama a atenção, é o fato de ele ter mudado sua atitude em relação ao seu networking. Ele percebeu a importância dessa poderosa "ferramenta" e trabalhou para que ela funcionasse a seu favor. Iniciar e manter bons relacionamentos é decisivo para o desenvolvimento e progresso de um executivo. Quem se deixa levar pelo conforto, comodidade ou timidez corre o risco de estagnar ou até regredir.

Ninguém faz algo grandioso sozinho. Sempre vamos precisar de parceiros e colaboradores. Se você tem ambição de progredir profissionalmente, vai precisar alimentar relacionamentos com as pessoas certas. Escolha com quem criará conexões em primeiro grau no LinkedIn: líderes e mestres na sua área, pessoas que decidem, seus chefes e colaboradores, e pessoal de RH. Aprenda outros idiomas, seja um influenciador, formador de opinião, expanda seu relacionamento para outros países.

VIRTUDES FAZEM DE VOCÊ UMA PESSOA DIFERENTE

4

Virtudes todos nós temos. Desenvolva o hábito de perceber quais são as suas, mas também as do seu companheiro, filho, irmão, amigo, chefe, colega, parceiro, funcionário, parente etc. Valorize, verbalize e enalteça as qualidades dessas pessoas. Você gosta de receber elogios? Eles também. Crítica negativa é fácil de fazer, mas comentar sobre ela é algo que devemos evitar. Faça de tudo para evitar esse hábito. Lembre-se da sábia frase bíblica "não julgue para não ser julgado". Algumas pessoas falam em "crítica construtiva", mas isso é muito difícil de ser feito. Na dúvida de como a pessoa receberá, é melhor não arriscar. Muitas vezes a atitude, comportamento ou ação de uma pessoa provoca em você um sentimento de admiração, mas por receio de parecer lisonjeiro demais ou bajulador, você se retrai e perde a oportunidade de estimular sinceramente a outra pessoa a continuar em um procedimento correto. Sem receio, com sinceridade e equilíbrio, elogie as pessoas que vivem próximas de você como seu chefe, pares e até seus adversários. Valorize as qualidades positivas deles e possibilitará que a atitude dos outros melhore em relação a você. Você só recebe o que dá. Elogie verbalizando, falando ou escrevendo um cartão, um bilhete, ou até algo mais atual, como por exemplo, um e-mail ou WhatsApp ou uma recomendação no LinkedIn. Embora pareça antiquado, sempre que possível faça a opção de fazer as mensagens escritas a próprio punho. Isso demonstra intimidade e confiança naquela pessoa. É mais marcante, revela melhor sua emoção e seu espírito. Lembre-se: sua letra também transmite seu interior, revela muitos traços da sua personalidade e emoção.

Como você pode se tornar uma pessoa melhor do que é atualmente e evoluir na vida? Depende dos livros que estiver lendo e das pessoas com quem você vai se relacionar. Escolha a companhia de pessoas evoluídas intelectual, cultural e espiritualmente, sem se importar com o poder financeiro.

Douglas, meu amigo, diz que "você é a média das cinco pessoas com quem mais convive". Casos citados servem como exemplo ilustrativo. Por ética os nomes das pessoas foram trocados.

❖ CASO SAULO NAKAJIMA

Saulo Nakajima estava trabalhando em um ambiente hostil. Todo dia ouvia comentários pessimistas, com expectativas nada animadoras. Apesar disso, conseguia manter o ânimo, mantinha seu ritmo de trabalho e produtividade. Ele continuava buscando bons resultados para a empresa e cumprindo rigorosamente suas obrigações. Não faltou a nenhum dia de trabalho, mesmo quando começaram a chamá-lo para entrevistas.

Diante das dificuldades e das perspectivas negativas, "arregaçou as mangas" e foi buscar uma solução. Determinou um objetivo, estabeleceu metas, prazos e se automotivou. Eu fico imaginando como foi seu dia a dia durante aquele período.

Depois de um dia de trabalho intenso, com muita pressão por resultados, tendo ao lado conversas negativas de alguns colegas, chegava à sua casa, tomava um banho, jantava e se colocava diante do computador para pesquisar nomes de empresas e enviar CVs. Essa era sua rotina. Apenas nos fins de semana conseguia se concentrar nessa tarefa o dia inteiro. O apoio, compreensão e estímulo da família foram primordiais para que não houvesse esmorecimento.

Foram seis meses nessa rotina até começarem a surgir os primeiros resultados positivos. As entrevistas foram estimulantes e funcionaram como base de um aprendizado, mas também serviram para "curtir" o espírito da humildade quando descobriu que não seria fácil. Analisando os seus resultados percebeu que havia necessidade de muito mais preparo. O autoconhecimento foi de fundamental importância para descobrir que pontos precisariam de maior atenção e reforço. Sua autoconfiança e intuição aumentaram sua segurança e mostraram que estava indo na direção correta.

Saulo conseguiu se transferir para uma empresa muito melhor e ainda por cima mudou de área, o que é absolutamente incomum. Hoje ele está feliz. Cada vez que nos encontramos, ele me fala da sua empolgação pela superação dos desafios e das maravilhosas perspectivas do seu novo trabalho. Ele merece tudo de bom.

Como escrevi no começo, o objetivo da nossa vida é compartilhar e ajudar outras pessoas em sua evolução. É um privilégio ter conhecido o Saulo.

❖ MOTIVAÇÃO — O PRÊMIO FUTURO

Visão otimista de futuro, ação, emoção, atitude positiva, fé, esperança, proatividade, autoconfiança e ousadia são os alimentos da motivação. Motivação é algo interior. Ninguém pode fazer isso por você. Esteja vigilante e perceba o MOTIVO que pode levá-lo à AÇÃO. Mantenha essa "chama" bem acesa dentro de você. As pessoas de fora podem influenciá-lo, mas é o seu interior que decidirá se aceita a influência ou não.

É bem provável que, quando surge algo importante e desafiador para ser feito, os motivos para colocar ação são relativamente poucos. Na direção contrária os estímulos que você recebe para deixar de lado ou protelar os planos iniciais serão muitos. É natural a tendência de permanecer acomodado no conforto. Você tem que estar vigilante para estar motivado e continuar perseguindo as metas propostas no início. Mantenha o foco sempre pensando nos benefícios que obterá ao atingir o objetivo.

Presidente, diretor, gerente, supervisor todos são líderes, eles são vendedores de ideias. Seus colaboradores esperam receber deles estímulos positivos. Esses executivos necessitam estudar profundamente técnicas de vendas e negociação para conseguirem exercer liderança com maior eficiência. Há muitos anos tenho observado o fato de que podemos associar a área de vendas com o esporte, como vela, futebol, tênis e muitos outros. Sempre existe necessidade de muita dedicação, disciplina, entusiasmo, empenho e ousadia. Em uma entrevista com um velejador na televisão foi perguntado: Qual a diferença entre o vencedor e o perdedor? A resposta dele foi: Atitude mental.

O profissional de vendas, o desportista ou o executivo de uma grande empresa pode ter um grande preparo técnico, mas se não houver atitude mental de vencedor, nunca estará entre os primeiros.

Alguém que se propõe a fazer uma maratona com propósito de ser o vencedor tem que estar bem treinado, preparado psicologicamente, alimentado corretamente e motivado para chegar ao final. Tem que estar em condição para se colocar no grupo dos melhores corredores e no final dar uma bela arrancada para se destacar dos outros.

Você acha que isso tem a ver com planejamento de carreira? Com alguém que tem ambição de ocupar cargos mais elevados dentro em uma grande empresa? Com um profissional que quer ser cobiçado por selecionadores de empresas e por **Headhunters**? Ou por alguém que quer montar sua própria empresa?

❖ AYRTON SENNA — EXEMPLO DE MOTIVAÇÃO

Eu estava assistindo a um vídeo sobre esse ídolo do esporte e fiquei impressionado com seus depoimentos. Ele falava que seu preparo envolvia não apenas treinamento técnico, mas também condicionamento físico, mental e psicológico. Diariamente praticava exercícios físicos que aparentemente não tinham conexão com seu esporte. Senna fazia cooper e corria 35km por dia, inclusive nas férias, gastando um bom par de tênis a cada dois meses.

O que o motivava era sua paixão. Ele dizia:

"No automobilismo sempre que estamos treinando ou competindo ficamos expostos ao perigo. Existem riscos calculados e situações inesperadas com as quais se pode contar que surgirão. Em fração de segundo tudo pode acabar. Então refletindo sobre isso, você decide: ou continua e procura melhorar cada vez mais ou desiste. Ocorre que no meu caso, eu gosto demais do que faço, faz parte da minha vida e não vou desistir..." E ainda completava: "A palavra atleta, significa em automobilismo, no futebol, no tênis ou qualquer outra atividade, que você estará sob muito stress e pressão, deixando para trás, na sua vida, muitas outras coisas em favor da sua paixão. Você treina seu corpo para fazer o que você quer e não o que ele quer. Coloca seu corpo no limite em muitas ocasiões. E treina sua mente para a mesma coisa. Para fazer o que deve fazer como um profissional, como um atleta ou desportista e não o que sua mente quer fazer."

Nuno Cobra, seu preparador físico confirma. Ele dizia que ainda havia uma mentalização em que o **Ayrton Senna** ficava repetindo seguidas vezes "vou vencer, vou vencer... vou vencer". Ele se condicionava usando programação mental para ser o vencedor. Era um péssimo perdedor e só se permitia a vitória. Ficava doente com o segundo lugar. Sua meta inicial foi superar os melhores e depois foi à autossuperação. Pode ser que você imagine que o Ayrton tenha tido uma vida que era um mar de rosas, engano. Ele enfrentou sérias adversidades em sua carreira com seus patrocinadores, inveja e sabotagem dos seus competidores, comissão organizadora... Você consegue imaginar as dificuldades para atingir o topo? Qualquer tipo de subida tem fatores adversos como "espinhos, pedras, cacos de vidro...".

Pedro, meu amigo, campeão de kart, me ofereceu sua contribuição: o Senna dizia que "na adversidade, quando uns desistem outros batem recordes". Além disso, ele também tinha outras referências... "Quando penso que cheguei ao meu limite, descubro que tenho força para ir além." "Quando você quer ser bem-sucedido tem que ter dedicação total, buscar seu último limite, dar o melhor de si."

O Senna era o tipo de pessoa que na adversidade, ele a utilizava como desafio. Ele era um piloto fantástico na chuva, justamente porque na sua primeira experiência, na época de kart, na chuva ele foi muito mal, então todas as vezes que chovia ele pegava todo seu equipamento e ia até Interlagos para treinar, treinar, treinar... até ser o melhor. Mesmo assim ele não gostava de correr na chuva, mas fazia o melhor, sempre! Pedro, meu amigo, especialista no assunto, ainda acrescenta:

"Nelson Piquet era um grande estrategista. Ele foi tricampeão mundial e muitas vezes é esquecido. Poderia não ser o cara mais brilhante, mais arrojado, mas ele tinha várias características que o diferenciavam dos demais. Era o maior conhecedor técnico e tinha uma força mental gigantesca. Senna fazia questão de chegar à frente de todos, até quando sofria um acidente e ficava de fora da corrida. Ele fazia questão de apertar o passo e assim demonstrar que era o melhor e o mais rápido, mesmo que fosse para retornar a pé para os boxes." Motivação vem de dentro de cada um. Ela é construída com o nosso pensamento, emoção, atitude e muita energia. Esses são os elementos principais que farão com que o esforço descomunal seja desenvolvido e suportado para atingirmos nossos objetivos na vida.

❖ LAGARTIXA — FORÇA NA ADVERSIDADE

São muitos os exemplos de pessoas que encontraram na adversidade o estímulo para continuar perseguindo um objetivo. Eles lutaram e venceram de qualquer forma. Deixaram sua marca para a posteridade. **Clovis**, meu amigo, chama essas pessoas de "lagartixa". Fiquei intrigado, queria saber qual a conexão daquelas pessoas com o bichinho, mas ele me explicou: boa parte dessa espécie de animais, quando é atacado solta parte do rabo, é uma defesa, mas depois eles se recuperam. Mas existem outros como o jacaré que apesar de ser muito mais forte, se cortarem o rabo, ele vai se esvair em sangue e morrer. Segundo o meu amigo é o que acontece com as pessoas, algumas enfrentam duras provas na vida, mas vão em frente e são homenageadas por sua coragem, bravura e determinação. Mas outras apesar de terem tudo para serem fortes sucumbem aparentemente por pouca coisa.

Achei interessante sua forma de pensar e tentar entender as pessoas que têm dificuldade em se recuperar das surpresas desagradáveis que a vida lhes reservou. São pessoas sensíveis, emocionais e frágeis que estão passando por momentos difíceis, talvez uma doença, ou várias perdas ao mesmo tempo e necessitam de apoio e compreensão. Não sou psicólogo, mas acho deve ser algo inerente à personalidade de cada uma dessas pessoas. Talvez seja resultado de influências externas, educação e maneira como a pessoa foi criada.

Mas o fato é que eu particularmente aplaudo as pessoas tipo "lagartixa". Fico admirado pela demonstração de coragem, determinação, gana, orgulho e atitude. **Mahatma Gandhi** dizia "esforço total vitória total". O fato de a pessoa conseguir uma vitória pode ser apenas uma questão de sorte e nesse caso, o mérito é menor. Nós já assistimos na TV uma corrida em que uma corredora deu tudo de si, mas embora não tenha sido a vencedora, foi ovacionada com o estrondoso aplauso de todos. Estava totalmente exaurida, trôpega, quase se arrastando até atingir a linha de chegada. Uma pessoa comum teria desistido muito antes. Acho admirável a pessoa que tem fé, acredita se esforça e não entrega os pontos diante das dificuldades.

Helen Keller é um exemplo que gosto de citar. Algumas pessoas nasceram com tudo para se sentirem infelizes e se entregarem, no entanto lutaram e venceram. Ela nasceu cega, surda e muda. Viveu como um ser inanimado sobre uma cama durante anos. Era dona de uma inteligência extraordinária, mas ninguém percebia, nem mesmo seus pais. Até que um dia, **Anne Sullivan**, que havia passado por situação parecida e que depois de dominar seu problema estava como professora em um hospital, tomou conhecimento do caso de Helen Keller e decidiu procurá-la. Cuidou dela, conseguiu iniciar um processo de comunicação e a partir desse momento iniciou-se a evolução. Helen Keller formou-se como professora, palestrante e escritora.

Stephen Hawking sofria de esclerose lateral amiotrófica, que foi provocando paralisia progressiva ao longo de décadas. Com o tempo, foi perdendo a capacidade de falar, comunicando-se por meio de um dispositivo gerador de fala, a princípio com o uso de um interruptor de mão e, mais tarde, usando um único músculo da bochecha. Mas nada o impediu de ser professor de Astrofísica na Universidade de Londres. Fez descobertas extraordinárias em seu campo, superando Einstein. Stephen Hawking casou-se logo depois de ser diagnosticado com a doença. Sugiro ver o filme sobre ele.

Essas pessoas tinham todos os motivos do mundo para se entregarem e não fazerem nada, no entanto continuaram lutando e produzindo benefícios para outras pessoas.

❖ NA ARTE MUSICAL

Maestro João Carlos Martins, claro que você já ouviu falar da sua história de superação. Mas será que conhece detalhes? — Recomendo pesquisar. É impressionante a capacidade de superação desse homem. Não foram poucas as situações críticas vivenciadas por ele, foram inúmeras, desde criança. Muita gente boa já escreveu sobre sua vida, até filmes já fizeram. Recomendo ler no Google um pouco sobre o Grande Maestro João Carlos Martins.

❖ NA CARIDADE

Você consegue imaginar as adversidades, dificuldades e grandes obstáculos enfrentados por **Madre Teresa de Calcutá** em sua trajetória? Seu nobre objetivo era amenizar a dor e o sofrimento de outras pessoas.

O que motiva uma pessoa a trabalhar com tamanha abnegação, desprendimento e intensidade para beneficiar necessitados? O que você acha sobre o trabalho dela? Seu exemplo foi extraordinário, conseguindo fazer com que outras pessoas se envolvessem com sua causa e missão. A força da sua liderança contaminou outros líderes em muitos países, pelo mundo afora.

❖ NA POLÍTICA

Abraham Lincoln foi derrotado nos negócios, faliu fragorosamente em todos eles. Na política, perdeu em todas as eleições. Até que finalmente, na votação para presidente do seu país, ele era o "azarão". Como absoluto favorito e tido como o vencedor, havia um juiz de grande prestígio na época, mas já não lembramos seu nome. Como se sabe, **Lincoln** venceu e fez um memorável governo.

❖ NO ESPORTE

No Brasil, temos inúmeros exemplos de superação e grandes vitórias. Um deles é do **Fernando Fernandes de Pádua**. Na Wikipédia você pode ler: "Em 4 de julho de 2009 ele sofreu um acidente automobilístico que o deixou paraplégico.[3] Após o acidente, Fernando começou a treinar canoagem em Brasília, enquanto fazia reabilitação no Hospital Sarah Kubitschek[4] e, desde então, tem conquistado títulos notórios na modalidade."

É um atleta paralímpico brasileiro e desbravador dos esportes adaptados. Atleta desde a infância, foi jogador de futebol profissional, boxeador amador. No mundo Paralímpico se consagrou como Tetracampeão Mundial (2009, 2010, 2011 e 2012), Tricampeão Pan-americano, Tetracampeão Sul-americano e Tetracampeão Brasileiro de Paracanoagem.

❖ NO AUTOMOBILISMO

Gostaria de escrever também sobre um austríaco que considero verdadeiro exemplo de determinação e muita coragem: **Niki Lauda**, para mim, tem uma história de quem consegue "dar a volta por cima" e superar as adversidades da vida. Ele foi alvo de inveja, intriga, competição acirrada, traição e quase perdeu a vida em um trágico acidente.

Iniciou sua carreira como piloto de Fórmula 1 em 1968. Tornou-se um grande e respeitado campeão nessa modalidade de esporte. Em 1976, na corrida de Nürburgring, sofreu um grave acidente em que seu carro pegou fogo. Quase todo o corpo gravemente queimado. Esteve perto da morte. Um padre foi chamado ao hospital para lhe dar extrema-unção. Mas, incrivelmente, ele se recupera e naquele mesmo ano voltaria a correr para disputar o título mundial até a última corrida, perdendo apenas para o inglês James Hunt. No ano seguinte, continuou competindo em alto nível e conseguiu conquistar seu segundo título mundial.

Essa história mostra a diferença que existe entre os eventuais vencedores de uma corrida, que por um lance de sorte chegaram ao podium e os autênticos campeões, verdadeiros guerreiros que não entregam os pontos mesmo quando parece que está tudo perdido. Tempos depois do acidente, **Niki Lauda** recuperado, mas com o rosto muito deformado pelas queimaduras e sem uma das orelhas, deu uma entrevista para **Roberto D'Ávila** em 1984. Tive o privilégio de assistir na antiga e saudosa TV Manchete. Mas você também pode conferir no YouTube.

Como sua filosofia de vida ele disse que "não fico remoendo coisas negativas do passado, mas sim vivo o presente, pensando no amanhã". Apesar disso, contou que durante o período que ficou no hospital, perdeu a noção do tempo devido às ataduras que envolviam todo o seu rosto e corpo, ele apenas ouvia, não via. As dores que sentia eram terríveis, pensou em como seria bom se estivesse morto. Mas ficou assustado com essa ideia, então começou a se mexer na cama. Decidiu não mais dormir e assim ele escutava as desagradáveis conversas das pessoas que entravam no seu quarto. Os médicos não sabiam que ele conseguia ouvir, então era frequente o comentário "ele não vai resistir, vai morrer".

Ele relatou para o **Roberto D'Ávila**:

"Senti um toque no meu ombro e percebi que era o padre dando 'extrema-unção'. Sem ao menos me dirigir uma palavra de consolo, foi embora. Foi muito ruim. Ele veio no estrito cumprimento do dever. Isso me deixou tão chateado que senti forças para continuar vivo."

Niki Lauda continuou sua carreira como piloto obtendo ainda um outro título mundial de Fórmula 1 em 1984. Muitas pessoas teriam "pendurado as chuteiras" com medo de mais um acidente. Coragem e ousadia para arriscar são atitudes para serem praticadas e desenvolvidas por toda vida em qualquer setor profissional.

O piloto, em um lance de sorte pode ter conseguido uma vitória, mas para ser campeão ele deve ter muitas outras vitórias, com lágrimas, suor, sangue e um esforço gigantesco. Não existe eventual campeão.

Você consegue imaginar alguém que tenha chegado a Presidente de grande empresa sem ter sido vítima de inveja, armadilhas e traições? Consegue imaginar um grande líder sem coragem de arriscar? Com certeza alguém que conquistou elevadas posições também errou e falhou muitas vezes, mas continuou perseguindo seu objetivo. Cada erro cometido tem que se tornar um estímulo e um aprendizado.

Para chegar ao topo da montanha é preciso planejamento, determinação, visão de como vai ser bom chegar lá em cima. Algumas paradinhas no meio da subida ajudam a ganhar um novo fôlego. Conquistar aliados para fazer a escalada é muito importante, pois subir recebendo apoio de companheiros leais é mais divertido e a vitória fica mais saborosa. É bem melhor.

❖ NOS NEGÓCIOS

Soichiro Honda, é claro que não pretendo contar a história dele aqui, mas vou citar alguns pontos que mais me chamam a atenção. Tenho certeza de que você vai querer mais detalhes, então vá até o Google e YouTube, ali o material sobre esse notável exemplo de determinação é bem vasto. Pelo sobrenome você já sabe sobre quem estou escrevendo.

Ele nasceu em 1906, então você pode imaginar por tudo que ele passou. Ele dizia que "sucesso é 99% de fracasso". É fácil entender a mensagem quando tomamos conhecimento do número de vezes que ele subiu e desceu na vida. Outra frase famosa dele: "Não dou a mínima para diploma, o que eu quero é conhecimento."

Em 1944, em plena guerra mundial, sua fábrica foi bombardeada. Tempos depois um terremoto completou a tragédia. Em 1946, viu oportunidade no meio de uma crise terrível no pós-guerra. Você consegue imaginar o que é um país devastado física e moralmente pela bomba atômica? Faltava tudo, moradia, alimento, combustível. Já vi gente desanimar por muito menos, mas o Sr. Honda era diferente. Ele nunca entregou os pontos, trabalhava dezesseis horas todos os dias, dormia na fábrica, se desfez de tudo que podia e investiu no que acreditava.

Ele iniciou novo negócio, ocupando uma sala de 16m² com 12 empregados, ali ele criou uma bicicleta motorizada. Em 1949, vendeu a empresa e com US$5 mil, iniciou a "Honda Motor Company". Sr. Honda era fundamentalmente técnico, mas sua percepção mostrou que ele necessitava de alguém na área comercial.

Então iniciou o trabalho com o cofundador da empresa, Takeo Fujisawa. Bem, vou deixar você pesquisar mais sobre essa emocionante história, que está cheia de mensagens de esperança e realização. Ela mostra que sempre acontecem coisas boas para quem é otimista, determinado, trabalha duro e tem fé com visão de futuro promissor.

❖ NADA CAI DO CÉU — AUTOR DESCONHECIDO

Era uma vez um rei muito poderoso que deu uma ordem aos ministros: "Quero saber como um homem pode conseguir prosperidade e ter uma vida feliz." Colocou um prazo bem dilatado para que a tarefa fosse cumprida e, no dia aprazado, os ministros tinham um vasto material para apresentar. Quando o rei viu aquela montanha de papel ficou indignado e mandou queimar tudo sem olhar para nada. Exigiu algo muito mais simples.

Imaginando que algumas cabeças poderiam rolar por incompetência, saíram da sala, apavorados. Foi quando um deles se lembrou de um velho e sábio mestre que talvez tivesse alguma ideia. Chegando lá, contaram o drama e o velho, com sua mão magra, dedos nodosos e trêmulos, pegou um pedaço de papel e a pena com tinta, escreveu algumas palavras, colocou em um envelope e ordenou que a mensagem fosse lida somente na presença do rei. Apesar de temerosos, resolveram arriscar e obedeceram

Lá chegando, com apenas um pequeno envelope nas mãos, o rei já deu um sorriso de aprovação. Quando leu o que estava escrito, fez uma exclamação e falou em voz alta para que toda a corte, que estava ali reunida para um momento tão solene, ouvisse. A expectativa era enorme, principalmente entre os ministros. O rei falou:

"Nada cai do céu!..." Nada cai do céu, repetiu o rei. Estupefatos todos viram o rei descer do trono e abraçar calorosamente seus ministros numa demonstração de apreço por terem encontrado uma resposta tão simples para uma pergunta que lhe perseguia há tanto tempo. Muitos de nós gostaríamos de ter uma vida feliz, mas o que se faz é colocar a culpa em alguém ou na falta de sorte, sem perceber que o que se quiser vai ter que ser "cavado". Felicidade está dentro de cada um de nós.

❖ O QUE CAI DO CÉU? — CAEM COISAS BOAS E RUINS

A chuva quando cai mansinha na medida certa é boa para a lavoura. Quando é torrencial ela tem grande poder de destruição. Avião é um meio de transporte maravilhoso, mas quando cai pode causar grandes prejuízos e matar muitas pessoas.

Aldo Quiroga, ótimo jornalista, foi apresentador do excelente programa de TV "Matéria de Capa". No dia 26 de maio de 2019 ele falou de um meteoro que caiu no Sudão carregado de diamantes. Caiu do céu e não machucou ninguém, que bom para eles!

É melhor se preparar para encontrar um bom emprego do que esperar que mais um meteoro carregado de um tesouro caia do céu, no seu quintal, para resolver seu problema.

❖ "À ESPERA DE UM MILAGRE"

Por curiosidade fui no YouTube e digitei: "Como conseguir um bom emprego?" Fiquei impressionado, pois existem muitas pessoas com disposição para ajudar o semelhante ao colocar seu conhecimento e experiência à disposição de forma pública. Acho isso muito positivo.

Muitos desses conselheiros são antigos profissionais, que já atuaram como executivos em multinacionais, e que, com sua vasta experiência na vida corporativa, produziram vídeos de elevada qualidade técnica. Encontrei professores, donos de excelente didática oferecendo seu conhecimento de forma clara e estimulante. Outros já atuaram na área de Recursos Humanos como selecionadores e até como Headhunters, seus conselhos têm um caráter não apenas técnico, mas muito prático passando mensagens de otimismo e esperança.

Encontrei um garotinho ensinando como encontrar emprego usando celular e por incrível que pareça aprendi coisas que eu não sabia. Aparecem também receitas de "simpatias" com velas ou com martelo, fumo de rolo, café... Uma vidente e um pai de santo... Tenho grande respeito por eles, tenho certeza de que a fé pode ajudar, assim como as orações têm um poder extraordinário, e em momentos extremos você tem o direito de usar todas as energias positivas a seu favor. Mas o que me causou espanto é que o YouTube, em sua eficiência, coloca o número de visualizações que cada um deles recebeu até aquele momento. Você sabe quantas visualizações tem o professor? Oito mil. A experiente executiva de RH, 1.200. Todavia, os que aparecem com um número de visualizações expressivamente maior são os que ensinam "simpatia", todos com mais de 500 mil. Tem um com título sugestivo e inteligente sugerindo "truques", esse é o campeão com mais de um milhão de visualizações. **Como você vê isso?** — Eu acredito em milagres, mas para que isso aconteça é preciso que nós façamos a nossa parte.

Vejo que um grande número de pessoas estão aguardando que aconteça o milagre. Esperam conseguir um emprego maravilhoso, de preferência sem ter que fazer esforço. Milagres acontecem e eu vou lhe contar um, mas fruto de muito empenho.

❖ DETERMINAÇÃO E ESTRATÉGIA — GRÉCIA ANTIGA — MARATONA

Como profissional, qualquer que seja sua área, para progredir será necessário que você tenha em sua personalidade muita determinação com foco no seu objetivo principal. Também será importante que consiga desenvolver visão estratégica, como um jogador de xadrez...

Com certeza, você já assistiu ao filme *Os 300 de Esparta* ou sua versão mais recente, *300*. É uma verdadeira aula de planejamento, determinação, disciplina e liderança.

Lendo um pouco sobre a história grega, você vai ficar empolgado com o que ocorreu no verão de 490 a.C. Não pretendo dar aula de história, mas aí vai um pequeno resumo com o objetivo de inspirar e visualizar suas vitórias.

Relembro o episódio que ficou conhecido como Guerras Médicas por causa dos Medos (Wikipédia). Seguindo ordens do rei Dario I, centenas de embarcações persas cruzaram as águas do Mar Egeu desembarcando na baía próxima à cidade de Maratona, distante da cidade-estado de Atenas a aproximadamente 40km.

A situação ateniense era no mínimo desesperadora, entretanto, apesar da superioridade numérica da força invasora, os atenienses se prepararam e partiram para a guerra contra os persas. O resultado desse breve conflito provou que uma pequena força poderia sobrepujar um poderoso exército por meio de estratégias ousadas e adequadas, imbuídas do ideal de liberdade, visão de futuro vitorioso e atitude.

Os atenienses estavam sob o comando de Milcíades. A liderança de Aristides e Temístocles na difícil Batalha de Maratona foi decisiva. Não foi fácil, mas os gregos ganharam o dia. Os persas perderam 6.400 enquanto 192 soldados gregos morreram. **Milcíades** ordenou que o soldado Felípedes corresse até Atenas para comunicar a vitória.

Ele correu 40km. Milcíades teria dito:

> *"Felípedes, corra! Corra até Atenas para contar que vencemos. Corra muito, antes que nossas esposas coloquem em prática o plano em caso de derrota."*

O soldado obedeceu a ordem ao pé da letra para chegar lá e dizer **"Nike"** (vitória para os atenienses), caiu exausto, sem condição de entrar em detalhes e morreu. Essa jornada épica deu início à competição que conhecemos hoje como "**maratona**".

Somente alguém com tamanha motivação, elevado espírito de responsabilidade com o cumprimento do dever estaria disposto a um esforço e sacrifício tão grandes. Perceba que nessa história o ensinamento é que você deve se entusiasmar pelo que escolheu como profissão e que valorize seus resultados positivos por menores que sejam.

Nas olimpíadas temos visto atletas chegando perto do esgotamento total, mas continuam lutando para superar seus "aparentes" limites, e com isso conseguindo bater seus próprios recordes.

Uma atleta concluiu a corrida e, para atingir a linha de chegada arrastou-se trôpega, literalmente, mas não parou enquanto não alcançou a linha de chegada, seu objetivo. Aclamada de pé por todos os espectadores, deixou seu exemplo de absoluta determinação.

Um lutador enfrentou seu adversário com febre. Vimos outro exemplo que foi o campeão correndo descalço. Lembro também daquele que estava em primeiro lugar e quase na linha de chegada quando foi interrompido por um maluco que assistia a corrida, mesmo assim continuou em direção a linha de chegada.

Tenho visto profissionais que literalmente "deram o sangue" pela empresa a ponto de serem hospitalizados. Outros que perderam a família por trabalharem demais. Mas na hora de buscar uma nova colocação no mercado de trabalho, fazem corpo mole, ficam dispersos ou procuram desculpas. Dizem que o problema é a crise.

A forte energia que foi usada durante anos em benefício da empresa onde estava, deve ser usada quando se trata do momento de transição de carreira. Siga o exemplo dos grandes atletas, tenha foco, dedicação, entusiasmo, visão da vitória e trabalhe agora tanto quanto trabalhou para a empresa dos outros.

Envie muitos CVs, o máximo possível, até para os absolutamente improváveis. Com um número absurdamente elevado de envios suas possibilidades aumentam. Faça contatos, use sua criatividade e faça diferente.

Fazendo o que todos estão fazendo, obterá o mesmo resultado deles, **Einstein** já dizia isso.

❖ SÓ CONSEGUE NOVO EMPREGO QUEM FAZ ENTREVISTA

Só faz entrevista quem faz envio de CVs. Invente, crie formas de contato, saia do lugar-comum. Quando esse "investimento" frutificar, vem a próxima etapa: prepare-se para fazer a entrevista "matadora", vencedora e se tornar o campeão das negociações. Você tem que vencer seus concorrentes, que são muitos. Tem que ser melhor que eles. É a verdadeira maratona. Casos citados servem como exemplo ilustrativo. Por ética os nomes das pessoas foram trocados.

❖ CASO MARCO AURÉLIO — VP RH

Aurélio foi meu *coachee*. Em seu último emprego havia ocupado destacada posição como Vice-Presidente de RH em famosa multinacional por cinco anos. Era dono de excelente histórico profissional e o domínio de outros idiomas completava seu CV. A experiência colhida ao longo de muitos anos lhe conferia um status privilegiado, mas cometeu um erro básico: deixou-se acomodar na zona de conforto e não se preocupou em se tornar visível para o mercado. Ele se sentia muito seguro e imaginava que nada poderia abalar seu futuro.

Ele havia ocupado elevadas posições em outras grandes corporações e assim sendo, era apenas conhecido e cortejado por alguns Headhunters. Mas isso não quer dizer que seu relacionamento era ótimo com seus parceiros. Era apenas formal, profissional. Assim, não se preocupava em "alimentar" seu networking. Mentalmente dizia "eu sou o cliente, eles é que precisam de mim"... Por causa desse pensamento, achava que não precisava ter iniciativa de manter contato ativo com seus prestadores de serviço.

Quando tivemos o primeiro contato, ele já estava procurando emprego há dois anos. Sua aparência estava bem desgastada. Perguntei qual o motivo da sua maior dificuldade, ele disse que era sua "idade avançada", 57 anos (é uma justificativa bem padrão). Justificativas ajudam a aliviar o "peso" e transfere responsabilidades. Falou bastante das suas dificuldades, da sua vida particular, dos seus compromissos, do esgotamento da reserva financeira. Não sabia mais o que fazer. Para passar o tempo, estava fazendo alguns cursos de artesanato e fotografia. Para a família não ficar fazendo muitas perguntas inventava algumas entrevista, mas ia para o shopping e ficava olhando as pessoas passarem.

A partir de uma conversa mais profunda começamos nossas sessões de **coaching**. Fiz algumas "perguntas-chave", definimos alguns compromissos e delineamos o que poderia ser feito de diferente ou o que deveria ser aproveitado da sua experiência como executivo. Perguntei:

— Como era sua rotina antes de ficar desempregado?

— Acordava às 6h, fazia uma corrida até 6h30. Tomava banho, me arrumava, tomava café e deixava meu filho na escola às 7h30. Às 8h já estava no escritório para iniciar a jornada. Meu expediente nunca era encerrado às 18h, era sempre bem depois.

— Alguma vez trabalhou durante o fim de semana?

— Inúmeras vezes.

— Teria dificuldade para adotar esse estilo de vida se fosse contratado agora por uma nova empresa?

— Claro que não. Sinto falta disso. É o que mais quero.

Pois bem, disse-lhe eu:

— Então comece agora fazendo isso pelo seu bem e da sua família. Volte ao seu ritmo, você tem muita coisa para ser feita.

Voltou a acordar cedo e fazer a corrida matinal. Gradativamente ele foi se reerguendo, animou-se para reformular o CV. Adotou outra postura mental refletindo consequentemente na atitude física. Ele percebeu que o início da sua "campanha" foi prejudicado pelo excesso de autoconfiança e até certa arrogância. Antes ele era cortejado, mas quando perdeu o emprego, teve a impressão de que era ignorado. Isso causou depressão, sentiu-se humilhado. Mas com nossas sessões de **coaching** esse sentimento e visão foram sendo transformados. Gradativamente foi recuperando sua autoestima e autoconfiança.

Você lembra que o Marco Aurélio estava há dois anos desempregado? Ele precisou de uma boa e profunda reflexão para rever seus antigos conceitos. Para começar, ele fez reformulações no seu CV. Manteve o conteúdo, mas fez mudanças na estrutura, no layout e procurou adotar visão de marketing. Deu destaque para suas habilidades como líder e gestor que consegue produzir resultados, muitos resultados.

❖ COVER LETTER

Alertei que nos contatos iniciais que ele faria, em vez de enviar o CV, ele poderia tentar algo um pouco diferente e preparar o que chamamos de *cover letter*. Não chega a ser uma carta porque é mensagem curta, mas tem que ser personalizada, instigante e provocativa. Nas próximas páginas vou escrever sobre esse tipo de mensagem inicial como alternativa para o posterior envio de CV. É mais um recurso diferente, com abordagem mais objetiva e que não é normalmente usado. Da mesma forma, precisa despertar interesse e fazer com que o destinatário se interesse em conhecer o profissional.

Ela deve ter um toque mais pessoal, quase coloquial. O currículo tem um caráter mais técnico, frio. *Cover letter* tem a intenção de criar sintonia entre duas pessoas que ainda não tiveram contato pessoal. Quando esse relacionamento já existe a redação fica mais fácil. Quando você ler a mensagem que o Aurélio escreveu, ficará mais claro.

Marco Aurélio revisou seu *mailing* para reativar antigos contatos que havia feito no início da campanha, mas agora com mais simplicidade e humildade. Estabeleceu rotina diária de trabalho, continuou levando o filho à escola pela manhã cedo. Mas às 8h já estava em seu computador fazendo levantamento de empresas, nomes de Diretores, novas oportunidades. Iniciou um planejamento para quem telefonaria tentando agendar visita e café no final da tarde. Respeitando alguns intervalos para refeições, sua jornada terminava por volta das 22h ou 23h.

❖ ESCREVA ALGO QUE DIGA RESPEITO AO DESTINATÁRIO

Siga o conselho do Marco Aurélio, ele diz:

"Para criar *rapport* com o destinatário é conveniente iniciar a mensagem escrevendo algo lhe diga respeito. Comente sobre um artigo ou livro escrito por ele, uma entrevista ou palestra proferida, descubra pessoas que sejam conexões comuns aos dois. Antes de enviar qualquer mensagem personalizada é fundamental, é elementar, pesquisar sobre a pessoa nas redes sociais, caso contrário a possibilidade de ficar sem resposta é muito grande."

Marco Aurélio fez levantamento de empresas que estavam com perspectivas de investimentos no Brasil. Relacionou nomes de Presidentes e Diretores com encaminhamento de mensagem para eles sempre citando seus nomes no início da mensagem. Nos primeiros 30 dias, Aurélio enviou cerca de 350 mensagens "quentes" personalizadas. O retorno aconteceu quase de imediato. Isso foi verdadeira massagem no ego do Aurélio. Nem todas as pessoas responderam, mas o aproveitamento 10% foi positivo.

Outra iniciativa positiva dele é que depois que enviava a mensagem (*cover letter*), ele esperava cerca de dez dias para telefonar para as pessoas que não haviam respondido e perguntava se haviam recebido a mensagem. Alguns não haviam recebido nada, ele agradecia e dizia que faria novo envio. Depois ligava mais uma vez.

Quando o contato se encontrava estabelecido, ele fazia uma nova mensagem com foco no destinatário falando que assistiu a uma entrevista dele na TV, ou numa revista, ou palestra, ou sobre um livro que ele havia escrito, ou sobre a empresa onde ele era o Diretor. Eram três ou quatro linhas e no final uma ou duas linhas eram sobre seu interesse em fazer parte da equipe. Mensagem que tem muita coisa escrita ninguém lê.

Disso tudo, oito empresas telefonaram para completar informações e pediram que ele enviasse seu CV. Três delas agendaram entrevista pessoal. Isso reergueu a esperança e o ânimo do Marco Aurélio.

Quando fazia a entrevista, também enviava o agradecimento e alguns dias depois telefonava para saber se o entrevistador havia recebido. Ele não perguntava pelo "emprego". Era uma forma polida e sutil de demonstrar seu interesse e também fazer com que seu nome fosse mais uma vez lembrado.

Certo dia, ele me procurou eufórico por causa de um processo de seleção que estava participando, o qual foi iniciado por um famoso Headhunter. Ele era um dos três finalistas para uma multinacional norte-americana. Na semana seguinte, apareceu muito triste, pois haviam optado por outro candidato. Fizemos mais quatro sessões e de repente fiquei sem notícias dele. Seu celular estava desligado. Fiquei bastante preocupado. O que teria acontecido?

Mais de um mês depois, chegando cedo ao escritório, meu telefone tocou, era ele. Falou: "Acabei de chegar de viagem e você é o primeiro para quem estou ligando. Estou colocado naquela empresa norte-americana. Dentro de uma hora passo por aí pra contar como foi."

Depois que recebeu a notícia de que aquela citada empresa norte-americana havia escolhido outro candidato, embora abatido, continuou enviando suas mensagens e pesquisando vagas nas redes sociais. Certo dia, viu a "bendita vaga" sendo anunciada mais uma vez, ficou reanimado. Como já sabia qual era a empresa, pois havia feito entrevista com os norte-americanos por Skype, telefonou direto para a matriz deles nos Estados Unidos e falou que queria participar do processo novamente. Eles gostaram da sua iniciativa e convidaram-no para ir até lá para uma entrevista pessoal, pois o candidato que haviam escolhido não se adaptou.

Ele conseguiu não apenas um emprego, mas sim o melhor deles, com salário e benefícios muito acima do que jamais poderia imaginar. Você diria que foi sorte? Claro que não. Na realidade, por iniciativa dele, a partir da ligação feita para a empresa nos Estados Unidos ele passou a concorrer sozinho para a vaga. Eles suspenderam a divulgação e não chamaram mais nenhum candidato.

A partir do momento em que Marco Aurélio iniciou as sessões de coaching comigo, ele recobrou autoconfiança, fé, seu entusiasmo, mas com humildade e "pés no chão", consciente de que teria que se esforçar muito para que algo bom acontecesse. Passou a trabalhar intensamente e com determinação, seguiu um sério planejamento com a estratégia correta para atingir o seu sucesso.

Como você pode ver, nesse caso, os indícios mostravam que o nosso herói havia sido excluído e estava fora do processo de seleção na empresa norte-americana. Quando parece que não tem esperança aparece a luz. Insista, acredite "enquanto não terminar, não terminou". O sucesso depende da sua fé, autoconfiança, trabalho. Mantenha e alimente bom relacionamento com todos os seus entrevistadores, mesmo depois de se recolocar. O milagre verdadeiro é esse! — Faça a sua parte que ele acontece. Casos citados servem como exemplo ilustrativo. Por ética, os nomes das pessoas foram trocados.

VOCÊ PODE TER TUDO QUE QUISER!

5

❖ QUEM QUER FAZ. QUEM NÃO QUER...

Aurélio "mudou da água para o vinho". Saiu do desalento e partiu para ação. Ele realmente se transformou e deu uma virada de mestre. Quando estava no limite usou toda experiência e sabedoria a seu favor. As mensagens que enviava para os Headhunters e para altos executivos eram fruto de muita pesquisa sobre cada um deles. Frequentemente ficava até altas horas da noite pesquisando sobre essas pessoas para fazer um trabalho absolutamente personalizado. Eram todas redações diferentes umas das outras. Era algo muito bem pensado, nada aleatório nem padronizado.

Ele reativou e revigorou seu contato com seus colegas de RH e com seus antigos parceiros que atuavam como Headhunters e também nas boas Agências de Emprego. Foi uma transformação radical na forma de ver seu desafio. Atualmente, com os incríveis recursos oferecidos pela internet, ficou mais fácil para ele ter acesso às informações sobre as empresas e seus diretores.

❖ FAÇA DIFERENTE — SAIA DO LUGAR-COMUM

WhatsApp, e-mails e as demais redes sociais, como você sabe, hoje são os veículos de comunicação mais usados por pessoas e empresas. Quando nos comunicamos em um contato pessoal ou por telefone, podemos dar força ou enfraquecer nossa mensagem não apenas com as palavras usadas, mas também com o tom de voz, inflexão, jogo fisionômico, atitude física e até por meio de mímica. Esses elementos não são transmitidos em um e-mail. Por causa disso você precisa ter cuidado quando escreve, tem que ter certeza de que será bem interpretado, de maneira correta e que sua intenção será entendida de forma clara.

Considero que a comunicação interpessoal seja um assunto muito importante por envolver pessoas em diferentes contextos. Por causa disso, vou inserir comentários sobre esse tema em vários pontos deste livro. O início da mensagem determina se a pessoa terá interesse de continuar lendo ou se deletará.

Escreva algo que diga respeito ao destinatário, personalize sua mensagem. Inicie sua redação colocando foco nele. Procure criar uma breve conexão, um vínculo para ter possibilidade de captar a atenção e simpatia de quem lhe interessa. Considere o que nos ensina a **PNL** (Programação Neurolinguística) sobre estabelecimento de "rapport" ou criação de um vínculo positivo com outras pessoas. Veja no YouTube matérias sobre **PNL**. Mais a frente escreverei mais um pouco sobre esse assunto.

❖ LINKEDIN — CONEXÕES EM PRIMEIRO NÍVEL

Tenho certeza de que você sabe que o LinkedIn é uma rede social com foco estritamente profissional, embora seja similar às outras mídias. Com LinkedIn você tem a possibilidade de fazer conexão com profissionais em qualquer parte do mundo. Se você tem 100 conexões e essas 100 também têm outras 100, significa que seu perfil estará disponível a 10 mil conexões quase diretas.

Pesquise sobre o destinatário no LinkedIn:

Quando enviar mensagem escrita para alguém que ainda não conheça, sugiro antes fazer uma rápida pesquisa sobre essa pessoa. Você se lembra do conselho do Marco? Com as informações colhidas, inicie escrevendo o nome do destinatário. Escreva algo que diga respeito a ele e não apenas em relação ao seu interesse ou necessidade. É aí que entra a vantagem de ter noções de PNL e saber se utilizar dos recursos do LinkedIn. Antes de escrever sua mensagem você deve pesquisar sobre o destinatário e descobrir:

- Onde ele estudou, formação e cursos complementares;
- Em quais empresas trabalhou anteriormente;
- Há quanto tempo está na empresa atual;
- Qual posição que está ocupando;
- Quem são as pessoas que fazem parte das suas conexões;
- Pratica algum esporte;
- Quantas recomendações ele recebeu e quantas concedeu;
- Escreveu algum livro ou publicou artigos técnicos, proferiu alguma palestra, foi homenageado, ou participou de algum Webinar (o que ele falou?);

- Principais interesses;
- O que sua atual empresa faz e quem integra a liderança, quem faz parte da Diretoria;
- Peça conexão se ainda não tiver. Escreva uma breve mensagem personalizada.
- Quando ele aceitar, responda com algumas poucas palavras, alimente a cordialidade.

De posse de algumas informações você talvez consiga descobrir como entrar em sintonia, quais afinidades ou se existem amigos em comum. Socialize, humanize e personalize sua comunicação, evite as mensagens padrão (copiar, colar). Seja breve sem ser seco ou frio demais, mas também evite escrever muito, mantenha o foco.

Exemplo do que pode ser escrito no início de um e-mail:

"Albertino, parabéns pelo prêmio de melhor do ano" ou "Leonor, gostei da sua entrevista na televisão"; "Alípio, aprendi muito ao assistir a sua palestra"; "Joaquim, seu vídeo tem importante conteúdo para nossa comunidade. Grato."; "Helio, parabéns pela promoção. Desejo-lhe muito sucesso em seus novos desafios"; "Jorge, desejo muita felicidade e saúde pelo seu aniversário"; "Margarete, estou vendo no LinkedIn que você está nessa empresa há doze anos. Parabéns!"

O profissional que está desempregado e faz um envio pura e simplesmente do resumo do seu CV, ficará sem entender a causa da falta de resposta.

❖ PROCURANDO EMPREGO? ONDE ESTÃO AS VAGAS?

Lei de Pareto, mais uma vez, ela também funciona aqui. Os recursos para encontrar a "empresa dos sonhos" são muitos. Ou seja, eles dizem e eu comprovo com minha experiência em mais de 35 anos apoiando executivos em transição de carreira, digo que 80% das boas oportunidades não são divulgadas e serão preenchidas por meio da rede de relacionamentos.

Observe que seu networking tem valor inestimável, cuide dele com muito carinho. É algo para ser incrementado com prazer pelo resto da vida. Dá trabalho, mas vale a pena.

Repetindo: as melhores vagas do mercado de trabalho não são divulgadas, elas são preenchidas por meio de indicações de pessoas que se relacionam. É o mesmo quando o médico ou o advogado é recomendado por um amigo. Nesses casos, em princípio, já existe um nível de confiança mais elevado.

Posições estratégicas para Diretoria ou Gerência na área Financeira, Compras, Supply Chain, Comercial, Industrial, Logística, TI serão preenchidas preferencialmente por meio de alguma recomendação e muitas vezes esses candidatos são procurados dentro de sigilo. Essa confidencialidade vou justificar mais a frente.

Os executivos que têm me procurado dizem que quando precisam mudar de emprego a primeira coisa que fazem é colocar o CV nos SITES especializados. Por que será? É mais cômodo e fácil deixar esse solitário trabalho por conta dos outros e esperar que um milagre aconteça.

Mas quando alguém tenta analisar por qual razão a maioria dessas pessoas ficam meses na espera da entrevista que não surge, a resposta é que o mercado está retraído, ou então é por causa das eleições, fim do ano com festas de natal, ou do carnaval. O fato é que o tempo vai passando e nada diferente é feito por elas. Mas o prejuízo vai aumentando.

Você tem que sair da zona de conforto e "alimentar" sua rede de relacionamento com pessoas com quem pode trocar experiências profissionais — antigos colegas de trabalho ou da faculdade, e também os novos, aqueles que descobrirão no LinkedIn, ou em algum congresso. Relacionamento é troca, e para receber, primeiro tem que oferecer algo interessante para a outra parte. Tem gente que só procura os conhecidos quando precisa, depois fica reclamando que ninguém responde suas chamadas.

O "LinkedIn Premium" informa quantos candidatos enviaram CV para cada anúncio e ali você também fica sabendo quantos por cento existem de possibilidade a seu favor. Um dos meus clientes viu uma dessas chamadas cujo perfil era o seu. Ficou empolgado e enviou o seu CV. Dias depois viu que havia 4.700 candidatos e ele estava no grupo de 10% com boas possibilidades. Ou seja, ele estava concorrendo com 470 bons candidatos. Recomendo que esse importante recurso seja intensamente usado para que sua estratégia vá mudando de acordo com a necessidade. É preciso haver acompanhamento.

Estando empregado ou desempregado, procure descobrir novos caminhos alternativos, saia do lugar-comum. Todos os recursos são válidos: sites de procura de emprego, cadastro no site das empresas, resposta aos anúncios do LinkedIn (abertos ou fechados), envios para suas conexões no LinkedIn, contatos com antigos chefes ou colegas de faculdade etc. Quanto mais contatos realizados, mais possibilidades positivas você terá. Não abra mão de nenhum desses recursos. Exagere!

Vou repetir várias vezes: só consegue emprego quem faz entrevista, e só faz entrevista quem envia elevada quantidade de CVs. Você sabe quais os recursos que a maioria dos candidatos usa para conseguir uma entrevista. Pense no que você pode fazer de diferente para superá-los e ser o candidato de sucesso, o vitorioso, o vencedor, o campeão!

❖ TROCA DE PAPÉIS — VOCÊ É CANDIDATO OU SELECIONADOR?

Alguns candidatos quando abrem o LinkedIn no ícone "vagas", querem encontrar um anúncio no qual aparece o seu retrato e o título "procura-se este profissional". É claro que ninguém faz isso, é só imaginação, mas tem gente que chega perto disso. O selecionador quando se coloca diante de uma pilha de CVs, tem ao seu lado o perfil da vaga. Passando os olhos na história de cada candidato, ele procura as "palavras-chave", para só então, escolher apenas alguns e fazer leitura mais apurada. Óbvio que o papel dele é selecionar e a obrigação do candidato é enviar seu CV.

Na "troca de papéis" o candidato se autoelimina por imaginar que não está completamente dentro do perfil. Um dos meus *coachees* viu um anúncio em que ele se enquadrava muito bem, embora exigisse inglês fluente. Incrivelmente foi chamado. O selecionador questionou o quesito idiomas, mas ele argumentou que já havia vencido muitos desafios em sua vida e que garantia que em pouco tempo estaria muito melhor em sua comunicação no idioma inglês, pois sua base era muito boa. Foi contratado.

Em outro caso, o profissional com larga experiência como gestor, respondeu a um anúncio da sua área para uma posição bem abaixo da que ele pretendia. Foi mais um caso em que aconteceu do candidato receber contato por telefone. Em seguida, conseguiu fazer a entrevista por Skype com o RH que estava fora do Brasil. Ele avançou no processo seletivo para, enfim, ser contratado.

Minha recomendação é que você deve fugir da autoeliminação. Eu tenho muitos casos semelhantes. Envie seu CV, o que você perderá? Acredite no seu potencial, funciona! Acredite na boa sorte, ela existe!

A obrigação do vendedor é bater à porta do cliente. Ele só vai saber se a venda vai acontecer depois que abrir a pasta, apresentar o material promocional e tentar preencher o talão de pedidos. Nós sabemos que o "não" ele já tem. O desafio é conseguir o "sim".

Imagine responder a um anúncio o qual você percebe que não está totalmente no perfil e acha que não preenche todos os requisitos, apenas boa parte. O que você perderá ao enviar seu CV? O que acontecerá se por acaso for chamado para uma entrevista? Um selecionador só chamará um candidato quando existe algum interesse. Quando você estiver se preparando e planejando para enviar um CV ou fazer um contato, procure imaginar o motivo pelo qual um selecionador lhe chamaria. Talvez o cargo esteja acima da sua competência? Ou então é o contrário, você está muito qualificado e a posição a ser preenchida aparentemente não é muito sedutora?

Deixe a seleção por conta do selecionador. Sua obrigação é correr o risco de ser chamado. Se o CV ficar trancado na sua gaveta você sabe o que vai acontecer? Nada. Só vão chamá-lo para uma conversa se eles perceberem que seu potencial é elevado, mesmo que não esteja 100% enquadrado no perfil. Tenho certeza de que muitos selecionadores vão me criticar por eu defender essa ideia, mas minha experiência em mais de 35 anos nesse assunto, mostra que o resultado é positivo. Ou então o anúncio diz que é para uma posição abaixo da sua pretensão. O que você vai perder respondendo o anúncio? Nada, repito, então responda. Pode acontecer que quando eles analisarem seu CV perceberem que na realidade necessitam de um profissional mais bem qualificado.

Desde que você se planeje bem para a entrevista, o resultado pode ser muito positivo. Recomendo aceitar todas as entrevistas que surgirem, nunca é perda de tempo, mas sim aprendizado. Cada uma delas tem que deixar um saldo positivo. No mínimo você vai descobrir quais as perguntas que mais incomodam e planejar quais as melhores respostas para as próximas entrevistas.

Quando fizer levantamento de empresas tentando descobrir para onde enviar seus CVs, evite ser tão seletivo. Ataque todas, as grandes, pequenas ou médias, coloque mais ação.

Um mantra: "Só consegue emprego quem faz entrevista e só consegue entrevista quem envia CVs." Simples assim. Você já ouviu falar de rapazes que começaram em uma portinha de garagem e que hoje dirigem uma megaempresa. Então se for chamado para uma entrevista e na pesquisa descobriu que é uma pequena empresa, procure se "despir" de preconceito e vá fazer a entrevista cheio de entusiasmo e vontade.

Com certeza, também conhece a história de multinacionais que pareciam indestrutíveis e que hoje ninguém fala delas. Apesar da grande potência, de repente faliram e muita gente ficou desempregada.

❖ FEIRAS, CONGRESSOS E SIMPÓSIOS

Nossas grandes capitais estão preparadas para receber todos os anos dezenas de eventos das mais diferentes áreas como congressos, feiras, cursos, palestras... nos quais executivos de grandes empresas se reúnem. Com a pandemia houve uma "parada", como aconteceu em outros setores, mas, com certeza, o movimento está sendo retomado e adaptado com outros formatos e recursos.

Uma infinidade de oportunidades surge nesses eventos. Ali você tem chance de se atualizar com relação às novidades e tendências do mercado, além de aumentar seu networking, conseguir nomes de dirigentes de empresas e descobrir alguma oportunidade que ainda não tenha sido anunciada.

Tenho o privilégio de conviver com pessoas muito mais jovens que eu. Isso faz com que minha mente esteja sempre "refrigerada e renovada".

Constantemente estou me reciclando com cursos no Brasil, nos Estados Unidos e na Europa. Preciso me inteirar, me adaptar, flexibilizar e aceitar ou então ficarei de fora. Necessito estar informado das novidades que surgem em Recursos Humanos e que sofrem influência da tecnologia. Periodicamente busco um curso de atualização ou algo novo e diferente para aprender. Temos que investir em nosso futuro inclusive no que diz respeito ao nosso lazer ou passatempo preferido.

Os livros são meus amigos. Os recursos de pesquisa na internet para atualização são infindáveis e de grande valia. O mundo está em transformação vertiginosa, não apenas na tecnologia, mas também nos relacionamentos e comportamentos. Quem é muito tradicional, convencional e rígido deve sofrer para conviver com as mudanças provocadas pela juventude que está ingressando no mercado de trabalho.

❖ EM BUSCA DE NOVAS OPORTUNIDADES

Uma novidade que me chama atenção é que tem aparecido no LinkedIn o profissional que coloca um resumo do seu CV, dizendo claramente que está "em busca de novas oportunidades". Parece algo novo e diferente. Conheço autores que são contra esse recurso, mas procuro estar com minha mente aberta para novas ideias. Não tenho opinião formada. Sugiro que leia no LinkedIn o que eles dizem sobre isso para você ter sua opinião.

No meu primeiro livro publicado em 1984, reproduzi um anúncio de página inteira publicado na revista *VOCÊ S/A*. Na época aquilo foi algo de uma ousadia incrível. Nele, um executivo colocou o resumo do seu CV, muito bem elaborado por sinal. Acredito que ele tenha recebido retorno grandioso se considerarmos a tiragem da revista e a qualidade do anúncio. Ele fez uma aposta bem elevada, pois o preço de um anúncio daquele tamanho deve ter sido bem caro. Sinceramente não sei qual foi o retorno, mas aplaudi pela coragem e inovação. Também acredito que quem faz esse investimento no LinkedIn, tem um bom proveito. Não estou fazendo propaganda, eles não precisam de mim, óbvio.

Quem estiver pensando em colocar anúncio semelhante no LinkedIn deveria antes ler o que escrevi sobre *cover letter*. Ele deve ser redigido com o espírito do publicitário. A mensagem tem que despertar interesse com poucas palavras e de forma impactante. Lembre-se sempre de que o mais importante para o dono da empresa são os resultados que você obteve nos empregos anteriores. Principalmente os que tiverem conexão com o negócio dele. Cite dois ou três casos de sucesso "customizando" seu CV às características da empresa em foco.

❖ CV EM VÍDEO

Inovação é uma palavra que está na moda. Currículo gravado em VÍDEO parece ser mais uma nova ideia. É uma autoapresentação gravada como se fosse uma entrevista. Confesso que não saberia avaliar o retorno, mas a iniciativa é interessante. Pode ser que aí esteja nascendo mais um caminho para quem está buscando desenvolvimento em sua carreira. No futuro, os candidatos talvez utilizem a holografia e a entrevista por Skype estará ultrapassada. Mas falando da minha opinião, nada substitui a entrevista presencial, "olho no olho".

Talvez você esteja pensando que essas são ideias muito malucas e que não funcionam. As pessoas também pensavam isso de Albert Einstein, Thomas Edson, Colombo... Eram todos loucos. Já leu *Admirável Mundo Novo* de **Aldous Huxley**? — É frequente encontrar o profissional que aplica planejamento estratégico na empresa onde trabalha, mas não aplica na sua vida particular. Recomendo que quando perceber "nuvens negras na empresa", o profissional deveria começar a enviar CVs meses antes de sair da empresa, tentar fazer entrevistas, avaliar como o mercado está respondendo e fazer as correções necessárias. Ser pego de surpresa e desprevenido, para um líder que tem experiência de gestão pode levantar dúvidas sobre sua competência como estrategista.

❖ LÍDER CORAJOSO: AUDÁCIA E ATITUDE

É preferível errar por ter tentado, do que por medo de errar. Uma característica comum nos grandes líderes é a coragem de correr riscos, audácia, ousadia. Tenho certeza de que antes de tudo, esse tipo de líder planeja, calcula e avalia se compensa arriscar, e só avança quando sente que a possibilidade de vencer é positiva.

Nelson Mandela, no filme ***Invictus***, interpretado por **Morgan Freeman**, tem uma frase icônica: "O dia que eu tiver medo de arriscar, não poderei mais ser líder."

Tendo interesse pelo anúncio que encontrar no LinkedIn, clique sobre ele e vá para "candidatura simplificada". Quando abrir, já aparecerá seu e-mail, digite seu telefone e em seguida clique em "currículo — carregar"; recomendo reler o que já escrevi sobre *cover letter*.

Quando o anúncio é aberto, aparece o nome da empresa. Sendo assim, você pode descobrir se existe algum diretor ou alguém do RH com quem já exista conexão em primeiro nível (1). Neste caso você pode entrar em contato com ele. Procure criar um rápido *rapport*, diga que tomou conhecimento da existência da vaga e que tem muito interesse em participar. Mesmo que ainda não tenha contato em primeiro nível com ninguém da empresa, por meio do LinkedIn, você pode descobrir o nome dos Diretores da sua área ou do pessoal que cuida de **talent acquisition**, antecipe-se e peça conexão. Depois, de forma discreta, sem ser invasivo e sem demonstrar ansiedade, envie mensagem demonstrando seu interesse.

Em que áreas suas empresas anteriores, e também a atual, atuam? Alimentos e bebidas? Atacado? Varejo? TI? Bens de Consumo? Consultoria e Gerenciamento? Embalagens? Engenharia Mecânica/Industrial? Atendimento Médico/Saúde? Indústria Automotiva/Farmacêutica/Química? Internet? Manufatura de Eletrônicos? Capital de Risco e Participações? Comércio Exterior? Plástico ou Petróleo? Produtos alimentícios ou eletrônicos? Roupa ou varejo? Serviços financeiros/bancos?

Enfim, quero sugerir que você tome iniciativa de usar o LinkedIn e que de imediato procure conexão com profissionais que estejam trabalhando em seus concorrentes, similares, fornecedores e clientes. É o ponto de partida. É uma ação que pode lhe trazer grandes benefícios como troca de experiências e informações para conseguir solução de problemas ou até mesmo para ajudar algum colega a se recolocar.

Havendo a aceitação de conexão, em seguida faça o envio da sua cover letter mesmo sem saber se eles têm vaga ou não. Dirija suas mensagens para o Presidente, ou Dono, ou para o CEO, ou para o Diretor/Gerente de RH. Use sua iniciativa e criatividade para fazer contato com quem decide. Com certeza, grande parte não terá resposta, mas muitos dos meus clientes conseguiram ótimas oportunidades usando esse recurso.

Procure aumentar o seu relacionamento profissional. Você não consegue imaginar quando precisará de alguém. Estabeleça esses relacionamentos quando não precisa, em momentos de prosperidade. Organize uma planilha com os nomes das pessoas, cargo e nome da empresa. Dê preferência para empresas em níveis acima da sua e para pessoal de RH. Faça a mesma coisa com os Headhunters, com planilha especial para eles. Para fazer algo grandioso na sua vida precisará do apoio de outras pessoas, sozinho é mais difícil.

Ao encontrar um anúncio de uma vaga que lhe chamou atenção, depois de lê-lo atentamente, prepare o texto da sua carta, sendo bem objetivo e específico em função dos requisitos que eles apresentaram. É uma venda, que precisa despertar o interesse do selecionador. Use todo o seu talento como se fosse o redator de uma agência de publicidade. Você está numa competição de arco e flecha, está na frente do alvo e só tem uma única chance de atingir "a mosca". Você terá que ser melhor que todos os outros competidores. Será difícil, mas não impossível, colocar em poucas linhas, os mais importantes resultados colhidos ao longo da sua vida profissional. Os mestres aconselham criar diferenciais.

Mais uma vez: evite depender apenas dos sites de procura ou dos anúncios de vagas, adote outras iniciativas. Saia da zona de conforto e descubra diferentes formas de fazer contato com selecionadores de empresas e Headhunters. O que vai promover o seu sucesso são suas ações e atitude. Resgate sua autoconfiança, converse com pessoas otimistas e positivas, veja filmes e leia livros que inspirem luta e vitória.

Repetindo: acionar seu networking é o mais importante. Oitenta por cento das boas oportunidades são preenchidas sem serem anunciadas. Desenvolva iniciativas diferentes para sair na frente dos seus concorrentes. Faça algo incomum. Recomendo considerar o seguinte: existe uma tendência das empresas a dar preferência para contratar candidatos que venham da concorrência, principalmente quem ainda está trabalhando. Eles acreditam que o profissional que já foi "treinado", saberá como identificar e resolver os problemas característicos da sua área com mais agilidade. Para a empresa isso é vantagem em relação a outro que venha de um ramo diferente, embora os candidatos tenham formação e perfil semelhantes.

Quem está desempregado ou próximo disso acontecer, tem que lançar mão de múltiplas iniciativas válidas e honestas para atingir seu objetivo o mais rápido possível em vez de ficar limitado aos anúncios do LinkedIn ou "sites de procura de emprego" e esperar que algo bom aconteça.

❖ CONTATO COMERCIAL DE CONSULTORIA

Imagine o trabalho de um contato comercial de uma agência de emprego ou de um Headhunter. Como ele faz para conseguir um novo cliente e captar uma nova vaga? Como faz para superar a concorrência? É desse mesmo jeito. Primeiro ele pesquisa para descobrir quem é o Diretor de RH ou os responsáveis por R&S. Em seguida telefona tentando agendar reunião. Normalmente é recusado nos primeiros contatos. Ele faz isso durante semanas e meses, envia proposta. Tenta contato pessoal em algum evento, até que um dia o concorrente "pisa na bola" e o Gerente de RH agenda a reunião para estudar a possibilidade de uma nova parceria. É aí que reside o grande mérito do comercial, é ele quem traz o dinheiro para os cofres da consultoria, ele representa lucro para a empresa. Depois vem o pessoal da "entrega" que também tem grande mérito. Eles merecem nosso aplauso. Todos trabalham em conjunto para a empresa prosperar. Uns dependem dos outros.

O comercial faz a mesma coisa com dezenas de empresas ao mesmo tempo. Claro que ele só terá sucesso com algumas, mas essa é a estratégia. É a atitude confiante e entusiasmada que fará dele o campeão da empresa, ele é indispensável. O sucesso é fruto de foco, determinação, persistência, insistência inteligente. É um trabalho muito difícil de ser realizado e por causa disso, todo comercial campeão é supervalorizado e bem remunerado.

O contato comercial ao qual me refiro acima trabalha para descobrir vagas que não foram anunciadas. É exatamente o que estou sugerindo que você faça. Obviamente sua estratégia vai ser um pouco diferente, mais refinada. Use sua cover letter em nível mais elevado. Muitas vezes o "dono da situação", o Presidente da empresa está com a ideia de substituir um Diretor ou Gerente, mas vem adiando a decisão. Ou então é algum colaborador que está próximo da aposentadoria e ele necessita contratar um sucessor para ser treinado com antecedência. Antecipe-se, faça contato.

Casualmente aparece no computador dele uma cover letter com o perfil de alguém que ele tanto precisa. De duas uma: ou ele faz contato direto com o "atrevido" ou então pede para o RH fazer entrevista com o profissional dono da carta. Talvez o selecionador inicie a conversa perguntando:

"Você conhece o nosso Presidente?"

O que você vai responder? — Diga sinceramente, você acha que o exemplo citado acima é impossível de acontecer? Claro que é difícil. Não digo que seja fácil. A possibilidade de isso ocorrer é pequena, mas eu já vi funcionar e vale a pena tentar. Só ganha na loteria quem compra o bilhete. Podemos desenvolver estratégias para que o índice de aproveitamento aumente. Nas próximas linhas você vai descobrir como.

Quando o profissional tem dificuldade para encontrar uma nova empresa e a busca é prolongada, o desgaste moral e psicológico é enorme, principalmente se ele estiver desempregado. O prejuízo financeiro é fácil de calcular. Com certeza é um grande desafio, muito trabalhoso e que exige investimento de tempo integral, concentração, determinação, foco e atitude positiva. Seu principal e inicial objetivo é conseguir o maior número possível de entrevistas. Depois é se preparar para vencer a competição com os outros candidatos na hora da seleção.

Conheço pessoas que ao serem demitidas, para "esfriar a cabeça" resolveram pegar o dinheiro da indenização e fazer a casa do sítio. Outro pegou a família e foi conhecer a Disney ou foi fazer um curso de inglês de um mês em Londres na ilusão de conseguir fluência. Ocorre que não se pode prever quanto tempo vai levar a procura por novo emprego e o dinheiro da reserva será gasto no lugar de ser investido na direção correta. Muito cuidado nessa hora. Procurar emprego é uma atividade solitária, sugiro procurar apoio de um coach honesto e que tenha comprovada experiência em transição de carreira. Cautela com os enganadores.

❖ CASO RUI MOURA

Rui Moura, Diretor Industrial. Ele estava procurando emprego há meses, sem respostas dos anúncios de vagas que estava respondendo. Devido sua larga experiência, o CV tinha quatro páginas. Depois que iniciou nossas sessões, ele reformulou toda sua estratégia, começando pelo CV.

Em seguida, perguntei se ele conhecia o conceito de cover letter. Sugeri que ele estudasse o assunto, pois executivos norte-americanos se utilizam desse recurso há muitos anos. Ele ficou empolgado com a ideia, era algo inovador para ele. Além disso, não perderia nada fazendo diferente. Pior do que estava não podia ficar. Começou então pesquisando nomes de Presidentes das empresas que mais lhe despertavam interesse. Sua prioridade estava aí.

Rui era muito focado. Passou a trabalhar no seu projeto doze ou catorze horas por dia. Quando você lê o que escrevi sobre inovações na busca por um novo emprego, pode pensar que é fácil e que encontrou uma fórmula mágica. Engano. Prepare-se para trabalhar tanto quanto na empresa dos outros ou até mais. Você tem que estar atento para se aperfeiçoar a cada semana. Mesmo que a experiência seja aparentemente negativa, tire o máximo proveito de forma positiva. Ele enviava de cem a duzentas *cover letters* por semana. Pode parecer muito, depende. O aproveitamento médio normal é de aproximadamente 3% à 5%. Imagino que você esteja buscando um bom emprego numa boa empresa. Qualquer esforço extra influirá no resultado.

Observando a pirâmide organizacional você verá apenas um Presidente, mais um ou dois Vice-Presidentes, quatro ou cinco Diretores e cada um deles com quatro ou cinco Gerentes e cada um deles cuidando de muitos funcionários e assim por diante. Você sabe que à medida que sobe na pirâmide as oportunidades ficam mais raras e novos fatores dificultadores surgirão. Então o "ataque" tem que ser mais forte, com técnicas e estratégias mais apuradas.

Aposto que você tem ambição de subir na escala. Os recursos que usou para conseguir um emprego como analista ou supervisor, não funcionará para conseguir uma colocação como gerente e muito menos como Diretor. Você deve se atualizar, inovar e criar diferenciais para poder competir e ser o vencedor nessa disputa por umas poucas vagas que estão escondidas por aí. Caso contrário corre o risco de regredir de Gerente para Coordenador ou Analista, tenho certeza de que você não quer isso. O que quer então? Tenho certeza de que quer evoluir e prosperar, por esta razão está lendo este livro. Parabéns!

Rui estava atento a todos os programas de TV que faziam entrevistas com altos executivos de grandes empresas. Anotava os pontos principais do que era discutido. Em seguida pedia conexão no LinkedIn. Logo após a aceitação fazia o envio de breve mensagem usando inicialmente o que o entrevistador havia dito e finalizava escrevendo sobre seu potencial como profissional de resultados e do seu interesse em ser um dos seus colaboradores.

A mesma estratégia ele usou com executivos que fazem publicações de artigos interessantes no LinkedIn ou então aparecem na área econômica com reportagens publicadas em revistas e jornais que estão voltados para o mundo corporativo. Passou a assistir a palestras e aulas do **TED**, que são proferidas por grandes mestres, os empresários.

Ele estava atento para as notícias positivas de empresas investidoras e as que estavam criando *joint venture*. Mas também não abriu mão de fazer contato com empresas em dificuldade e nesses casos, nas suas mensagens, ele argumentava de como o seu trabalho poderia colaborar na recuperação de toda a operação. Ele passou a ter maior interesse por startups.

De modo geral, as pessoas estão ansiosas para contar sua história e imaginam que enviar o CV ou mensagem com detalhes das suas experiências será suficiente. Na realidade ela será sumariamente excluída, embora nenhum selecionador confesse isso abertamente. Então, para conseguir sucesso, como o Rui desenvolveu seu projeto?

Ele usou dois diferentes veículos de comunicação: um deles é o LinkedIn e o outro é o e-mail. No primeiro, o espaço para escrever é bem limitado, são apenas poucas linhas. Mas no segundo, o texto já pode ser um pouco mais livre. Mas lembre-se, o que vale é o que você vai escrever e não o quanto. Na sua redação o foco tem que estar sempre voltado para a necessidade do outro. Rui fez o que estou chamando de cover letter.

Nessa breve mensagem, quase telegráfica, ele evitava iniciar seu texto falando da sua intenção, do seu interesse ou da sua experiência. O início da sua redação era falando do outro para depois buscar um ponto de contato em termos de ideais ou de valores entre os dois. Como é dito em **PNL**, ele procurava fazer *rapport*, criar vínculo antes de tudo.

Ele comprovou que essa estratégia funcionava quando o foco estava sobre o seu destinatário. Rui demonstrava conhecimento e interesse pela outra parte. Vou lhe dar uma ideia de como ele conseguia valiosas informações sobre o Presidente e sua empresa.

Rui foi a uma livraria e casualmente encontrou um livro escrito pelo presidente de uma empresa eleita como uma das melhores para se trabalhar. Leu a biografia do autor que tinha sua foto, analisou o interessante conteúdo da obra que era baseada na experiência dele. Fez algumas anotações e preparou a mensagem, a qual foi curta, objetiva, quase telegráfica, mas impactante. Entrou no LinkedIn e na página do autor. Lá ele postou a mensagem, sugerindo conexão e o presidente aceitou. Houve mais algumas trocas de mensagens. Daí em diante você pode imaginar o que aconteceu.

❖ COVER LETTER — UM BOM EXEMPLO

"Prezado Sr. Gilberto Camargo,
Seu livro *Desafios do Desenvolvimento* proporciona conhecimentos importantes não apenas para iniciantes, mas inclusive para profissionais experientes como eu. O senhor também está de parabéns pelo título conquistado por sua empresa como uma das 'melhores empresas para se trabalhar'.
Gostaria de termos conexão no LinkedIn, Rui Moura."

Observe que o Rui não escreveu de imediato sobre seu interesse de trabalhar na empresa do Gilberto. Não aparece na sua página do LinkedIn que está "em busca de novos desafios". Rui recebeu a aceitação de conexão dois dias depois. Esperou três ou quatro dias e enviou mais outra mensagem, esta ainda por LinkedIn e por esse motivo precisava ser bem curta:

"Prezado senhor Gilberto de Camargo,
Agradeço por sua resposta. Muito bom estarmos conectados.
Entrei no site da sua empresa e fiquei empolgado. Gostaria de fazer parte da sua equipe. Meu perfil LinkedIn: Área Industrial — Aumento

da produção, redução de custos com melhor aproveitamento de matéria-prima. Equilíbrio entre desempenho, resultados e aumento da lucratividade. Fluente em inglês, espanhol e francês. Engenheiro Mecânico, Pós-graduado em Administração de Empresas.
Grato por sua atenção. Coloco-me a disposição para contato pessoal, Rui Moura.
(11) 9.9999.9999 / e-mail: rui@moura.com"

Rui, recebeu mais uma mensagem, uma semana depois, com a recomendação de que fizesse o envio do seu CV para o Vice-Presidente da empresa. Alguns dias depois a secretária estava ligando para agendar a entrevista presencial. Nesta empresa, Rui foi entrevistado por mais dois selecionadores, mas não foi contratado.

Ele percebeu que a estratégia dá certo, então continuou com sua pesquisa. Ele encaminhou sua mensagem diretamente para cerca trezentos presidentes obtendo uma resposta surpreendente. Quinze responderam com agradecimento pelo contato, sete pediram para enviar CV e destes, três chamaram para entrevista. Acabou sendo contratado por uma delas em condições muito favoráveis a ele.

Líderes de grandes empresas estão sempre atentos para atrair outros líderes para sua equipe. Despertará atenção aquele que possui espírito inovador, elevado senso de iniciativa, audácia, coragem de correr risco. Essas são características de quem usa cover letter.

Os profissionais que usam esse recurso ficam surpresos com o retorno positivo. É como sair para pescar. A maioria dos peixes só "belisca a isca", mas quando o grande robalo abocanha o anzol, é só alegria.

As entrevistas que Rui conseguiu foram geradas pelo envio de cover letter. Essas foram completamente diferentes. Em primeiro lugar ele chegou à empresa com a referência de alguém que ocupa destacada posição na liderança da empresa. Em segundo lugar, era uma posição que não havia sido divulgada, ele não tinha concorrentes, aí está uma grande vantagem. Como seria por e-mail? Quando você usa esse veículo sua liberdade para escrever é apenas um pouco maior. Como já foi escrito, em qualquer situação, o foco tem que estar sempre sobre a necessidade do destinatário. Controle-se para escrever apenas o necessário. Você precisa primeiro captar a atenção dele para depois ele se interessar por você. Espero ter conseguido lhe passar esse conceito.

Veja como poderia ser a resposta por e-mail:

> "Senhor Gilberto de Camargo, agradeço por sua resposta à minha mensagem no LinkedIn. Entrei no site da sua empresa e fiquei empolgado. Gostaria de fazer parte da sua equipe.
> Atuo como Gestor de Projetos Industriais. Alguns resultados: aumentei a produção industrial e também diminui custos com melhor aproveitamento de matéria-prima e diminuição de refugos com foco em preservação do meio ambiente. Aperfeiçoei o nível técnico e produtividade dos funcionários por meio de treinamento seletivo e redução do quadro, o que refletiu positivamente na folha de pagamento. Busco equilíbrio entre bom desempenho, resultados positivos e aumento da lucratividade.
> Já estudei, morei e trabalhei em outros países. Falo fluentemente inglês, espanhol e francês. Tenho formação em Engenharia Mecânica com pós-graduação em Administração de Empresas.
> Desenvolvi habilidades, competências e experiência que poderão ser de grande valia para sua empresa.
> Agradeço por sua atenção. Coloco-me a disposição para entrevista pessoal.
> Rui Moura (11) 9.9999.9999 / e-mail: rui@moura.com"

Mais uma informação interessante sobre o Rui Moura:

> Naquelas empresas que eram suas "preferenciais" acontecia de ele enviar uma, duas ou três mensagens sem receber nenhuma resposta. Nesses casos ele continuava insistindo, mas variando o destinatário. Ele pesquisava no LinkedIn e fazia o envio para o Vice-presidente, depois para o Diretor de RH e assim por diante. Pode acontecer da pessoa responsável por *Talent Acquisition* estar com alguma posição que seja do seu interesse. Essa pessoa é mais um possível veículo de contato da empresa, lembre-se de enviar mensagem para ela também. Sendo uma empresa importante para você continue fazendo tentativas, principalmente se não estiver vinculado a nenhuma organização.

Em uma Cover letter em partes, é preciso considerar:
- Resposta para anúncios abertos;
- Resposta aos fechados;
- Envios para indicações de amigos;
- Envios "espontâneos".

❖ A PRIMEIRA PARTE

O início da sua redação ou abertura. É a parte mais importante. É para despertar interesse usando o conhecimento positivo que tem sobre o destinatário ou a empresa dele ou sobre uma possível posição que esteja para ser preenchida. O objetivo é criar sintonia ou vínculo. Com relação ao anúncio de uma vaga, ele tem que ser lido com a máxima atenção e descobrir as "palavras-chave". Sua resposta tem que ser personalizada, customizada em função do que eles escreveram. É quase "copiar/colar". O mesmo ocorre se você for enviar seu CV, ele tem que ser adaptado ao que está na redação do anúncio da vaga. Quando é anúncio aberto (com o nome da empresa) sua possibilidade aumenta consideravelmente, pois algumas vezes é possível imaginar quem é o "dono da vaga" e pesquisar sobre ele no LinkedIn.

Todos nós gostamos de reconhecimento e aprovação. Quem escreve um artigo para uma revista, quem concede uma entrevista na televisão, quem compartilha sua palestra em vídeo no YouTube, gostaria de receber elogios. Antes de enviar sua mensagem estude a página dessa pessoa no LinkedIn ou no Facebook. Evidencie o mínimo de admiração sincera que tem por ela. Para obter a atenção dessa pessoa você precisa demonstrar que ela captou a sua, é um princípio básico de PNL. Tenha agilidade para responder. Isso tem que ser feito com honestidade.

Quando enviar mensagem para um amigo, ou para uma indicação feita por um antigo colega ou então para alguém que foi seu chefe há alguns anos, esses cuidados citados no parágrafo anterior, precisam ser tomados. Evite ser informal demais ou o contrário.

❖ A SEGUNDA PARTE

É para escrever brevemente sobre o que você faz de melhor: solucionar problemas com resultados positivos, produtividade, lucro. Não é para contar detalhes da sua longa e maravilhosa história desde os tempos de estagiário. Seja breve, mas preciso, impactante. Foco no alvo.

❖ A TERCEIRA PARTE

Diga por que está escrevendo para ele. Qual o motivo. Mais uma vez, curto e objetivo.

❖ A QUARTA PARTE

É o fechamento. A conclusão deve ter um breve e elegante agradecimento. Cuidado para evitar o excesso de gentileza e educação. Nesse ponto tem que ter um pouco de formalidade clássica, demonstrando polimento e educação.

Sua mensagem tem que deixar o leitor encantado e ansioso para conhecer a pessoa que vai trazer soluções tão esperadas para um problema que está deixando ele "sem cabelos".

Seguindo esse caminho você será um em mil que vai ser chamado para entrevista. Ocorre que quando o anúncio é publicado o selecionador recebe uma "pilha de CVs", todos praticamente no mesmo padrão. É natural que de certa forma ele apenas passe os olhos por cada um buscando algum dado que desperte interesse. Cover letter quebra essa rotina e chama a atenção aumentando sua possibilidade logo depois de ler as primeiras linhas, as mais importantes.

SURPREENDA O SELECIONADOR — SEU DIFERENCIAL!

6

❖ QUANTOS CVs O RH MANUSEIA POR DIA?

Todo mestre campeão de vendas recomenda que seu aluno, antes de tudo, deva se colocar no lugar do comprador para poder imaginar suas necessidades e criar sua "história de venda" personalizada. Recomendo que faça o mesmo com relação ao selecionador, coloque-se no lugar dele. Imagine o que ele deve estar precisando e como você poderá atendê-lo. O que ele gostaria de ouvir de você?

Algumas vezes o selecionador trabalha na busca de candidatos para diferentes vagas e setores, tudo ao mesmo tempo. Imagine-se tendo que manusear milhares CVs durante semanas. Vai chegar um momento em que o "automático" é ligado, sua vista começa a embaralhar e a leitura corre o risco de perder detalhes que aparecem no meio ou no fim do parágrafo. A leitura deixa de ser consciente e as informações importantes passarão despercebidas.

Sendo assim, sabendo que isso pode ocorrer, na primeira página (que é a mais importante) procure colocar as realizações mais significativas da sua vida profissional. Sua mensagem precisa ser "customizada" em função da empresa, do cargo pretendido e da pessoa de destino.

Infelizmente muita gente boa envia currículo no "modo automático, mecanicamente", sem nenhum cuidado para "personalizar" e não entende por qual motivo nenhum selecionador faz contato. Por qual razão seu CV foi descartado? O que você precisa fazer para se destacar na multidão? — Quando você enviar um CV deverá fazer uma brevíssima mensagem de acompanhamento. Para que haja possibilidade de despertar interesse, ela precisa ser personalizada. O que motiva você a enviar o CV? Pode ser por causa de um anúncio publicado no LinkedIn, ou talvez indicação de um amigo, ou uma vaga que surgiu em um site de emprego. Os especialistas em PNL sugerem que você inicie sua redação tentando criar sintonia com quem lhe interessa. Primeiro escreva algo sobre a pessoa que você pesquisou, ou sobre a empresa, ou se identificando com o perfil da vaga, para somente depois escrever um pouco sobre seu interesse e como pode ser útil para a empresa deles.

Pense principalmente na necessidade deles e não na sua. Ninguém fará isso melhor que você. Não delegue essa função para ninguém. Você poderia me perguntar:

"O Marco e o Rui enviavam CVs em função de vagas que apareciam no LinkedIn e nos sites de procura de emprego. Mas também faziam envios personalizados para Diretores sem saber se havia uma vaga para eles?" Sim, foi exatamente isso.

Você sabe que muitas vezes a questão ou o problema da empresa fica "incubado" na cabeça do Diretor e ele fica protelando a tomada de decisão. Ele apenas pensa: "preciso fazer alguma coisa a respeito disso, como e quando vou substituir o meu gestor?" Mas os dias vão passando, até que aparece um "bendito CV" e a luz acende, pois ele vê que ali está a solução. Esse é um caso em que o candidato não tem concorrente. Você poderia dizer que foi sorte. Realmente, mas para ganhar tem que apostar. Foi o que eles fizeram.

De qualquer forma, não importa qual a estratégia que o profissional que está procurando um novo emprego esteja usando, sempre existe necessidade de acompanhamento e mensuração periódica do desenvolvimento do seu projeto. É preciso corrigir desvios de percurso com antecedência. Acompanhe metas e prazos que foram estabelecidos. Exemplo, a cada 10, 20 ou 30 dias analise os resultados esperados e decida se você precisa fazer modificações. Saiba exatamente quantos CVs tem enviado por semana e quantas empresas fizeram contato. Sendo necessário, faça mudanças e correções, caso contrário continuará obtendo os mesmos resultados. Experimente novos caminhos.

Qualquer resposta que receba de um selecionador, por uma questão de educação e cortesia, ela tem que ser respondida.

A realidade é que a grande parte do seu envio não vai haver resposta. É natural e os motivos são inúmeros. Exemplo: foi parar na mão da pessoa errada, extravio, desinteresse, falta de educação. Lembre-se: nem reclame e nem critique seu cliente, você é o vendedor. Mas quando eles responderem, na maioria das vezes será apenas uma formalidade e provavelmente estará escrito:

"Agradeço o contato. Seu CV ficará arquivado para futuras oportunidades" ou "Recomendo cadastrar seu CV no site da nossa empresa". Dê um tempo, depois volte ao ataque.

Esteja preparado. De qualquer forma é melhor receber uma dessa do que nada. Mesmo assim agradeça pela resposta dizendo que seguirá a recomendação para cadastrar seu CV. Nesse caso você verá mais um ponto positivo: houve a confirmação de que o endereço que aparece no seu *mailing* está certo. Continue fazendo acompanhamento e corrigindo o que achar necessário.

Veja outro exemplo no qual a empresa pode ter um tipo de resposta diferente:

> "Prezado Claudinei Monteiro, agradeço pelo envio do seu interessante CV. No momento a empresa não tem nenhuma posição em aberto com seu perfil. Mas de qualquer forma gostaria de uma entrevista pessoal sem compromisso. Peço que entre em contato com minha secretária para fazermos o agendamento.
> Atenciosamente, Francisco Viana."

Você tem certeza de que não existe nenhuma possibilidade para o Claudinei? O Francisco Viana estava com um grave problema, mas ele é muito esperto e não quis passar a informação para o Claudinei. Embora exista possibilidade positiva, ele não quis colocar expectativa, pois a conversa pode não evoluir. Ele foi apenas precavido. Não informar a necessidade é uma estratégia do negociador.

Depois que agendar a reunião com a secretária e conseguir tirar dela boas informações, o próximo passo será planejar como deve ser a conversa com o Presidente (Francisco Viana). Claudinei precisa fazer com que ele fale do problema dele, qual a principal necessidade. Claudinei precisa desenvolver a conversa com muita sutileza e psicologia. Com antecedência deverá planejar as perguntas certas para usá-las na hora e de forma apropriada.

No encontro dos dois, a conversa pode tomar dois caminhos:

- Francisco continua precavido e mantém apenas uma conversa afável. Despedem-se com promessa de um próximo contato. Ou então...
- Claudinei consegue adotar a postura e atitude correta, ganha a confiança, faz as perguntas certas no momento apropriado e consegue fazer com que o problema seja revelado. Em seguida ele vai fazer conexão mostrando resultados positivos que ele conseguiu em casos semelhantes e perspectiva de solução.

❖ LISTAGEM DE EMPRESAS COM NOMES DE DIRETORES E PRESIDENTES

Esse é um trabalho que precisa fazer parte do seu dia a dia, até mesmo muitos meses antes de surgir necessidade de procurar um novo emprego. O levantamento desses nomes deve ser feito para envio da sua cover letter. Pode acontecer de haver uma resposta rápida, mas o normal é que o retorno seja abaixo do que se espera. Quando você recebe uma resposta é indício de que a necessidade da empresa deve ser premente, e obviamente isso é muito bom. Talvez seja para uma posição estratégica e nesse caso eles farão contato de forma mais discreta tendo a necessidade de sigilo. Provavelmente o primeiro encontro será fora da empresa. Talvez em um café ou restaurante ou no escritório de alguma consultoria.

O normal é que haja demora na resposta por parte das empresas, relaxe e aproveite. Pode acontecer de se passarem meses, ou até mais que dois anos para aquele envio frutificar. Já vi acontecer isso.

❖ COVER LETTER — ERRADO/CERTO

David estava procurando emprego. Ele enviou essa mala direta para as pessoas que fazem parte do seu *mailing*. Faça uma análise e diga se ele conseguiu ter bom resultado:

> "Olá, Bento, tenho formação em Administração de Empresas com larga experiência em empresas de grande e médio porte. Aguardo com expectativa a oportunidade de fazer uma entrevista pessoal com o senhor. Envio-lhe meu CV em anexo.
> Me informe quando estiver disponível para conversar. Agradeço desde já, David Cooper."

David nos fornece exemplo de mensagem fria, dura focada exclusivamente na necessidade dele. O foco está exclusivamente nele. Não houve nenhuma intenção de interagir e criar sintonia com o destinatário. É mala direta padrão com envio aleatório. Ele diz que está enviando em anexo o

CV, o qual provavelmente não será lido. Parece que o David não está querendo saber se pode ser útil para Bento. Ele está apenas querendo resolver o lado dele. Consequentemente não desperta interesse nem curiosidade.

Vamos ver outro exemplo real, também com foco errado, mas com mudança de personagens. Quando o Francisco esteve comigo pela primeira vez, ele me mostrou a mensagem que estava enviando para os profissionais que estavam conectados com ele no LinkedIn. Observe que a redação tem erros de português e pontuação:

> "Olá Manoel, bom dia! Tudo bem? Meu caro, estou em busca de recolocação em empresas que atuam em Logística, recorrendo aos colegas de minha rede no LinkedIn, se puderem compartilhar meu perfil ou me indicar em oportunidades de seu conhecimento. Possuo 18 de experiência e ampla experiência em gestão. Meu e-mail é: francis. maia1@gmail.com Cel: (11) 9.9999-9999. Agradeço o apoio;) Forte abraço! Francisco Maia."

O Francisco tem muitas conexões no LinkedIn, isso é ótimo, mas não soube aproveitar o tesouro que tem em suas mãos. É possível ver alguns erros na redação, denotando que não houve revisão. É verdade que por mais cuidado que tenhamos sempre corremos esse risco, mesmo usando o corretor automático do computador.

Esse é mais um caso que é fácil perceber que ele só estava preocupado em resolver o seu próprio problema. Ele fez uma mala direta sem nenhuma personalização. Poderia ter tido um pouco mais de trabalho, como por exemplo, antes deveria ter pesquisado e lido o perfil do colega para redigir sua mensagem. Teria aumentado sua possibilidade de aproximação.

O correto seria fazer planejamento e pesquisa nas suas conexões para descobrir quais os profissionais e empresas mais importantes para ele. Exemplo: Diretores na sua área (logística) e o pessoal de RH, *Talent Acquisition*. É claro que daria mais trabalho, mas havendo retorno positivo, compensaria. Depois da conversa que tivemos sobre cover letter, veja o que ele conseguiu fazer:

> "Ricardo, bom dia! Estamos conectados no LinkedIn há mais de 5 anos. Vejo que tem sido Diretor de RH em grandes empresas. Li alguns dos seus artigos publicados, aprendi coisas interessantes.

Sua atual empresa me despertou bastante interesse.
Caso haja necessidade de um bom profissional como gestor em logística, gostaria de me candidatar para trabalhar numa empresa como a sua.
Tenho inglês fluente. Orgulho-me dos resultados positivos obtidos.
Agradeço por sua atenção. Coloco-me à disposição.
Francisco Maia — cel (11) 9.9999.9999
francis.maia1@gmail.com"

Observe que o Francisco seguiu a recomendação. Ele iniciou o texto com foco no Ricardo. Depois falou da sua intenção, da experiência, resultados e habilidades. Finalizou com agradecimento colocando seu telefone para contatos. Foi objetivo ao escrever apenas o essencial em poucas linhas. Usando esse recurso, foi chamado para entrevista em cinco empresas. Foi contratado em condições que nem ele imaginava ser possível conseguir.

❖ PDF OU WORD? QUAL USAR? O QUE/QUANTO ESCREVER?

Recomendo usar um padrão mais convencional (**WORD**). O **PDF**, eu deixaria para os documentos confidenciais, que não é o caso do CV. Muitas pessoas pedem para eu sugerir modelo de redação que deve acompanhar o envio de um CV. Eu não faço isso. Você precisa ser autêntico. Escreva e depois leia em voz alta. Dependendo da inflexão, você vai pontuando, mudando as palavras, encontra sinônimos etc.

Evite "modelos padronizados", principalmente quando você faz o envio para uma pessoa em especial. A redação deve ser personalizada. Sugiro tentar criar um *rapport* e iniciar colocando o foco em assunto que seja de interesse do destinatário. Leia sobre essa pessoa ou busque informações sobre ela antes de criar o texto. Se for um anúncio de uma vaga, leia com atenção e modele seu CV de acordo com os requisitos exigidos.

Aí está sua grande chance de se destacar e criar um diferencial marcante em relação a outros que enviam currículos mecanicamente. Entre os profissionais que eu atendo, apenas um em mil talvez pense em ter esta iniciativa. Falo isso com conhecimento de causa. Estou em RH há algumas décadas. Nesse tempo o que mais recebo são e-mails com mensagem fria, seca, mecânica: "Segue CV em anexo para sua apreciação." Peço desculpas pela sinceridade, não aprecio.

Alguns colocam no corpo do e-mail um resumo do CV, na realidade "enorme", de resumido não tem nada. Pode ser que este candidato consiga uma entrevista, mas tudo indica que ele está muito despreparado e assim, dificilmente conseguirá um bom emprego.

O que está escrito é o que despertará interesse no selecionador e não **o quanto**. Nesse caso o menos é mais. Prospecto publicitário que tem muita coisa escrita ninguém lê. Ele é importante para despertar curiosidade e interesse.

Analise mais este exemplo:

"Bom dia,
Estou encaminhando meu CV, para caso tenha algo que possa indicar. Desde já agradeço pela atenção. Abçs."

Ele nem se preocupou em abrir a mensagem colocando o nome do destinatário, tipo "Prezado Miguel, bom dia! Tudo bem com você?". Ele é um experiente Diretor Financeiro de uma grande empresa. Está fazendo "mala direta" de forma mecânica para suas conexões no LinkedIn. Embora tenha acesso ao perfil do destinatário, não quis ter trabalho de dar uma olhadinha lá e tentar um leve *rapport*. Para piorar, enviou o CV em **PDF**, quando deveria ter feito isto em **WORD**. Ele despertou interesse? Está esperando uma resposta? Acho melhor ele esperar sentado para não cansar demais. Apesar da sua larga experiência na área financeira, ele está **despreparado** para buscar uma nova colocação. Tudo indica que ele precisa de um bom apoio de especialista que entenda de transição de carreira.

Mestres de oratória ensinam que um erro básico é iniciar um discurso pedindo desculpas. Alguns por estarem gripados, outros por estarem atrasados ou pelo nervosismo. A recomendação vale para você que está fazendo envio do seu CV. Muitos candidatos iniciam a redação humildemente pedindo desculpas por uma possível "invasão".

Escreva algo discreto e elegante sobre o que você sabe a respeito do seu possível futuro entrevistador. Como por exemplo, um livro que ele tenha escrito, uma entrevista concedida para uma revista ou televisão, talvez um prêmio ou homenagem recebida. Ou pode fazer um comentário sobre uma aula ou palestra que ele tenha proferido e que você assistiu. Se fizer algum leve elogio, tem que ser sincero e elegante.

Esse tipo de início aumentará a possibilidade de criar interesse para ele ler o restante da sua mensagem, a qual deve ser curta e objetiva. Ela deve ser suficiente para despertar nele curiosidade para ler o CV caso esteja anexo. Repito: a mensagem deve ser breve e objetiva. Vale é "**o que**" e não "**o quanto**" você escreveu. Ele apenas lerá as primeiras linhas e só prosseguirá se o conteúdo inicial possuir algo que lhe desperte interesse. Você tem apenas algumas poucas linhas para conseguir atingir seu objetivo.

Evite colocar resumo do CV. Caso vá enviar anexo, a opção correta é fazer o envio dele completo. Se você tiver ciência de alguma vaga em aberto, deve mencionar seu interesse nela. Caso ainda esteja trabalhando, no final da mensagem, esclareça isso e peça para manter discrição e sigilo nos contatos.

❖ COVER LETTER VERSUS ENVIO DE CVs

É claro que você conhece os princípios da Lei de Pareto. Ela será aplicada aqui também. Oitenta por cento das boas oportunidades não são divulgadas. Por quê? Exemplo:

O Vice-Presidente de grande empresa sente necessidade de trocar um dos Diretores que ocupa posição estratégica. Ele tem motivos para fazer isso de forma sigilosa e cautelosa. Inicialmente, buscará alguém sem comunicar ao RH. Na equipe não tem ninguém que possa ser promovido. O VP consultará em seu computador o "banco de talentos".

Nas reuniões dos clubes e nas associações de classe que ele frequenta ficará de "antena ligada" para tentar descobrir alguém com potencial. Seu vasto networking pode ser útil. Como você pode perceber, o VP dispõe de muitos recursos internos e pessoais para atender sua necessidade. Somente em último caso lançará mão de um serviço externo com garantias de confidencialidade: Headhunters. O que você pode fazer para ter a possibilidade de "beliscar" uma oportunidade como essa antes dela ser divulgada? É o que vamos ver neste livro.

Margot Fonteyn, era bailarina clássica, uma das mais prestigiadas do século passado. Ela dizia: "Se quiser chegar ao estrelato, 100% de dedicação é pouco, terá que dar 150%." O mesmo digo para você agora. Procure se concentrar no seu objetivo principal. Em vez de pensar nas dificuldades e obstáculos tenha visão de futuro promissor, pense em como será espetacular o momento que atingir seu objetivo. Isso compensará todo o esforço que poderá fazer.

Você "deu o sangue" e o melhor de si quando trabalhava para a empresa dos outros, agora que está trabalhando em benefício da sua própria empresa (EU & CIA. Ltda.) tem que fazer muito melhor, pois quem estará diretamente se beneficiando será você e sua família. Cuidado com a autossabotagem, mantenha concentração, evite as tentações para desviar atenção. Mantenha-se motivado, estimule positivamente sua família para que todos lhe apoiem no seu esforço. O apoio moral deles é de fundamental importância. Eles têm que vibrar com esperança positiva para que você tenha energia e continue no seu preparo. Liderança é uma posição solitária por essa razão qualquer apoio externo é bem-vindo, principalmente quando vem da família.

É claro que o desempregado tem tempo integral para se dedicar ao seu projeto. Aquele que está empregado terá que aproveitar o período da noite em casa e os fins de semana para pesquisar vagas, nomes de pessoas, de empresas e de Headhunters para fazer contato. Mas esse esforço "não mata ninguém". Tem muita gente trabalhando de dia e estudando à noite durante anos e o que os motiva é a visão de futuro, a certeza de que ganharão. O investimento feito será recompensado.

JUST IN TIME:

❖ CASO JOÃO MARREIRO

Esse fato pode ser um bom exemplo. O CV dele chegou exatamente na hora da necessidade: o Presidente estava preocupado com seu Diretor Industrial. Ele já estava na empresa há muitos anos, sua liderança estava caindo e a aposentadoria próxima. Então começaram a buscar um substituto. Queriam que houvesse tempo confortável para "passagem de bastão". Previram que o processo levaria um ano para ser concluído.

Eles não tinham ninguém em seu banco de talentos. O Presidente da empresa acionou sua rede de relacionamentos, mas sem resultado. Certo dia, casualmente, o CV que o João havia enviado chegou às mãos certas. Foi feito um contato inicial por telefone. Depois aconteceu a entrevista, seguida de algumas avaliações. As informações foram passadas ao Presidente e este teve a certeza de que o João era o candidato certo. Não deu outra, foi contratado.

João iniciou como consultor. Menos de três meses depois, já havia provocado uma verdadeira "revolução" na empresa. Os resultados positivos fizeram com que o Presidente antecipasse a decisão. Nosso candidato assumiu a Diretoria Industrial e o antigo continuou na empresa como consultor.

Todas as empresas têm problemas ininterruptamente. Alguns são mais graves que outros, eles acontecem sem avisar com antecedência. Eles ocorrem na produção, ou na contabilidade, na área de TI, vendas, marketing e relações com clientes e fornecedores, logística, fiscalização e justiça trabalhista. Caso a sua mensagem seja lida pelo Diretor que esteja com um problema na sua área e ele vislumbre em você a solução, a sua chance de ser chamado para entrevista é muito grande. Para a maioria dos envios que fizer, não vai haver resposta de imediato.

Se você pensa em seguir esse caminho, lembre-se de que para fazer estatística tem que ter um volume mínimo de "massa crítica" para poder tirar a média. Estatística trabalha com grandes números. Se você fizer envio de apenas 40 ou 50 dessas mensagens em 30 dias o resultado que obterá será irreal. Pense bem, com esse número você está gastando um dia inteiro para enviar três mensagens personalizadas por dia. Recomendo que se esforce para enviar, pelo menos, 150 dentro do mês, ou seja, 5 por dia em média. Sei que você pode se assustar, parece muito, mas não é. Além dessas, você também enviará CVs para vagas do LinkedIn e outros.

Estou escrevendo sobre mensagens especiais. Aquele envio que você faz massivamente para sites de procura de emprego é para continuar fazendo, mas eu não os computo, pois considero que nesses casos existem centenas de candidatos, é a verdadeira loteria. Eu acredito em sorte, então não abro mão de nenhum recurso honesto.

Muitos desses envios personalizados serão descartados, deletados, extraviados. Mas se o aproveitamento for algo em torno de 5%, vai lhe fazer muito bem. Tenho alguns clientes que já conseguiram até 12%. Depende do empenho e do nível de capricho de cada um e também da área de atuação, da posição ocupada. A empresa tem só um Presidente, alguns Diretores, muitos Gerentes e o número aumenta à medida que se aproxima da base da pirâmide. Consequentemente, à medida que sobe na pirâmide a concorrência aumenta e as vagas escasseiam.

Criar diferencial para formar vantagem competitiva: Desenvolva estratégia diferente de outros candidatos. Demonstre que pode ser útil para a empresa com resultados positivos, conseguindo soluções. Mostre que o que você faz representa muito dinheiro, lucro e é isso que todos querem na empresa.

Usando essas estratégias, você está correndo um sério risco de descobrir vagas que ainda não foram anunciadas. Imagina que maravilha, você ser o único candidato.

Quando fizer listagem de empresas, primeiramente nomeie aquelas nas quais mais gostaria de trabalhar. Empresas similares ou concorrentes das que trabalhou. Ou então algumas que existam próximas da região onde reside. Você faria os primeiros envios para quem? Para o CFO ou para o VP? Repita envios para eles a cada vinte ou trinta dias, caso não tenha um retorno. Talvez você me pergunte: "devo repetir o envio?" Sim. Pergunte-se: por que o meu envio não produziu resposta? Talvez por ter sido extraviado ou por ter caído na mão da pessoa errada. Você só tem a ganhar quando insiste.

Diretor de RH, o *Talent Acquisition Manager* e até o Analista

Eles também merecem receber seu CV. Encontrar bons profissionais é difícil, de forma que quando aparece um CV bem-feito por alguém com grande potencial, se não houver nenhuma necessidade imediata o documento vai para o "banco de talentos" para no futuro, surgindo necessidade, o contato será realizado. Mantenha a esperança, tenha entusiasmo, confiança e "aposte no seu taco".

Só consegue bons empregos quem trabalha para isso e se prepara para fazer entrevistas. E só consegue entrevistas quem envia muitos CVs. Uma coisa é consequência da outra. A quantidade de envios influi muito, mas não é o único fator. Tem que haver qualidade.

❖ ANÚNCIOS DE VAGAS — FECHADOS OU ABERTOS

Antigamente as vagas eram anunciadas no caderno de empregos dos jornais. Eles perderam essa fatia do mercado com o advento da internet. No LinkedIn você tem as vagas que quer. Elas estão separadas por área. Da mesma forma que antigamente, a maioria das empresas anuncia sem colocar o nome delas. Você verá apenas o título da vaga e perfil com os principais requisitos do cargo (são os anúncios fechados). Em número menor você verá o nome da empresa (são os abertos), cargo, pré-requisitos, perfil, condições etc. Já pensou por que as empresas omitem seus nomes no anúncio? Por várias razões.

- Evitar que candidatos inconvenientes fiquem telefonando ou batendo à sua porta;
- Evitar tentativa de tráfico de influência;
- Talvez estejam com necessidade de substituir alguém numa posição estratégica e nesse caso o sigilo é fundamental.

Já escrevi acima, mas vou repetir devido a importância do assunto: se você espera encontrar anúncio no qual seu perfil esteja enquadrado 100%, prepare-se para ficar desempregado o resto da vida. Qualquer anúncio que tenha um mínimo de aproximação tem que ser respondido. Pode ser que você não tenha todo o conhecimento e cursos exigidos ou ainda não tenha ocupado a posição anunciada, ou no tipo de empresa deles você nunca tenha atuado, mas se despertou seu interesse, envie seu CV, faça o contato e veja se haverá continuidade. Você não perderá nada se tentar... Mas pode perder muito se não arriscar.

❖ VAGAS NO LINKEDIN — ANÚNCIOS ABERTOS E FECHADOS

Estimulo a responder aos anúncios abertos e fechados publicados no LinkedIn. Mas não abra mão de responder anúncios que sejam divulgados nos diferentes sites de procura de emprego, nos quais você teria que pagar. Não abra mão de nenhum recurso válido e honesto. Repito: recomendo tomar iniciativa e pedir conexão com o Presidente da empresa ou Diretores da sua área e pessoal de RH, para posteriormente enviar cover letter e CV. É muito importante considerar os nomes e perfis que aparecem no LinkedIn, esse é com certeza um veículo excepcionalmente bom e confiável. Nele você pode expandir muito sua rede de relacionamentos. Mais adiante falaremos sobre esse recurso.

Não importa onde você encontrará o anúncio que esteja buscando um profissional com seu perfil, o que tem que ser feito é responder o maior número possível. Você tem que explorar todas as suas possibilidades.

Um profissional em busca de recolocação precisa enviar o CV para todas as possibilidades que surgirem. A análise do CV para descobrir se o candidato se enquadra na vaga é responsabilidade do RH da empresa. Existem alguns profissionais que ao ler o anúncio se autoeliminam. Exemplo: o anúncio está pedindo inglês fluente, mas por hipótese o profissional tem o intermediário. Em compensação, nos outros quesitos ele é mestre. É preciso um pouco de audácia e fazer o envio destacando os quesitos que são atendidos. Demonstrar interesse em participar do processo é uma atitude positiva e bem-vista.

Ignore os pontos deficientes, destaque os seus pontos fortes. Entusiasme-se e faça uma adaptação do seu CV ao texto do anúncio. Acredite, isso dá certo. Se você conseguir participar do processo seletivo, a decisão ficará por conta do selecionador. Pode ser que eles percebam que você é o melhor de todos e resolvam pagar o curso de inglês ao admiti-lo. Você não vai perder nada ao responder o anúncio e enviar o CV. Imagine um jogador de futebol que não corre atrás da bola e fica esperando que ela chegue aos seus pés. É aquele jogador que só chutará se estiver de frente para as balizas. Você consegue adivinhar o que acontecerá? Com certeza, vai acabar no banco de reservas para depois ser dispensado.

O anúncio em que o seu CV pode se encaixar com exatidão é inexistente. O "anúncio perfeito", aquele que só falta seu retrato com o "procura-se este profissional", não será publicado. Cuidado com a autoeliminação. Não importa se é para uma posição hipoteticamente acima da sua ou abaixo, envie seu CV e espere para ver o que pode acontecer.

Se você ainda não tem seu perfil profissional no LinkedIn, recomendo que o faça. Mais a frente vou escrever sobre as vantagens dessa ferramenta e apresentarei breves sugestões do que pode ser feito para promover sua imagem e marca. Procure incrementar o número de conexões em primeiro nível. Recomendo que se aprofunde nesse assunto lendo o livro *Obtendo o Máximo do LinkedIn*, escrito por Dan Sherman e editado pela M.Books.

Nos anúncios do LinkedIn também aparecem pessoas com quem você já possui conexão em primeiro nível dentro da empresa anunciante. É apenas mais uma informação, mas que pode ser útil, exemplo: você está se candidatando a Gerente Financeiro e uma das suas conexões nessa empresa é o Diretor da área. Além de enviar sua mensagem no espaço reservado no anúncio, escreva também breve mensagem para a pessoa com quem você tem conexão dizendo que viu o anúncio da vaga e que você tem interesse. Aguarde a resposta.

Anúncios publicados nessas redes são vistos e respondidos por centenas ou milhares de profissionais do Brasil inteiro. Tanto por desempregados, quanto por aqueles que estão bem colocados. É uma pilha enorme de CVs para ser analisada pelo selecionador. É um trabalho que exige concentração e é muito cansativo. Ele rapidamente olha cada um deles e separa os que se destacam no perfil exigido. Esses serão lidos com mais atenção posteriormente. A grande massa será descartada. No final sobrarão alguns que serão convidados para entrevista que pode ser presencial ou virtual. Aí já começa outra etapa do processo.

Muitas vezes você fez envio de CV com a certeza de que será chamado (é o que imagina), mas nada aconteceu. Por qual razão eles não se manifestaram? Pode ter havido extravio? Sua mensagem não chegou à pessoa certa? Foi para o lixo no meio dos outros? O que fazer? Espere um pouco. Depois de alguns dias faça o reenvio. O que você vai perder? Insista, principalmente se isso ocorrer com uma empresa ou anúncio de uma vaga que lhe interessa muito. Entregar os pontos? Jamais. Continue insistindo. Mude o canal e forma de contato, acione pessoas diferentes.

❖ CASO MARCO KINJAWARA — ENGENHEIRO DE SEGURANÇA NO TRABALHO

Marco havia respondido um anúncio no LinkedIn. Foi chamado para a entrevista. Ele compareceu, mas estava um tanto displicente. A intenção era apenas fazer treinamento como candidato, de forma que sua atitude era de absoluta tranquilidade. Aliás, me parece que essa é uma atitude característica e positiva das pessoas de origem oriental, admirável serenidade e autocontrole. Com o desenvolvimento da entrevista, ele se inteirou dos desafios da posição e das boas perspectivas de crescimento da empresa. Os investimentos daquela multinacional no Brasil seriam "pesados".

Marco ficou vivamente interessado em continuar no processo de seleção, e verbalizou isso para a selecionadora. Ele estava muito calmo, falou dos seus resultados com tanta segurança que fez com que o interesse por ele aumentasse. Todos os candidatos têm pontos fracos, mas Marco conseguiu minimizá-los pelo destaque que deu aos seus pontos fortes, embora nesse quesito, ele pudesse ter sido mais enfático. Uma semana depois foi chamado para participar da próxima etapa.

Veja o que ele me escreveu:

"Bom dia, Sr. Ney, quanto tempo! Tudo bem?

Preciso de uma ajuda sua: estou participando de um processo seletivo para uma vaga de Engenheiro de Segurança e amanhã passarei pela segunda etapa. Eu estava receoso de que não continuaria no processo por conta de que é uma posição na qual o profissional coordenaria uma equipe de oito pessoas — experiência que eu não tenho até então e a entrevistadora percebeu isso. Ela perguntou como eu me via nessa nova experiência.

Ela deu a entender que as demais experiências e habilidades estavam de acordo com o perfil da vaga. E agora eu pergunto como devo me posicionar a respeito? Considero que amanhã conversarei diretamente com o gestor da vaga. O que o senhor aconselha?

Devo me justificar quando ele questionar e analisar meu perfil a respeito de gerir uma equipe de oito técnicos?

At.te, Marco Kinjawara."

Agora minha resposta:

"Prezado amigo Marco, boa tarde!
Que bom receber sua mensagem! Fico feliz, grato.
Pense nas habilidades e competências que você tem hoje. Elas já estavam com você há alguns anos? Não. Você foi se desenvolvendo aos poucos. É o que continuará acontecendo.
Você progrediu pela sua coragem. Você tem ousadia (é uma das suas virtudes).
Além disso, estudou, fez cursos de aperfeiçoamento, se atualizou, leu muitos livros, aprendeu com outros mestres entregou os resultados que a empresa esperava e confirmou sua capacidade como profissional líder, criativo e motivador. É isso que continuará acontecendo em qualquer lugar onde for trabalhar.
Você tem uma sólida base. Seu CV com sua história despertou o interesse deles. É por causa disso que eles chamaram você para mais uma fase.
Marco, você está indo fazer uma venda.
Coloque o foco da entrevista nos pontos em que você sabe que domina e que é o problema deles.
Se eles voltarem à questão da equipe ser de oito pessoas, responda com poucas palavras, evite se justificar. Fale apenas o que agrega valor. Simplesmente diga:
'Oito pessoas? Tranquilo. Tenho muita habilidade para relacionamento interpessoal, sei exatamente como estimular pessoas e uma equipe é constituída por seres humanos. Estou seguro em relação a isso.
Estou muito entusiasmado com a possibilidade de trabalharmos juntos. Quero contribuir e colaborar para os resultados positivos da sua empresa. Os desafios são sempre bem-vindos.'
No final da entrevista agradeça, peça o e-mail do entrevistador, pergunte quando deve acontecer a próxima etapa e com quem vai ser. Quando sair da empresa, de imediato anote na agenda o que ele perguntou e o que você respondeu. Anote o que você perguntou e o que ele respondeu. Faça outras anotações. Prepare-se para a próxima. Chegando a sua casa, no mesmo dia envie e-mail de

agradecimento ao entrevistador e escreva uma linha sobre seu interesse em trabalhar lá.
Amigo Marco, desejo-lhe muito sucesso. Conte comigo. Espero boas notícias. Forte abraço, Ney."

Ele me respondeu em seguida:

"Perfeito, Sr. Ney, grato pela resposta.
Captei a ideia: demonstrar que a ausência dessa habilidade é mais um desafio importante que é semelhante a outros que eu encontrei e venci na minha carreira — muito bem!
Esses detalhes que o senhor comentou ao final da entrevista são importantíssimos e podem fazer toda a diferença — com certeza vou seguir sim, dão um toque muito especial de atenção.
Sr. Ney, vou colocar em prática suas dicas, espero retornar em breve com boas notícias!
Agradeço pelo apoio, se precisar estou à disposição.
At.te, Marco Kinjawara."

Tornei a responder:

"Marco, positivo!
Você captou a ideia com perfeição.
Nenhum selecionador conseguirá encontrar o candidato 100% enquadrado no perfil que foi traçado pelo dono da vaga. É escolhido aquele que mais se aproxima.
Numa seleção é considerado o aspecto técnico. Mas tão importante quanto ou mais, é o que o candidato apresenta como pessoa, o lado comportamental, sua atitude positiva e vontade de acertar.
É preciso haver sintonia, uma base de afinidade e simpatia entre o dono da vaga e o candidato.
Você é uma pessoa que conquista amigos por sua simpatia.
Com certeza, você será sempre um ótimo candidato.
Se por acaso não for nesta será em outra.
Sucesso, Ney."

TIRE BOM PROVEITO DE CADA CICLO DA SUA VIDA

7

❖ EMPRESAS MORREM, OUTRAS NASCEM... RENOVAÇÃO NO MERCADO DE TRABALHO

Persas, Gregos, Egípcios, Império Romano, Império Otomano, foram civilizações que nasceram, cresceram e morreram assim como muitas outras. Com as atuais e com as futuras também ocorrerá o mesmo. É o ciclo da vida que se repete. Esse "fenômeno" acontece com todos os seres vivos e também com poderosas empresas multinacionais e brasileiras, as quais foram consideradas por muito tempo como eternas e imbatíveis. Citarei nomes de grandes empresas que já existiram sabendo que muitos dos leitores jovens deste livro nunca ouviram falar delas. Muitas já estão completamente esquecidas: Blockbuster, Lehman Brothers. Mais antigas: PanAm, Varig, Vasp, Panair do Brasil (empresas aéreas); Mesbla, Mappin (lojas de departamentos); Banco Nacional, Banco Bamerindus; Fábricas de automóveis como Simca, Fábrica Nacional de Motores (FNM), Vemag; Empresas de comunicação como *O Cruzeiro*, TV Manchete, TV Tupi; Máquinas de escrever Olivetti, Remington; Cadeias de lojas roupas como Ducal. As famosas multinacionais Polaroid, Kodak e a IBM continuam grandes, mas se esforçam para continuar vivas e estão se reinventando.

Muitas delas eram verdadeiras potências, mas pararam no tempo, não se atualizaram, cumpriram o seu ciclo e despareceram pelos mais diferentes motivos. Exemplos encontrados no Google:

- Blockbuster: essa empresa norte-americana, fundada em 1985, foi a maior rede de aluguel de filmes e videogames do mundo. Em 2004, nenhuma empresa deste setor era capaz de competir com as mais de 9 mil lojas espalhadas por todo o mundo. Contudo, a Blockbuster não teve capacidade para se adaptar ao futuro. O surgimento da Netflix e de outros serviços de *streaming* online, como a Hulu, Amazon Prime ou a Playstation que levaram a que a empresa perdesse lugar no mercado. Em novembro de 2013, foram fechadas as últimas 300 lojas e a Blockbuster declarou bancarrota, tal como indica o artigo da Forbes (https://www.noticiasaominuto.com/economia/1001935/as-grandes-empresas-que-faliram-ou-perderam-espaco-no-mercado);

- Enron: dos tempos gloriosos ao colapso estonteante, a empresa de energia Enron Corp passou por tudo. Quando faliu era uma das maiores empresas dos EUA e dava emprego a 22 mil pessoas. Parece difícil de acreditar que tenha entrado em colapso pouco tempo depois de ter obtido lucros de 940 milhões de euros. As ações que valiam cerca de 77 euros, caíram para os 0,56 euros. Em 2001, a falência foi oficializada. Pouco tempo depois as razões para a queda eram conhecidas: fraude fiscal e corrupção (https://www.dinheirovivo.pt/empresas/12-empresas-famosas-que-faliram-ou-falharam-com-estrondo-12807126.html);
- Borders: um negócio de família deixou o estado de Michigan orgulhoso durante mais de 40 anos. A Borders, uma das maiores livrarias que os Estados Unidos já conheceu, foi fundada em 1971 pelos irmãos Tom e Louis Borders. Nesse mesmo ano foram abertas mais 21 livrarias. A empresa foi vendida à cadeia Kmart em 1992, por cerca de 106 milhões de euros. A Kmart continuou a expandir o império dos livros ao longo dos anos 1990. Infelizmente a popularidade das livrarias diminuiu significativamente com o aumento das compras online e a Borders sentiu isso na pele. Em 2011, a primeira loja, em Ann Arbor, fechou as portas e a empresa declarou falência (https://www.dinheirovivo.pt/empresas/12-empresas-famosas-que-faliram-ou-falharam-com-estrondo-12807126.html);
- Blackberry: nos anos 2000, o Blackberry era o celular mais queridinho e sonho de consumo de muita gente. A companhia chegou a ter mais de 50% do mercado de celulares nos Estados Unidos, em 2007. Mas, no mesmo ano começou a decair, com o lançamento do iPhone, que trouxe telas touch-screen, coisa que a Blackberry ignorou e acabou "parando no tempo". A empresa faliu e hoje tenta se recuperar, com pesquisas e desenvolvimento de aparelhos com Android (http://www.amagiadomundodosnegocios.com/4-empresas-que-fecharam-nos-ultimos-anos-por-nao-inovar/);
- Polaroid: no seu auge, em 1978, a Polaroid tinha cerca de US$30 milhões em receitas, segundo indica a Fast Company. Contudo, a

criadora da máquina fotográfica instantânea, declarou falência, por não conseguir fazer face a uma dívida de quase mil milhões de dólares. Depois de vários problemas monetários e de ter ido novamente à falência em 2008, a empresa **reinventou-se** e hoje oferece vários produtos digitais, incluindo tablets, televisões e câmaras digitais (https://www.noticiasaominuto.com/economia/1001935/as-grandes-empresas-que-faliram-ou-perderam-espaco-no-mercado);

- Daewoo: antes da crise financeira asiática de 1998, a Daewoo era o segundo maior conglomerado do setor automobilístico da Coreia. Contudo, a Daewoo Motors foi declarada oficialmente falida depois que deixou de pagar dívidas no valor de cerca de US$39 milhões. Foi desmantelada pelo governo coreano em 1999 (https://www.noticiasaominuto.com/economia/1001935/as-grandes-empresas-que-faliram-ou-perderam-espaco-no-mercado);

- Sun Microsystems: essa empresa foi a responsável pela criação do sistema de arquivos NFS e do Java, uma linguagem de programação rápida e versátil e que ainda é utilizada nos dias de hoje. Foi uma das empresas de tecnologias mais influentes e importantes dos anos 1990. Contudo, após ter sido adquirida pela Oracle, acabou por fechar as portas em 2010 (https://www.noticiasaominuto.com/economia/1001935/as-grandes-empresas-que-faliram-ou-perderam-espaco-no-mercado);

- General Motors: depois de ser uma das fabricantes de automóveis mais importante por mais de cem anos e uma das maiores empresas do mundo, a General Motors também teve uma das maiores falências da história. Não inovar e ignorar abertamente a concorrência foi a chave para o fim da empresa em 2009. Através de um grande resgate do governo dos EUA, a atual empresa, General Motors Company ('nova GM') foi formada em 2009 e comprou a maioria dos ativos da antiga GM, incluindo a marca General Motors (https://www.noticiasaominuto.com/economia/1001935/as-grandes-empresas-que-faliram-ou-perderam-espaco-no-mercado);

- Arapuã: uma das maiores lojas de eletrodomésticos do país em sua época, a Arapuã, dominava um mercado frente a gigantes como Casas Bahia, Ponto Frio e Americanas. Sua história começou no interior de São Paulo no ano de 1957, mas o auge da marca foi entre os anos de 1980 e 1990. Aliás, na década de 1990, a rede marcou seu maior faturamento, deixando todos os concorrentes para trás. Porém, uma somatória de erros administrativos e crises financeiras pelas quais o país passava, a Arapuã, não resistiu, dando início ao fechamento de todas as suas mais de 220 lojas a partir de 1998 (https://www.promoo.com.br/conheca-grandes-lojas-e-marcas-que-nao-existem-mais-ou-faliram/);
- Pakalolo: entre os anos de 1980 e 1990, a moda jovem tinha nome. Tratava-se da Pakalolo, que apostava em um estilo de roupas modernas que traduziam os sentimentos de crianças e adolescentes da época. A rede deixou o mercado definitivamente em 2009 (https://www.promoo.com.br/conheca-grandes-lojas-e-marcas-que-nao-existem-mais-ou-faliram/);
- Yopa: era uma marca de sorvetes que foi comprada pela Nestlé nos anos 1970. Tinha sorvetes do Mickey, da Minnie, entre outros personagens da Disney. Em 2000, a dona extinguiu a marca (https://gq.globo.com/Prazeres/Poder/noticia/2014/02/12-grandes-empresas-que-sumiram-do-mapa.html);
- Burroughs: essa não faliu. De acordo com os sites https://origemdasmarcas.blogspot.com/2011/10/unisys.html e https://en.wikipedia.org/wiki/Unisys, a Burroughs se fundiu com a Sperry em 1986 e passou a se chamar Unisys. Hoje é uma grande fornecedora de servidores e integradora de soluções tecnológicas mais voltadas para o e-business. Tem receita na casa dos US$3 bilhões;
- Thomas Cook: considerada a agência de viagens mais antiga do mundo, fundada em 1841. Foram 178 anos operando, faliu em setembro de 2019. Grande transtorno para seus clientes. E também para 22 mil funcionários, acionistas, credores, governo... Consequência da concorrência intensa dos sites de viagens.

Francisco Cavalcante realizou essa pesquisa, ele é Engenheiro e mestre em TI. Essas foram algumas das grandes empresas que nasceram, atingiram o auge e desapareceram ou se reinventaram. É o ciclo da vida.

Com as pessoas não é diferente. Acontece o nascimento, crescimento, amadurecimento, apogeu, declínio e morte. Ainda bem que é assim, pois dessa forma os mais jovens terão oportunidade de evoluir, provar o seu valor, realizar sua obra e deixar o seu legado. Nada no universo está parado, tudo está em transformação, em evolução, avançando em direção a um objetivo.

A vida continua! Novas empresas têm surgido e substituído as que desapareceram. Eis algumas delas:

O movimento de startups fez surgir empresas de TI que se tornaram poderosas.

Muitas delas já estão famosas, como: Nubank, Creditas, Guiabolso, Docket, Stone Pagamentos, QuintoAndar, Cargo X, Loggi, Sky.One, Hotmart. E mais algumas gigantes da atualidade que estão ampliando mundialmente o mercado de trabalho: Google, Facebook, Apple, Microsoft, Netflix, Uber...

Estão surgindo algumas que prometem um grande crescimento: TOTVS, 99, Submarino, OLX, Dr. Consulta, Yellow, PagSeguro, Rappi, Alibaba. E quando este livro estiver concluído, esse panorama já estará diferente. Existem outras áreas com grande perspectiva de futuro como as de energia renovável e limpa (eólica, solar...) além das empresas que se voltaram para agronegócios, pois o mundo inteiro precisa de comida. Você pode constatar avanços incríveis na Inteligência Artificial e Robótica, Biologia Sintética.

É frequente vermos na TV programas falando das grandes transformações que o mundo vai testemunhar até o ano 2050, exemplo: o tipo de emprego que conhecemos hoje passará por transformações radicais. Cerca de metade das profissões vai se informatizar e desaparecer nas próximas décadas. Ninguém vai querer ser proprietário de um automóvel, além disso, os futuros modelos circularão pelo ar e não nas ruas. As impressoras 3D evoluirão sendo capazes de produzir delicadas peças e componentes eletrônicos para naves espaciais ou construir um edifício inteiro. O mesmo avanço ocorrerá na medicina prevendo que nós vamos viver muito mais em perfeita condição de saúde sem envelhecer, mas obviamente continuaremos morrendo. **Aldous Huxley** já havia previsto muito disso em seu famoso livro *Admirável Mundo Novo*. Na época que ele escreveu tudo aquilo parecia impossível, era fantasia e ficção. Hoje é realidade. Parecido ocorreu com Julio Verne. Será que esses artistas têm o poder de prever o futuro?

A Pandemia de 2020 foi prevista em alguns livros, um deles é *A Realidade de Madhu* escrito por **Melissa Tobias**, publicado em 2014 pela editora Novo Século. Vale a pena conferir. Já ouvi dizer que "tudo que o homem consegue imaginar é possível de criar". O seriado da Netflix *Dark*, pega a tese do **Albert Einstein** "passado, presente e futuro é ilusão" e a partir daí cria uma ficção sobre a máquina do tempo. Será que o homem conseguirá viajar no tempo como mostra a ficção? Será possível que isso vai se tornar realidade? — Avanços da ciência e tecnologia obviamente não é minha especialidade, mas tenho curiosidade, estou atento e fico maravilhado com o que meus filhos, netos e principalmente os bisnetos desfrutarão.

Como citei, a TV Cultura, aos domingos exibe um programa voltado para os avanços da nossa atualidade, é o "Matéria de Capa". Era apresentado pelos excelentes jornalistas **Aldo Quiroga** e **Andresa Boni**. Esse é um programa que recomendo.

Encontrei no LinkedIn uma reportagem realizada pelos jornalistas Iander Porcella e Felipe Laurence em 15 de julho 2019 para o jornal *O Estado de São Paulo* — Estadão QR. Recomendo pesquisar para lê-la por inteiro. Você encontrará importantes depoimentos:

Mercado de trabalho em transformação. Mas a mudança que se desenha com a 4ª Revolução Industrial é radical. O Instituto McKinsey prevê que, até 2030, metade das atividades de trabalho pode ser automatizada no mundo. No Brasil, onde naquele momento havia 13 milhões de desempregados, a pesquisa estimava que outros quase 16 milhões de empregos podem ser perdidos nos próximos dez anos. Esse número representa 14% da atual força de trabalho do país. Flexibilidade e capacidade de aprendizado serão essenciais para manter a relevância no mercado de trabalho. Na opinião de Ricardo Basaglia, diretor-executivo da consultoria norte-americana de recolocação profissional Michael Page, as pessoas vão ter de cinco a seis carreiras ao longo da vida no futuro.

https://arte.estadao.com.br/focas/estadaoqr/materia/conheca-12-profissoes-do-futuro-de-consultor-de-longevidade-a-fazendeiro-vertical

❖ MUNDO EM EBULIÇÃO

Uma colega de RH me enviou um e-mail perguntando se o mercado está ruim para procurar emprego. Respondi: para quem está se atualizando e procurando emprego de maneira certa, o mercado estará sempre bom. É uma questão de atitude, visão, planejamento e estratégias corretas. Para quem se acomoda na zona de conforto ou se acovarda diante dos desafios tudo sempre estará difícil. **Nizan Guanaes**, sócio e cofundador do Grupo ABC diz que "enquanto uns choram, outros vendem lenços". Pense bem, são empresas novas que estão surgindo, antigas que estão se reformulando ou expandindo. Consequentemente terão necessidade de novos colaboradores ou de substituições. Oportunidades existem. É um grande engano pensar que todas as empresas estão indo mal. Eu prefiro ver o futuro pelo ângulo positivo. Nossas perspectivas futuras são alvissareiras. Meus netos viverão um futuro muito melhor. Algumas pessoas podem ver tudo isso pelo ângulo negativo, eu quero distância dos pessimistas. Sempre procuro me afastar dessas nefastas influências.

❖ NOVAS PROFISSÕES

É bem verdade que nós temos muitos jovens ingressando no mercado de trabalho. As nossas universidades qualificam milhares de estudantes todos os anos. Vai vencer quem estiver mais bem preparado técnica e psicologicamente, óbvio. Da mesma forma novas empresas estão surgindo, outras estão expandindo ou criando associações e *joint ventures*. Alguns profissionais ficam esperando que alguém lhes ofereça uma oportunidade, outros a criam.

Como surgirão vagas no mercado de trabalho? Surgirão com novas profissões, abertura de novas frentes de trabalho, desenvolvimento de tecnologia, empresas que estão se associando e investindo na sua expansão, empresas estrangeiras que estão vindo para o Brasil, globalização, startups. Também teremos executivos que estão se afastando do mercado de trabalho em definitivo ou temporariamente.

Exemplo:

Alguns estão se aposentando e abrindo oportunidades para os mais jovens subirem. Mulheres executivas que entram de licença maternidade e interrompem a carreira abrindo oportunidade para quem está ingressando. Infelizmente acontece também aqueles que ficam doentes por tempo indeterminado e alguns que nem voltam por estarem definitivamente inválidos ou por terem falecido. É a realidade da vida que segue.

De forma que sempre haverá necessidade de substituição e renovação. De uma forma ou de outra sempre surgirão novas oportunidades. Já que falamos da dura realidade da vida, precisamos lembrar também que existem as demissões, algumas por justa causa, outras até injustamente. Quem estiver se atualizando e conseguir criar diferenciais aproveitará as melhores oportunidades que surgirem. Por qual razão as pessoas são demitidas? — Pode ser por dificuldade momentânea da empresa, oscilação na economia ou na política do governo, reestruturação de algumas equipes ou da Diretoria, mudanças na política interna, dificuldade de relacionamento com o chefe ou com a equipe, falta de resultados, assédio, vício de bebida ou outras drogas, falta de comprometimento, corrupção, talvez por alguma intriga, enfim, motivos não faltam.

Sempre haverá gente saindo das empresas, outras entrando e novas demandas no mercado. São recorrentes os casos de licença, afastamento temporário, aposentadoria... Alguém terá que entrar no lugar deles. Existem corporações que saíram de São Paulo e foram para outras cidades. Muitos dos seus funcionários pediram demissão ou foram demitidos. São cargos que precisam ser preenchidos. Em todos esses casos, são novas oportunidades que surgirão. Quem está bem preparado saberá o que fazer para atingir seu objetivo. É possível conseguir o "emprego dos sonhos" mesmo que a televisão esteja divulgando notícias alarmistas e negativas sobre o aumento da taxa de desemprego.

Quando o profissional vê na imprensa as notícias sobre as transformações que o mundo passará nos próximos anos, se ele não quiser ficar para trás, antes de tudo terá que ver o momento de forma positiva. Precisa fazer um trabalho mental para continuar entusiasmado e correr para se atualizar e conseguir permanecer na competição.

❖ ORGULHO DA PROFISSÃO QUE ESCOLHEU

Bert Hellinger, é um psicoterapeuta alemão, inventor das "Constelações Familiares", encontrei no Google. Ele fala sobre prosperidade, dinheiro e riqueza. Resumindo o que ele diz: "Dê significado nobre ao seu trabalho. Qualquer pessoa bem-sucedida está a serviço da vida, dos seres humanos. Quem somente pensa no dinheiro já perdeu antes de começar."

Muitas vezes a felicidade depende da atitude mental de cada um. Existem pessoas jovens, ricas e saudáveis que vivem falando de dificuldades, reclamando e criticando tudo, são profundamente infelizes. No entanto, outras, que apesar das suas limitações conseguem descobrir estímulo e interesse nos desafios que a vida lhes apresenta. Quando o profissional adota atitude mental positiva no seu dia a dia e percebe como as pessoas podem se beneficiar com seu trabalho, por mais simples que seja sua vida, passa a ter significado e propósito.

Khalil Gibran escreveu no O Profeta, seu famoso livro: "**E se não sabeis trabalhar com amor, mas com desagrado, é melhor deixardes o trabalho e sentar-vos à porta do templo a pedir esmola àqueles que trabalham com alegria.**"

Assisti em 21 de julho 2019 na TV Cultura no programa Metrópolis a uma entrevista do grande mestre fotógrafo **Sebastião Salgado** com a excelente jornalista **Adriana Couto**. Não tenho a entrevista literal, mas lembro de que em um momento ela perguntou da sua satisfação de ver seu trabalho ser apresentado em um evento tão divulgado. Ele é um filósofo e disse que sua maior realização é estar lá para fotografar, como aconteceu quando ele registrou o trabalho dos garimpeiros em Serra Pelada. Ele falou que esse é o maior significado, esse é o maior prêmio.

Ayrton Senna dizia que "paixão é fundamental para o sucesso". Ele era positivo, otimista, tinha atitude de vencedor e orgulho pelo que fazia. Ele deixou exemplo e mostrou que nada de bom vem fácil. Só com muito esforço, determinação, foco, visão de futuro próspero...

Você pode me dizer o quanto as pessoas já se beneficiaram com seu trabalho? O que você faz? Já percebeu o grande valor da sua profissão e o quanto você vale para seus parceiros de trabalho, colaboradores, clientes, chefes? E para sua família?

Professor, mecânico, médico, enfermeiro, pedreiro, engenheiro, secretária, contador, motorista. Todos têm grande valor. Não importa qual é a sua profissão, muita gente se beneficia quando você trabalha com entusiasmo.

Sou Vendedor e tenho muito orgulho disso. Agradeço a Deus por ter me colocado nesse caminho. **Viktor Frankl** escreveu em seu livro sobre o sentido, valor e o propósito que precisamos dar a nossa vida. Fama, dinheiro e poder são coisas que podem sumir de uma hora pra outra. E então, o que permanece? Por que ter orgulho de ser vendedor? Você consegue imaginar o que seria o mundo sem vendedores? Como a indústria escoaria sua produção se nós não existíssemos? Nós somos a mola propulsora do progresso de qualquer país, de todas as empresas, grandes ou pequenas. Nós temos uma profissão universal e versátil. Podemos conseguir emprego em qualquer parte do mundo, sem necessidade de revalidar diploma, é só aprender outro idioma. Essa facilidade é impossível para um médico ou engenheiro, por exemplo, pois teriam que fazer todo o curso universitário outra vez, durante anos para ter seu diploma reconhecido.

Segundo pesquisa feita, a maioria das pessoas ricas nos Estados Unidos é oriunda da área de vendas.

Por estar nessa profissão conheço toda a América do Norte, Europa e Oriente. Meu trabalho fez com que eu criasse relacionamento com um número imenso de pessoas. Com as vendas criei meus filhos e constitui meu patrimônio.

Neste momento lembro-me de uma frase de **Thomas Edison**, cuja capacidade de trabalho era reconhecidamente extraordinária: "Nunca tive nenhum dia de trabalho. Foram todos de intensa diversão." É o meu caso. Segundo especialistas, o vendedor é o profissional que está mais próximo de ser um empresário empreendedor, líder de grande sucesso na vida. Sua personalidade se desenvolve no sentido da criatividade, progresso, independência e liderança.

Gosto de citar nomes de grandes vendedores da humanidade, felizmente a maior parte foi do "bem": **Nelson Mandela**, **John Kennedy**, **Martin**

Luther King Jr., **Lincoln**, **Napoleão Bonaparte**, **Mahatma Gandhi** e o maior de todos, **Jesus Cristo**. Eles venderam ideias de honestidade, ética, amor, fraternidade, liberdade, justiça, igualdade, elevação espiritual, e muitas coisas boas. A história da humanidade mostra que também tivemos alguns homens, líderes, que só venderam maldade e seus nomes eu prefiro não citar.

Quando nós gostamos do que fazemos e sentimos orgulho por estar nessa profissão, nossas metas serão atingidas com muito mais facilidade.

Demetre Georgiadis, meu grande mestre, dizia: "em vendas você trabalha como um leão, mas vive como um rei."

❖ BANCO DE TALENTOS

É fácil encontrar bons colaboradores? NÃO. De forma que quando um gestor recebe um bom CV este é guardado como se fosse uma joia, mesmo que o uso não seja imediato, mas no futuro. Vou lhe contar um caso muito "antigo" apenas para exemplificar. Ocorreu na área de TI, numa época em que o sistema de segurança de dados ainda não era muito evoluído. Mas a análise continua sendo válida: **Salim**, um amigo que mora em BH me telefonou pedindo ajuda. Sua empresa já atuava em todos os estados do Brasil com muito sucesso, de forma que ele sempre dependeu de bons profissionais de TI. Todos os seus escritórios precisam estar conectados e controlados por uma eficiente rede de computadores.

Ele me falou que o gestor da área, que ocupava uma posição extremamente estratégica, era um dos melhores especialistas que já havia passado por sua empresa, mas em compensação também era o "rei" da intriga, fofoca, desavença e briga. O clima estava horrível. Precisava demiti-lo, mas tinha receio de aumentar a confusão.

Expliquei que eu não poderia sair de São Paulo. Perguntei se ele possuía em seu computador o famoso "banco de talentos". Ele disse que sim. Sugeri que buscasse ali alguém que pudesse substituir o encrenqueiro e que sigilosamente fizesse entrevistas fora do escritório. Encontrando o candidato certo a substituição deveria ser feita automaticamente de forma discreta e de surpresa. Ele tomou cuidado para que ninguém dentro da empresa ficasse sabendo da sua intenção, nem mesmo sua secretária ou o RH. Assim, encontrou o substituto e combinou como tudo deveria ser feito. No dia marcado, o rapaz chegou lá na hora agendada. Somente naquele momento meu amigo Salim foi à sala do RH, avisou da sua decisão e que providências deveriam ser tomadas. Em seguida foi ao escritório do "dito cujo" e comunicou que ele estava sendo dispensado.

Sem nenhum protesto, ele pegou um envelope que estava sobre a mesa, levantou-se da cadeira e saiu da sala. Passou no RH, assinou os documentos de dispensa e foi embora. O novo gerente entrou, assumiu a posição e deu prosseguimento no trabalho sem dificuldade. Meu amigo me telefonou feliz da vida. Achei estranho que não tivesse havido nenhum tipo de protesto, mas pensei "melhor assim". É um caso antigo, mas continua funcionando como exemplo. Era uma época em que os sistemas de segurança ainda não eram tão eficientes.

Alguns meses se passaram. Um belo dia, quando eles chegaram ao escritório, ao ligar os computadores viram que todos estavam com as memórias apagadas. Não havia nem vestígio em algum backup. O que teria ocorrido? Como escrevi acima é um caso antigo, atualmente esse tipo de sabotagem não pode mais acontecer, a segurança está mais eficiente.

Tudo indica que o rapaz descobriu que seria demitido e por vingança preparou uma "bomba-relógio". Foi uma forte suspeita, pois tinha sido ele o gestor nacional do setor de TI. Houve falha e esta funcionou como aprendizado. Mas meu relato é para exemplificar que posições estratégicas precisam ser tratadas com mais cuidado. Quando um gestor inteligente e experiente encontra um bom CV ele sabe que precisa guardar para eventuais necessidades urgentes. Se não tiver um aproveitamento imediato, ele ficará aguardando o momento apropriado.

Para que seu currículo faça parte das joias do tesouro do Presidente de uma grande empresa, ele tem que ter **valor** com diferenciais expressivos.

Mais uma vez:

Vale "**o que**" e não "**o quanto**" você escreveu no seu CV. Esteja atento e colecione o nome de empreendedores que estão conseguindo sucesso com Startups, além de empresas que estão investindo. No seu *mailing list* acrescente nomes de Executivos TOP, Gerentes, Diretores e Presidentes que aparecem em evidência na mídia, que estejam recebendo prêmios por elevado desempenho ou que tenham escrito livros de grande vendagem. Tome iniciativa e encaminhe breve mensagem de parabéns pelo sucesso deles, desperte o interesse e dê início a um possível relacionamento. Até então você era um desconhecido, mas agora ele começará a saber quem é você. Prepare uma planilha no Excel e comece a anotar os nomes dos principais executivos das áreas do seu interesse, como Financeira, Comercial, Industrial, TI... Tome iniciativa, descubra um motivo para enviar mensagem e tentar fazer contato. Não havendo resposta, insista, eles são muito atribulados. O pior que pode acontecer é continuar sem receber retorno. Mas se acontecer resultado positivo, será muito bom para você. Seja otimista, tenha ousadia.

❖ OUSADIA / AUDÁCIA / CORAGEM — GENERAL MONTGOMERY

Google: Ousadia e Audácia: "aptidão ou tendência que impulsiona o indivíduo para que este realize ações difíceis, não se importando com o perigo. Característica da pessoa definida por se opor ao que está previamente estabelecido; algo que expressa inovação."

Ter iniciativa para enviar o CV para o Presidente ou Diretor de uma empresa não envolve nenhum perigo, só precisa de ousadia.

Churchill — El Alamein: "Antes de El Alamein nunca tivemos uma vitória, depois de El Alamein nunca tivemos uma derrota"... "Este não é o fim, nem é o começo do fim, mas é, talvez, o fim do começo."

A perda do canal de Suez traria sérios prejuízos para os ingleses, além de possibilitar aos nazistas o acesso às jazidas de petróleo no Oriente Médio (descobertas em 20/30), bem como possivelmente a abertura de outra frente de ataque à União Soviética, pelo Sul. Além disso, facilitaria as pressões para a possível entrada da Turquia na guerra. Dessa forma, o combate de El Alamein tornou-se prioritário.

General Romel — Nazista "a Raposa do Deserto" comandava o Afrika Korps.

General Auchinleck — comandante do oitavo exército foi substituído pelo **General Montgomery**.

No livro *Memórias da Segunda Guerra Mundial*, escrito por Winston Churchill, prêmio Nobel de Literatura de 1953, encontrei uma história interessante (não confirmada), sobre uma conversa entre Ismay e o General Montgomery, este havia sido designado para substituir Auchinleck.

Houve um diálogo que foi mais ou menos o seguinte (minha interpretação):

Monty: — É lastimável ver um general tão famoso ser derrotado depois de tantas vitórias...

Ismay: — Fica tranquilo Monty, nossos superiores sabem que o Romel é terrível, eles vão compreender...

Monty: — Como? Estou dizendo que sou eu quem vai mandar Romel pra casa. Eu vou derrotá-lo...

O **General Montgomery** foi o Grande Vencedor em El Alamein depois de mais de um ano de muitas manobras e de batalhas — comandou os "Ratos do Deserto" (Sétima Brigada Inglesa). **Ousadia** e **audácia** são atitudes que se destacam no caráter de todos os grandes líderes. Coragem de se arriscar, mas com planejamento, visão positiva de futuro, energia, determinação, vontade de vencer, com honestidade e ética. Aí estão algumas características de personalidade que os selecionadores esperam encontrar nos candidatos que ocuparão posições de grande responsabilidade nas empresas.

❖ CASO ALFONSIN — A INDICAÇÃO

Certas posições gerenciais, extremamente estratégicas, são preenchidas sem serem anunciadas publicamente. O grande público não toma conhecimento que elas existem. Pesquisas realizadas em diferentes países mostram que isso ocorre em 80% das vezes. Por quê? O selecionador, independentemente do seu nível, pode ser um Gerente, Diretor ou Presidente, tendo necessidade de preencher uma posição de liderança dará preferência inicialmente a um profissional do seu relacionamento, alguém de quem já sabe dos seus resultados positivos, provavelmente da sua equipe ou um antigo colaborador.

Outra possibilidade é que o candidato seja recomendado por um amigo e que ele venha com ótimas referências sobre suas realizações. É como alguém que vai ao médico ou advogado por indicação de um amigo. Encontrar bons colaboradores é uma tarefa nada fácil. Uma contratação malfeita pode trazer prejuízos irreversíveis.

Muitas vezes, mesmo lançando mão do relacionamento, o Diretor da Empresa não consegue o candidato ideal. Por essa razão, todo executivo experiente tem em seu computador o que chamamos de "banco de talentos" já citado por mim. Sempre que surge um currículo bem feito que denote ser de um profissional fora de série, essa "joia" será guardada para ser usada em momentos de necessidade.

Alfonsin foi transferido por sua empresa (Bunge) da Argentina para São Paulo. Já estava aqui há três anos. Durante o período de férias foi visitar a família em Buenos Aires. No seu último dia lá, quando se preparava para voltar, o telefone tocou. Era uma ligação para ele. Meio desconfiado atendeu.

Do outro lado da linha, a pessoa se identificou dizendo que estava com o CV dele e perguntando se havia interesse em fazer uma entrevista. Ele respondeu dizendo que estava trabalhando e que há muito tempo não enviava CVs. A pessoa então falou que era da Volkswagen Argentina e que eles haviam feito uma seleção há três anos e que por alguma razão havia sido interrompida. Mas como o CV do Alfonsin era muito bom eles guardaram no famoso "banco de talentos".

Alfonsin agradeceu, disse que estava voltando para o Brasil, mas ficou feliz da vida sentindo uma verdadeira massagem no ego.

Esse caso verídico mostra que vale a pena investir no preparo de um bom CV, no envio para empresas e diretores de empresas mesmo sem saber se existe alguma oportunidade em aberto. Pode não dar um retorno imediato, mas a semente foi lançada. É o que ocorre com o semeador. Ele sabe que precisa fazer os lançamentos e contar com aquelas sementes que darão bons frutos.

SEJA CONHECIDO COMO UM PROFISSIONAL DE VALOR

8

Você poderia dizer: "Ney, eu gostaria de seguir seu conselho para enviar uma *cover letter* para muitos desses elevados executivos. Quero fazer envios personalizados, mas como vou descobrir o nome deles e suas empresas?"

Vejo muita facilidade para você conseguir isso, principalmente com os recursos que existem hoje. Você sabe que usando o seu computador ou o celular qualquer um descobre todas as informações que precisar. Até os bandidos de dentro da cadeia sabem disso. Basta estar atento para criar e aproveitar as oportunidades.

Os meios de comunicação estão cada vez mais velozes e aperfeiçoados. O nome desses executivos aparece com frequência na televisão e nas revistas especializadas em negócios e na vida corporativa. Você precisa estar "antenado" e descobrir quem está lançando um livro, ou sendo premiado ou qual desses executivos está proferindo palestras, ou sendo entrevistado por algum veículo impresso/televisivo ou dando uma aula no TED.

Empresários, Presidentes, CEOs, Diretores, Executivos de primeira linha participam de eventos não apenas como convidados, mas também como palestrantes. Nas feiras e exposições você tem excelente oportunidade para se atualizar e encontrar pessoas e descobrir as empresas que estão investindo e trabalhando para expandir e consolidar suas marcas no mercado. É preciso ter senso de observação e perceber a oportunidade para iniciar contatos, negócios e se promover. É algo que precisa ser feito principalmente quando você está bem colocado em um bom emprego, mas também não pode deixar de ser feito quando estiver desempregado. Você tem que agitar, evite ficar "parado". Quanto mais contato fizer mais próximo estará do sucesso.

A sugestão é abrir uma planilha no computador e anotar o nome dessas importantes pessoas citando a empresa correspondente, posição que está ocupando, data do evento e pontos que mais chamaram sua atenção. Se não fizer isso em pouco tempo você estará perdido sem saber quem é quem. Não basta colecionar cartões de visita e jogar no fundo da gaveta. É preciso "alimentar" relacionamentos.

Quando participar de um evento, ao chegar a sua casa, seu bolso estará com alguns cartões de pessoas que contatou. Verifique quem aparece no LinkedIn e, de imediato, peça conexão lembrando-se de enviar mensagem personalizada citando o evento e o encontro do dia anterior. Se passar mais de um dia a pessoa contatada terá dificuldade para lembrar quem é você.

Tendo havido algum contato pessoal e troca de ideias com o palestrante, conferencista ou personalidades da mesa diretora, até mesmo um convidado interessante, é importante que proceda de forma semelhante. Antes de iniciar, o intervalo e o fim do evento, são os melhores momentos para iniciar seus contatos e troca de cartões. Cumprimentar as pessoas presentes com calma e simpatia em vez de sair correndo para voltar pra casa. Pode ser que a oportunidade de ouro esteja ali, aproveite.

Se possível, no mesmo dia, envie mensagem por e-mail e peça conexão no LinkedIn. Caso isso já tenha sido feito e vocês já estão conectados em primeiro nível, use essa ferramenta e escreva citando a conversa que tiveram ou o quanto aprendeu com a palestra dele no evento. Demonstre interesse nele, deixe para falar da sua intenção (enviar CV) depois.

Procure sentir o nível de receptividade. Principalmente sendo positivo, aguarde alguns poucos dias para enviar sua cover letter com seus dados.

Em um evento, imagine como vai ser bom descobrir uma empresa que está criando uma *joint venture* ou construindo uma nova planta. Talvez alguma que esteja sendo comprada por multinacional. Pode ser também outra fazendo fusão e se preparando para o lançamento de um novo produto. Até mesmo se a empresa estiver com dificuldades pode se tornar uma boa oportunidade para mostrar suas competências sugerir soluções e provocar uma efetiva contratação dos seus serviços.

Tenho um amigo que é experiente especialista em atender empresas que estão em grandes dificuldades, como por exemplo, em "recuperação judicial". O incrível: ele recupera. Fico impressionado.

Outro amigo me contou que estava vindo de Nova York para o Rio de Janeiro, e aconteceu uma virada na sua vida. Ele é muito educado e simpático. Você sabe que são muitas horas de viagem. Ele percebeu que o passageiro ao lado era norte-americano, depois da decolagem ele puxou conversa. Descobriu que o cara era um alto executivo que estava vindo ao Brasil para estudar o nosso mercado e implantar a empresa aqui. Você consegue imaginar o que aconteceu? Pois é, meu amigo se tornou o "braço direito" do seu companheiro de viagem e hoje está como CEO. Você poderia dizer que ele tem muita sorte, eu concordaria. Mas também digo que ele tem atitude positiva e senso de oportunidade. Se você tem ambição de progredir profissionalmente, precisa estar com a mente aberta para criar relacionamentos.

❖ COACHING

Tem muita gente falando nesse assunto atualmente e existe certa confusão. Algumas pessoas não conseguem perceber muito bem a diferença entre *coaching*, *mentoring* e *counseling*. Como pode perceber são palavras de origem do idioma inglês.

Gostaria de deixar você pesquisar para descobrir o que faz cada uma. Com tendência para meu lado, coloco aqui a definição fornecida pela instituição na qual ganhei minha primeira certificação como COACH que foi a **International Association of Coaching**:

> Coaching é metodologia que visa proporcionar desenvolvimento humano com reflexos positivos e duradouros para valorizar a vida pessoal e profissional. A proposta do coaching é fazer com que o *coachee* (cliente) parta de um estado inicial (atual) para um objetivo desejado desenvolvendo habilidades, encontrando fontes de motivação, removendo barreiras mentais, modificando atitudes e comportamentos problemáticos, criando satisfação e senso de realização na vida.

Resultados esperados: visão atraente do futuro, alinhamento de metas a um propósito de vida, criação de metas bem formuladas.

Diferenças: *Counseling* significa "aconselhamento". É um processo de interação entre duas pessoas (um profissional especializado e o cliente).

Mentoring é uma **ferramenta de desenvolvimento profissional** consiste em uma pessoa muito experiente ajudar outra com menos experiência.

❖ CASO ALÍPIO — O EXECUTIVO DO ANO

São histórias que se repetem. Nosso personagem poderia ser um profissional exemplar e de grande sucesso, não fosse a sua excessiva autoconfiança. Tudo que é demais atrapalha.

Ótimo esposo e pai (dois filhos). Tomou conhecimento de que a matriz nos Estados Unidos não estava satisfeita com os resultados da filial brasileira, mas não se preocupou com isso. Inclusive considerou que no ano anterior ele havia recebido um prêmio como "o melhor do ano" na sua área. Ilusoriamente se sentia muito seguro.

Alguns meses depois dele ter ganhado o prêmio, muito discretamente a empresa deu alguns sinais negativos. Era abril, foi quando houve o primeiro atraso no pagamento dos salários. Em junho os clientes começaram a reclamar pelas entregas. Em setembro perderam dois dos maiores clientes. Em outubro o CEO (*Chief Executive Officer*) pediu demissão deixando todos numa expectativa danada para saber quem seria o substituto.

Alípio não se preocupou, pois era otimista, confiante de que tudo se resolveria afinal ele trabalhava numa multinacional norte-americana. Em dezembro avisaram que não haveria festa de fim de ano. Alípio continuava confiante e, embora a empresa não tivesse acertado suas férias nem o décimo terceiro salário, caprichou nos presentes da família e dos amigos. Na ceia de Natal não deixou a peteca cair. Na última semana do mês, numa sexta-feira no fim do dia foi comunicado a todos os funcionários que a empresa estava encerrando suas operações no Brasil.

Nosso "herói" ficou aturdido. À noite não contou nada para a família. Passou um fim de semana terrível, estava pálido como uma folha de papel branco. Fingiu estar gripado. Na segunda-feira, saiu como se fosse trabalhar. Andou a esmo. Entrou num templo evangélico e assistiu ao sermão do pastor. Chorou em silêncio para ninguém perceber, pois sua vergonha e a angústia eram imensas.

Telefonou para alguns colegas de infortúnio. As nefastas influências e lamentos ajudaram a se sentir mais consolado. Afinal ele não era o único. Todo o grupo estava se sentindo desolado. Mas o contato com os colegas teve o seu lado positivo: ele se encheu de coragem e falou da sua demissão para a família.

A mulher e os filhos tentaram disfarçar a apreensão, mas não conseguiram. Ele tentou tranquilizá-los, falando que havia feito uma boa reserva de dinheiro. Eles perguntaram: "quanto?" Ele "enrolou" e não falou.

Os garotos perguntaram:

"Pai e nosso passeio na colônia de férias?"

Alípio engoliu em seco e respondeu que teriam que cancelar. A esposa falou:

"Meu amor, a máquina de lavar roupa enguiçou, posso chamar o técnico?"

Entre os dentes ele respondeu para lavar a roupa no tanque. Ela insistiu:

"E a sua reserva de dinheiro?"

Ele não respondeu e saiu da sala. Não aguentava tanta pressão. Os dias foram passando. Até que ele caiu na real e começou a refazer seu CV. Depois de fazer algumas alterações no layout, começou a pesquisar alguns sites de vagas de emprego e começou a fazer envios.

As semanas foram passando e nenhum sinal positivo. A família não falava nada, mas todos com aquela cara de assustados.

Até que um dia a esposa perguntou:

"Nenhuma entrevista?"

Ele explicou que no fim e no começo do ano ninguém contrata e que o Brasil só começa depois do carnaval, ou seja, em março. A mulher meio contrariada foi obrigada a escutar a justificativa.

Passaram-se então quatro meses de despesas sem entrar dinheiro no caixa. A tão esperada ligação finalmente aconteceu, em abril, uma secretária que não disse de qual empresa estava falando. Ela queria apenas saber o último salário dele. Parou dizendo que ligaria depois, mas isso nunca aconteceu.

Em maio, três agências de emprego chamaram, e finalmente foi fazer duas entrevistas em cada uma. A esperança acendeu com a promessa de que ele faria entrevista na empresa, mas isso também não aconteceu. Alípio ficou injuriado, pois não recebeu nenhum feedback positivo e nem negativo. Ele reclamou com a mulher pela falta de respeito com o candidato e ela apoiou seu ponto de vista.

Os meses foram se arrastando.

O estado de espírito do Alípio, durante esse período, mudou várias vezes. Aquele executivo "Homem do Ano" já estava distante.

O excesso de autoconfiança de antigamente deu lugar à ansiedade, depois angústia, insegurança e estava perto da depressão. Ele buscava respostas para o que estava acontecendo. Ele precisava justificar o fracasso. Por quê?

Primeiro foi o "começo do ano", depois o número excessivo de candidatos, depois o despreparo das selecionadoras, carnaval etc. Até que no mês de julho, ele telefonou para um colega, mas foi a esposa dele quem atendeu. Ela falou que ele havia conseguido um novo emprego, desde abril. Alípio perguntou:

"Como ele conseguiu? Mais tarde vou ligar para ele."

À noite Alípio voltou a telefonar para o colega. Depois de felicitá-lo e desejar sucesso, perguntou:

"O que você fez para conseguir esse novo emprego?"

O rapaz falou que contratou um especialista em transição de carreira e que logo depois da primeira sessão de *coaching* as coisas já começaram a clarear em sua mente. Alípio decidiu seguir o mesmo caminho e procurou o coach. Decidiu que precisava elaborar um projeto específico para encontrar uma nova empresa. Parou com a improvisação e procurou se preparar para enfrentar o desafio. Fez planejamento como havia feito durante toda sua vida profissional. Seu CV adquiriu mais força e sua autoconfiança foi sendo reconquistada gradativamente. Rememorou os resultados que havia conseguido em sua vida os quais foram inseridos em seu "novo" currículo. Reativou seu *networking* e direcionou os envios de CVs para empresas com grande potencial em vez de depender apenas de sites de busca de emprego, estudou sobre técnicas de negociação de salário, leu sobre PNL e liderança.

Com isso, deixou de fazer o que todos os desempregados fazem, inovou no CV, na entrevista, ficou mais seguro para negociar salário e passou a se interessar mais pelas necessidades das empresas. Desconstruiu sua antiga imagem e adotou uma atitude mais proativa e simpática.

Ele contou que saiu do estado letárgico e partiu para a ação. Ele disse:

"Muito importante, parei de me justificar e coloquei foco nas prioridades, no meu objetivo principal."

Nesses momentos de grande pressão que descobrimos os verdadeiros e autênticos vencedores. Eles são guerreiros que caem, mas se levantam mais fortes do que antes.

O amigo acrescentou:

"Logo depois disso, as entrevistas começaram a surgir, e eu tive oportunidade de escolher entre três boas propostas. Dos CVs enviados ainda recebo ligações chamando para entrevistas."

Alípio ouviu tudo isso atentamente, depois comentou com o antigo colega:

"O apoio de um especialista em 'coaching' deve ser muito caro e minha reserva acaba em dezembro."

O amigo falou:

"Não é caro. É muito menos que o prejuízo que você já teve até agora. Procure o apoio de um bom coach de carreira. Sozinho é muito difícil de percebermos os erros que estamos cometendo. Ter alguém para acender a luz e mostrar o caminho é muito mais seguro. Se precisar de mim estou à sua disposição."

Alípio seguiu o conselho do antigo colega. Contratou o coach e antes de dezembro já estava bem colocado.

Essa é mais uma história que se repete.

Se você está nesse rodamoinho, não espere a situação se agravar. Adote o planejamento estratégico correto e busque apoio de um especialista bem-conceituado e experiente. Evite se arriscar e ter prejuízo. Antes de contratar um consultor, pesquise sobre ele. Não acredite em falsas promessas de entrevista de emprego. Isso não existe. Cuidado com os enganadores. Leia o que escrevi sobre Recolocação ou *job hunting*.

Hoje as redes sociais revelam tudo sobre todos nós. Veja o site da consultoria. No LinkedIn descubra qual é a formação do consultor que vai lhe atender, descubra se ele tem certificação e credenciamento, há quanto tempo atua como coach, quem são seus clientes (são estagiários, analistas ou experientes executivos), ele tem quantas recomendações no seu LinkedIn. Veja também como ele aparece no Facebook e quem faz parte da sua rede. Você diria: "mas que trabalhão."

Realmente! Como você escolheria um médico cirurgião para cuidar da sua vida, um experiente ou um recém-formado? Você colocaria seu futuro na mão de um consultor de quem nunca ouviu falar? Tenho certeza de que vai evitar correr o risco de aumentar seu prejuízo e será muito criterioso para escolher muito bem o seu coach.

Salomão dizia: "Só com esforço hercúleo você obterá resultados diferentes e melhores que os outros."

Eu sou positivo e otimista, mas estou com os pés no chão. Procuro não me iludir. Acredito em milagres e boa sorte, mas trabalho para que eles aconteçam. O que é procurar emprego? — Três respostas:

- Desenvolver um projeto;
- Competir com outros candidatos;
- Vender o que você produz para alguém que necessita do seu produto.

Projeto é um assunto que não tenho a menor possibilidade de dar aula, mas gostaria de fazer uma breve reflexão sobre os elementos básicos:

Imagine uma linha riscada no papel. Ali vai desenhar seu projeto. Você está no ponto "zero" e começa a escrever as ações que precisam ser desenvolvidas para atingir um objetivo final. Nessa linha, entre os extremos você terá etapas ou metas. Essas, precisam ser definidas, desafiadoras e alcançáveis. Prazos precisam ser estabelecidos no cronograma. Estabelecimento de parâmetros. É fundamental fazer acompanhamento do plano de trabalho para saber se as metas estão sendo atingidas dentro das conformidades. Durante o percurso inevitavelmente surgirá necessidade de fazer muitas correções.

Hoje, qual seu objetivo final? Montar um negócio próprio, plano de carreira ou de aposentadoria, conseguir aumento de salário ou promoção para um cargo mais elevado, procurar uma nova empresa para trabalhar? O que você quer? Onde colocará o foco?

Inicialmente, mantenha-se motivado, pense em como vai se sentir feliz com cada meta atingida. Tenha visão de futuro. Muitas pessoas depois de iniciarem o projeto esquecem-se de fazer acompanhamento. É fundamental conferir os números frequentemente e fazer correções. Não apenas no início, mas durante todo o percurso. "O que não é medido não é gerenciado" — BSC...

É competir. Você sabe que quando aparece uma vaga na sua área, são dezenas ou centenas de candidatos enviando CV. Alguns são chamados para entrevista, mas apenas um será o contratado. Muitas pessoas participam de corridas, maratonas como a São Silvestre. A grande maioria vai no "oba-oba". Mas quem quer ganhar o troféu de campeão tem que se preparar técnica, física e psicologicamente para superar todos os outros. Nós nascemos de uma competição.

Você tem dado tudo de si para chegar à frente do selecionador e ter um desempenho muito melhor que seus concorrentes? Tem se preparado bem para descobrir quais são as necessidades da empresa? Em relação à entrevista, você tem cuidado das fases anteriores para ter um bom desempenho durante o encontro? Tem se planejado para fazer uma vantajosa negociação salarial? E o que você faz depois do evento? Tem certeza de que merece receber o troféu de campeão nessa competição? O que tem feito de diferente para melhorar?

É vender, pois esse é um assunto que me interessa bastante. Pergunto: quando você consegue vender alguma coisa? Está difícil de responder? Vou fazer a mesma pergunta de outra forma:

Quando você compra alguma coisa? Quando você necessita! Basicamente ninguém compra nada sem necessidade. A palavra-chave na venda é necessidade. Lembre-se: necessidade do comprador, uma "palavra-chave" fundamental.

Vendedor que está angustiado para atingir a meta, pois está com ameaça de ser demitido, está ansioso para conseguir um cliente. Ele está preocupado com sua própria necessidade. O seu desespero vai deixá-lo cego e sem visão da necessidade do cliente, não vai vender. Você consegue perceber que é semelhante a quem está há muito tempo procurando emprego? A ansiedade e o emocional abalado o deixam sem visão, ele precisa de alguém para mostrar o caminho. O que vende mais, o benefício ou o atributo?

❖ O QUE VENDE MAIS, O BENEFÍCIO OU O ATRIBUTO?

Com certeza, o benefício. Vamos explorar esse assunto um pouco mais adiante. Normalmente nós compramos o remédio por causa da fórmula? Ou será por causa do benefício que ele vai nos trazer?

Uma pessoa compra um remédio buscando debelar sua doença, e por isso, a necessidade quando lê a "bula", vê a "fórmula" (atributo) parece ser muito boa. Mas ao ler as "indicações" não encontra cura para o seu mal, não encontra o benefício, aquele medicamento não atende a sua necessidade. Consequentemente aquele remédio será deixado de lado.

Com relação ao CV acontece parecido. Sua formação, cargos ocupados, experiência (**atributos**) são importantes, mas o selecionador quer saber o que tudo isso produziu de resultados (**benefícios**).

Eis o ponto de partida. Na procura por um novo emprego, antes de tudo, você precisa saber qual é o seu "produto" e quais benefícios tem a oferecer. Que melhora eles podem representar para outras pessoas ou para empresas? Você consegue me responder que "produto" está vendendo? Que produto seu cliente quer comprar? O que o dono da empresa quer receber de você?

Se você fosse o gestor principal, o que esperaria receber dos seus funcionários? Do empacotador, da telefonista, do Diretor Comercial ou do Industrial ou do Financeiro?

Você espera receber de todos seus colaboradores bons RESULTADOS. Aí está mais uma "palavra-chave": resultado. É isso que qualquer gestor cobrará e quer receber. Quando contar sua história ela tem que ter conexão com as necessidades da empresa mostrando que os resultados que já obteve provam que você tem condição de entregar o que ele necessita.

Já percebeu o que este assunto, "venda", tem a ver com procura de emprego? Nas empresas onde trabalhou que resultados você obteve? Dos problemas enfrentados pela empresa que soluções foram obtidas por você? Seu trabalho proporcionou algum tipo de lucro ou de economia? Quais os benefícios que as empresas tiveram ao lhe contratar? Quantos líderes e gestores você formou? Tem prazer em apoiar e estimular outras pessoas? Que legado deixou para as empresas por onde passou? Você consegue identificar quais são as necessidades do seu mercado comprador?

"Customizar" seu prospecto publicitário (CV) e sua história de venda para cada um dos seus clientes é o começo de tudo, é o ponto zero do seu projeto.

A próxima meta é pesquisar meios de comunicação (LinkedIn, sites de *job hunting*...) para enviar seu prospecto (CV) para as empresas e fazer com que o maior número de possíveis compradores tenha interesse pelo seu produto.

❖ RESULTADOS MEDIDOS/QUANTIFICADOS/ QUALIFICADOS

Bem, provavelmente você não se preocupou em guardar cópias de documentos que falem de avaliação de desempenho que lhe foram elogiosos. Também não guardou nada falando de projetos que você concluiu com sucesso, viagens profissionais ao exterior, nem mesmo trabalhos voluntários em benefício da comunidade. Você estava tranquilo e não pensou que um dia precisaria desse tipo de informação. Tudo isso e muito mais poderá ser usado no seu Prospecto Publicitário (CV).

Você tem condição de me dizer agora quais os resultados que entregou para as empresas nas quais trabalhou? Talvez se justifique dizendo: "Resultados medidos, quantificados e qualificados é fácil para quem trabalha na área industrial ou comercial, mas na minha área é impossível, eu sou auditor." Ou então poderia se justificar dizendo: "Minha área é controladoria, ou *facilities*, ou administrativa, contábil, marketing, publicidade." Muitas pessoas fazem o seu trabalho mecanicamente sem perceber a importância e o valor que ele tem para a empresa, ou para as pessoas a quem prestam serviços. Trabalham mecanicamente, iniciam o dia apenas ligando o "piloto automático", parecem robôs. Até imaginam que o que fazem, seu colega faria até melhor e mais rápido. Isso é um perigo. Valorize-se e procure cultivar sua autoimagem de forma positiva com autoestima elevada.

Quando você entrou na empresa, seu chefe deve ter estabelecido objetivos com metas e prazos os quais provavelmente foram atingidos. Em relação ao seu antecessor as marcas foram superadas? Você contabilizou e registrou em algum lugar esses resultados? Quantas promoções obteve? Quantos funcionários foram treinados e quantos novos líderes e gestores você formou? Dos projetos implantados qual deixou você mais orgulhoso?

Outros exemplos: quanto dinheiro economizou com venda de sucata e material que era descartado? Qual economia conseguiu com atualização de TI? Você reduziu reclamações de clientes ou reclamações trabalhistas? Reduziu número de funcionários e aumentou produtividade? Dobrou volume de vendas? Negociou com bancos e salvou a empresa da liquidação judicial? Melhorou clima organizacional e diminuiu **turnover**, de quantos por cento? Reduziu custos e prazo de entrega dos relatórios mensais? Que legado deixou na empresa?

❖ SELECIONADOR. AMIGO OU INIMIGO?

Você precisa de um parceiro! "O dono da vaga."

A tarefa de um selecionador é árdua, tensa e até "perigosa". Ele vive no "fio da navalha". Cada seleção que faz é um risco, pois se escolher o candidato errado será severamente cobrado por isso. Em RH não existe processo de seleção 100% seguro. O selecionador avaliará pessoas e nesse caso as variáveis são infinitas.

Você como candidato, sabendo dos riscos que um selecionador corre, pense no que tem que fazer. Prepare-se o melhor possível para ajudar o selecionador a perceber suas habilidades e competências técnicas, comportamentais e pessoais. Prepare-se para demonstrar interesse, vontade e entusiasmo. Forneça informações com precisão, que tenham conexão com a necessidade dele e que agreguem valor ao seu histórico. O selecionador precisa estar empolgado com você para passar para o "dono da vaga" a convicção de que encontrou o melhor dos candidatos. Ele será como se fosse seu advogado ou seu vendedor.

Quando o "dono da vaga" faz a requisição, é elaborado o descritivo do perfil do profissional requerido. A partir daí é feita a divulgação e é iniciada a busca. Feito isso, começam a chegar centenas de CVs. Pela correria, muitos deles não serão lidos. O "dono da vaga" pede candidatos "pra ontem" e nem sempre é possível. A pressão é terrível.

Devido a uma série de fatores, como a urgência, o selecionador pode convocar os candidatos para uma dinâmica de grupo e aplicação de testes para avaliação de competências. Você tem certeza de que está preparado para enfrentar essa disputa e ser o candidato vencedor? Lembre-se de que a Entrevista Pessoal (presencial ou virtual) e a Dinâmica de Grupo são momentos cruciais, decisivos, não tem perdão. Você será exposto diante do selecionador e comparado com outros candidatos. O que pode ser feito para se preparar e ser o vitorioso?

Na realidade, Selecionador e Candidato são aliados, pois um depende do outro para marcar pontos positivos.

Pense como se você fosse o entrevistador. Você precisa saber que uma contratação malfeita pode gerar um prejuízo irreversível para ambas as partes. O selecionador tem a obrigação de defender os interesses da corporação e precisa apresentar resultados positivos com eficiência e rapidez.

O tempo para encontrar o profissional mais próximo do perfil pode variar de quinze dias a mais de um mês. Na realidade é um processo muito trabalhoso que exige especialização, técnica, sensibilidade, espírito crítico, criatividade e experiência.

Escolhido o candidato, ele terá um período de treinamento e adaptação que pode variar de 30 a 90 dias. Neste tempo, podem acontecer alguns "acidentes" de percurso, como falta de entrosamento com o chefe ou com a equipe, falta de adaptação aos conceitos da empresa etc. Resultado: todo o trabalho de busca de candidatos foi perdido e muitas vezes o selecionador é responsabilizado pela hipotética "escolha desastrada". Aí está um dos motivos para continuar mantendo contato com o selecionador mesmo que outro candidato tenha sido o escolhido, ele pode ser dispensado antes de concluir a experiência.

O selecionador vai ter que recomeçar. Foram três ou quatro meses perdidos e mais outro tanto para encontrar o próximo e depois começar treinamento com o novo funcionário admitido. A empresa não vai recuperar aquele prejuízo.

Muitas vezes, mentalmente, o candidato que não foi aprovado faz críticas, do tipo: ele é um selecionador que não sabe entrevistar, ou ela é muito jovem etc. Para que você tenha possibilidade de ser o vencedor é preciso que se coloque como parceiro do selecionador, sem crítica e nem julgamento, pelo contrário, observe o lado bom dele, perceba sua competência e virtudes. Sua chance aumentará quando perceber nele os pontos positivos. Como por exemplo: essa empresa sabe valorizar os jovens e essa moça "deve ter muito valor para estar entrevistando um executivo como eu". Ou então, observe que o entrevistador já deveria estar aposentado e, no entanto, continua na ativa, que exemplo maravilhoso, você diria.

Lembre-se: é aquela jovem quem levará seu CV adiante. Trate-a com respeito e cortesia, sem exageros. Simpatia demais também não é conveniente. Seja autêntico, sincero e parceiro. Reconheça o valor e a importância do selecionador.

❖ ENTUSIASMO E BOM HUMOR

E quem é o principal responsável pela sua motivação e a da sua equipe? Seu chefe? O chefe dele? Seus colaboradores? A família? O governo? Não!!!! Você é quem tem que responder por sua própria motivação em nível elevado e isso dependerá do que for colocado no interior da sua mente. Sua atitude mental diante das vicissitudes da vida é que farão a diferença entre a vitória e a derrota.

Os motivos para perder o entusiasmo serão inúmeros. Você nem precisará procurá-los, eles virão ao seu encontro facilmente sem serem chamados.

A lenda dos três pedreiros:

Conta-se que, um homem viajante, quando passava por uma pequena cidade viu três pedreiros trabalhando numa obra. Foi até lá para conversar com eles e fez a mesma pergunta aos os três, mas ouviu respostas diferentes. Perguntou:

— O que você está fazendo?

O primeiro respondeu:

— Estou assentando os tijolos...

O segundo:

— Estou levantando as paredes de uma igrejinha...

O terceiro:

— Estou construindo a igreja mais linda desta cidade e que no futuro vai se transformar em catedral...

A obra era a mesma, mas a atitude mental e visão que cada um tinha do seu trabalho era bem diferente.

A sugestão é que você faça periodicamente uma revisão na sua atitude mental diante das situações da sua vida e que procure valorizar até as pequenas coisas que tem feito. Evite colocar como sua principal motivação o seu salário, pois se isso acontecer o seu sentimento de felicidade e realização terá dificuldade para ser alcançado.

❖ GRATIDÃO E ENTUSIASMO

Serginho Groisman, grande e inteligente apresentador, comandava aos sábados pela manhã um importante programa falando do trabalho solidário e voluntário nas comunidades carentes: "**AÇÃO**".

Observei alguns depoimentos interessantes. Em Guarulhos, a comunidade estava irritada com a sujeira que os garotos pichadores estavam fazendo nos muros e paredes. Ameaças de punições e placas de "proibido pichar" não adiantaram. Até que surgiu a ideia de reuni-los e ensiná-los que pichação é para quem não tem talento. Os artistas não picham, mas sim "grafitam". Grafite é o que pode dar vazão ao talento e ao espírito criador de cada um, com a vantagem de enfeitar a cidade. Foi mostrado que é algo legal, pois haveria autorização dos proprietários dos imóveis, poderia ser também uma fonte de renda e eles estariam sendo orientados por alguns mestres com experiência no assunto.

Essa foi a ideia que o coordenador do projeto procurou vender para seus alunos. Mas quando o Serginho entrevistou os grafiteiros, o discurso deles caiu principalmente no "acréscimo da renda". Ninguém percebeu que houve um acréscimo de conhecimento e técnica na arte do desenho e da pintura. Eles só falaram no que poderiam "faturar". Esqueceram que antes, além de não ganharem nada para sujar a cidade eles tinham que gastar dinheiro para comprar as tintas com spray. Para piorar, continuavam estagnados, sem evolução, malvistos pelos vizinhos, eram criticados e perseguidos.

Antes de receberem esse valioso estímulo e apoio, eles não pensaram na "renda". Durante a entrevista foi possível perceber que eles ainda não haviam se sensibilizado com o benefício que estavam recebendo. Tanto as orientações como as aulas de arte que os mestres estavam lhes passando sem cobrar nada parecia algo comum, sem importância. Em nenhum momento ninguém esboçou sentimento de gratidão pelo bem que receberam. Ninguém agradeceu ou valorizou o que estava sendo entregue.

Na segunda parte do programa aconteceu semelhante. Era um grupo em Paraisópolis-SP, que aproveitava retalhos de tecidos jeans, costurava-os um a um e transformava-os em bonitas peças que eram vendidas em lojas de luxo. O depoimento da coordenadora era entusiasmante. O benefício para a comunidade era inegável. No depoimento das beneficiadas, o discurso da "renda e do faturamento" continuou. Mais uma vez nenhuma gratidão. Nenhum agradecimento às professoras. As beneficiadas não externaram nenhuma valorização ou gratidão pelo benefício recebido. Parece que as voluntárias que trabalhavam como mestras e orientadoras, tinham obrigação de servi-las.

Na realidade, as voluntárias não precisavam do agradecimento de nenhuma das suas alunas, pois havia a satisfação íntima de ver que a vida daquelas pessoas estava melhorando.

Fazer parte da "corrente do bem" dá muito prazer. Gostaria que você percebesse o benefício "espiritual", invisível, que você produz quando ajuda uma pessoa a ficar melhor. Esse sentimento é muito maior que o pagamento que receberia se fosse em dinheiro. Você já ouviu falar de artistas apaixonados por sua própria obra? Ele cria para sua satisfação, pelo amor. Você tem entusiasmo pelo que faz? Você já parou para perceber o quanto as pessoas têm se beneficiado com a sua contribuição? Você tem dado o devido valor aos seus resultados ou imagina que qualquer pessoa faria o mesmo?

Em contrapartida, você tem valorizado o que tem recebido de outras pessoas? Tem verbalizado ou demonstrado seu agradecimento? Tem cultivado em você a virtude da gratidão? Tem o hábito de verbalizar seu agradecimento? Nós precisamos tomar cuidado para continuarmos atentos e agradecidos por pequenas coisas que recebemos. A gratidão eleva nosso espírito e nos humaniza.

O jovem conseguiu seu primeiro emprego como estagiário. Depois de alguns meses trabalhando, cheio de entusiasmo, comenta com a mãe:

"Mãe, que maravilha! Antes quando estava estudando tinha que pagar a faculdade e aprendia pouco, mas agora estou aprendendo muito mais e eles ainda estão me pagando um salário, é espetacular! Mãe, agradeço muito por me educar e me fazer a pessoa que sou hoje." Eu vi essa cena.

Gratidão é uma virtude que pode ser aprendida e cultivada. É questão de boa educação. Agradecer faz bem a quem recebe o agradecimento e também a quem demonstra sincera gratidão.

❖ VENDER — QUANDO VOCÊ CONSEGUE?

Vender é uma técnica que precisa ser desenvolvida por quem quer obter promoção no emprego, conseguir aumento de salário, mudar de emprego ou até mesmo para quem resolve montar seu pequeno negócio. Vender é algo que não dá para fugir e precisa ser muito bem estudado, entendido, aprendido e desenvolvido. É uma tarefa para o resto da vida. Você sempre terá algo para vender, pode ser um produto, um serviço ou uma ideia, um projeto... Seu sucesso depende de ter muitos clientes (internos e externos) bem atendidos.

Primeiro determine exatamente o que você quer neste exato momento em termos de futuro para curto, médio e longo prazo. Como você está lendo este livro talvez esteja pensando em procurar um novo emprego, ou ser promovido onde já está tralhando ou talvez queira montar um negócio e trabalhar por conta própria. Depois se pergunte:

"O que preciso fazer para atingir meu objetivo?" A resposta para todos os casos é: vender.

"Vender???!!! Mas eu não sou vendedor, sou contador..." Ou então, "sou engenheiro... advogado... médico."

O médico vende, o dentista também e o advogado muito mais. Todos nós vendemos desde que nascemos. O bebê troca o choro pela mamadeira, o garotinho sabe que fazendo uma gracinha ou carinho na mãe receberá algo bom em troca. O adolescente descobre o sexo. E por aí vai a vida... sempre vender algo que pode ser bom ou ruim, alegria ou tristeza. Você escolhe.

Tenho certeza de que você é vendedor. E dos bons! Analise sua vida e descubra quantas vendas maravilhosas já fez em sua vida desde o tempo de estudante. Perceber e valorizar suas habilidades e competências é de vital importância para o sucesso da sua carreira profissional. Procure observar que nenhum vendedor tem 100% de aproveitamento, mas os campeões se lembram das vendas que fizeram e eles fazem propaganda disto. Sua venda continua, quando tem orgulho da profissão que escolheu e dos resultados obtidos.

Venda existe independentemente de haver troca de dinheiro por mercadoria. Venda existe quando você consegue aprovar um projeto, ou quando faz com que sua equipe participe de um programa social, ou até mesmo quando você faz um discurso para sua comunidade e é aplaudido. Ser querido e respeitado por sua família é venda que precisa ser feita diariamente. Todo líder tem que ser um vendedor campeão.

Para conseguir vender, primeiro é preciso conhecer bem os pontos fortes do seu produto. Segundo — que é mais importante que o primeiro — conseguir identificar a verdadeira necessidade do seu cliente. Terceiro, "customizar" sua história de venda em função do que seu "cliente" quer ouvir, falando com entusiasmo, objetividade e clareza. Recomendo estudar o assunto com profundidade.

SEU FUTURO COMEÇA AGORA!

9

Você sabe que eu trabalho dando apoio para profissionais que necessitam fazer "planejamento para o desenvolvimento de suas carreiras". Faço isso há mais de 35 anos. Alguns milhares de executivos já passaram por mim deixando suas experiências as quais compartilho com você. Já escrevi sobre esse assunto no livro anterior, mas sempre tem algo novo para acrescentar.

Quer fazer um planejamento de carreira ascendente? Independentemente da sua necessidade ou motivação, recomendo que esteja sempre analisando seu CV e sua evolução. Ele deve ser atualizado periodicamente com os cursos que tenha realizado. Lembre-se das promoções, resultados e premiações que obteve. Evite deixar para fazer isso somente quando estiver desempregado.

Analise o seu CV, endereço de e-mail, sua página no LinkedIn ou seu site e tente descobrir o que pode fazer para ele ficar diferente dos outros, mas com bom senso e bom gosto, sem exageros. Pense como se fosse um publicitário. Escreva o que agrega valor. Imagine o que o seu selecionador quer ler. Uma simples palavra mal colocada, pode prejudicar muito. Essa peça tem que despertar interesse principalmente no selecionador e não apenas em você.

Pergunto para meu cliente (*coachee*):

— Está convicto de que procurar emprego é vender?

— Sim!

— O que você está vendendo?

— Eu mesmo!

Recomendo que reflita um pouco mais. Ele acaba dizendo:

— Sou uma pessoa invendável, de valor inestimável. O que estou vendendo é minha capacidade de produzir resultados, soluções, aumento de produtividade e lucro.

❖ CURRÍCULO COM SEUS RESULTADOS

Antes de tudo, é preciso identificar o que você está vendendo. Saiba o que o dono da empresa quer comprar de você. É algo que você tem e ele precisa.

Ele necessita e quer comprar. É algo que ele cobra de todos os funcionários independentemente do cargo ou nível: resultados. Resultado é a palavra-chave. Ela tem que aparecer no seu CV, na cover letter, nas mensagens, no LinkedIn e deve ser verbalizada, quantificada, qualificada e justificada com clareza na entrevista.

Desenvolva sua criatividade. São iniciativas e ações simples, mas que podem ajudá-lo e fazem diferença:

- Desperte interesse com a sua redação. "**O que**" e não "**o quanto**" você escreve no seu CV é o que vale. Ele é mudo, quem vai fazer "a venda" é você na hora da entrevista. Escreva apenas o essencial. Se ele for extenso ninguém vai ler, e o mesmo se ele for "enxuto demais". Ele tem que "seduzir" o leitor;
- Coloque, no lugar do endereço, apenas seus telefones, e-mail e LinkedIn;
- Ponha área de interesse sem o cargo pretendido;
- Resuma suas qualificações em três ou quatro linhas;
- Exponha suas experiências/resultados — sempre que possível qualificando e quantificando em percentuais — sem exagero;
- Mostre as empresas trabalhadas com datas e cargos ocupados. Caso a empresa seja pouco conhecida, informe se é estrangeira, origem, principais produtos etc. Informe apenas o que agrega valor ao seu histórico;
- Destaque sua formação e cursos complementares de atualização pelos mais recentes e mais importantes;
- Evidencie o domínio de idiomas na primeira página;
- Informe outras atividades e ocupações — trabalhos voluntários, vivência em outros países etc.;
- Faça uma breve revisão — antes de iniciar sua redação — nos seus conhecimentos da nossa gramática. O zelo na redação do seu currículo dará uma ideia do que pode fazer pela empresa. A revisão é fundamental. Além de você, peça a outra pessoa para fazer isso. Mesmo assim, ainda existe risco de passar um ou outro detalhe (pontuação, acentuação, redundâncias e outros

equívocos comuns). Informações sobre "atividade extra" (lazer, esporte ou trabalho voluntário) que tenham conexão com sua atividade profissional serão consideradas. Quando a empresa onde trabalhou é pouco conhecida, mas é grande e pode agregar valor ao seu CV, escreva algo que complemente e que ajude a vender a imagem, como número de funcionários ou faturamento. A informação deve ser de domínio público e que seja aberta e autorizada pela empresa.

Na elaboração do seu CV recomendo que não se veja como um funcionário, mas sim como uma empresa que tem a preocupação de surpreender seu cliente com excelente atendimento e prestação de serviço de primeira qualidade. Todo empresário sabe que além de conquistar novos clientes, precisa antes de tudo fazer um trabalho de fidelização com os antigos. A forma como se desligou dos seus empregos anteriores e as recomendações que recebeu dos seus antigos chefes no LinkedIn influenciarão seu futuro.

❖ MARCA, "BRANDING" — SEU ENDEREÇO DE E-MAIL

Já que você é uma empresa, sabe que muitas vezes a "marca" vale mais que o patrimônio físico. O que você tem feito para dar mais destaque à sua marca? Seus resultados podem ser sua marca ou então seu estilo de liderança, sua diplomacia no relacionamento interpessoal, honestidade e ética etc. É um conjunto de elementos que construirão sua marca. É ela que vai definir como as pessoas lembrarão de você. Seu endereço de e-mail é uma coisa simples que pode ser feita. Ele é parte integrante da sua **marca**. Observando as propagandas de TV você poderá ver anúncio da GoDaddy ou Registro.br ou Hostgator nos quais pode fazer o domínio do seu nome e hospedagem pagando uma pequena quantia por ano.

Exemplos:

ney@cavalcante.com.br ou ney@hrattitudehrinc.com

jose@oliveira.com ou jose@oliveira2019.com.br

❖ CV — RASCUNHO

Para elaborar o rascunho do CV escreva o máximo que conseguir talvez 10, 15 ou 20 páginas. Guarde com carinho esse material, ele vale ouro. Depois, com o "marca texto", vá grifando os pontos mais significativos para então finalizar com duas ou no máximo três páginas. Eu já escrevi, em um prospecto publicitário como este só escreva o que agrega valor. Ele tem a finalidade de despertar interesse e curiosidade nos selecionadores.

Erros em nosso idioma dá ideia de desmazelo ou falta de conhecimento. Use o corretor automático do computador. O selecionador precisa ter certeza de que você sabe se comunicar bem falando ou escrevendo. Afinal você redigirá mensagens para funcionários, cartas para fornecedores e clientes, propostas e até possivelmente defesas em processos judiciais e nesses casos você necessitará cuidar muito bem da imagem da empresa.

Faço constante revisão do meu texto com uso do corretor automático do computador. Com certeza, ainda assim, o livro será impresso e continuará necessitando de correções. Peço que me comunique quando achar algo para melhorar. Ficarei agradecido.

Pesquise e leia o que os especialistas escrevem sobre técnicas de redação. Eles sugerem que se evite repetir palavras no mesmo parágrafo, procure sinônimos que proporcionem a mesma força para a ideia. Cuidado quando usar verbos no gerúndio. Seja simples e objetivo na sua redação, frases muito longas criam desinteresse. Frases curtas ajudam, a leitura fica mais leve e facilita separação de assuntos. De modo geral, cada parágrafo deve ficar de preferência com três linhas, quatro, no máximo cinco. Use espaço duplo entre eles.

É muito desagradável ter que ler o mesmo parágrafo várias vezes para entender o seu significado. Coloque-se no lugar do selecionador que lerá o que você escreveu. Seja claro e objetivo. Seu currículo tem que deixar você empolgado, mas principalmente os selecionadores. Tem que ter "brilho". Você tem que ser a solução do problema deles.

Currículo é um prospecto de venda. Precisa causar impacto positivo e despertar o interesse do selecionador para que ele continue lendo todo o seu conteúdo. A parte mais importante desta peça é a primeira página. Em quinze ou trinta segundos, numa rápida passagem de olhos pelas primeiras linhas o selecionador decidirá se o CV prosseguirá no processo ou se irá para o descarte. Evidencie, logo de saída, suas conquistas pelas empresas por onde passou. Escreva brevemente, em frases curtas, o que você conseguiu entregar de bom para as empresas onde trabalhou.

Quando escrever sobre resultados, inicie a frase com verbo da ação correspondente. Exemplo: aumentar, diminuir, somar, multiplicar, incrementar, eliminar, reduzir, desenvolver. Se você consegue aplicá-los ao relatar sua história profissional é bom sinal. Exemplo:

- Aumentei em 30% a produtividade do departamento de Contas a Pagar/Recebimento Fiscal por meio de elaboração e implementação de KPIs, revisão do fluxo de processos e criação de SLAs;
- Reduzi em 80% as despesas com multas e juros por atraso de pagamentos a fornecedores;
- Eliminei em 90% o *backlog* dos processos de "Protestos" e pagamentos vencidos.

Observe que só existe uma "ação" em cada parágrafo. Evite colocar várias ações juntas, emboladas. Procure não se alongar em cada um dos parágrafos. Leia e releia o que escreveu. Sinta a coerência e lógica na sequência das ideias. Paciência, "a pressa é inimiga da perfeição", escreva com calma. Você nunca terá um CV perfeito, ele estará sempre em aperfeiçoamento.

Outros exemplos:
Poderia ser um executivo da área industrial escrevendo sobre suas realizações:
Aumentei a lucratividade com aproveitamento de refugos.
Diminui reclamações trabalhistas.
Reduzi riscos de acidentes.
Eliminei reclamações de clientes e reduzi taxa de absenteísmo.

O gestor de RH escreveria:
Otimizei em 20% o índice de avaliação de desempenho do pessoal.
Diminui o turnover de 40% para 15%.
Economizei no plano de assistência médica em 18%.

Reduzi em 12% o custo com refeições e melhorei a aceitação dos funcionários.
Economizei em 30% o orçamento de T&D e certifiquei cerca de 60% da força de vendas.
Consegui aprovação em 78% na pesquisa de clima organizacional.

Repetindo: o selecionador quer saber se dentro da sua história existem indícios de que você entregará a ele retorno do investimento que fará em você. Ele vai somar não apenas os salários, mas também férias, décimo terceiro salário, bônus, comissões, assistência médica, despesas com viagens, benefícios diversos, além de impostos, treinamento etc. Quanto mais alta sua posição e mais elevado salário, mais será cobrado de você. Falando sinceramente, o dono do negócio só pensa em lucro, caso contrário ele corre o risco de falência.

Como pode perceber, se fosse redigir meu CV hoje, não teria pudor em usar o pronome "Eu". Mas respeito quem usa o "Nós" ou aqueles que preferem escrever de forma impessoal. Eu tenho consciência da minha responsabilidade. Nem sempre atingi o objetivo, mas quando isso não aconteceu eu assumi e não transferi. É isso que me dá condição de usar o "Eu".

Assumir a responsabilidade e autoria das minhas realizações é algo que me dá orgulho e prazer. Mas sempre lembro e cito que muitos dos resultados surgiram por causa do apoio que recebi da minha equipe e dos meus chefes. Aplaudo e dou o crédito que eles merecem e sempre agradeço. Depois do rascunho, você vai fazer o CV. Ele tem que ser objetivo e promocional. Repito: vale O QUE e não O QUANTO você escreveu. Lembre-se: o mais importante para o dono da empresa são os resultados.

❖ RESULTADOS QUANTIFICADOS — LUCRO

Quando você é chamado para uma entrevista é natural que procure caprichar na sua aparência. Isso é muito positivo. Mas pense bem, entre tantos currículos que o selecionador recebeu, ele escolheu o seu e lhe chamou. Por que será? Garanto que ele está considerando que você tem possibilidade de resolver o problema dele. O lucro e os resultados que obteve nas empresas anteriores são referências que ele precisa para decidir fazer entrevista com você. É nessa direção que sua apresentação deve se colocar para que ela tenha possibilidade de ser vitoriosa. Ele espera que você proporcione ótimo retorno no investimento que farão.

Quer ser dono de uma carreira que progrida continuamente? Quer obter promoções sempre que surgir oportunidade? Quer conseguir melhores salários? Então fique atento para quantificar, qualificar e contabilizar seus resultados e discretamente fazer o seu marketing profissional com a sua equipe e seu chefe. Torne-se visível e indispensável. Eles precisam saber como seu trabalho é importante e como você beneficia um número enorme de colegas e de clientes. O que ou quanto a empresa estaria tendo de prejuízo se perdesse você? Lembre-se de se valorizar e de se promover inclusive com a sua família também.

Ninguém fica muito tempo numa empresa se não estiver dando retorno. Independentemente da área que você atua, o resultado será cobrado. Se ele é neutro ou negativo, a demissão é o destino final. Será cobrado resultado tanto do empacotador quanto do contador. Será cobrado resultado tanto do colaborador que cuida da limpeza quanto do Diretor Jurídico e do Comercial. O gestor precisa saber o resultado da costureira, do estoquista, do motorista, do vendedor, enfim, todos serão medidos com números. A busca por melhor produtividade e lucratividade é incessante em todos os níveis.

Essa cobrança é muito maior se você ocupa um cargo de liderança como gestor. Será feito investimento no seu treinamento e no salário. Todo dinheiro investido tem que se justificar com ótimo retorno. Se você consegue medir e souber quanto de "lucro" está produzindo, seu currículo será um entre mil, ou mais, que terá chance de ser chamado para entrevista. Esse será o seu grande diferencial. Tenha o hábito de registrar e guardar em uma pasta, muito especial, suas realizações.

O **BSC "Balanced Score Card"** diz que é preciso "definir metas e estratégias com indicadores quantificáveis e qualificáveis". "O que não é medido não é gerenciado" — **Kaplan** e **Norton**.

No Pinterest encontrei: "Não adianta ter mestrado ou doutorado e não cumprimentar o porteiro". Trate todas as pessoas com educação, respeito, cortesia, elegância independentemente da sua posição e status social, pois isso é um ponto que ajuda a criar sua marca com forte diferencial.

❖ CURRÍCULO — DIFERENCIAIS DO PROSPECTO VENCEDOR

Quem tem que fazer o CV é você mesmo, evite transferir essa tarefa de grande responsabilidade para outra pessoa. Estude e planeje como deve ser feito o seu currículo. Ele precisa causar impacto, despertar interesse e curiosidade. Como criar CV que tenha estilo clássico, mas que tenha diferenciais sem ser ridículo? — detalhes podem influenciar, como número de páginas, tamanho da letra, margens laterais, distribuição dos dados, resultados, habilidades, competências, informações complementares, *layout*.

Imagine um profissional despreparado que tem o CV feito por outra pessoa: ele se sente inseguro. Mesmo assim ele responde a alguns anúncios que aparecem na internet. Se por acaso surgir uma entrevista, ele não saberá o que dizer. Além disso, enviará o mesmo CV para todas as vagas que surgirem, sem fazer nenhuma adaptação aos requisitos do perfil. Como seu CV foi feito por outra pessoa, não se sentirá capaz de adequar competências, habilidades e experiências aos requisitos exigidos pela empresa que anunciou a vaga.

Algumas semanas passarão na esperança de que surja uma entrevista, até que certo dia uma selecionadora de uma consultoria ligou para ele. Ela fez algumas perguntas básicas e disse que voltaria a ligar depois. Seu ânimo se acendeu e sua esperança voltou. Ele acha que está com alguma possibilidade. Mas o tempo vai passado sem ter definição. Resolve telefonar, mas a consultora disse que está difícil por causa do fim de ano. Em janeiro, voltou a telefonar mais uma vez e a consultora disse que o Diretor está viajando. Em fevereiro, a empresa informou que suspenderam todas as contratações.

Então ele lembrou que alguém comentou que todo fim e começo de ano fica difícil e o Brasil só começa depois do carnaval. Ele resolve dar uma pausa, mas será que ele pode esperar? Que providências poderiam ser tomadas? O que deveria ser feito para neutralizar a dificuldade? A primeira e a mais importante delas é mudança de atitude. Como mudar?

Particularmente posso lhe dizer que a dificuldade está na cabeça de quem pensa negativamente. Nos meus mais de 40 anos nesse campo, já vi inúmeras vezes executivos sendo contratados na semana do Natal, na virada do ano ou no carnaval. A empresa que está com uma posição estrategicamente importante em aberto tem que ter essa posição preenchida com urgência. Essas oportunidades existem e muitas vezes não são divulgadas, o que fazer para descobri-las?

Currículo é o ponto de partida. É uma peça fundamental e que precisa ser elaborada com o pensamento, atitude e filosofia de quem quer promover seu produto: CV é um prospecto de venda, não é apenas o histórico da sua vida profissional, é muito mais. Ele tem que despertar curiosidade e interesse no selecionador. Ele é um *folder* publicitário do produto que você produziu. Muito mais importante que seu aspecto estético é o seu conteúdo. Nele, o selecionador vai pesquisar sobre sua experiência que engloba resultados, empresas trabalhadas, estabilidade, formação, pós-graduação, idiomas falados, cultura, competências, habilidades.

Pode acontecer de você achar que sua "peça-chave" está excelente. Essa é sua visão, mas pode não ser a de outras pessoas. Lembre-se de que o CV tem que ser redigido para ser lido, na maioria das vezes, por pessoas que não lhe conhecem.

O CV tem por objetivo produzir entrevistas. E para que isso aconteça, é preciso que você olhe para ele e sinta grande orgulho do que conseguiu em sua vida profissional. Quando falar dele para sua família e se emocionar é sinal de que está chegando perto do seu objetivo. Ele é o ponto de partida. O indicador que vai lhe dizer se ele está realmente bom e vendendo é o número de entrevistas que ele vai gerar.

Vender é a ideia, é a sua meta inicial para poder atingir seu objetivo. É essa atitude e filosofia que deve estar na sua cabeça para encontrar um novo caminho profissional. Repetindo: o CV é o prospecto publicitário que promoverá o marketing das suas mais importantes realizações e experiências como líder, mas também de você como pessoa.

Profissionalmente você é uma empresa e como tal precisa saber qual produto os seus clientes mais querem consumir. Nesse caso, é a sua capacidade de produzir resultados e resolver problemas gerando lucro, dinheiro... Não canso de repetir isso.

❖ OBJETIVO SOCIAL DA EMPRESA — LUCRO

Vamos falar francamente, sem emoção, qual o maior objetivo social de uma empresa? Dar lucro. Quando ela está com prejuízo e não tem como reverter, o caminho é falir. Nós já vimos isso acontecer várias vezes. É triste ver centenas ou milhares de funcionários serem demitidos. É um problema social que ninguém quer assumir. Para encerrar as operações de uma empresa é preciso ter muita coragem e elevado senso de responsabilidade para interromper um ciclo de prejuízos e dívidas que vinham se acumulando durante meses ou anos.

É uma situação muito preocupante não apenas para as famílias dos operários, mas também para os executivos líderes responsáveis por apagar as luzes. Esse momento ficará marcado na história de vida profissional de cada um. Além disso, os fornecedores ficarão sem receber e até o governo fica no prejuízo, pois os impostos não serão mais recolhidos. É triste e ninguém quer passar por um momento como esse.

Ao contrário, uma empresa com boa lucratividade atrai novos investimentos, tem condição de atualizar equipamentos, máquinas, softwares, segurança e tem necessidade de contratar cada vez mais os melhores colaboradores. Uma empresa bem-sucedida desenvolve pesquisa para criação de novos produtos, os acionistas ficam felizes, assim como funcionários quando recebem salários em dia. O próprio governo necessita de empresas de sucesso, pois isso aumenta a confiança dos eleitores, aumenta a arrecadação, atrai outros investidores, instiga a concorrência e garante longo tempo de vida.

Friamente falando, para o empresário, acionista ou investidor só interessa lucro, dinheiro... Que é representado por resultados bons e positivos! Essa é a verdade. Você é um profissional preocupado com o que está entregando para a empresa? Acho que algumas pessoas torcerão o nariz ao ler o que escrevi sobre a importância do lucro. Querer ganhar dinheiro não é pecado. Com ele, podemos construir escolas, hospitais, creches, salvar vidas, produzir desenvolvimento cultural, científico e tecnológico.

Pecado é explorar os funcionários ou fazer propaganda enganosa para priorizar o lucro, isso é crime. É o mesmo quando a ganância desmedida acontece em detrimento da segurança dos empregados ou da população. Já vimos recentemente algumas tragédias acontecerem por conta disso. Mas quando o lucro é revertido em benefício das pessoas, nós aplaudimos.

Na "força de trabalho", independentemente de ser alto executivo ou operário, todos serão considerados por sua contribuição média para a elevação da lucratividade da organização. Todos têm que estar engajados na obtenção dos melhores resultados. Essa é uma base cultural que está inserida em qualquer regime político que estejamos vivendo.

❖ CVs DELETADOS POR "FILTROS" NO COMPUTADOR

Quando uma vaga é divulgada, o selecionador recebe elevado volume de CVs. Ele não tem condição de ler todos eles. Alguns serão chamados para entrevista, mas apenas um será o escolhido. O que fazer para se destacar na multidão? — Um ponto que precisa ser considerado é que muitas vezes quem vai fazer a primeira filtragem de algumas centenas ou milhares de CVs é o filtro que está no computador da empresa. Ele vai buscar nos CVs as "palavras-chave" que foram inseridas no anúncio publicado. Os CVs que não tiverem aquelas palavras serão deletados automaticamente, portanto não passarão pelas mãos do selecionador. Leia com atenção o texto do anúncio, descubra quais são as prioridades deles e faça uma adaptação aos pré-requisitos exigidos. Pode ser que o que eles pedem está na segunda página, então jogue para a primeira. Ou então, eles usaram uma palavra e você usou um sinônimo, o computador não perceberá a sua intenção e nesse caso você já sabe qual vai ser o destino do CV.

❖ CURRÍCULO CUSTOMIZADO

O tópico anterior está bem claro? Então você percebe que seu CV para conseguir passar pelos "filtros" precisa ser "customizado". São variados perfis, habilidades, competências e requisitos exigidos por diferentes empresas.

O vendedor campeão faz adaptação da sua estória de venda em função da necessidade do cliente. A mesma coisa tem que acontecer com seu

CV. Você terá um CV que servirá de base. Mas ele deverá sofrer alterações principalmente quando você toma prévio conhecimento de quais são os objetivos que devem ser atingidos ou qual o perfil da vaga. As mudanças na redação do CV dependem do ramo, dos produtos, requisitos, posição a ser preenchida, do tamanho, dos valores e da filosofia da empresa.

Quais habilidades e competências você desenvolveu para obtenção dos seus resultados? Esses requisitos, hoje em dia, são fundamentais para as grandes corporações. Você consegue imaginar o que precisa fazer para pesquisar e descobrir o que é mais importante para a organização na qual quer trabalhar? Pergunte, tente descobrir, prepare-se. Suas habilidades e seus valores têm que estar alinhados com as necessidades da empresa.

Trecho encontrado no Google:

> "As **habilidades** estão associadas ao saber fazer: ação física ou mental que indica a capacidade adquirida. Já as competências são um conjunto de habilidades harmonicamente desenvolvidas."

> No **Dicionário Aurélio**: "Competência é qualidade de quem é capaz de apreciar e resolver certo assunto, fazer determinada coisa; capacidade, habilidade, aptidão, idoneidade."

ENTREVISTA

10

❖ ENTREVISTA POR SKYPE, HANGOUT, WHATSAPP...

2020 foi o ano das grandes transformações. O número de pessoas que passou a trabalhar no sistema *Home Office* e gestão a distância aumentou consideravelmente. Flexibilidade e menos controle burocrático tornou-se a palavra de ordem para os líderes da atualidade.

Novos serviços e produtos foram desenvolvidos pelas empresas para atender necessidades que antes não existiam. Novos e diferentes estilos de relacionamento com clientes e com colaboradores foram adotados.

A contração do mercado obrigou as empresas a recalcularem seus custos com reflexo direto na redução da folha de pagamento. Demissão de executivos e de operários tornou-se inevitável. Muitos demitidos se reinventaram e se tornaram empreendedores com ideias inovadoras dando início a novos negócios.

Há algum tempo os selecionadores já vinham "ensaiando" formas de iniciar o processo de entrevista por telefone e aplicação de testes a distância. Ferramentas como Skype, Hangout e WhatsApp surgiram, e não conseguimos imaginar o que mais surgirá dentro em breve. São novas ferramentas de trabalho que se incorporaram ao RH e não terá retrocesso.

No livro *Liderança*, de Dale Carnegie", publicado pela Companhia Editora Nacional, encontrei: "O telefone e as videoconferências, por exemplo, podem economizar tempo e dinheiro. Ainda assim, sempre haverá discussão sobre a eficiência das reuniões virtuais e as limitações dos métodos de comunicação remota, especialmente quando a conexão de áudio ou de vídeo cai." Mas o aperfeiçoamento desses recursos continuarão evoluindo.

Mesmo com alguns inconvenientes da entrevista a distância, não vejo como esse processo possa retroceder, principalmente para as fases iniciais de um processo de seleção. Para analisar os candidatos finalistas, acredito que o contato presencial continuará existindo por um tempo.

O profissional que for convidado a fazer uma entrevista a distância, obviamente deverá proceder com todo o planejamento, como se fosse presencial.

Fazer pesquisa sobre a empresa, seus produtos, clientes, seus concorrentes e sua posição no mercado é estudo obrigatório. No LinkedIn, a página sobre o entrevistador é algo que precisa ser analisada com bastante profundidade e detalhes. O mesmo deve ser feito com o perfil da vaga. Tenho certeza de que tudo isso sempre será feito.

Em termos pessoais, cuidados também precisam ser tomados, tais como: apresentação pessoal impecável (camisa social), pontualidade britânica, CV na sua mão, pois ele vai funcionar como seu *teleprompter*, agenda e canetas, postura, atitude de vencedor e autenticidade.

❖ PREPARAÇÃO TÉCNICA PARA UMA ENTREVISTA VIRTUAL

Não pretendo dar uma aula técnica, não sou especialista, mas sou observador. Você pode conseguir mais informações no Google e no YouTube. Sugiro que procure desenvolver um conhecimento básico, sobre a técnica de fotos e vídeos para que possa causar uma boa impressão quando o selecionador olhar sua imagem na tela do computador dele.

Tenho visto vídeos de muita gente boa, com um conteúdo excelente, mas com uma qualidade de gravação ruim. Procure deixar sua imagem a melhor possível. O equipamento normalmente usado é o seu computador, mas também pode ser o celular. Em ambos os casos lembre-se de manter o equipamento bem estabilizado para evitar tremores. Se a opção for o celular, providencie com antecedência um pequeno tripé. Verifique se o seu aparelho possui estabilizador automático como o EIS ou o OIS. Eles eliminam apenas pequenas tremidas.

- Limpeza. Mantenha as lentes limpas para a sujeira não manchar sua imagem e não interferir no foco. Faça tudo com capricho, pois a primeira impressão é a que fica;
- Iluminação. A sugestão é que você esteja sentado ao lado de uma janela, se possível use luz natural. Se a iluminação vier por trás, a sua imagem ficará escura. Use-a numa posição meio de lado (oblíqua). Se for luz artificial é melhor evitar que ela fique bem sobre sua cabeça, pois as sombras ficarão muito acentuadas. Não precisa ser extremamente profissional, mas se você tiver uma noção básica sobre o assunto poderá ajudar (veja no YouTube);

- Fundo. Procure ficar em um lugar em que o fundo seja neutro, talvez uma estante de livros, uma paisagem distante, uma parede lisa ou com uma obra de arte. O visual deve estar de acordo com o momento e o menos poluído possível. O Skype possui um recurso em que você pode deixar o fundo fora de foco para mostrar sua imagem em destaque;
- Enquadramento. É algo estético. Procure ficar meio que centralizado, com cuidado para não "cortar a cabeça", mas também evitando deixar muito espaço acima dela;
- Olhar. "O olhar é o espelho da alma". Fixe para a lente da câmera, pois seu entrevistador terá a sensação de que você está olhando para ele. Quando você vê o jornal na TV, parece que o apresentador está falando com você. Isso acontece porque ele está olhando para a lente;
- Foco. A câmera ou o computador, deve estar na altura dos seus olhos. Se a sua cadeira estiver muito alta e a câmera em nível mais baixo, a imagem vai mostrar você sempre olhando para baixo e muitas vezes pegando boa parte do teto, talvez a luminária, ou outros objetos que não interessam. Se houver necessidade de nivelamento, coloque seu computador sobre alguns livros;
- Acústica. O fone de ouvido do seu celular possui um microfone que normalmente produz um som melhor que o do computador. Muitas vezes o ambiente em que você está gera eco ou até microfonia. É mais um cuidado a ser tomado em termos de qualidade na comunicação. Faça um teste com antecedência;
- Ruídos externos. Crianças chorando, cachorro latindo, passarinho cantando, gente falando do seu lado ou passando atrás. Nesse momento peça compreensão e colaboração da família. Prepare o ambiente para o seu show. Você não pode prever quanto tempo a entrevista durará;
- Qualidade da imagem. Esse é um assunto que dependerá do seu equipamento e da internet que está lhe atendendo. Imagem desfocada, embaçada, reticulada, interrompida, fala cortada. Tudo isso interfere demais na boa comunicação e na sua imagem. É o momento de investir em uma Wi-Fi melhor e mais forte;

- Teste. Algumas horas antes da entrevista ou no dia anterior faça um teste, se algo não estiver funcionando bem, haverá tempo para corrigir;

- Treino. Para alguém da família ou um amigo, peça para simular uma rápida entrevista pelo computador com você. Oriente essa pessoa sucintamente. Diga como deverá ser sua imagem, voz, som, iluminação. Escreva algumas perguntas como sugestão para o amigo lhe fazer como se fosse o selecionador. Apenas cinco minutos ou menos;

- Feedback. Depois peça para fazer uma análise crítica do que ele viu e onde você pode melhorar. Mesmo que ele não seja de RH, com certeza, ajudará. Explique que no dia seguinte você vai fazer uma importante entrevista por Skype com o selecionador de uma empresa;

- Checklist. No computador do seu amigo, sua imagem estava boa? O enquadramento ficou bom? Vai precisar iluminar mais ou a luz foi suficiente? A imagem estava nítida? A conexão foi boa ou a internet falhou? A pronúncia das palavras estava clara? A voz, em relação a tonalidade e inflexão demonstrou interesse e entusiasmo ou estava exagerada?

- Confiança. Esteja otimista, mas com os pés no chão. Tenha certeza de que raramente você vai encontrar algum candidato que tenha o cuidado de se preparar tão bem. Mesmo assim existem fatores imponderáveis que podem interferir e atrapalhar. Pense positivamente e veja que cada entrevista vai funcionar como aprendizado para que a próxima fique melhor que a anterior. Sucesso!

❖ EMPREGADO OU DESEMPREGADO? — ESTRATÉGIAS DIFERENTES!

Procurar emprego enquanto ainda está empregado é muito mais confortável. Se você está nessa situação desfrute desse privilégio. O desempregado tem urgência e isso faz com que perca parte do poder de negociação, a não ser que se prepare muito bem. Quando a pessoa tem urgência para vender o carro ou o imóvel, quase sempre vende muito abaixo do valor de mercado. Outro exemplo: os sócios de uma empresa resolveram vendê-la porque ela não está bem. Esse é um bom momento? Não. Eles devem, se possível, colocar tudo em ordem para conseguirem um preço justo. É melhor trocar o telhado da casa quando está fazendo sol.

O desempregado está com urgência e precisa ser agressivo em sua campanha. Mas quem está empregado precisa ser mais cauteloso e desenvolver estratégias mais elaboradas para não correr o risco de se "queimar" com os atuais chefes. Tudo na vida é assim, tem vantagens e desvantagens.

Você está empregado, mas está querendo mudar de empresa? Está enviando CVs? Está usando os sites de procura de emprego? Cuidado. Se o seu gestor não sabe e descobrir qual é sua intenção, você corre um sério risco de ser demitido numa hora imprópria. Fazendo isso em sigilo, necessitará ter estratégia bem elaborada para promover sua "campanha" de forma mais discreta e cuidadosa.

Se o chefe descobre sua intenção, pode haver atrito e desgaste com uma dispensa dentro de um clima tenso, isso prejudicaria referências e recomendações solicitadas em um processo de seleção. Os desligamentos devem ser feitos com tranquilidade. Evite "queimar pontes" por onde passa. Deixe as portas abertas. Não sabemos o que vai ocorrer no futuro. "As pedras rolam e se reencontram."

Seu chefe sabe da sua intenção de encontrar uma nova empresa? Ele já tomou conhecimento de que você está com intenção de se desligar? Ele lhe autorizou a sair no horário comercial para fazer entrevistas? Ótimo.

❖ EMPREGADO — BUSCA EM SIGILO

Você está empregado e precisa fazer sua campanha em sigilo. Planeje-se. Por mais bem elaborada que seja sua estratégia, não existe garantia de total sigilo. Sempre vai haver o risco de alguém da sua empresa descobrir. Pode ser um funcionário do RH, algum par ou até seu chefe. É um risco que deve ser calculado e considerado. Para minimizar um possível "acidente", imagine o que dirá no caso do seu chefe lhe surpreender ao perguntar, "você está procurando emprego?" É uma possibilidade, recomendo se planejar para uma eventualidade dessas. Acho que politicamente não seria conveniente precipitar um desligamento sem ter uma proposta concreta em mãos.

A empresa é fria, o profissional também tem que ser. Mentir não é recomendável, então seja criativo e pense numa resposta diplomática para não se "queimar".

❖ PDCA — PLANEJAMENTO

Existe a possibilidade de ter que procurar outra empresa para trabalhar embora ainda esteja empregado. A primeira coisa a fazer é separar uma parte do seu salário para ampliar sua reserva financeira, pois caso aconteça um "rompimento", terá como se manter por algum tempo até conseguir nova colocação. Independentemente de empregado ou desempregado, necessitará elaborar o seu CV e cover letter. Em seguida, deverá fazer levantamento de empresas que lhe interessem, para em seguida fazer contatos com seu networking, desenvolvendo sua campanha discretamente. Caso ainda esteja vinculado a alguma empresa, aconselho a não colocar seu CV em sites de procura de emprego. Lembre-se de que as melhores colocações surgem por meio de pessoas com quem você se relaciona, como antigos chefes, colegas, parceiros de negócios, amigos, parentes, vizinhos do condomínio, professores da faculdade, companheiros do clube ou até da igreja que frequenta. Todos eles precisam receber seu CV.

O percentual de aproveitamento é pequeno (lei de Pareto), mas vale a pena, pois se descobrir alguma vaga você concorrerá sozinho, sua chance será maior. Nem sempre o seu amigo ou a pessoa que você procura tem a disponibilidade de tempo para lhe atender de imediato. Prepare-se para aceitar uma possível ou aparente indiferença e não se deixar levar pelo sentimento de decepção. É do jogo. Você é um vendedor, é preciso se manter "inteiro" e otimista para fazer a próxima venda. Tenha ousadia de tentar e pense positivamente. É da quantidade que vem a qualidade.

Pode acontecer de que um dos seus antigos colegas de faculdade lhe ajude entregando seu CV para um amigo dele que é CEO de uma grande empresa. Ele se interessou e lhe telefonou agendando uma entrevista. Imediatamente ligue para seu amigo, agradeça efusivamente e peça informações sobre o amigo dele (CEO) e sua empresa. Em seguida, pesquise o site e o LinkedIn dos principais colaboradores.

❖ SUPONHA QUE ESTEJA EMPREGADO

O preparo e a estratégia será um pouco diferente, mas o procedimento é similar. Se a pessoa da empresa ligar na hora do seu expediente pergunte quem está falando e explique que você está trabalhando, ou diga que está numa reunião e que se compromete em retornar a ligação mais tarde. O número da pessoa que ligou está na memória do seu celular. Então você terá um tempinho para se preparar mentalmente para falar com aquela pessoa em um lugar reservado. Prepare as perguntas que fará. Terminando a ligação anote de imediato tudo que foi falado para fazer sua pesquisa sobre eles e se preparar para o momento agendado. Lembre-se de perguntar o nome e posição da pessoa que está ligando (secretária, consultora, analista de RH...). Seja educado, simpático, mas objetivo. Essas anotações vão lhe proporcionar grande segurança.

Sua condição de "estar empregado" é vantajosa e confortável para se nivelar com o selecionador quando acontecer uma entrevista. Isso possibilita mais liberdade para que você também faça perguntas. Seja cordial e simpático sem ser um chato com perguntas inconvenientes e desnecessárias ou agressivas. Planeje com antecedência o que perguntar.

Quando receber um telefonema pergunte se está com seu CV e como chegou até ele. Se a resposta é afirmativa, diga: "Como pode ver estou trabalhando, mas tenho interesse de conversarmos. Por questão ética só posso fazer entrevista fora da hora do expediente ou no fim de semana. Para quando podemos agendar?" Fazer entrevista por telefone é desvantajoso para você, mas hoje isso está cada vez mais comum. Olho no olho é bem melhor. Evite precipitação. Aspectos positivos quando você mantém a calma e o controle:

    Primeiro, você demonstrou tranquilidade e segurança no trabalho. Isso é positivo.

Segundo, foi ético ao dizer que só pode ser entrevistado fora da hora do expediente.

Terceiro, você testará a verdadeira intenção do selecionador. Descubra se existe real interesse. Ou será apenas curiosidade para conhecê-lo ou é "pesquisa de mercado".

Mais uma hipótese:

Pode ser que o selecionador que está lhe telefonando trabalha para algum concorrente da sua empresa? Ou será que ele é de alguma consultoria e está apenas especulando e fazendo pesquisa de salário? Ou talvez seja apenas algum consultor "picareta" querendo vender serviço de recolocação. Cuidado com os enganadores, mas é preciso não ser precavido demais para não ser indelicado com alguém de uma boa empresa. Demonstrando muita desconfiança vai se "queimar".

❖ DESEMPREGADO — BUSCA ABERTA

Imagine um profissional que esteja desempregado e alguém da empresa interessada tenha ligado. Ele já deveria ter se preparado esperando que uma ligação dessa pudesse acontecer a qualquer momento. Como? Ele deve ter em mente que a empresa já possui muitas informações sobre cada candidato. O selecionador, que é muito experiente, está com os CVs dos candidatos em suas mãos e provavelmente já pesquisou os nomes de cada um nas redes sociais. Por sua vez, o candidato, o que pode fazer para se preparar buscar algum nivelamento?

Quem está procurando emprego já deve imaginar com antecedência que perguntas a pessoa da empresa fará quando telefonar para agendar entrevista. Por sua vez, o profissional também deve estar preparado para fazer perguntas pertinentes e inteligentes. Deve ser firme, transmitir interesse e entusiasmo em sua voz. Com informações básicas e importantes ficará mais fácil fazer o planejamento para quando houver o contato pessoal que pode ser presencial ou virtual. O candidato despreparado estará fragilizado e "fará a suposição" que o entrevistador tem todo o poder para comandar a conversa. Dependendo da sua preparação aquele "hipotético poder" talvez não seja tão forte.

❖ ENVIO DE CVs

Quando fizer levantamento de nomes de diretores e de empresas para onde enviará seus CVs, não seja tão seletivo, coloque mais ação, seja ousado. Só consegue emprego quem faz entrevista e só consegue entrevista quem envia muitos currículos. Simples assim. Use todas as fontes que puder para levantar nomes de empresas e pessoas. Existem diferentes formas para encaminhar seus CVs: e-mail, entrega em mãos, pelo correio ou por meio de amigos. Leia sobre cover letter e tenha uma ideia de como fazer o encaminhamento. Use todos os recursos honestos que estiverem ao seu alcance: LinkedIn, sites para colocar seu CV, amigos.

Everson Luz, meu amigo, me enviou uma mensagem: "Mar calmo nunca formou bons marinheiros."

Dalai-lama: "Conseguir manter a atitude construtiva e pensamento positivo em momentos de dificuldade é um exercício para toda nossa vida. Cada momento crítico produz crescimento interior."

❖ HORA CERTA PARA PROCURAR EMPREGO

"A melhor hora de trocar o telhado da casa é quando faz sol." A melhor hora de procurar emprego é quando você ainda está empregado, pois o entrevistador o verá com mais respeito e você estará psicologicamente firme, seguro e tranquilo. A conversa será mais respeitosa e equilibrada.

Você sabe que antigamente, muitos dos nossos parentes, os mais velhos, trabalharam na mesma empresa por toda a vida até se aposentarem. A realidade hoje é outra. Os profissionais mudam de emprego em média seis vezes até os 40 anos. Estudos recentes mostram que com a atual "revolução tecnológica" as mudanças serão ainda mais frequentes em um breve futuro.

Como perceber que está na hora de buscar uma nova empresa para trabalhar?

- Você analisa o seu momento e "descobre" que está há muito tempo no mesmo cargo e que não existe possibilidade para conseguir uma promoção, pois seu chefe está na posição que você almeja, ele está lá bem acomodado e de forma consolidada. Ou então, existe uma movimentação para preparar um "herdeiro" (filho do dono) para ocupar o seu lugar. Vai ficar parado e esperando? Você consegue imaginar o que poderá acontecer?

- Muito cuidado com a zona de conforto. Você iniciou com o título de analista júnior, foi para sênior e estagnou durante anos na mesma posição. Meu amigo, acorda! O mundo está cheio de oportunidades, mas tem que ter ação. Minha avó dizia "cobra que não anda não engole sapo" ou então "pedra que não rola, cria limo";

- Indício forte para iniciar movimentação é quando você percebe que lhe colocaram na "frigideira", suas funções estão se esvaziando e as reuniões acontecem sem sua presença. Ou então foi transferido para um local distante das decisões e "esqueceram" que você existe;

- Sintoma típico é quando começam os "boatos" de que a empresa não está bem e por causa disso, alguns funcionários estão sendo demitidos. O grande problema é que muitas pessoas imaginam que o "incêndio" só acontece na casa do vizinho e se recusam a sair da zona de conforto. Permanecem aguardando a fatídica notícia e evitam tomar uma atitude preventiva;

- Já viu na TV uma maratona como a São Silvestre? Os campeões são aqueles que estão física e psicologicamente mais bem preparados para manter o ritmo. Hoje você está tão animado para ir trabalhar como no seu primeiro dia? Caso negativo, ou se reanime ou procure outro lugar antes de ser demitido. Recomendo cuidar da saúde física e mental. Cautela com as conversas negativas dos seus colegas. Salve-se das nefastas influências de colegas pessimistas.

❖ DEMITIDO? OUTRA HIPÓTESE

Downsizing, quando ocorre, surge a pergunta: quem será demitido? Os mais antigos? Os mais jovens? Os improdutivos? Ou os campeões? Uma empresa inteligente jamais demitiria um campeão por mais velho ou jovem que seja. Conscientemente ninguém dá um "tiro no próprio pé". Nenhuma empresa corta o pescoço da "galinha dos ovos de ouro". Já escrevi que você precisa perceber seu próprio valor e dar destaque aos seus resultados, escreva detalhes sobre cada um deles e guarde como se fosse uma joia, pois o tempo apaga a memória. Imagine uma situação diferente:

Embora a empresa estivesse bem posicionada e fazendo novos investimentos, sem motivo aparente o executivo foi demitido. O que será que ocorreu? — Normalmente ele não receberá um feedback negativo. E se receber alguma justificativa por sua demissão, dificilmente será sincera. Cabe a ele próprio, na posição de demitido, fazer autoanálise honesta e tentar descobrir ou imaginar o que aconteceu. Não adianta dizer "puxaram meu tapete".

HIPÓTESES:

Considerando que os resultados do profissional fossem aparentemente bons, justamente em função disso, pode ter havido acomodação, ele acabou "dormindo sobre os louros". Ou então não se atualizou e ficou esperando que algo de bom acontecesse, mas foi o contrário, aconteceu o pior.

Outra hipótese é que ele pode ter sido o pivô de ocorrências que prejudicaram seu relacionamento com superiores, ou com pares, ou clientes. Ele se orgulha de ser muito sincero, de não ser "político" e por conta disso coloca as outras pessoas em situações desconfortáveis. Ele tem orgulho de dizer verdades de forma direta e clara. Toda hora ele fala de sua "transparência" usando palavras duras e ásperas. Dessa forma ele vai criando incompatibilidades no seu ambiente de trabalho.

Dificuldade no relacionamento é um dos motivos mais comuns das demissões. O executivo não percebe que uma verdade pode ser colocada sem ofender nem agredir. Ele sempre acha que os outros estão errados e ele é o certo. É incapaz de assumir um erro ou pedir desculpas.

Embora eu enfatize que deva haver esforço para sair bem de uma empresa, pode acontecer situação imprevisível e insustentável em que o profissional se veja obrigado a pedir as contas. Normalmente são situações nas quais ocorre o desligamento da empresa de forma desagradável. Isto pode ocorrer, é compreensível. Sempre que possível a melhor opção é o "divórcio amigável".

Quando o profissional iniciou na empresa estava tudo bem e ficou assim por bastante tempo. Mas pode ter acontecido algum "acidente" que criou algum conflito e fez com que o "clima" ficasse ruim. Se esse profissional aproveitou a fase boa para pedir recomendações, ótimo. Caso contrário, perdeu o momento propício. Nas empresas onde trabalhou anteriormente, ele sempre teve essa iniciativa, ele tem recomendação dos seus antigos chefes. Nesse caso, se o selecionador questionar sobre o conflito, o candidato estará tranquilo para explicar, justificar e apresentar testemunhos com suas recomendações colhidas nas empresas anteriores.

Havendo na sua história uma empresa em que você foi demitido, tem que ser honesto e sincero com o entrevistador. Sem contar a história toda, sem fazer novela, sem criticar, culpar e nem acusar ninguém, sem se defender ou tentar se justificar, é para falar sobre o episódio com o mínimo possível de palavras. Fale sem entrar em detalhes. O melhor é antecipar-se e antes que ele pergunte, falar o que aconteceu. Você ficaria numa situação desvantajosa caso tivesse omitido o evento e o selecionador tivesse descoberto como saiu da empresa.

Por hipótese, o candidato omitiu um fato que poderia prejudicar sua imagem, mas ao telefonar para a ex-empresa dele, o selecionador tomou conhecimento de algum atrito que tenha ocorrido. Você consegue calcular como ele receberá essa informação. Dificilmente depois dessa ligação pedirá explicações ao candidato. Provavelmente seu desligamento do processo de seleção será automático e imediato. Por essa razão, sugiro que com poucas palavras, objetivamente, sem acusar nem se defender, antecipe-se e fale o que aconteceu. Planeje como vai falar, mas só se houver necessidade.

O candidato que tenta se justificar falando mal da empresa ou de algum dos seus colegas, só levantará suspeita prejudicando sua própria imagem.

❖ DEMISSÃO — O QUE APRENDER COM ELA?

Diante da demissão esse profissional precisa fazer uma reflexão, uma análise do que ocorreu para não correr o risco de repetir a mesma situação em outras empresas onde for trabalhar. Cada demissão tem que funcionar como um aprendizado que contribui para sua evolução.

Meu cliente me contou que a empresa na qual trabalhava foi vendida. Ele viu que houve algumas demissões, mas imaginou que seria poupado, assim não fez nenhum envio de CV. Infelizmente aconteceu e ele nem tentou reverter a situação. O que será que ele aprendeu?

- Não praticou o seu planejamento estratégico (forças/oportunidades/fraquezas/ameaças). Era fácil prever o que poderia acontecer, mas ele imaginou que só a casa do vizinho pegaria fogo. Ele não se antecipou e não deu importância às ameaças;
- Quando soube que a operação de venda estava se desenvolvendo, ele deveria ter feito um levantamento dos bons resultados que havia produzido em benefício da empresa. Assim conseguiria mostrar que ele representa lucro e que traz retorno. Com o conhecimento que tinha de toda a sistemática e processos, poderia demonstrar para os novos donos que eles não conseguiriam encontrar ninguém tão bom quanto ele. Seria fácil provar que sua dispensa representaria grande prejuízo. Mas isso não aconteceu.

Na minha opinião, sempre que houver alguma possibilidade de demissão, providências efetivas devem ser tomadas com antecedência. Exemplo: revisão e atualização do CV, envio dele para empresas em potencial, reativação do networking, pesquisa de oportunidades, resposta às vagas anunciadas etc. Fazer entrevistas enquanto ainda está colocado é muito melhor. É imprevisível o tempo que o desempregado levará para conseguir se recolocar. O prejuízo é irrecuperável.

❖ TELEFONARAM: O QUE FALAR/PERGUNTAR?

Você está liberado pela empresa, já fez contatos, enviou CVs e está se preparando para receber ligações no seu celular. Os selecionadores querem conhecê-lo.

Já alertei com relação ao risco de você receber ligação de alguém que pode estar apenas fazendo pesquisa salarial ou tentando vender serviço de recolocação. Mas também pode ser algum selecionador sério. O que falar/perguntar? Cuidado para não ficar precavido demais. Planeje-se.

Recomendo não deixar transparecer cautela excessiva para se proteger. Caso seja uma boa empresa com excelente oportunidade, ao tentar se resguardar demais, corre-se o risco de perder uma possível entrevista. "Dominância" em grau elevado pode passar ideia de arrogância e prejudica. Mas "cautela" em excesso passa imagem de alguém inseguro, com medo de algo. Procure equilíbrio. Essas características aparecem quando você faz uma avaliação de competências no "DISC".

Havendo o agendamento da entrevista, é interessante tentar saber quanto tempo basicamente esse encontro vai durar. Pois, caso o entrevistador se alongue demais você poderá ficar preocupado com o relógio, consequentemente sua entrevista correrá o risco de ser prejudicada. Procure deixar espaço de tempo vantajoso para cada uma dessas oportunidades. Agende apenas uma entrevista para cada dia, se for o caso de duas ou mais empresas coincidentemente entrarem em contato. Pode acontecer.

Quando estiver pensando em se demitir, antes de tudo, desenvolva o melhor trabalho possível, aumente a produtividade, ultrapasse metas, bata recorde e deixe saudades por onde passar. Incremente um ambiente de camaradagem e simpatia. Elimine diferenças de opinião com colegas ou chefia. Essa será sua melhor referência e recomendação. Faça com que lamentem a sua perda. Nenhuma empresa quer perder um bom colaborador.

O que faz um atleta que quer ser campeão quando se prepara para as olimpíadas? Durante muito tempo ele se dedica a desenvolver sua técnica e faz de tudo para adquirir preparo físico. Incrementa uma rotina de exercícios, programa de alimentação, recebe acompanhamento para registrar sua evolução, atende as orientações que a equipe lhe apresenta e estuda o desempenho dos competidores. Mentalmente ele está convicto de que será o campeão. Serão anos de preparação para ter apenas alguns minutos na apresentação.

Para você conseguir sua evolução profissional também vai precisar de muito preparo e planejamento com acompanhamento de um especialista técnico que não esteja envolvido emocionalmente com você. Serão necessárias correções durante o percurso para cumprimento de metas. A perseguição do objetivo final será permanente, na realidade, ele nunca será atingido, visto que sua evolução exigirá extensão sempre que cada meta for atingida.

❖ ENTREVISTA POR TELEFONE — O QUE FALAR?

A seleção de candidatos começa muito antes da entrevista. Diante de uma "pilha" de CVs o selecionador olha apenas a primeira página de cada um, vendo algo interessante é separado para ler depois. Imagine que sua cover letter seja uma das escolhidas. Planeje agora o que falará quando o selecionador lhe telefonar. Já escrevi um pouco sobre isso no capítulo anterior, agora vamos explorar mais desse palpitante assunto para se precaver contra surpresas.

Quando o selecionador lhe telefonar, na posição de candidato, qual seu principal objetivo? — Agendar a entrevista. Seja claro, vá direto ao ponto e com cuidado, evite a prolixidade. Ele está com seu CV em mãos, portanto se tentar repetir o que está lá vai "chover no molhado". Relaxe neste momento. Ainda ao telefone, existem perguntas importantes para você fazer para ele, cujas respostas lhe indicarão o caminho a ser seguido. Vamos ver quais são. Quem está no outro lado da linha, é uma secretária ou é o selecionador?

Se for possível evite tentar "vender" por telefone. Procure falar mais em menos tempo, seja objetivo. Atualmente a tendência é que as entrevistas iniciais sejam feitas virtualmente. Somente os candidatos finalistas terão uma conversa presencial. Já escrevi um pouco sobre entrevistas feitas por Skype ou por Hangout e os cuidados técnicos que podem ser tomados e que criariam diferenciais.

Um profissional de seleção necessita entrevistar muitos candidatos por dia. Ele não quer perder tempo com quem não preenche os requisitos. Então telefona, pois isso é mais confortável para ele embora consequentemente aumente o risco de perder bons candidatos. Sendo ele um profissional sério e competente, sua conversa ao telefone bem provavelmente refletirá esse caráter.

Pessoalmente você tem maior probabilidade de criar vínculo, empatia e *rapport* com o selecionador.

Exemplo de uma conversa bem profissional e objetiva por estar em seu ambiente de trabalho:

— Bom dia, meu nome é Naldir Dias Duarte. Quero falar com o Porfírio, é ele quem está falando?
— Sim, é ele mesmo.
— Porfírio, trabalho no RH da empresa "MINHOTA". Nós recebemos o seu CV e eu gostaria de confirmar alguns dados, pode ser?
— Sim, peço apenas para ser breve, pois estou no meu local de trabalho.
— Porfírio, sim, estou vendo que está trabalhando. Poderíamos agendar uma entrevista para amanhã pela manhã?
— Naldir, eu gostaria muito, mas por questão ética não posso faltar ao trabalho. Pode ser depois do expediente ou no fim de semana?
— Porfírio, pode ser amanhã às 18h30.
— Positivo. Agradeço muito. Qual o endereço e telefone?
— Rua ----------------------.
— Com quem eu vou falar?
— Com Jorge Azeredo, nosso Gerente de RH.
— Como meu CV chegou até vocês?
— Foi um anúncio publicado no LinkedIn para Gerente Industrial.
— Naldir, agradeço por sua atenção. Até amanhã.

Com certeza, o Porfírio anotou tudo o que foi falado e já está com algumas informações importantes:

- O número do telefone do Naldir está na memória do celular;
- Nome e endereço da empresa, assim ele poderá iniciar a pesquisa;
- Nome da pessoa com quem falará, Jorge Azeredo, Gerente RH, para fazer pesquisa sobre ele no LinkedIn.

Agora imagine uma conversa mais longa. Ela começa da mesma forma, mas logo em seguida toma outro rumo. O candidato vai tentar pegar mais informações para se preparar melhor. O Porfírio é esperto e ele procura tomar o domínio da conversa logo de início:

— Bom dia, meu nome é Naldir Dias Duarte, quero falar com Porfírio, é ele quem está falando?
— Sim, é ele mesmo.
— Porfírio, trabalho no RH da empresa "MINHOTA". Nós recebemos o seu CV e eu gostaria de confirmar alguns dados, pode ser?
— Naldir, agradeço por sua ligação, tenho interesse de conversarmos, mas nossa empresa está com reuniões seguidas. Quero falar mais à vontade e com privacidade, neste momento não vai ser possível. Hoje, na parte da tarde, em que horário eu posso ligar pra você?

Observe que o Porfírio tomou a iniciativa dizendo que ele ligaria para o Naldir. Procurou ter o controle da situação falando que o momento que ele ligou não é conveniente para uma conversa desse tipo. Naquele momento o Porfírio já estaria com algumas informações importantes: o nome do Naldir e o da empresa. O número do telefone está na memória do seu celular. Dados suficientes para iniciar uma pesquisa.

Naldir tomou conhecimento que Porfírio estava em uma reunião, talvez com seus funcionários ou chefe. Porfírio não pediu para Naldir ligar mais tarde, foi o contrário, Porfírio ligará para ele.

Se ele disser que na parte da tarde do mesmo dia ele estará impossibilitado, Porfírio continuaria com a iniciativa e sugeriria:

— Meus horários estão bem desencontrados, de forma que é mais conveniente eu ligar para você. Prefere que eu lhe telefone amanhã ou depois de amanhã?

A forma como sua conversa se desenvolve ao telefone fará com que o selecionador perceba que você é um candidato diferente e especial. Seja firme, mas educado. Diplomaticamente existem muitas formas de evitar uma entrevista por telefone.

Conversa mal conduzida:

— Bom dia, quero falar com o Porfírio, é ele quem está falando?

Ele atende bem desconfiado, pois imagina que pode ser alguém tentando vender algo. Com um tom de voz áspero responde:

— Quem é você?
— Meu nome é Naldir Dias Duarte. Trabalho na empresa MINHOTA.

— O que você quer com ele?
— Eu sou do RH. Nós recebemos o CV dele e gostaria de confirmar alguns dados. Ele está?

Quando o Porfírio percebe que se trata de um entrevistador, o tom de voz muda e ele tenta se colocar de forma mais simpática.

— Sim! Pois não, sou eu mesmo. O que você quer saber?
— Quando perguntei se era o Porfírio que estava falando você fez de conta que não era. Por quê?
— Eu fui pego de surpresa e não sabia com quem estava falando. Pensei que era algum trote.

Sabemos que nos dias de hoje precisamos ter cautela, o mundo está cheio de armadilhas. Mas excesso de cuidado para quem está desempregado pode ser "perigoso". Parece que esse Porfírio quer ficar enjaulado dentro da própria casa. Se você está em busca de uma nova proposta de emprego esteja preparado para receber contato de alguma empresa sem aviso prévio. O selecionador precisa ficar com uma impressão positiva sobre você desde o primeiro momento.

❖ CONVERSA BEM CONDUZIDA

Lembra-se do candidato que explicou que estava em seu ambiente de trabalho e por esta razão pediu para que a conversa fosse em outro horário? Nesse caso, ele ganhou respeito do selecionador e teve tempo para planejar a melhor estratégia para conduzir a conversa. Antes de ligar, faça anotações na sua agenda dos pontos mais importantes e possíveis perguntas que devem ser feitas naquele momento:

- Nome da empresa e de quem está telefonando, o telefone deles;
- Nome e sobrenome de quem vai ser o selecionador (pesquisar sobre ele no LinkedIn);
- Posição ou cargo desse selecionador;
- Dia, hora e local da entrevista;
- Estão necessitando para que posição?

* Como eles conseguiram seu CV: foi anúncio no LinkedIn ou foi indicação de algum amigo?

Estando empregado ou não, essas informações continuarão sendo necessárias. O número da pessoa que ligou está na memória do seu celular. Então, antes de você ligar para a pessoa da empresa, terá um tempinho para se preparar mentalmente em um lugar reservado. Prepare as perguntas que fará. A informação lhe dará poder. Lembre-se de que eles já sabem muito sobre você. Terminando a ligação, anote de imediato tudo que foi falado para fazer sua pesquisa sobre eles e se preparar para o momento agendado. Essas anotações vão lhe proporcionar grande segurança no caso de acontecer a entrevista.

Jamais pergunte sobre salário. Se ele tocar nesse assunto prematuramente, diga que prefere falar sobre isso quando identificar mais profundamente a necessidade da empresa. Se ele insistir, argumente que primeiro ele, o entrevistador necessita descobrir se você é realmente o candidato ideal e que você também precisa ouvir dele detalhes sobre a função. Se ele continuar insistindo diga que por questão ética você não pode dizer o número exato, mas pode dizer que seu salário é a média do mercado. Mais adiante vamos debater melhor o assunto "negociação".

❖ ENTREVISTA/PLANEJAMENTO/TÉCNICA

Imagine que você conseguiu agendar a entrevista numa boa empresa. Para organizar sua estratégia, você precisa considerar não apenas seus pontos fortes, mas também os fracos para poder neutralizá-los. Para aproveitar bem a oportunidade, também deve lembrar-se de pontuar possíveis ameaças. Aí está o princípio do planejamento estratégico.

Você está numa competição, existem outros candidatos. Vai vencer quem estiver com melhor atitude e mais bem preparado técnica e psicologicamente para o momento crucial, decisivo. Mais importante que a competência é a vontade de fazer e acertar.

Com certeza você já viu filmes de guerra. Um general enfrentará o exército inimigo, o que ele faz? Estuda tudo sobre o efetivo do outro, como ele ataca e como se defende, utiliza-se do máximo de informações sobre o inimigo lançando mão do serviço de inteligência e até da espionagem. Quem tem informação tem poder. Assim ele monta seu planejamento estratégico sabendo com antecedência como atacará e o que deverá fazer para se defender e até mesmo se tudo falhar qual será o "plano B". Ou como será se houver necessidade de uma retirada estratégica ou apenas um pequeno recuo para fazer um novo ataque. Um lutador de boxe age de forma semelhante ao mudar sua estratégia de defesa e ataque. Assim como também o jogador de xadrez que antecipa mentalmente as próximas jogadas para conseguir o xeque-mate.

É difícil entender que alguém que tenha atuado como gestor liderando grandes equipes vá para uma entrevista sem fazer um planejamento, sem se preparar devidamente. Infelizmente, todos os dias encontro executivos indo para um processo de seleção absolutamente despreparados. É como se fossem soldados que estão marchando para a frente de batalha esquecendo suas armas e munição no acampamento. Em contrapartida, o selecionador está superpreparado e, provavelmente, deve estar confortável no ambiente dele. O candidato está em um ambiente estranho, desempregado, tenso, fragilizado e vai para a entrevista de peito aberto, o resultado já sabemos qual vai ser.

Conheço também o candidato que chega para fazer a entrevista revoltado com suas dificuldades e fala agressivamente com o selecionador. Ou então é aquele que entra na sala totalmente humilde e comenta que no último ano andou tendo uns probleminhas pessoais. Esses candidatos continuam sem entender o que está acontecendo e permanecem cometendo os mesmos erros. Para piorar colocam a responsabilidade na falta de sorte, na grande concorrência, no governo, na época do ano, nos selecionadores, na crise, na falta de vagas.

❖ ENTREVISTA — O PODER DAS INFORMAÇÕES

Você foi chamado para entrevista. Está de posse das informações básicas que obteve no dia que lhe telefonaram. Procure dar prosseguimento para montar seu "planejamento estratégico". Sabendo o nome da empresa ou da consultoria, você entrará no site deles para descobrir o máximo, como: história, produtos, valores, momento atual e perspectivas, tamanho, diretoria, quem são os maiores clientes e quem são os concorrentes. O foco principal da sua pesquisa para desenvolvimento do seu planejamento tem que estar sobre o selecionador, na empresa e suas necessidades. É isso que importa para demonstrar interesse e entusiasmo. De forma sigilosa, entre no LinkedIn do entrevistador. Tente descobrir alguma informação para que seja criado um vínculo com ele. Descubra pessoas que tenham conexões em primeiro nível e que sejam comuns aos dois. Talvez vocês tenham feito a mesma faculdade ou alguns cursos. Descubra empresas em que ele trabalhou anteriormente, seu esporte praticado e passatempos preferidos. O objetivo dessa pesquisa é para ter possibilidade de criar algum *rapport* com o selecionador. Você precisa chegar à empresa entusiasmado com a possibilidade de trabalhar com eles. Esteja em condições de sutilmente demonstrar apreciação pelo valor do entrevistador. Quando você valoriza o outro, deixa subentendido o poder que ele tem.

É uma estratégia válida inclusive em outras situações para neutralizar possíveis reações conflituosas. Quando existe risco de embate o melhor é apenas responder serenamente e valorizar a outra parte. Sei que é difícil de fazer, mas é positivo estar preparado para essa possibilidade. No momento da entrevista, seja sutil quando for usar aquelas informações que tem sobre a empresa e as pessoas que fazem parte dela.

Procure saber se a empresa tem algum vídeo que é usado institucionalmente ou se houve alguma publicação sobre eles na imprensa ou um livro publicado pelo presidente da empresa. Será que ele aparece fazendo alguma palestra no **TED TALK**? — Ter informações ajuda a criar vínculos, cria diferencial em relação a outros candidatos. Demonstrar entusiasmo moderado contribui para que você chegue mais perto do seu objetivo final. A gentileza e a cordialidade aproximam as pessoas.

Lembre-se: é o seu futuro que está em jogo. Nenhuma informação é insignificante, ela lhe dará poder. Entusiasme-se independentemente de a empresa ser grande, transnacional ou pequena, familiar ou até mesmo uma agência de emprego que trabalha com temporários. Cada entrevista tem que funcionar como um aprendizado para você. As informações que obtiver não devem ser ostentadas na hora da entrevista, mas serão usadas de forma sutil na hora certa. É importante demonstrar seu interesse, se necessário e oportuno verbalize sinceramente esse sentimento.

❖ ENTREVISTA/SELEÇÃO

Estou escrevendo para líderes, gestores e pessoas que querem progredir profissionalmente. Se você chegou até aqui na leitura deste livro, então é um deles. O sucesso profissional e pessoal depende muito de como se enfrenta os desafios. A saúde física é fruto da sua alimentação e dos seus hábitos diários. Sua atitude mental depende dos livros que lê e dos filmes que vê, das pessoas com quem convive, dos seus pensamentos e das suas escolhas.

Quando você é chamado para uma entrevista, a primeira coisa que tem que ser feita para ter a atitude correta, é entusiasmar-se, sentir orgulho e elevar a autoestima. Independentemente de ser empresa grande ou pequena, Headhunter famoso ou agência de emprego desconhecida. São verdadeiras oportunidades para você treinar sua técnica como candidato, além de fazer networking.

Pense bem: aí está um motivo suficiente para sair de casa entusiasmado. O selecionador fez contato com você porque ele colocou um anúncio no LinkedIn, recebeu centenas de CVs e o seu foi um dos escolhidos. Só isso tem que fazer você se sentir bem melhor. Naquele momento, você foi o vencedor em relação a outros que estão há meses sem fazer entrevista. Pense bem nisso! O que ele leu despertou o interesse e gerou um convite para entrevista. Já é motivo para você dar pulos de alegria. Sinta como se fosse massagem no ego. Leve esse sentimento positivo para a entrevista. Comemore e mantenha a euforia por conta dessa conquista. Alimente esperança de vitória para ajudá-lo a resgatar a atitude positiva e confiante, própria de um líder. Isso ajudará muito, mas ainda não será suficiente. Você precisará se preparar para fazer o planejamento estratégico da entrevista.

Qualquer conquista ou meta alcançada, até mesmo as aparentemente pequenas, deve ser comemorada festivamente, pois ajuda a manter o ânimo e a autoestima em níveis mais elevados.

A maioria dos CVs que o selecionador lê é para descartar. Talvez ele vá olhar com mais atenção para 20 ou 30. Finalmente, telefonará para 10 ou 12 com intuito de agendar entrevista. Dependendo de como o candidato fala (inflexão, voz, vocabulário, interesse), será agendada entrevista com 6 ou 7. Esse é o momento em que o selecionador agendará uma primeira entrevista ou eliminará o candidato. Qualquer detalhe pode influir: agressividade ou humildade, falar demais ou de menos. Quem foi eliminado diria que isso é injusto. Então cada um deve se preparar melhor para a competição. Tem que estar mais atento quando o telefone tocar. Cada oportunidade é única, rara e tem que ser muito bem aproveitada.

É uma verdadeira competição. Serão encaminhados apenas três CVs para o "dono da vaga". Em termos de experiência, habilidades e competências, havendo empate entre dois candidatos, quem vai ganhar? O que tiver pequenos diferenciais e melhor atitude diante do selecionador. Referências ou recomendações no LinkedIn podem ser um diferencial importante, decisivo.

❖ ENTREVISTA É CRUCIAL E DEFINITIVA

Por essa razão, ela precisa ser muito bem preparada, planejada e ensaiada. Preparação para começo, meio e fim. O futuro está em jogo. Improvisação é inadmissível. Contar com a sorte é prejuízo na certa. No contato com o selecionador, lembre-se de que precisa demonstrar interesse por meio de perguntas.

Procure saber quais são as necessidades da empresa, as mais urgentes. Você fará conexão dos problemas do selecionador com os resultados que tem obtido nas empresas por onde passou. Procure mostrar a perspectiva de como conseguirá encontrar soluções. Demonstre entusiasmo sem exagero. Sua capacidade de comunicação dependerá da sua apresentação pessoal, atitude, postura corporal, fisionomia, tom de voz, pronúncia, vocabulário, argumentação, organização de ideias etc. O selecionador estará lhe observando. E você também deverá observá-lo para poder adaptar sua estratégia.

❖ ENTREVISTA — COMPORTAMENTAL

Entrevista tem começo meio e fim. Os primeiros cinco minutos definem se o selecionador dará prosseguimento na conversa — segundo pesquisa feita nos Estados Unidos. Seja autêntico, natural, respire fundo, relaxe e fique tranquilo. Com antecedência, imagine quais as perguntas mais viáveis que um entrevistador faria a um candidato e quais as respostas que poderão agregar valor a você. Planeje as perguntas que você fará ao entrevistador, demonstre interesse. Planeje muito bem o que vai dizer quando for "convidado a falar" sobre salário. Mais adiante encontrará o que escrevi especialmente sobre este assunto: negociação salarial.

Sua atitude no início da entrevista depende de como você se preparou para esse momento. No começo, pode ser que fique um pouco apreensivo e nervoso. Aceite isso com naturalidade, pois acontece com todos nós. Todos sentem um pouco de nervosismo e apreensão antes de começar. O lutador ao entrar no octógono, o ator ao entrar no palco, o time de futebol antes da partida começar. Pelo menos, 24 horas antes, recomendo não fazer uso de medicamentos para se acalmar e muito menos bebida alcoólica. Se houver aplicação de algum teste de avaliação (DISC, grafologia...), o resultado pode ser consideravelmente afetado. A entrevista inicial, muitas vezes, tem foco dirigido para a parte comportamental. O selecionador quer saber quem é o candidato como pessoa, como ele se relaciona com colegas, chefes, clientes... Como é sua vida particular, temperamento, estabilidade, visão de futuro, ambições etc.

Muitas vezes o candidato se sente decepcionado pelo fato de ter se preparado para responder sobre assuntos técnicos e isso não aconteceu na primeira entrevista. Por quê? Se o candidato é uma pessoa interessante, tem grande potencial como líder, mas tem alguma deficiência técnica, a empresa o envia para fazer um estágio na matriz ou paga um curso e o problema está resolvido. Mas se ele é muito bom tecnicamente, mas é complicado como pessoa, é inseguro, instável, agressivo ou humilde demais e não tem recomendações no LinkedIn, nenhum curso mudará a personalidade dele. A entrevista inicial, que deverá ter foco no comportamental, tem grande influência na decisão final.

Inicialmente, o selecionador quer saber como o candidato se relaciona com colegas e outras pessoas de modo geral, como responde aos desafios, como reage ou responde quando é provocado ou quando está sob pressão, qual seu nível de interesse pela empresa e por outros assuntos.

❖ ENTREVISTA — PREPARANDO-SE PARA O SUCESSO

Bernardinho: "A vontade de se preparar tem que ser maior do que a vontade de vencer. Vencer será consequência da boa preparação."

Inicialmente você precisa pesquisar o site da empresa (ou consultoria), seus principais produtos, história, valores, momento que ela está vivendo e perspectiva de futuro, notícias e reportagens sobre ela e tendências do mercado a que ela pertence. Descubra os nomes das pessoas que fazem parte da sua diretoria. Inclusive quais são as principais empresas concorrentes deles etc. Pesquise no LinkedIn sobre seus possíveis entrevistadores. Sugiro fazer isso de forma velada (sigilosa) para que eles não se sintam "invadidos" ou espionados. Lembre-se de que eles já sabem muito sobre você, pois estão com seu CV em mãos. Você precisa se nivelar em termos de informação.

Ayrton Senna foi e continua sendo um exemplo de que para vencer é necessário disciplina, entusiasmo, treinamento e muita preparação. Numa corrida de F1 é exigido esforço físico, mental e condição de tomada de decisão em fração de segundo. Ele comentava que essa capacidade mental era conseguida por meio de exercícios físicos diários inclusive durante as férias. Veja no YouTube alguns vídeos inspiradores sobre ele. Cuide da sua saúde física e mental. Siga o exemplo dos grandes vencedores. Faça exercícios em alguma academia ou saia para correr no seu quarteirão, pratique flexões no banheiro antes do chuveiro. Acredito que esse esforço lhe dará mais disposição e agilidade mental na hora da entrevista. Nos fins de semana faça caminhadas na praia ou perto de alguma cachoeira e desfrute e absorva a energia positiva da natureza.

O que pode dar segurança, calma e entusiasmo é o que você faz nos dias que antecedem a competição. Repetindo: prepare-se muito bem para fazer uma entrevista. Estude ao máximo sobre a empresa ou consultoria. Analise o perfil da vaga e o LinkedIn do entrevistador. Entre no SITE deles, anote o nome dos diretores, história da empresa, produtos, concorrentes. Entre no YouTube e descubra os vídeos institucionais ou de publicidade dos produtos deles. No LinkedIn você pode ver gráficos que mostram se eles estão contratando, demitindo ou se estão estáveis. Entre no Google Maps e veja onde vai ser a entrevista. Se por acaso o local for muito distante, recomendo ir até lá um dia antes para conhecer a região e não correr o risco de atraso. Já vi candidato perder uma bela oportunidade por chegar atrasado, nunca por chegar cedo.

Exagerar na sua pesquisa sobre a empresa nunca será demais. Se a entrevista for numa indústria, descubra onde eles têm outras plantas, centros de distribuição e onde estão localizados. Se você é da área financeira, descubra se eles publicam o balanço, analise-os. Caso esteja indo numa indústria farmacêutica ou cosmética, vá até a farmácia e, pelo menos, veja o produto deles na prateleira. Se for numa fábrica de alimentos, vá até o mercado, manuseie o produto ou até mesmo compre e experimente. Se a entrevista for numa empresa de seguros, converse com um ou dois bons corretores e conheça seus argumentos de venda, leia e estude as apólices de seguradoras que você já contratou.

Qualquer que seja sua área, a pesquisa tem que ser o mais profunda possível para você ter possibilidade de acertar na mosca. O candidato escolhido é aquele que está alinhado com a filosofia da empresa, com seus propósitos e princípios. Acho impossível um vegetariano, vegano assumido, ser admitido em um frigorífico. Ou então, alguém com alergia ao tabaco ser admitido numa fábrica de cigarros.

Saia de casa com bastante antecedência para evitar o risco de atraso por causa do trânsito engarrafado. O capricho na sua apresentação pessoal também influirá. Confira o material que levará: duas boas canetas, celular com carga e colocado em modo silencioso (o mais aconselhável é desligá-lo). Leve CVs em papel e no celular.

Para ficar tranquilo, você também pode usar técnicas de relaxamento mental (veja no YouTube) com músicas suaves. Converse calmamente com uma pessoa amiga e otimista, mantenha serenidade dentro da família. E se você tiver religião, preces e orações têm grande poder para acalmar seu espírito e mente. Alimentação leve na véspera. Qualquer pessoa da empresa pode influir no processo de seleção, não apenas o pessoal de RH, mas a recepcionista e até a copeira com simples comentário sobre o candidato. Enfim todas as pessoas com quem tiver contato formarão uma opinião sobre você. Procure evitar qualquer tipo de calmante, sonífero ou bebida alcoólica, pois se houver algum tipo de teste ou avaliação, sua resposta talvez seja afetada, conforme já citei anteriormente.

Quando o candidato chega à recepção e se anuncia, a recepcionista pede para aguardar. O que normalmente ocorre é que o candidato senta e em seguida pega o celular e "mergulha" nele. Com isso perde oportunidade de observar o "clima" do ambiente, como as pessoas da empresa se relacionam e se existe cordialidade ou não. O senso de observação completará as informações que colheu no Google. Algumas empresas colocam na entrada quadros com mensagens sobre missão, visão e valores. Ou revistas e *folders* dos seus produtos sobre a mesa ou no balcão. Leia-os. Observe a copeira, seja educado e agradeça quando ela servir o cafezinho, elogie. Esqueça que existe celular, se ele vibrar, controle-se, depois da entrevista veja o número de quem ligou e retorne. Para não perder a concentração, o melhor é desligá-lo.

Quando entrar na sala do entrevistador, após os formais cumprimentos e possíveis quebra-gelo, ao iniciar a conversa você deve tirar da sua pasta dois CVs para oferecer um deles ao selecionador e o outro ficará com você. Esse funcionará como apoio, um roteiro. Na hora, pode acontecer do nervosismo atrapalhar, nesse caso o CV na sua mão pode ajudá-lo como "roteiro" do que deve ser falado. Além disso, você poderá usar o seu verso para fazer alguma anotação de alguma informação importante transmitida pelo entrevistador. Peça permissão para anotar, é demonstração de educação e interesse, além de criar diferencial em relação aos outros candidatos, já que a maioria adota atitude passiva.

❖ ENTREVISTA EM CONSULTORIA

Primeiramente relaxe. Lembre-se: se o consultor tem realmente uma vaga para ser preenchida, ele precisa de um bom candidato para poder ganhar ponto com o cliente dele.

Você é um ótimo candidato! — Esteja convicto disso. Autoestima elevada é fundamental. Ele é um consultor (intermediário). Vocês dois são parceiros e podem conversar de igual para igual. Nunca fique submisso e nem arrogante.

O consultor lhe telefonou, disse que trabalha como Headhunter e quer uma entrevista. Você anotou o nome e sobrenome dele? Pegou o da consultoria, telefone, endereço, dia e hora da entrevista? Ele falou um pouco do perfil do profissional que procura e você anotou?

Sendo assim recomendo: antes de tudo, pesquisar com profundidade o que faz a consultoria. É uma agência de emprego ou um Headhunter multinacional? Informe-se ao máximo.

"Reclame aqui" é um site que deve ser consultado. Tente descobrir há quanto tempo a referida consultoria existe? Para quem eles trabalham (para empresas ou para profissionais)? Quais os seus serviços? Quem é o dono? Existem reclamações de clientes contra eles? Existem elogios? Qual o índice de aprovação? No LinkedIn, quantas recomendações existem a favor do seu entrevistador? Considere que existem empresas muito boas e organizadas, mas que apesar disso, algumas pessoas decidem reclamar injustamente. Tudo que é feito pelo homem corre o risco de apresentar imperfeições.

❖ PERFIL DO CONSULTOR NO LINKEDIN

Qual a formação dele? Em que empresas ele trabalhou? Ele está naquela consultoria há quanto tempo? Qual o seu título nessa consultoria? Ele tem recomendações de algum chefe, cliente? Com certeza, ele já fez essa pesquisa sobre você, ele já tem muita informação sobre sua vida. Inclusive ele está com seu CV. Ele tem certeza de que você é um ótimo candidato, por essa razão ele lhe telefonou. Aproveite!

Sendo a entrevista nessa consultoria (presencial ou virtual), essas informações que você colheu vão lhe possibilitar criar melhor *Rapport* (vínculo, empatia). Sei que essa pesquisa dá trabalho, mas é o seu futuro que está em jogo. Não poupe esforços. É muito importante que o consultor esteja entusiasmado com você para ele ter condições de "vender" bem sua imagem para o cliente dele, só assim ele marcará ponto e ganhará uma boa comissão.

❖ ENTREVISTA — SEGUNDA PARTE DA PREPARAÇÃO

Imagine que você é um advogado de defesa que está se preparando para ir ao tribunal do júri para enfrentar o promotor. Provavelmente você tentará imaginar qual vai ser a estratégia dele para só então ter condição de preparar sua defesa. Parecido deve acontecer quando você está prestes a ir para uma entrevista. Pesquise e descubra quais as perguntas mais comuns feitas pela maioria dos selecionadores. Você descobrirá por volta de meia dúzia. Planeje com antecedência as melhores respostas, faça um ensaio, grave um vídeo e veja se está convincente. Em minha opinião, mais importante que experiência é a atitude positiva do candidato.

Perguntas que podem "derrubar":

- Por que pediu demissão? Ou, por que foi demitido?
- Por que está parado há tanto tempo?
- Qual seu ponto forte? Quais seus pontos fracos? Quem é você?
- Qual o maior prejuízo que deu para sua empresa?
- Estou vendo que você não para em empresa nenhuma. Por quê?
- Estou vendo que você ficou muito tempo só em uma empresa. Por quê?
- O que menos gostava na empresa? E no seu chefe?
- Você fuma? Bebe?
- Qual seu último salário?
- Qual sua pretensão salarial?

Depois de todo o levantamento feito, procure imaginar como o selecionador tentará conduzir a entrevista. Provavelmente por onde ele começará? Ele pode dizer: "Fale um pouco da sua experiência profissional."

Logo no início da entrevista tire da sua pasta um CV impresso e ofereça. Você também deve ter planejado com antecedência algumas perguntas. A grande maioria dos candidatos vai para as entrevistas preparados para só responder, é quase um condicionamento. Dificilmente algum deles demonstra interesse pela necessidade da empresa, ninguém toma iniciativa de perguntar algo. Na atitude passiva e muitas vezes submissa, o candidato se deixa conduzir, é mais confortável. Ele tem medo de fazer diferente, e é o medo congelante que pode derrubá-lo.

Salário: perguntar? — Jamais.

Candidato passivo, amorfo, submisso e desinteressado não faz perguntas. Mas essa aí não deve partir de você? Existem muitas outras para você fazer no lugar dessa. Existem algumas que são tabu, proibidas de serem feitas pelo candidato. Jamais pergunte: "Tem carteira assinada, quais os benefícios?" São pontos para serem conversados depois de saber quais são os desafios e se o candidato realmente atende as necessidades da empresa. Você é um executivo experiente, é claro que não vai fazer perguntas fora de hora. Quais você planejou fazer? — Bônus, férias, benefícios, prêmios, participação nos lucros, com certeza, serão discutidos, mas possivelmente em um momento adequado. Se o entrevistador é experiente, bom profissional e está sinceramente interessado em você, provavelmente abordará a remuneração somente quando estiver convencido de que você é realmente um bom candidato. Isso talvez aconteça na segunda ou na entrevista final. E, com certeza, você vai deixar o selecionador tocar no assunto, mas antes de responder a algo, procure perceber se está na hora certa, caso contrário, corre o risco de se "queimar". Ainda vamos falar muito sobre negociação salarial.

O candidato precisa colocar o foco da sua apresentação sobre a necessidade do entrevistador. Se ele pedir para falar da sua experiência comece a falar dos seus últimos acontecimentos importantes e não do início de carreira. Fale dos resultados mais expressivos colhidos durante sua vida profissional. Se possível fale com percentuais.

Você poderia me dizer que na sua área é difícil quantificar, pois você trabalha com organização de shows, então fale dos megaeventos que você organizou com repercussão nacional ou mundial. Vamos imaginar outra atividade, por exemplo: como guia de turismo, neste caso você poderia citar as personalidades que foram atendidas por seu serviço, ou grandes grupos de estrangeiros, excursões pela selva Amazônica ou na Patagônia etc. Fale com energia e muito entusiasmo das suas realizações.

Quando ele fizer perguntas que não agreguem valor ao seu histórico, responda com a máxima objetividade, sem contar nenhum drama, e finalize tentando desviar o assunto. Exemplo: porque saiu da empresa? Por que está há muito tempo desempregado? Jamais tente se justificar contando uma história triste como "a crise". Só se estenda no que agrega valor a sua vida profissional. Aliás, as respostas que sejam interessantes, devem ser de um, dois ou no máximo três minutos, nem longas e nem curtas demais. Responda com objetividade.

Quando ele perguntar "quanto você estava ganhando?" ou "qual sua pretensão salarial?", o que, quando e como responder? Com relação à questão da negociação salarial, nós vamos estudar esse importante assunto um pouco mais à frente.

Vamos imaginar que a entrevista correu as mil maravilhas, você está sentindo que ele está empolgado com tudo que ouviu, então um pouco antes da despedida ele fala: "Você tem alguma pergunta para me fazer?" Bem, você já sabe qual é que não pode ser feita. Pergunte algo sobre os planos futuros da empresa ou sobre o sucesso de uma campanha publicitária deles e que foi um sucesso. Mas nesse momento, nessa etapa do processo, a pergunta tem que ser uma que possa agregar valor para você.

Lembra-se da frase do filósofo francês **Voltaire**? "Devemos julgar um homem mais pelas suas perguntas que pelas respostas."

❖ CASO ALAN

Alan é um jovem executivo de TI. Sua "campanha" estava com ótimos resultados. Ele já tinha conseguido fazer entrevista em várias empresas. Estava participando na fase final em duas ao mesmo tempo. Leia a história que me contou:

Foi chamado para entrevista com o RH, mas quando entrou na sala eram três Diretores. Ele não se abalou, estava bem preparado e confiante. Era uma mesa grande e quando todos se acomodaram para iniciar a conversa, Alan colocou a mão na pasta e puxou quatro CVs e perguntou: "os senhores aceitam meu currículo?" Aceitaram! Um deles tomou iniciativa e perguntou: "Alan, o que sabe sobre nossa empresa?" Essa foi fácil para ele, mas em seguida os outros se empolgaram e despejaram uma "enxurrada" de perguntas em cima dele. Alan não conseguiu fazer muitas perguntas, mas os três estavam tão animados que essa estratégia não fez falta. Embora o CV estivesse na frente deles, poucas vezes foi utilizado. A entrevista foi muito demorada e o cafezinho foi servido algumas vezes.

Alan foi contratado nesse mesmo dia e saiu de lá feliz da vida.

Conclusão: Alan, nessa empresa, já estava participando do processo de seleção há mais de um mês. Tinha sido entrevistado inicialmente por uma consultoria, que fez também uma avaliação de competências DISC. Depois de aprovado ficou sabendo qual era a empresa, dessa forma conseguiu pesquisar sobre eles e preparou-se para as etapas seguintes. A próxima, aconteceu com o Gerente de RH. Foi uma boa conversa, também foi demorada. Nessa ocasião, o Alan teve oportunidade de conhecer mais detalhes, espaço físico, organograma e principalmente quais as principais necessidades deles. Soube que havia mais dois fortes concorrentes.

Na minha visão, o fato de Alan oferecer o CV em papel deu ideia de organização, preparo e criou diferencial. Os Diretores aceitaram, mas já sabiam tudo sobre ele. Já tinham decidido que era ele. A entrevista serviu apenas para confirmar o que já haviam decidido.

❖ ENTREVISTADOR — VALORES E PROPÓSITOS DA EMPRESA

Demonstre e verbalize o entusiasmo por ter sido chamado para fazer entrevista naquela empresa (ou consultoria). Fale coisas positivas sobre empregos anteriores e chefes. Fale apenas o que agrega valor ao seu histórico. O entrevistador não é seu "analista" para contar histórias tristes.

Brasil, se ele perguntar sua opinião sobre o que acha do futuro do nosso país, diga a verdade. Independentemente do que esteja acontecendo, nosso país sempre terá grandes possibilidades, e estará com futuro próspero. As outras nações invejam nossa riqueza. O Brasil tem um povo forte e alegre. Já passamos por guerras, dificuldades e superamos todas. Nós somos vencedores e continuaremos progredindo. Procure informações positivas sobre nosso país para que você seja honesto ao transmitir ideia de certeza de um futuro melhor para os negócios, consequentemente para as empresas e para o povo. Nenhuma empresa colocará no seu quadro um líder realista que prevê dias de dificuldade. Alguns selecionadores podem até mesmo "jogar verde" para tentar descobrir o que o candidato pensa. Cuidado para não se contaminar com as notícias alarmistas e negativas da imprensa.

Mesmo que o mundo esteja vivendo uma tragédia global, sempre surgirão líderes que descobrirão novos caminhos de superação iniciando ciclos de progresso e paz para a humanidade. Algumas vezes parece que as coisas estão indo mal, e quando você menos espera o universo se organiza de tal forma e faz com que tudo dê certo.

Política e religião são assuntos que devem ser evitados durante uma entrevista. Jamais diga espontaneamente que sua antiga empresa estava passando por situação difícil, e que estava com salário dos funcionários atrasado há meses; não justifique sua demissão por ter descoberto desvio de dinheiro; não critique seu chefe. Evite comentários negativos que não acrescentam valor a você. Evite falar sobre o momento difícil que a empresa estava vivendo. Só fale o que agrega valor.

Já escrevi que muitas vezes a primeira entrevista terá um cunho mais comportamental, seu conhecimento técnico ficará para a segunda fase. Quando o candidato tem atitude e consegue entrar em sintonia com os valores e propósitos da empresa, a avaliação começa muito melhor. Todo selecionador sabe que dificilmente encontrará um candidato que esteja 100% dentro perfil. Ele aprovará o que esteja mais próximo dos requisitos solicitados pelo dono da vaga. Caso o candidato seja muito bom, mas na análise comportamental tenha deixado dúvidas, com certeza, será descartado. Isso ocorre principalmente quando é feito o levantamento das referências e a dúvida permanece.

Pode acontecer do candidato não estar completamente dentro do perfil exigido, mas se houver forte *rapport* com o dono da vaga, ainda existe possibilidade de aproveitamento. Além disso, a avaliação comportamental sendo positiva e confirmada com ótimas recomendações encontradas no LinkedIn, a possibilidade para aproveitamento é bem grande.

Havendo alguma deficiência técnica, com um bom curso de atualização ou estágio na matriz da empresa, esse ponto poderá ser resolvido.

Os "caçadores de talentos" não descartam profissionais que têm potencial e coragem de se arriscar. Quem é você? Qual feedback tem recebido dos seus chefes, colegas, colaboradores, clientes, família e amigos? Procure tirar uma média. Como tem se desligado das empresas pelas quais passou? Tem se afastado da empresa em paz e deixou saudades? Ou tem provocado algum tipo de atrito?

❖ ENTREVISTA — DIFERENTES FORMAS DE INICIAR

Exemplos:

- O selecionador, antes de fazer perguntas, faz uma explanação do perfil da vaga e diz o que espera do candidato aprovado. Ele tenta vender a ideia de que a empresa é maravilhosa e que está lhe oferecendo uma grande oportunidade. Ele tenta fazer com que você queira participar. Parece ser muito bom quando a conversa começa assim, mas cuidado. Ele está observando suas reações e como você responde aos estímulos. A análise comportamental começa aí. Ele tenta sentir seu nível de interesse e aprovação ou passividade;
- O selecionador já inicia fazendo perguntas. Ele tentará dominar a entrevista como se fosse o comandante. Ele também observará suas reações, respostas e atitudes. Seja flexível, tenha respeito, mas sem ser humilde demais. Ele é o comprador e coloca objeções para sentir até que ponto seu "produto" é bom.

Quando você fala da sua experiência e dos resultados obtidos, o selecionador pode colocar alguma objeção ou dúvida. É para ser recebida como demonstração de que existe possibilidade da venda ser feita, ele está interessado. Se perdeu interesse em você, não fará mais perguntas e finalizará a entrevista. Mantenha atitude positiva, com entusiasmo e convicção de que conseguirá a vitória. Lembra-se do tempo que estava na faculdade? Antes das provas, alguns professores davam dicas sobre que assunto ele faria perguntas. Claro que você era esperto e estudava o assunto. Parecido vai acontecer agora na procura por um novo emprego. Existem perguntas que todo entrevistador vai fazer, então prepare com antecedência as melhores respostas para agregar valor positivo à sua entrevista.

Possíveis perguntas de um entrevistador (mais algumas):

- Pode falar um pouco da sua experiência?
- Porque motivo está procurando emprego? ou Por que saiu da empresa?
- Estou vendo que você é instável nos empregos (ou estável demais), por quê?
- No seu dia a dia profissional o que mais gosta de fazer? O que menos gosta?
- O que menos gostava na última empresa? E no seu chefe, o que não lhe desagradava nele?
- Pesquisou o nosso site? O que achou?
- Quem é você como pessoa?
- Qual seu ponto forte?
- Quais seus pontos fracos?
- Como vê o Brasil nos próximos meses?
- Quanto estava ganhando e qual sua pretensão salarial?
- Entrevistarei outros candidatos. Por qual razão eu escolheria você e não outro?
- Qual legado deixou nas empresas por onde passou?
- Implantou que tipo de inovação na empresa?
- Que tipo de valor você gerou para a empresa?

As três últimas perguntas são as mais importantes. Aí está sua principal referência. Fale com entusiasmo e orgulho das suas principais realizações e resultados. Claro que as questões serão formuladas fora dessa ordem e de forma diferente, mas são basicamente essas. Por exemplo: Ele pode começar perguntando seu último salário. É uma pegadinha e ela pode derrubar todo seu planejamento. Já viu lutas em que nos primeiros segundos um deles já está na lona? Pense em como sair dessa. Mostre que domina a pressão.

Já pensou que a pergunta sobre seu salário pode ser um teste para saber qual sua competência para negociar? Você só conseguirá sobreviver à pressão quando estiver bem preparado mental e psicologicamente. Estude técnicas de negociação em livros, cursos ou, pelo menos, veja alguns vídeos sobre o assunto no YouTube.

Trabalhe para sua autoestima se elevar e tenha excelente planejamento, pense em diferentes possibilidades e situações para que você possa mudar sua estratégia quando for necessário.

Como executivo da empresa, você terá que fazer negociações com fornecedores, funcionários, justiça trabalhista, acionistas, clientes externos e internos, bancos. Muitas vezes terá que movimentar grandes contas com alguns milhões, será muita responsabilidade. É sua obrigação como líder saber negociar diante de pressão e momentos críticos. Leia e estude como os grandes negociadores fazem. Saber negociar com segurança e tranquilidade o seu salário é a primeira prova de que tem competência para defender os interesses da sua futura empresa. Se o candidato for inseguro, fraco e frouxo em relação a ele próprio, o selecionador deduzirá que essa será a atitude quando tiver que defender a empresa em questão.

Perguntas desconcertantes feitas por alguns selecionadores, para as quais não existe certo ou errado. A intenção é apenas descobrir qual a atitude ou criatividade do candidato diante de situações inesperadas. Exemplo:

- Quantos semáforos existem nas ruas da cidade de São Paulo?
- O que você disse ao seu chefe para vir fazer entrevista comigo no meio do expediente?
- O que as pessoas dizem do seu pior defeito?
- Qual o maior prejuízo que você deu numa empresa?
- Existem muitas outras...

Bem, você refletiu sobre as perguntas que o entrevistador deverá fazer. Agora recomendo pensar nas que você vai fazer para ele. Candidato apático e desinteressado é passivo. É fácil identificar o candidato com senso de iniciativa, dinâmico, proativo e interessado: ele faz perguntas inteligentes já no início da entrevista.

Possíveis perguntas de um candidato ao entrevistador:

- Peço desculpas, mas também posso fazer perguntas?
- O senhor pede para eu falar da minha experiência, ótimo. Para dar mais objetividade, quando o senhor leu o meu CV o que mais chamou sua atenção?
- A consultora da agência me falou quase nada sobre o perfil da vaga. Pode me falar mais?
- Que objetivo o senhor quer que eu atinja? Qual sua prioridade?
- Qual seria minha posição no organograma?
- Esta posição já existe ou está sendo criada?

Tenho certeza de que você conseguirá produzir um número muito maior de perguntas inteligentes. Quando pesquisar sobre a empresa e seu segmento no Google, LinkedIn, YouTube, sua inspiração será muito estimulada. O volume de perguntas será tanto que você terá que dosar. O entrevistador vai gostar de sentir o seu interesse e saber que você se preparou para o encontro. Seja educado, discreto e, ao mesmo tempo, entusiasmado e firme ao mostrar seu conhecimento sobre eles de forma positiva. Evite passar a ideia de ser invasivo.

Voltaire, lembra-se das palavras dele? — Você pode me dizer: "Ney, nunca vi candidato fazer perguntas, isso é incomum." Concordo.

Albert Einstein dizia: "Insanidade é continuar fazendo sempre a mesma coisa esperando resultados diferentes."

Fazendo a entrevista convencional, aquela que todos os candidatos fazem, você obterá o mesmo resultado. Faça uma tentativa inovadora, diferente. No início, talvez seu desempenho não seja tão bom. Por causa disso, é conveniente ensaiar com antecedência. Em casa, faça algumas gravações em vídeo e depois analise no monitor os pontos que precisam ser melhorados.

A maioria dos candidatos vai para a entrevista com atitude submissa e humilde. Eles estão preparados só para responder perguntas. Mas existe o candidato (raro) que está no extremo oposto, ele também está errado por ser arrogante e agressivo, ele "atropela" o selecionador. Ele passou por algumas experiências desagradáveis e daí em diante adota uma atitude de desconfiança. Com certeza, será descartado.

Existe ainda um terceiro tipo de candidato que está ansioso para contar sua história, mas acaba se "queimando" por falar demais. É interessante observar as reações do entrevistador para sentir se está indo no caminho certo. Lembre-se: você é o vendedor, tem que ganhar a atenção do cliente. Tenha equilíbrio.

Criticar mentalmente ou questionar a conduta do selecionador é risco de eliminado antes do processo ser iniciado. Sua atitude, fisionomia e tom de voz deixarão transparecer o que acontece na sua mente, no seu íntimo. Você pode imaginar que conseguirá disfarçar, será? — Caso o selecionador sinta algum tom irônico ou crítico no que está dizendo, provavelmente você estará fora do processo. Todas as pessoas têm seu lado bom. Descubra qual é o lado positivo do seu entrevistador. Se ele está ali naquela posição é porque tem algum valor.

Imagine que a entrevista tenha transcorrido em clima de total simpatia, o selecionador deu vários "sinais de compra". A conversa durou mais de uma hora. No final ele diz: "Você tem mais alguma pergunta para me fazer?" Toda pessoa interessada e inteligente sempre terá mais uma perguntinha para fazer. Dê uma paradinha, um sorriso, pense bem e lance mais uma pergunta inteligente. Deve ser algo que tenha conexão com a empresa, produção, resultados, metas, futuro, propósito, missão. Você já sabe o que não deve perguntar.

Voltando ao assunto — início da entrevista — você perguntou: "Eu também posso fazer perguntas?", ele autorizou. Mas apesar disso, imagine que num determinado momento ele proteste por causa de tantas perguntas feitas por você. O que você diria? Justifique-se, pense bem, por qual razão você faria perguntas? Sorria e diga para ele: "Peço desculpas. Tenho grande respeito pelo entrevistador. Não farei mais perguntas, mas vou lhe dizer o motivo do meu hábito."

❖ PERGUNTAS — POR QUE VOCÊ AS FARIA?

- Alguém consegue ser gestor de um projeto sem fazer perguntas? Eu trabalho com projetos e fazer perguntas faz parte do meu dia a dia...(Ou então você é financeiro, ou auditor, ou comercial, vendas, marketing, TI ou é do Jurídico...) em qualquer área em que esteja na liderança você necessitará fazer perguntas, até mesmo antes de necessárias correções ou de promover orientações na equipe;

- Só faz perguntas quem está interessado. O desinteressado é passivo. "Minhas perguntas são devido ao entusiasmado por ter sido convidado para essa entrevista. O senhor falou que me chamou para conversarmos quando viu o meu CV e os resultados que tenho obtido. O senhor pode me dizer que metas e objetivos eu preciso atingir aqui na sua empresa?"

O médico, quando recebe o paciente em seu consultório, inicia a consulta fazendo perguntas ao doente. Ele tem autoridade, conhecimento e poder para fazer exames, que muitas vezes são invasivos e desagradáveis. Somente depois terá condição de diagnosticar e receitar o remédio da cura.

"Você é o médico" e ele precisa de você. Tenha psicologia, converse com ele e descubra o que você precisa fazer para ajudá-lo. Na entrevista imagine-se no papel de médico. O selecionador é o paciente. Para dizer com segurança que você é o candidato certo (médico), precisa fazer perguntas. Depois de diagnosticar o problema terá condição de dizer firme "eu sou o profissional que resolverá o seu problema". O médico tem que ter psicologia e paciência para conquistar a confiança e jamais deverá discriminar o doente por sua aparência. A mesma atitude deverá ter o profissional (candidato). O candidato que mentalmente critica o selecionador corre sério risco de rápida eliminação.

Exemplo:
"Essa selecionadora é muito jovem. Não tem competência para entrevistar executivos do meu nível."
"Ele é muito grosseiro, só ele fala, não perguntou nada da minha experiência."
"Este selecionador é velho e desatualizado demais, já devia estar aposentado."
"Ele não entende nada da minha área, esta empresa é uma bagunça."

Candidatos com esse tipo de pensamento e atitude crítica negativa ficarão muito tempo procurando emprego. Eles colocarão a culpa nos "selecionadores incompetentes", no governo ou na situação mundial. Mesmo fazendo tudo certo, provavelmente você vá perder algumas ou muitas entrevistas. E daí? Tire o melhor proveito possível de cada uma delas. Depois da entrevista, reflita e anote, escreva o que aconteceu. É preciso saber lidar positivamente com a frustração. Faça anotações dos momentos em que se saiu bem e os outros em que não. Prepare-se para as próximas. Ruim e péssimo é quando o candidato faz muitas entrevistas e continua não aprendendo com seus erros.

Os melhores desempenhos são conseguidos depois de muitos erros cometidos, em qualquer profissão. Faça análise e prepare-se cada vez mais para as próximas. Cuide do seu futuro.

Quando você sai da sala do entrevistador, o que ele faz? Anota tudo que observou em você. Forma de andar, sentar, tom de voz, vocabulário, verbalização, simpatia, segurança, entusiasmo, coerência na explanação das ideias, pontualidade, apresentação pessoal e organização. Por qual razão ele fez tantas anotações? O fato de ele escrever enquanto você fala já é um bom indício. Além disso, ele precisa dessas notas porque ele entrevistará outros candidatos e ali ele terá uma ideia de quem tem melhor condição de atender suas necessidades. Outro motivo é que ele passará essas observações para o próximo entrevistador.

E você? Você vai fazer a mesma coisa. Ao sair da entrevista, não espere chegar a sua casa. Dentro do carro, ou num café ou lanchonete, sente-se e anote tudo o que aconteceu. O que ele perguntou, sua resposta; o que você perguntou e a resposta dele; detalhes que tenha observado na recepção ou em outros setores. Você vai precisar dessas anotações quando for chamado para a próxima entrevista.

Por que fazer tantas anotações?

- Errar ensina mais do que acertar. Cada entrevista tem que funcionar como aprendizado. O erro que cometeu na entrevista anterior, deve ser observado se ele foi corrigido ou se persiste. Aprenda com erros e acertos. Se não fizer anotações, acompanhamento e trabalho para melhorar não terá como evoluir;

- Pode acontecer de você estar participando de alguns processos de seleção ao mesmo tempo. Talvez sejam empresas bem semelhantes ou muito diferentes. Quando for chamado para a próxima etapa da seleção, leia suas anotações para lembrar o que foi conversado na anterior. Você precisa ser coerente. Não confie na memória, ela muitas vezes falha.

À medida que a entrevista se desenvolve procure perceber alguns sinais de compra ou não. Caso observe que o encaminhamento não esteja indo bem, mude a estratégia e faça uma tentativa para desviar o rumo da conversa. Sem medo de perder, tenha coragem de arriscar, tenha fé na sua percepção. Pense nos grandes vendedores da humanidade: **Lincoln**, **Mahatma Gandhi**, **John Kennedy**. Eram líderes extraordinários, benfeitores. Eles não venceram todas as batalhas e não conseguiram convencer todo mundo. Nós estamos vivos e sabemos que também não vamos "ganhar todas", mas só descobriremos o que acontecerá no final se tivermos coragem de arriscar e acreditar na nossa vitória. A "guerra" só acaba quando uma das partes desiste de lutar.

Quando você vai ser contratado? Somente quando o selecionador tiver certeza de que está fazendo investimento no profissional certo e que você entregará os resultados dos quais ele necessita. É essa segurança que você precisa passar e isso só acontece quando está inteirado das principais necessidades da empresa.

❖ ANOTAÇÕES IMPORTANTES

Quando escrevi sobre "entrevista", recomendei que, ao iniciar a conversa, você devesse tirar da sua pasta dois CVs para oferecer, um deles ao selecionador e o outro ficaria com você. Este funcionará como apoio, um roteiro. Na hora pode acontecer do nervosismo atrapalhar e nesse caso, o CV na sua mão pode ajudá-lo como roteiro. Além disso, você poderá usar o seu verso para fazer anotação de alguma informação importante.

Lembre-se de que a memória falha. Enquanto vocês estiverem amistosamente conversando, peça licença para fazer anotações de alguma coisa interessante que ele tenha falado sobre a empresa. Algo que você ainda não havia descoberto. Isso é educado, demonstra interesse pelo que ele está falando e é um diferencial, não conheço candidato que tenha feito isso. Deixe o seu selecionador ver o que você está anotando. Escreva abreviadamente. Procure manter seu olhar no selecionador, isso é ouvir ativamente. Com simpatia, gentilmente pergunte e anote sobre o *job description*, quais seriam suas responsabilidades, deveres, objetivos, algo especial e particular sobre valores morais, propósito e filosofia da empresa.

Anote as principais metas a serem atingidas, prazos, recursos oferecidos, *budget*, organograma, a quem vai se reportar, número de pessoas da sua equipe, os mais importantes desafios a serem superados, o que eles esperam de você. E, se no final, vocês tiverem falado sobre salário, percentual das comissões, bônus, benefícios diferenciados... Obviamente faça anotações.

Virgílio foi um famoso poeta épico italiano, grande pensador. Ele viveu um pouco antes de Cristo, na época do imperador romano Augusto. Sua obra mais famosa é "Eneida". Ele levou dez anos para desenvolver esse trabalho.

"**Seja ousado**. A fortuna sorri para os audaciosos", ou "A sorte favorece os audazes", era o que ele pregava para seus discípulos.

❖ ADMISSÃO DESASTROSA — OU DEMISSÃO

Ser demitido, de modo geral, é uma experiência desagradável. Mas para o líder que está demitindo também não é nada confortável. Demissões são causadas muitas vezes por dificuldades no relacionamento interpessoal, por fraco desempenho, falta de resultados positivos, energia ou desnivelamento de valores, de cultura. Mas também por oscilações do mercado ou crises políticas. Sobre o impacto das demissões vou escrever depois.

O gestor que está buscando um novo colaborador precisa estar bem preparado com eficientes ferramentas para fazer uma seleção certeira. A contratação do candidato errado provoca um prejuízo muito grande para ambas as partes, para a empresa e para o contratado, tanto material, quanto moral.

Alguns candidatos na ânsia de conseguir um novo emprego exageram na elaboração do seu CV e colocam ali competências que não têm, mesmo sabendo os riscos que estão correndo. Para as entrevistas, eles procuram se preparar com estratégias que fazem com que o selecionador fique convencido de que encontrou o candidato ideal. Mas só depois, no dia a dia o gestor descobre uma desagradável realidade. E nesse caso, o que ele deve fazer? Demitir e recomeçar o processo de seleção. Imagina o prejuízo! É no mínimo desgastante.

Muitas vezes, por uma série de fatores, o gestor está com urgência e isso pode prejudicar a seleção. Mas também não pode ser um processo moroso demais, pois existe o risco de se perder os melhores candidatos para os concorrentes. É verdade que existe muita gente desempregada, mas os profissionais mais bem preparados se colocam rapidamente.

Para não haver mudanças no meio do processo, uma seleção bem-feita se inicia pela elaboração detalhada do perfil do candidato. Depois vem a atenta, trabalhosa e criteriosa leitura de centenas de CVs. Dependendo da área e do cargo serão iniciadas as entrevistas individuais ou dinâmicas de grupo que funcionarão como filtros para detectar os candidatos mais interessantes. Para confirmar o que foi sentido nas entrevistas, devem ser aplicados testes e avaliações de comprovada eficiência como DISC, MBTI, grafologia.

Os selecionadores da atualidade ainda têm a sua disposição informações nas redes sociais sobre o candidato. É possível saber quem é e como ele se relaciona com as pessoas na vida profissional e na vida social. O LinkedIn, Facebook, Instagram e outros, podem dar indícios se o candidato se preocupa com seu relacionamento. Qual é o seu *branding,* sua principal característica. Por onde o candidato passou, ele deixou uma marca positiva?

❖ ENTREVISTA — AVALIAÇÃO MÚTUA

Na realidade, a entrevista é um momento de avaliação mútua. Ao chegar à recepção da empresa, você como candidato deverá ter interesse em observar o ambiente interno, relacionamento entre as pessoas, assim como as mensagens explícitas e as "invisíveis". Na frente do selecionador você também avaliará a proposta dele e os desafios a serem enfrentados. Sinta a movimentação e agitação das pessoas ou o contrário (tudo parado, "morto").

Você também deve procurar perceber o bom nível de organização e limpeza. São apenas detalhes, mas que contribuem para formar um conceito com diferentes perspectivas. Mas sempre tenha o cuidado para evitar ser crítico negativo, pois isso poderia prejudicar muito sua atitude na hora da decisão. Você está indo fazer a entrevista e sua proposta é resolver problemas, apresentar soluções e entregar resultados positivos. Sendo realista, na entrevista, o seu objetivo principal é vencer a competição com os outros candidatos e receber o convite para ser contratado pela empresa. Depois você decide se aceita ou não.

Você falou com pessoas que estavam interessadas no seu "produto" e se esforçou em fazer a melhor venda possível. Durante todo o processo se manteve entusiasmado e motivado. Mas agora chegou o momento de avaliar se o convite deles é realmente interessante. Se você está bem empregado, tem que avaliar a proposta mais detidamente. Quando os indícios são positivos, a empresa é muito boa, é para ganhar um salário mais elevado e ocupar posição de maior importância, bem provavelmente você aceitará.

Vamos supor uma situação diferente, o candidato estava há muitos anos trabalhando em empresas de transporte ou em banco e foi demitido. Aproveitando o momento, decide migrar para outra área com intenção de diversificar e aprender coisas novas. O convite veio de uma indústria de alimentos. Pode acontecer de ele aceitar algo aparentemente desvantajoso em termos salariais. Mas ele tem visão de futuro e sua intenção é ampliar suas experiências, para dar mais amplitude ao seu CV. Esse tipo de decisão pode fazer parte do seu planejamento estratégico em benefício do desenvolvimento de carreira. Ele perde um pouco naquele momento, mas com perspectiva de algo muito melhor no futuro.

Eles estavam lhe analisando. E você também fez análise deles? O que você sentiu? Como está a empresa? O momento deles é de expansão ou retração? Já pesquisou no LinkedIn para saber se eles estão demitindo ou contratando? E a diretoria? Qual a imagem deles no mercado? Qual a situação financeira da empresa? Principalmente quando o profissional está bem colocado, mas busca uma nova empresa para trabalhar, todas essas perguntas e muitas outras precisam de respostas positivas. Quem está bem empregado não pode trocar o certo pelo duvidoso.

O candidato despreparado, que pede demissão para assumir uma empresa sem ter colhido informações suficientes sobre ela ou as responsabilidades que assumirá está correndo sério risco.

Mais uma vez, imagine que você está trabalhando e ao mesmo tempo participando de processo de seleção numa empresa aparentemente muito boa. Depois de várias entrevistas com diferentes entrevistadores finalmente conheceu o Diretor que vai ser seu chefe. A possibilidade de sintonia e afinidade com as pessoas com quem você vai trabalhar é muito importante. Pergunto: houve empatia? Você se sentiu à vontade? Gostou do "clima"? As informações e o levantamento que fez sobre a empresa foram positivos? Tudo isso é tão importante quanto um bom salário. As respostas precisam dar indícios de que vai dar tudo certo para você ser feliz e ter sucesso.

❖ CONVITE ACEITO — MUDANÇA DE PLANOS

Depois de aceitar o convite para iniciar o trabalho, transcorridos um ou dois meses, você recebe uma nova incumbência. O problema é que não haviam combinado de você fazer constantes viagens pelo país passando a maior parte do tempo longe da família. É bem provável que essa mudança provoque bastante desconforto ou até desmotivação. Provavelmente você vai pensar que fez a escolha errada.

Em qualquer situação, mesmo que esteja indo tudo bem na sua nova empresa, minha recomendação é que você continue com sua "campanha" de envios de CVs e se surgir entrevistas você deve fazê-las em horário fora do expediente. O fato de trabalhar é positivo. Com poucas palavras, de forma positiva e planejada, quando for perguntado, justifique o motivo pelo qual aceitou fazer entrevista.

OUTRA HIPÓTESE:

Quando o profissional está desempregado, pode acontecer de aceitar proposta de uma empresa que está em situação difícil, mas isso tem que ser consciente. Não pode é descobrir uma situação crítica depois que foi admitido. Quando um executivo da área financeira é admitido por uma empresa que está com "Recuperação Judicial" e ele consegue resolver o problema, ele terá tudo a seu favor, é o "salvador". O momento da admissão é uma estrada de mão dupla. Ambos os lados têm que ter certeza de que estão fazendo a escolha consciente e certa. É como um casamento, quando existe dúvida é melhor não começar.

Ahn Cheol-soo é um empresário sul-coreano da área de software, ele diz: "Em um processo seletivo, gosto de pessoas confiantes, mas que conseguem admitir quando estão erradas. Para esse tipo de pessoa, não preciso de mais nenhuma referência, porque elas são seguras de si e não vão deixar o ego atrapalhar."

Entrevista: como encerrá-la?

Os primeiros cinco minutos da entrevista são críticos, mas o final também o é. A forma como você se despede deve ser bem aproveitada:

- Fale do seu entusiasmo por participar daquele processo de seleção;
- Agradeça sinceramente pela oportunidade da entrevista. Verbalize;
- Peça o e-mail do seu entrevistador;
- Fale que já selecionou muitos dos seus colaboradores e sabe que um processo de seleção tem algumas etapas. Pergunte qual deve ser a próxima etapa, com quem vai ser e quando isso deve ocorrer.

Logo após sair da entrevista, escreva na sua agenda tudo que lembrar: o que ele perguntou e o que você respondeu. Tente lembrar o que você perguntou e o que ele respondeu. Anote outras observações, tais como o ambiente, se é organizado ou não, relacionamento entre funcionários cordial ou não etc. Essas anotações serão importantes para você se preparar para as próximas entrevistas e verificar sua evolução e pontos fracos que necessitem correção. Chegando a sua casa envie e-mail agradecendo a entrevista e reafirmando seu entusiasmo e interesse em continuar participando do processo.

NEGOCIAÇÃO

11

Stuart Diamond é um advogado norte-americano especialista em negociações complexas. No seu livro *Consiga o que você quer*, publicado pela Editora Sextante, ele escreve sobre situações corriqueiras que acontecem no nosso dia a dia. Ele procura mostrar que a habilidade para negociar pode ser exercitada em momentos comuns. Exemplo: o filho negocia com o pai sua ida a uma "balada", mas o "velho", com serenidade, pondera, argumenta e mostra que ele ainda é muito jovem. Aquilo não parece, mas foi uma negociação. Stuart escreve sobre divergências de ideias que surgem na vida familiar e profissional. Ele sugere técnicas legítimas que podem ser usadas para evitar desagradáveis conflitos e ficar bem com seus parceiros.

O livro mostra que você tem várias oportunidades durante o dia para exercitar técnicas de negociação. Mas como ainda não percebeu sua importância, deixa de colocar em prática o que aprendeu. Quando necessita dessa habilidade não sabe o que fazer. O simples hábito de pechinchar com vendedores na compra de um carro, apartamento ou até mesmo roupas, pode ajudar a deixá-lo mais atento e mais hábil para quando enfrentar situações mais complexas como na reunião com clientes da empresa, com fornecedores, bancos ou com acionistas. Ele escreve sobre diferentes situações vividas no ambiente de trabalho, inclusive negociação salarial.

Stuart Diamond escreveu: "Quando se trata de remuneração, é importante saber o que a outra parte está pensando antes de falar algo específico, senão você pode negociar contra si mesmo."

Ele escreve para você estudar e se exercitar nas técnicas de negociação. É sua obrigação ter esse domínio. Todo gestor-líder negocia na empresa diariamente com sua equipe, com acionistas, fiscalização, bancos. Todos eles são seus clientes e você é um vendedor de ideias, produtos e serviços.

❖ NEGOCIAÇÃO — O QUE PODE FORTALECER OU PREJUDICAR?

Fortalecer: Informação, planejamento, serenidade e falta de urgência.

Prejudicar: Urgência, despreparo, desinformação, emocional abalado, medo de perder.

Para ter possibilidade de negociar a seu favor, antes de ir para a entrevista, é preciso colher informações sobre a pessoa com quem vai falar e pesquisar profundamente sobre a empresa ou consultoria (é o que faria um campeão de vendas). Descubra se é grande multinacional, tamanho médio ou familiar e qual seu potencial? Qual seu ramo, história, diretoria, faturamento? Qual o seu momento e perspectivas futuras? Onde estão localizados seus escritórios, suas plantas e centros de distribuição? Quais os concorrentes mais fortes? Quais os seus produtos?

Existem consultorias que fazem pesquisa salarial de mercado. Elas divulgam na internet o resultado. Antes de ir para a entrevista, entre no site delas e faça consultas sobre esse assunto. Nessa pesquisa você pode descobrir que estava ganhando pouco em relação aos seus colegas. Ou o contrário, estava ganhando muito acima o que mercado está pagando. Normalmente elas pesquisam em três níveis: pequenas, médias e grandes empresas. E colocam remuneração máxima e mínima em cada faixa.

Tenha a ideia do quanto possivelmente as empresas do nível deles estão remunerando. Imagine quanto eles estão pagando para alguém na sua posição.

❖ PESQUISA SALARIAL

Encontrei no LinkedIn: "Pelo sétimo ano seguido, a Page Executive fez uma pesquisa de remuneração dedicada exclusivamente ao primeiro escalão."

Saia de casa sabendo como lidará com a questão salarial. Não tem hora certa para a pergunta surgir, pode ser por telefone, no começo da entrevista, no meio ou no fim. A forma como ela é feita também varia: Quanto estava ganhando? Qual seu último salário? Quanto pretende ganhar? Quanto tem em mente?

Apenas uma reflexão: como faria um médico cirurgião quando alguém pergunta quanto ele cobra por uma cirurgia? Provavelmente ele diria: "depende, só posso dizer depois de analisar os exames e saber qual é o problema do paciente." Sabendo qual é a gravidade do caso ele terá condição de fazer uma previsão. A mesma coisa acontece com o advogado que vai defender seu cliente no tribunal do júri. Nenhum profissional terá condição de falar um valor sem antes ter consciência da complexidade do caso. Pode ser simples ou não. Existem sérios riscos e por essa razão o médico, o advogado, o financeiro, o comercial, o RH, o TI etc., eles devem ser muito bem escolhidos e sua competência tem grande valor.

O campeão de vendas antes de visitar um novo cliente faz um estudo profundo sobre seu potencial e suas possíveis necessidades. A história que ele vai contar precisa ter uma sequência lógica muito bem planejada. Ele imagina as possíveis objeções e qual argumento usará. Ele sabe que a apresentação do preço é um momento decisivo. Antes de tudo, precisa se colocar no lugar do comprador.

Você, como profissional que está indo a uma empresa para ser entrevistado por um selecionador, deve se sentir como um vendedor na frente do comprador. Você realmente sabe o que está vendendo? Sabe o que ele quer "comprar"? Sabe quais são as necessidades dele? Está suficientemente preparado para fazer a venda? Você está mais bem preparado para a entrevista que os outros candidatos? Sabe como responder à pergunta sobre salário sem se prejudicar? Já leu e estudou sobre técnicas de negociação?

Sua capacidade de produzir lucro, resultados positivos e solução de problemas é o que está "vendendo". Sua contratação tem que representar principalmente lucro para a empresa, aqui está a verdade. É só isso que interessa. É aí, na necessidade da empresa, que tem que colocar o foco da conversa. O que você necessita não interessa a eles.

Planeje-se e pense agora nas possíveis perguntas deles. Que respostas você poderia dar para quando perguntarem sobre salário? Prepare-se para estar tranquilo e com simpatia, sem pressa de responder de "bate-pronto". Sorria e comece a falar, ou melhor, perguntar. Lembre-se, "perguntar não ofende". Perguntas inteligentes no momento certo vão lhe dar informações importantes e poder. Você tem tanto direito de fazer perguntas quanto eles. Tenha diplomacia, sem agressividade, sem intimidação, amenize e inicie pedindo desculpas.

Exemplo:
— Peço desculpas, estou confuso, acabei de entrar na sua sala e o senhor já está me perguntando sobre salário. O senhor tem certeza de que sou o candidato ideal?

— Não. Preciso saber mais sobre você.

— Então acho melhor vermos quais são suas necessidades e depois vamos ver se eu consigo atendê-lo. O senhor pode me falar sobre o perfil do profissional que está procurando?

— Você está me enrolando, seja objetivo.

— Mais uma vez peço desculpa, não estou enrolando. Ocorre que nos lugares onde trabalhei aprendi a defender os interesses das empresas com os bancos, acionistas, clientes, fornecedores, justiça trabalhista e sempre obtive resultados positivos. Meu objetivo é dar lucro e prosperidade para meus patrões. Eu negocio com calma e paciência. Estou apenas mostrando ao senhor como vou defender sua empresa. O senhor está precisando de um profissional como eu para fazer o quê?

Argumente com tranquilidade sem se deixar intimidar. Mais uma vez preciso lembrá-lo de que nesse momento você mudou de profissão, você é um "campeão de vendas" e seu objetivo é atender as necessidades do comprador, que nesse caso é o selecionador. Veja mais algumas sugestões e procure extrair alguma ideia que melhor se adapte ao seu caso:

"Que bom que o senhor falou sobre salário, também quero falar sobre isso. Mas nós ainda não discutimos detalhes do que o senhor precisa de mim. Gostaria de saber como posso ser útil para o senhor e sua empresa. Estou vindo aqui encaminhado por uma consultoria e o consultor falou quase nada sobre o perfil da vaga. O senhor pode me falar um pouco mais sobre esta posição?"

Outras situações semelhantes:

"O senhor me pergunta quanto eu quero ganhar. A questão não é quanto eu quero, mas quanto o senhor acha que o meu trabalho vale e qual deve ser meu salário. O senhor é um executivo experiente e, com certeza, tem elevado senso de justiça. Acredito no seu bom senso. Estou aberto para negociação. Qual o principal objetivo que deve ser atingido pelo gestor que o senhor está contratando?"

Mais um tipo diferente de argumentação:

"Talvez depois de termos analisado melhor suas necessidades e sentido até que ponto minha experiência, habilidades e competências podem trazer soluções e resultados positivos para sua empresa, aí então podemos voltar a esse assunto. Quando o senhor leu meu CV o que mais chamou sua atenção, qual o ponto principal?"

Observe que a pergunta que o selecionador fez sobre salário, se for respondida na hora errada e de forma direta será um sério risco de o candidato ser eliminado sem chance de se mostrar como solução do problema dele. Veja mais uma opção de resposta:

"Embora salário seja um assunto muito importante, acho mais conveniente falarmos sobre isso mais adiante. Antes de tudo precisamos falar sobre o que o senhor precisa do profissional que pretende contratar e descobrir se eu atendo aos pré-requisitos. Talvez depois de termos analisado suas necessidades e como minhas experiências anteriores resolveram problemas semelhantes, e por isso, poderemos ter uma ideia melhor sobre o valor da remuneração. A vaga em questão, ela já existe ou está sendo criada?"

Para um profissional jovem que esteja iniciando, os argumentos podem ser semelhantes:

"Podemos deixar esse assunto para depois? É verdade que a questão salarial é importante, mas considero outros pontos tão significativos quanto, como por exemplo: quais os maiores desafios? Com quem trabalharei? Gostaria de saber sobre as possibilidades de plano de carreira e progresso na empresa. Desafio para mim é fundamental, por isso aceito trabalhar numa posição em que outras pessoas tiveram dificuldade. Gosto de trabalhar com metas e com perspectiva de receber aumento de salário, bônus ou comissão quando o objetivo for atingido. Existem empresas em que eu não trabalharia mesmo que estivessem oferecendo um salário maior. Mas existem outras que eu iria até para ganhar menos, porque elas oferecem perspectivas positivas de crescimento profissional."

❖ HEADHUNTER E O CANDIDATO QUE ESTÁ TRABALHANDO

Obviamente, em termos de negociação, procurar emprego quando você ainda está trabalhando é muito mais confortável do que aquele profissional que está há meses sem conseguir, pelo menos, uma entrevista. O sentimento de urgência pode prejudicar. Quem está trabalhando tem mais poder e possibilidade de barganhar.

Imagine, você está como gestor numa boa empresa, bem posicionado, não está pensando em mudar de emprego, e de repente um Headhunter famoso lhe telefona perguntando se você teria interesse em ouvir uma proposta. É bom demais. Você aceitaria conversar com ele? Claro que sim, você não perderia nada em trocar algumas ideias com ele, pelo contrário, estaria, pelo menos, incrementando seu networking e massageando o seu ego.

Como negociador, quando você está com muita vantagem em relação ao consultor, até mesmo por ética, você precisa ter respeito por ele para que a negociação seja conduzida de forma elegante, mesmo que a conversa não prossiga. O networking foi enriquecido e no futuro poderá dar frutos melhores.

Negociar com um consultor que atua como Headhunter é relativamente simples. O ponto de partida é sua postura e atitude, nem humilde e nem arrogante. Será uma conversa entre parceiros, com igualdade de condições. Ele pode lhe apresentar a uma ótima empresa com belo salário e ótimas vantagens. Você é o profissional que vai lhe proporcionar uma bela comissão e marcação de pontos positivos com o cliente dele. Se você for arrogante ou tiver comportamento muito humilde e submisso estará fora do processo.

O Headhunter analisará sua competência como bom profissional, gestor, líder e como negociador. Muitas vezes vemos nos filmes norte-americanos que abordam o tema *esporte*, a figura do "olheiro" que aparece procurando novos talentos. No mundo da "moda" acontece parecido. Com relação aos executivos, existem os *Headhunters* que estão com o "radar ligado" para descobrir os mais valiosos profissionais para apresentar aos seus clientes na hora certa.

❖ O QUE FAZER PARA SE TORNAR COBIÇADO POR ELES?

Repetindo: nenhum Headhunter deletará do seu banco de talentos o currículo de um profissional que considera "mosca branca". Quando você for contatado por um deles é sinal de que ele já possui muita informação sobre você. E é claro que você ainda sabe pouco sobre ele. Provavelmente haverá inicialmente uma leve sondagem por telefone para depois o agendamento de uma entrevista pessoal.

Como já foi escrito e você sabe muito bem que informação é algo crucial. Lance mão de todos os seus recursos para compensar essa diferença entre vocês dois. Pesquise o site da consultoria, se possível descubra para quais empresas eles costumam trabalhar, há quanto tempo eles existem, quais são os principais sócios e quem são os consultores mais antigos. No LinkedIn você encontrará o perfil do seu entrevistador e os pontos a serem pesquisados sobre ele. Essa iniciativa vai lhe proporcionar possibilidade de criar *rapport* no momento da entrevista.

Informação é crucial e vai lhe dar poder na negociação. Na hora da entrevista, é por meio de perguntas planejadas com antecedência, que você obterá mais força. A conversa entre vocês dois é uma via de mão dupla. Na realidade vocês são parceiros que querem atingir o mesmo objetivo. Portanto, assim como ele estará com perguntas prontas, você também deverá estar. Planeje sua conversa e esteja preparado para surpresas, tenha jogo de cintura e improvisação. Afinal foi ele quem ligou, mostrou interesse e pediu a entrevista. A "bola da vez" está com você, aproveite, sem arrogância, mas com naturalidade, demonstre simpatia e interesse.

❖ NEGOCIAÇÃO BEM PLANEJADA

Estou escrevendo um pouco sobre negociação de modo geral, não apenas sobre salário. Em primeiro lugar pense em relação a você, esqueça por um instante o tema "emprego". Pense em diferentes situações que poderiam ser vivenciadas como negociador. Imagine perguntas que poderiam ser aplicadas no seu dia a dia, fora do contexto de procura de emprego, exemplo: negociando com o médico sobre uma cirurgia, na compra de um bem material, na contratação de um serviço, planejando uma viagem na agência de turismo, enfrentando um fiscal ou com um guarda de trânsito etc. Inicialmente você precisa pensar em qual é sua necessidade? Qual a urgência? Tem que decidir já ou pode esperar um pouco mais? Pode pedir um tempo para pensar e decidir? Quais os riscos de prejuízo no caso de uma decisão precipitada? Quais os prejuízos se houver arrependimento? Quais os benefícios que obterá no caso de uma decisão imediata? O que poderá ganhar ao protelar a decisão? O que ganhará tentando argumentar e negociar?

O médico mostra ao paciente uma mancha na radiografia e fala da urgência de uma cirurgia. O paciente acha que o médico está exagerando e que a decisão pode esperar, protela, procura outros especialistas e escuta a mesma recomendação. Ele conclui que está numa situação de urgência. Não tem negociação.

Outra situação: o executivo entra numa loja perguntando por um terno que viu na vitrine. No seu guarda-roupa tem dois que ele ainda nem usou, provavelmente ele deverá deixar a compra para outra ocasião. Mentalmente pondera e conclui que seria uma despesa desnecessária. O vendedor terá dificuldade em negociar com esse cliente, pois ele não sente urgência. Outro exemplo: o cidadão chegou à sua casa e encontrou o sistema de esgoto entupido. O mau cheiro invadiu todo o ambiente. Telefonou para prestadoras de serviço especializado e pela urgência da situação, não poderá adiar. Então terá que contratar uma delas. É mais uma situação em que a negociação a favor do cliente é mais difícil, mas, mesmo assim, algo poderá e deverá ser negociado, talvez um desconto, uma bonificação, o prazo para pagamento ou a taxa de entrega.

Matheus, meu filho, é advogado, ótimo profissional e trabalha em uma empresa especializada na regularização da documentação de estrangeiros. Seus clientes são multinacionais. Ele tem outro amor: a guitarra. Com alguns amigos formou uma banda de rock. Gravaram músicas autorais e procuraram um desenhista para fazer a "capa". Alertei que esse tipo de artista é caro, mas ele não se intimidou, foi atrás e encontrou. Aconteceu o que previ, era um elevado valor para um grupo de jovens iniciantes.

Matheus conversou com o artista e conseguiu fazer *rapport*. Surgiu um vínculo entre os dois (ambos são artistas). Falou de como o seu grupo é entusiasmado, tem composições próprias, tem participado de alguns shows, mas o valor cobrado estava muito elevado para eles. Com certeza, eles necessitariam de desenhos para outras capas e consequentemente a banda ajudaria a divulgar o nome dele como desenhista e artista especializado. O resultado foi uma substancial redução em 30%. Tudo pode ser negociado.

Já vimos que o profissional que está procurando emprego e ainda trabalhando tem mais poder de negociação do que aquele que está há meses desempregado. Este tem maior sentido de urgência, pois cada mês na procura, é dinheiro que sai e que não entra, sem falar do prejuízo psicológico. O desempregado que está há meses nessa situação, não pode continuar abrindo mão de ofertas por serem distantes de sua residência ou por pagarem pouco ou porque o chefe é "mal-encarado". A urgência provoca necessidade premente e isso coloca uma das partes em desvantagem. Numa situação dessa, o que fazer? A informação lhe dará poder, você já sabe disso, lembra? Procure saber o máximo possível sobre a outra parte. Isto lhe dará mais segurança e confiança em sua negociação.

Coloque-se no lugar da outra parte, ou seja, no lugar do dentista, do médico, advogado, arquiteto, do consultor. Tente imaginar: o que eles mais querem? Obviamente eles são excelentes profissionais, com muitos anos de estudo, sólida formação e competentes no que fazem. Mas a bem da verdade, todos estão sedentos para "faturar mais um cliente". Todos são vendedores! Inclusive você!

Você precisa do serviço deles ou eles precisam de você, cada um na sua especialidade, não tem como fugir. Um deles vai ser contratado por você ou alguém vai lhe contratar. Então use dos atuais recursos de informação na internet sempre que precisar contratar alguém ou quando for chamado para ser entrevistado. Para descobrir o passado ou conceito que o mercado tem sobre um profissional ou sobre uma empresa é muito fácil.

As redes sociais nos fornecem muitos recursos. Ali você tem as informações de que necessita. Você fica sabendo sobre o momento que a empresa está vivendo, descobre o nome de quem faz parte da diretoria, seus principais produtos e seus maiores clientes. Descobre até sobre determinado funcionário, onde ele estudou e estágios realizados, viagens ao exterior, empresas nas quais tenha trabalhado, esportes praticados, recomendações no LinkedIn de antigos chefes, parceiros, clientes, fornecedores. Muitas vezes você descobre até religião praticada, clube que ele frequenta. Enfim, descubra se a empresa e seus diretores merecem confiança e respeito.

No caso de haver necessidade de uma negociação, essas informações lhe darão suporte para argumentações e decisões mais consolidadas.

❖ NEGOCIAÇÃO VITORIOSA

Você já percebeu que por toda a vida terá que conviver com diferentes tipos de negociação? Não tem como fugir. Sendo assim, o que tem que ser feito é descobrir a beleza e o prazer de conseguir atingir seu objetivo nesses momentos. Se você está lendo este trabalho é porque quer adotar uma atitude positiva diante dos desafios de uma negociação. Da mesma forma como um concertista apaixonado pelo que faz se prepara para se apresentar em um grande espetáculo no teatro com uma orquestra sinfônica, você também deve se entusiasmar quando surge a possibilidade de exercitar suas técnicas de negociação.

Muitos artistas começaram a se preparar ainda crianças. Eles se exercitavam praticando muitas horas todos os dias. Alguns filmes biográficos mostram que o personagem era muito pobre e não tinha dinheiro para comprar o seu instrumento, então ele imaginava o teclado e mentalmente se exercitava até chegar ao estrelato. Estudar e trabalhar com disciplina, entusiasmo e paixão é o "segredo" que leva à excelência. Parecido acontece com desportistas. É o que acontecerá com você em relação à negociação. Aproveite pequenas oportunidades para colocar em prática os princípios básicos.

❖ NEGOCIAÇÃO MAL CONDUZIDA

Uma grande empresa familiar havia me solicitado um profissional para ocupar uma estratégica posição, como "Diretor" e logo falaram que haveria muita dificuldade para encontrar candidatos. A preferência seria por mulher que estivesse em evolução profissional. Sugeriram que fosse tentado um trabalho de *hunter* com os concorrentes. Eles estavam dispostos a pagar um salário em torno de US$7 mil (valor de referência).

Depois de muitas tentativas com recursos internos, em nosso "banco de talentos" e sem progresso, aceitei a sugestão do cliente. Tentei "caçar" alguém de empresa do ramo deles, mas, mesmo assim, continuei tendo dificuldade. Estava buscando a "mosca branca". Finalmente a Gerente de RH da concorrência (Katia) me falou que possivelmente teria uma pessoa para me indicar. Perguntei então para ela:

"Quanto você acha que alguém com o perfil que queremos está ganhando?"

Ela respondeu:

"Da forma como o Sr. está falando, essa pessoa, com perfil tão específico, é provável que esteja na faixa de uns US$6 mil à US$8 mil por mês." (Valor de referência.)

Katia me indicou uma jovem executiva com um CV muito atraente (Leonor). Ela estava trabalhando como Gerente numa destacada empresa (não na dela). A possível candidata se mostrava bem estável nos empregos anteriores. Para saber com quem eu negociaria, pesquisei nas redes sociais sobre a Leonor. Finalmente consegui falar com ela por telefone. Para ter possibilidade de seduzi-la, falei de uma série de aspectos positivos da empresa (sem falar o nome para quem eu estava trabalhando). Dei uma ideia do perfil profissional exigido pela posição, e disse apenas que o salário seria vantajoso, além de benefícios diferenciados, não entrei em maiores detalhes, pois era uma primeira sondagem.

De início, ela não demonstrou interesse na minha proposta, fiquei frustrado, mas falou que talvez fosse indicar uma colega que pudesse se interessar pela oportunidade. Caso positivo uma delas entraria em contato comigo. Fiquei esperançoso.

No dia seguinte, recebo a esperada ligação. Ela mesma ligou — Leonor. Começou dizendo que sua colega estava viajando e perguntou se ela própria, poderia se candidatar. Óbvio que respondi positivamente e marcamos encontro logo em seguida, o qual seria no sábado, pois ela estava trabalhando. Inclusive perguntei qual seu salário naquele momento e ela me respondeu: US$6.500.

Em nossa entrevista pessoal fiquei muito bem impressionado com suas colocações, com sua apresentação pessoal, muito elegante. Seu CV demonstrava criatividade e capricho. Sua experiência parecia bastante adequada ao perfil traçado pelo meu cliente. Apesar de falar da sua dedicação ao trabalho, percebi sua insatisfação no atual emprego, descontentamento com o chefe e sua falta de perspectivas no seu departamento. Aí estava sua motivação para ouvir minha proposta. Mais uma vez perguntei quanto estava ganhando e sem titubear, sem resistência nenhuma, Leonor respondeu. E qual seria o mínimo aceitável? Ela falou "5 mil"(lembre-se de que estou usando referência em dólar).

Não entendi. Confesso que fiquei meio atordoado e em dúvida. Fiquei quieto, não critiquei. Gostaria de poder orientá-la a pedir mais, mas não poderia fazer isso, eu estava como preposto da empresa. Minha postura tinha que ser neutra em relação a ela. Nossa psicóloga havia aplicado alguns testes de avaliação os quais apresentaram resultados favoráveis. Apenas perguntei:

"Por que diminuiu seu salário?"

Leonor respondeu que o mercado está passando por um momento difícil e ela tinha impressão de que seu salário estava muito elevado e por essa razão não via possibilidade de promoção na empresa. Para algumas pessoas o título do cargo, o status é mais importante que o salário. Ela estava como Gerente e a vaga era para Diretor.

Teria que pesquisar com mais cuidado suas referências, pois não encontrei recomendações sobre ela no LinkedIn. Quero que meus clientes fiquem bem atendidos com os candidatos que eu indicar.

Encaminhei o CV com as devidas avaliações, considerando a dificuldade para encontrar bons candidatos e pelo fato do CV dela ser muito bom, com anotação da pretensão salarial da candidata. A filha do Presidente da empresa, "dona da vaga", gostou do material que lhe enviei e pediu para agendar entrevista com a candidata, e ela acrescentou que o seu "chefe" estaria presente. No dia agendado a candidata estava lá. A entrevista correu às mil maravilhas. Parecia até que a candidata tinha sido treinada por mim. Falava tudo que eles queriam ouvir. A empolgação era evidente em ambas as partes. Houve sintonia, houve um ótimo *rapport* entre eles. Depois de um bom tempo de entrevista abordando aspectos de cunho profissional, técnico e pessoal, o dono da empresa fala revelando seu interesse e atitude sincera:

"Temos tido muita dificuldade de encontrar alguém com seu perfil. As faculdades não se preocupam com nosso setor e não preparam jovens para trabalhar conosco. De forma que o mercado não dispõe de um número suficiente de profissionais em oferta, com a formação da qual necessitamos. Temos certa urgência. Você informou que está ganhando 6.500. Mas o número que estou pensando em pagar é 4 mil. Você aceita?"

Leonor mais que depressa, sem pestanejar, respondeu:

"Aceito..."

Ele então falou:

"Aguarde uma resposta. Nós entraremos em contato..." E a entrevista parou por aí.

Depois que a Leonor saiu da sala, ele comentou: "Acho que ela não é tudo isto que diz que é. Vamos continuar caçando alguém melhor. A empresa onde trabalha é muito maior que a nossa. Sei que eles pagam muito mais que nós. Imagino que ela não é tudo que diz ser, ou então tem algum problema muito grave, mas não está dizendo. Ela está decrescendo muito a pretensão salarial. Por que será?"

Por que Leonor aceitou uma proposta menor tão rápido? Ela poderia ter pedido um tempo para pensar. Afinal de contas, ainda estava trabalhando, não tinha tanta urgência para conseguir o emprego. O dono da empresa falou da sua dificuldade e ela não considerou essa informação.

Peter Drucker diz que "a essência da comunicação está em captar o que não foi dito". Mas o que parece é que quando o candidato tem que negociar seu salário, se deixa levar totalmente pela tensão, pela passividade, emoção e medo, e não capta nem o que foi dito, e obviamente também não capta "o que não foi dito", é como se estivesse surdo. O entrevistador não poderia ter sido mais claro em relação à sua necessidade e simpatia para com a candidata. Inclusive, no final quando ele disse que ela deveria aguardar, estava clara a recusa. Ela foi absolutamente passiva e essa é uma característica que não combina com quem se propõe liderar e equipes como "Diretor". Leonor não percebeu que o cenário estava totalmente favorável a ela e que estava com muitos recursos e argumentos que lhe seriam favoráveis.

Ela poderia ter agido como vencedora, tomando a iniciativa e no lugar de responder ela poderia ter questionado:

"Quanto o senhor está pensando em pagar para alguém que resolverá seus problemas e trazer resultados positivos?"

"O que falta para definirmos agora? Durante todo o tempo o Sr. demonstrou interesse no meu potencial profissional e me falou dos problemas que sua empresa tem. Tenho certeza de que conseguirei ótimos resultados, sendo assim, vamos decidir. Quando começo a trabalhar com o Sr.?"

O que ela perderia se tivesse "lutado" um pouco mais?

Tem um ditado que diz: "perdido por um, então perdido por mil." O que ela perderia sendo ousada? Recomendo arriscar, principalmente sabendo que não teria nada a perder. Ela deveria ter espírito mais combativo e defendido com mais força o seu interesse. Apaixone-se pela oportunidade e pela empresa antes de chegar lá.

Surgindo a objeção, procure contornar, continue insistindo, descubra alternativas, demonstre interesse e espírito combativo. Tenha fé, acredite que o melhor acontecerá. A negociação só termina quando você decide. Parece um tanto agressivo, mas é assim que alguém decidido, com senso de iniciativa, agiria. É você quem tem que defender seus interesses.

Nelson Savioli era diretor nacional de Recursos Humanos da Gessy Lever. Na época, à revista *Você S/A*, ele falou que "os rebeldes com causa terão lugar nas melhores empresas". Mas também não é para bater de frente com nenhum entrevistador. Não é para criar um caso por nada. Tenha equilíbrio. "O medo de errar petrifica." Ele falou.

Cuidado com o excesso de passividade. Uma pequena dose de agressividade, bem administrada faz parte da personalidade do executivo, de qualquer líder com capacidade de decisão. Consegue imaginar um jovem presidente de multinacional bem-sucedido, sem ter um mínimo de rebeldia? Com passividade e total obediência ele não chegaria lá. Sendo assim, prepare-se para a negociação vitoriosa. Planeje-se. A diferença entre o vencedor e o perdedor está na atitude mental.

❖ NEGOCIAÇÃO NO TELEFONE: "QUAL O ÚLTIMO SALÁRIO?" — O QUE RESPONDER?

Ainda falando com o selecionador por telefone, ele perguntou "qual sua pretensão salarial?" O que responder? Com educação, diplomacia e tom de voz transmitindo simpatia, você pode dizer:

"Esse é um assunto que é melhor nós falarmos na entrevista, para quando você quer agendar?"

Você pode criar outras formas de resolver essa questão. Mas se a pessoa que lhe telefonou for radical, talvez seja um sinal de que a suposta entrevista seria algo improvável para você. Tenho certeza de que se houver real interesse no seu CV e a pessoa quer conhecer você, a entrevista será agendada mesmo sem saber sua faixa salarial. Um bom selecionador, realmente competente sabe que é difícil encontrar bons candidatos. Ele insistirá com você até conseguir agendar a entrevista.

Existem candidatos que talvez estejam procurando emprego há muito tempo e não estão controlando seu nível de ansiedade e irritação, infelizmente deixam transparecer sua atitude quando falam ao telefone. E muitas vezes se tornam prolixos ou fazem perguntas que deveriam ser feitas somente na entrevista. Ainda não perceberam que são vendedores e que estão falando com um possível comprador.

❖ MARCAÇÃO DE ENTREVISTA

Com simpatia, você poderá continuar ao telefone argumentando que mais importante que o salário é saber quais os desafios, para que posição está se candidatando, qual o tamanho e ramo da empresa, em que bairro ela está localizada. Essas são perguntas que você pode fazer, melhor dizendo, tem que fazer. Lembre-se de perguntar como descobriram o seu nome e se já estão com seu CV atualizado. Anote tudo que foi falado, e obviamente dia e hora da entrevista, nome e posição do entrevistador, qual é a empresa e endereço. Algumas questões mais confidenciais a pessoa esclarecerá no momento da entrevista.

❖ SALÁRIO — HORA CERTA PARA FALAR

Sendo assim, pense bem: qual a hora certa de falar quanto ganhava ou quanto quer ganhar? — Seja educado, respeitoso, diplomático, mas não aceite humildemente a pressão do entrevistador. Na hora da pergunta, faça mentalmente uma breve análise e se pergunte: "as necessidades da posição vaga já estão bem definidas para mim?" — "Provei que sou capaz de trazer soluções?" — "Já consegui fazer minha venda?" — "O entrevistador já deu demonstração de que está entusiasmado com minha apresentação?" — "Consegui provar que darei um retorno tão grande para a empresa que quem vai pagar meu salário é o próprio trabalho que desenvolverei?" Caso as respostas sejam de dúvida ou negativas, o risco de você ser excluído é muito grande.

Vamos imaginar que a entrevista já tenha mais de uma hora em que os dois (selecionador e candidato) já tenham analisado os pontos principais. O selecionador é bem direto e "durão", sem demonstrar que gostou de tudo que ouviu, colocou o candidato "contra a parede" e quer que ele diga sua pretensão. É verdade que a política salarial varia de empresa para empresa, mas é verdade também que dentro da mesma faixa elas procuram se nivelar em uma média. O candidato é esperto e na sua pesquisa sobre a empresa descobre que ela aparece como sendo de porte médio em ascendência.

Com o resultado da sua busca nos sites especializados, sem ter como fugir da pergunta ele responde: "Minha pretensão é o que o mercado está pagando: entre 20 e 25 mil." Cuidado para não colocar um valor muito baixo e nem muito elevado. Pesquise bem sobre o potencial da empresa e descubra qual o conceito dela no mercado. É triste ver um bom candidato perder uma ótima oportunidade por ter sugerido um salário baixo demais, quando a empresa pretendia pagar mais. "A negociação só termina quando você decide."

Situações diferentes de negociação:
- Negociando com o consultor;
- Negociando com a empresa.

❖ NEGOCIANDO COM O CONSULTOR

É um pouco mais confortável, pois você pode se colocar em pé de igualdade, ele precisa de você para poder ganhar a comissão dele e marcar ponto. Você já sabe que a remuneração da consultoria é baseada no salário do executivo contratado. Só para criar em nossa mente uma comparação, vamos pensar em números exagerados. A empresa estabeleceu um patamar de remuneração para o consultor buscar candidatos. Eles querem um profissional de primeira linha e que poderia pagar um salário de até 50 mil, talvez 60 mil. Dependerá da experiência dos finalistas e de quanto o mercado está pagando.

O consultor lança mão do seu "banco de talentos" para selecionar alguns CVs que estejam dentro do perfil. Ele telefona para os candidatos, confirma os dados. Um deles indica que se trata de um ótimo profissional. Quando ele está quase para agendar a entrevista o consultor pergunta:

"Qual foi seu último salário?"

O candidato responde que foi 20 mil. O consultor agradece e diz que quando surgir algo com o perfil dele volta a ligar (considere apenas a proporção aproximada). O que ocorreu? Por qual razão o consultor descartou um candidato que era aparentemente muito bom?

Em primeiro lugar ficou a dúvida: "Com um salário relativamente baixo, será que ele é tão bom quanto parece?" Em segundo lugar: o consultor não quer correr o risco do candidato ser contratado pela empresa com um salário muito menor do que foi combinado entre eles. Ele não quer perder dinheiro na comissão dele. Ele vai continuar procurando alguém que já esteja próximo do perfil e da faixa estabelecida.

Você talvez me pergunte:

"O consultor poderia orientar o bom candidato para pedir 50 mil?"

A empresa é cliente da consultoria. Neste caso, o conselho dele para o candidato seria falta de ética. O Headhunter não pode dar esse tipo de orientação ao profissional. Ele é um preposto contratado pela empresa, mas, ao mesmo tempo, também tem que defender os interesses da sua própria consultoria. O que o candidato deveria fazer então? Teria que ter se preparado e feito seu planejamento.

No caso citado com a Leonor, imagino que ela estivesse um pouco nervosa e nós sabemos que em uma entrevista a emoção pode prejudicar. Praticar técnicas de relaxamento mental ajudaria manter a serenidade e conseguir atitude mais tranquila, equilibrada. Se o candidato se coloca numa posição de submissão ou de confronto, ele vai se prejudicar. O mesmo ocorre se ele se deixa levar pela reatividade ou pela passividade.

Finalmente o consultor pergunta mais uma vez:

"Quanto você estava ganhando?"

Qual deveria ser a resposta do candidato? A conversa com o consultor foi muito positiva, ele demonstrava interesse, então lançou a pergunta que não poderia deixar de ser feita. Tenho certeza de que você já sabe o que dizer. A pergunta seria devolvida com um simpático sorriso: "Quanto o seu cliente planeja pagar?"

Imagine, o consultor não responde e insiste para que você diga. Responda dizendo: "Senhor consultor, como gestor eu já contratei boas consultorias como a sua e sei que sua remuneração está atrelada ao meu futuro salário, então somos parceiros. Diga você qual nível de salário que o seu cliente está pensando em pagar." Lembre-se, vocês dois estão em pé de igualdade. Se ele continuar insistindo, o impertinente é ele e você é o negociador educado, paciente e flexível. Você já negociou a favor das empresas onde trabalhou, com bancos, sindicatos, fiscalização... Então demonstre essa habilidade agora em seu favor.

Stuart Diamond, o mestre da negociação, diz mais ou menos o seguinte: "Não adianta debater com quem não decide." O consultor é apenas um intermediário. Ele tem interesse de enviar um bom candidato, portanto seu principal objetivo é preencher a vaga e marcar ponto positivo, sem risco de reposição. Se por acaso ele falar um "valor ridículo", sua resposta deve ser apenas "tudo bem, pode marcar a entrevista, qual é a empresa?" Atenção: você não disse que aceita aquele valor, apenas sugeriu para encaminhá-lo. Você quer saber o nome do cliente dele (da empresa) para poder se preparar. Lá na frente, com o "dono da vaga", a conversa vai ser outra.

❖ NEGOCIAÇÃO NA EMPRESA

O consultor acolheu sua argumentação e falou que a empresa está disposta a pagar 50 mil (valor exagerado por mim). Lá na empresa, conversando com o dono da vaga, fazendo as perguntas certas, você descobre que o consultor não estava completamente inteirado das necessidades do seu cliente, e que suas competências, habilidades e experiência são exatamente o que eles necessitam. O entrevistador deixa transparecer o interesse dele por você, são os "sinais de compra".

Depois de quase duas horas de conversa, ele toma iniciativa e começa a falar sobre remuneração e fala um valor irrisório: 25 mil. É claro que ele não sabe que você sabe. Por elegância você também não dirá que o consultor já lhe informou qual é a base dele. Provavelmente está testando você.

Nesse momento você está mais bem preparado, além de ter as informações de que necessita sobre o problema dele. Com tranquilidade e sem contestar de forma direta, sugiro dizer para ele mais ou menos o seguinte:

"O senhor é um profissional experiente. Sei que já pesquisou e entrou em alguns sites que fazem pesquisa salarial de mercado. O senhor sabe que esse valor está bem abaixo do mercado."

Caso ele continue calado esperando ouvir sua argumentação, prossiga:

"Pode ser que o senhor encontre alguém que aceite esse salário, mas em vez de resolver seu problema vai correr o risco de agravar. O profissional que aceitar esse salário deve estar desempregado há muito tempo, está tão desesperado que aceita qualquer coisa. Ele iniciará sem comprometimento, fará um mau trabalho e continuará enviando CVs. Quando ele encontrar uma proposta melhor, vai embora e o senhor terá que recomeçar a busca por alguém que resolva seu problema. Ou então o candidato aceitará sua oferta pelo simples fato de ser incompetente e enganador.

Se quiser resolver seu problema vai ter que ser mais justo, melhorar o salário e nivelar com o que o mercado está pagando. Os sites que fazem pesquisa salarial de mercado revelam que a média que o mercado está pagando é bem maior. Sendo eu o contratado, garanto que atenderei as necessidades da sua empresa no meu setor, resolver os problemas e darei retorno no investimento que fizer em mim."

Provavelmente você dirá que estou propondo uma abordagem agressiva. Talvez tenha razão, mas o que perderia? Nada. Na realidade é apenas uma conversa de negociação, na qual os dois estão se colocando em pé de igualdade, sem intimidação e com respeito. Na minha opinião o candidato deve evitar revelar que o consultor já informou qual é o salário que foi combinado.

❖ REMUNERAÇÃO — DO QUE ELA É COMPOSTA?

Muitos profissionais consideram que uma boa proposta é quando o salário oferecido é maior do que o anterior, nem sempre. Salário não é tudo, e ele não é o mais importante. Acho que não adianta trocar de emprego e entrar em um ambiente politicamente degradado, agressivo, sem respeito, onde a inveja e a disputa tornam o "clima pesado". Pergunto: quanto tempo você conseguiria viver sentindo o desconforto permanente de um ambiente cheio de conflitos e hostil? Trabalhar feliz é muito mais produtivo, mesmo ganhando um pouco menos.

Dependendo do que a empresa pode lhe oferecer em termos de futuro, como perspectivas de crescimento profissional, liderança, autonomia, plano de carreira, pessoas com quem trabalhará, aprendizado, conhecimento de técnicas que agreguem valor ao seu CV, ética, imagem profissional. Pode ser que valha a pena aceitar um salário menor. Existem valores que o dinheiro não paga.

Garantias é o que você precisa sentir do futuro possível empregador. Depois de ambos estarem convictos de que a contratação está prestes a acontecer, você precisa ter a segurança da decisão antes de entregar sua carta de demissão. Os indícios têm que ser positivos, sem dúvidas.

A proposta dele tem que ser muito sedutora para que você possa sentir vantagem ao se demitir e iniciar em outra empresa. Não vale a pena "trocar seis por meia dúzia". Mesmo que ele fale algo realmente muito vantajoso, peça um ou dois dias para pensar. Reflita bem antes de dar uma resposta. Você precisará ouvir a proposta com a segurança de que tomará a melhor decisão.

Escreva o que foi combinado, não confie na memória. Se possível procure se documentar, guarde as mensagens trocadas (e-mail, WhatsApp...)

com números, planos, metas, objetivos, prazos. Tudo que é bem combinado não é caro. Faça isso inclusive quando decidir montar sua empresa e convidar sócios. Coloque no papel todos os detalhes.

O que um candidato despreparado faz quando um selecionador oferece um valor muito abaixo do pretendido? Reclama, lamenta, critica e se sente enganado, frustrado e revoltado. Lamenta a perda de tempo, manda o selecionador plantar batatas, levanta e volta para casa choramingando. É o que tenho visto acontecer. Eles ainda dizem que as empresas estão explorando os candidatos. E para piorar a situação deles publicam seus lamentos nas redes sociais. Essas são reações de quem está despreparado como candidato e como negociador.

Esse já não é o seu caso. Nessa altura do livro tenho certeza de que você já está mais esperto, sua atitude está mais positiva e sua competência como negociador está mais aguçada.

Salário, além dele o que mais é benefício?

O que pode ser considerado nessa negociação? Não apenas o salário e benefícios, mas também em que nível a empresa está localizada no ranking do mesmo setor? Qual o valor e imagem da marca deles? É multinacional, familiar, tamanho médio ou pequeno? Qual o momento da empresa e sua perspectiva de futuro? Existe plano de carreira? Quais os objetivos que precisam ser atingidos para se obter promoção? O que compõe o pacote de benefícios? A empresa proporciona algum tipo de financiamento ou patrocina cursos de aperfeiçoamento? Internamente qual o ambiente de trabalho? Quem são as pessoas que vão compor sua equipe? Quem será seu chefe? Qual será sua autonomia? Quem vai lhe dar suporte? Os valores morais, filosóficos e propósitos estão alinhados com os seus? Terá que atender clientes externamente? A empresa custeia alguma verba para representação? Qual a distância entre a empresa e sua residência? Eles arcarão com despesas de mudança e escola para filhos?

Você entra na empresa com o objetivo de fazer carreira ali, mas sempre existe a possibilidade de mudança de plano. Caso a empresa rompa o acordo e aconteça uma demissão, ela tem algum programa de *outplacement* que poderia beneficiá-lo? Ela já propiciou esse benefício para executivos demitidos? Qual o índice de *turnover*?

Por hipótese, na hora da negociação, você fez algumas reivindicações especiais e a empresa aceitou investir em você, decidiram lhe dar apoio e as "ferramentas" necessárias. Mas em troca, ela quer que você assuma a responsabilidade e o compromisso formal de entregar resultados positivos e lucros dentro de um prazo alcançável. Coloque-se no lugar deles, é claro que você também colocaria condições e exigências em contrapartida. É um bom sinal de parceria para começar uma jornada.

❖ CURSOS, LIVROS E FILMES

Você pode se tornar "mestre na arte de negociar". Existem muitos cursos e livros sobre o assunto. Mas se quiser estudar e aprender de forma divertida com a família, entre no YouTube e pesquise sobre "negociação". Você ficará impressionado com a quantidade de títulos de filmes comerciais, tenho certeza de que muitos deles você já viu como distração, mas não captou a mensagem pelo ângulo correto, o da negociação. O caso citado serve como exemplo ilustrativo. Por ética os nomes das pessoas foram trocados

❖ CASO ESTÓRIA BEM CONHECIDA

Uma senhora bem idosa vestida com muita simplicidade entra numa joalheria e se dirige a uma vendedora. Essa observa rapidamente o aspecto da senhora e se deixa levar pelo preconceito. Então indica para a idosa falar com a colega iniciante que está em treinamento.

A jovem tem atitude diametralmente diferente e com simpatia dá toda sua atenção para a "velhinha". Foi pegar uma cadeira especial, serviu-lhe cafezinho, água e sem pressa perguntou o que ela gostaria de ver. A senhora então contou uma história de amor. Falou demoradamente e com muita emoção sobre sua querida netinha. A novata vendedora ouvia ativamente toda a história. As duas riam, a jovem arregalava os olhos com admiração ouvindo a narrativa, até que a vovó falou o que queria:

"Minha única neta está para casar e eu estou muito idosa. Quero presenteá-la com algo muito especial. Quero que ela possa sempre se lembrar de mim, mesmo depois quando eu não estiver mais aqui..."

Encurtando a estória, a jovem fez a venda de maior valor do ano. Ninguém conseguiu superá-la. Existe um espírito de competição muito forte entre vendedores. Você consegue imaginar como a veterana se sentiu? Ela ficou revoltada por ter perdido uma venda tão espetacular e apenas fez comentários revelando o seu despeito e inveja "isso é sorte de iniciante..." Ela não percebeu o erro que havia cometido. E que continuará cometendo. Por causa da sua atitude preconceituosa ela continuará perdendo belas vendas.

Tenho certeza de que você fez conexão dessa estória com a atitude que deve ter cada vez que seu telefone tocar e em cada entrevista que surgir.

Quando estiver se preparando para a entrevista, antes de tudo, lembre-se de que você é um vendedor. Trabalhe para imaginar quais são as necessidades da empresa e o que você pode fazer para atendê-los. Depois pense como falará dos resultados que obteve nos empregos anteriores. Fale como resolverá os problemas da empresa e só falará sobre salário no final, depois que perceber que fez a venda. Se falar antes corre um sério "risco de se queimar". Recomendo analisar a técnica que os grandes campeões de venda usam para falar o preço de um produto ou serviço. Qual a hora certa do vendedor fazer o "fechamento da venda"?

Você compraria um produto que não acredita ou que não necessita só porque o vendedor "melhorou" o preço? Você compraria um remédio que não precisa só porque está em promoção com preço de fábrica? Você acha que algum dono de empresa que não acredita na competência do candidato o contrataria só porque ele aceitou reduzir sua pretensão salarial?

As montadoras de automóveis fazem promoções com frequência, mas nunca "zeram" os seus estoques. Isso porque normalmente as pessoas só aproveitam essas promoções quando têm algum tipo de necessidade. Por exemplo: trocar o velho por um novo, presentear a filha que entrou na faculdade, para fazer entregas aos clientes do seu negócio... só aproveitam promoções quando têm uma necessidade.

Transfira essa reflexão para você: por qual motivo o "dono da vaga" vai contratá-lo? Será por causa da sua larga experiência? Ou pelos cursos realizados? Ou porque você é poliglota? Você sabe que toda essa bagagem, embora seja importante, só funcionará como apoio, suporte. O que interessa são os resultados que produziu e que poderá continuar produzindo.

A possibilidade de ele lhe fazer um convite será somente depois que estiver convicto de que o investimento que vai fazer em você resolverá o problema dele. Ele tem que ter a clara visão de que a necessidade será atendida. Se houver dúvida de retorno no investimento que fará, ele buscará outro candidato. É muito bom quando rapidamente encontramos o candidato certo. Não pode haver precipitação e nem dúvida.

❖ NEGOCIAÇÃO NÃO É SÓ DINHEIRO

Quando falamos em negociação, muitas pessoas pensam logo em troca de dinheiro por alguma mercadoria ou serviço. Sugiro pensar mais amplamente: Existem negociações complexas como acontece com diplomatas que tentam conseguir a paz entre nações, ou policiais que negociam com assaltantes ou sequestradores. A revista *Você S/A*, há alguns anos apresentou uma bela reportagem sobre um empresário que negociou com sequestradores a vida do próprio filho. Foi uma leitura emocionante. Ninguém está preparado para uma negociação tão estressante.

A negociação pode acontecer entre você e sua esposa, como por exemplo, ela quer o fim de semana na praia e você na montanha, perto de uma cachoeira. Ou então uma negociação com seu filho adolescente que quer chegar em casa mais tarde. Ou talvez algo mais grave como um fiscal querendo multar sua empresa. Outra negociação comum é quando surge uma convocação para audiência na Justiça Trabalhista provocada por ex-funcionário da sua empresa. Talvez você precise negociar com o banco por estarem cobrando taxas e juros abusivos por uma conta que não é movimentada há anos.

Você sabia que existem dezenas de livros, cursos e vídeos sobre "negociação"? Já leu algum livro sobre esse assunto? Já pensou no quanto um livro desses poderia lhe ajudar a diminuir riscos de prejuízo? Percebeu que durante o dia você tem várias oportunidades de colocar em prática técnicas de negociação? Pode ser com seu chefe ou com seu colaborador ou com o fornecedor. Ou então com o gerente do banco, numa repartição pública etc.

Desde que nasceu você negociou. O bebê troca o choro pela mamadeira, o garotinho troca a gracinha por um elogio, o adulto pede desconto na compra de uma geladeira ou negocia suas competências por um novo emprego. Até para o momento de uma possível dispensa do emprego você pode negociar para que a assistência médica possa se estender por mais tempo, ou a liberação do aparelho celular ou do automóvel. Enfim, por toda nossa vida somos obrigados a praticar técnicas de negociação, mas a maioria só pensa no assunto quando vivencia um momento crítico. Aí é tarde, pois ele já passou. E o pior é que essas pessoas não fazem nenhuma reflexão sobre o assunto e não se preparam para o próximo evento. Então, proponho que você faça agora uma breve análise. Vamos lá?

Como você sabe, trabalho há muitos anos com pessoas que estão em transição de carreira. Sendo assim, vamos colocar o foco nessa direção, mas também usando exemplos práticos do nosso dia a dia, experiências corriqueiras, mas que servem para exemplificar. Conheço profissionais altamente competentes em suas áreas, executivos que atuam em compras, *supply chain*, financeiros, colegas de RH, Diretores de Banco, executivos do mais elevado calibre que participam de negociações envolvendo milhões ou bilhões de dólares em licitações... São pessoas que têm lido livros, estudado o assunto da sua área profissional e possuem competência para negociar a favor da empresa onde trabalham. O planejamento estratégico será feito de forma impessoal. Mas na hora de pleitear uma promoção ou um aumento de salário ficam perdidos sem saber o que fazer e acabam negociando mal.

Isso é natural, pois nessa situação entra em cena o fator pessoal emocional. Nesse caso o executivo não está representando terceiros (a empresa), mas sim ele próprio. A insegurança, a falta de autoconfiança, o medo de dar "um tiro no próprio pé" atrapalha. O medo "engessa" e a negociação fica estagnada. Todo advogado sabe que advogar em causa própria é mais difícil. O psicólogo quando precisa cuidar do filho busca apoio de um colega e o mesmo ocorre com médicos. Como você já sabe é o emocional que interfere. Depois vamos falar de outros fatores que podem reverter a situação a seu favor: a informação lhe oferece poder. Especialistas informam que cerca de 80% dos executivos têm muita dificuldade para negociar o próprio salário ou benefícios a seu favor.

❖ NEGOCIAÇÃO — QUANDO TERMINA?

Stuart Diamond ainda diz: "Uma negociação só termina quando você diz que terminou, não antes."

O selecionador falou de um salário muito abaixo do esperado, e com isso o candidato se sentiu ofendido e contrariado pela perda de tempo. Levanta e vai embora resmungando. Essa é a atitude de quem está despreparado para desafios. O que ele deveria ter feito? Em primeiro lugar, deveria ter se preparado melhor. Em segundo lugar, deveria ser mais combativo, buscando argumentos e alternativas. Ao desistir, sem esboçar nenhum interesse ou vontade, ele apenas provou que não era o candidato certo.

Observe um vendedor campeão. Quando parece que ele perdeu o cliente, perceberá que ele fará mais uma tentativa, e depois mais outra e mais outra... O cliente está dizendo "não", mas para aquele vendedor, a negativa é como se fosse uma agradável música. Ele vai continuar buscando alternativas até conseguir fechar a venda. Ele ofereceu um brinde, ou parcelou o pagamento em mais vezes, pediu melhores condições ao gerente em favor do cliente, continuará se esforçando até conseguir o "SIM!!!".

A empresa fez investimento elevado em marketing e publicidade para atrair clientes potenciais, de forma que a hora que entra alguém na loja tem que haver talento na conversa do vendedor para que haja retorno do capital investido. Quando o cliente diz "não", aceitar a negativa e desistir é fácil. Dizer que o cliente é "pão-duro" ou inventar desculpas... Qualquer um faz isso. Persistir tentando chegar ao fechamento é para poucos. Só para campeões.

Já escrevi: o candidato é o vendedor. O selecionador é o comprador. Sei que concorda comigo. Para o profissional que está procurando emprego, conseguir uma entrevista é bem difícil. É um investimento muito grande, é um esforço fantástico. Para ele atingir esse objetivo, foram muitas noites de sono sacrificadas pesquisando nomes de pessoas, empresas, vagas anunciadas e centenas, talvez milhares de CVs enviados (não estou exagerando). Para conseguir uma entrevista é necessário um grande investimento. O esforço é diário, sete dias por semana, dedicação total. É o seu futuro que está em jogo.

Existe uma multidão de outros profissionais competindo e querendo a mesma coisa. Você tem que ser melhor que eles. A entrevista é uma oportunidade que precisa ser muito bem aproveitada. Saia do conforto e da acomodação. Tenha proatividade e iniciativa. Esse momento é crucial e definitivo. Faça o melhor planejamento que puder. Você tem que superar todos os outros candidatos. Tenha um bom condicionamento físico e psicológico para acreditar na sua vitória.

Um possível "suposto selecionador" telefona para um profissional e pergunta "qual seu último salário?". O nosso herói fica nervoso, se sente pressionado, fala um valor e depois nada mais acontece. Por que isso é tão frequente? Pode ser que o "suposto selecionador" estivesse apenas fazendo mapeamento salarial de mercado para uma empresa cliente, ele é muito bem remunerado para fazer isso. Ele faz a mesma coisa com dezenas de candidatos e depois apresenta um relatório com valor médio de salário que as empresas concorrentes estão pagando.

Na realidade ele é apenas um pesquisador, não tem uma vaga. Essa é uma estratégia usada por algumas consultorias que trabalham com pesquisa salarial de mercado. Parece injusto, mas não adianta se revoltar. Não se estresse e nem coloque seu protesto nas redes sociais, pois isso pode prejudicar a sua imagem e não a deles. Cuidado para não passar a imagem de encrenqueiro e criador de caso.

❖ NEGOCIANDO COM HEADHUNTERS. VOCÊ ESTÁ TRABALHANDO

Você é um executivo, está bem colocado, tem muita energia e entusiasmo. É reconhecido e prestigiado por seu valor. É alguém que está em evidência. Está determinado em conseguir resultados elevados e positivos. Provavelmente está bem cotado para a próxima promoção. Vivenciando esse bom momento é bem provável que não esteja pensando em mudar de emprego. Mas com certeza alguns Headhunters "estão de olho em você". Certo dia, um deles lhe telefonou convidando para uma conversa. É claro que você aceitará o convite, "nada a perder". Mas antes de ir até lá pesquisará profundamente sobre eles e tentará descobrir para quais empresas e para quem eles têm trabalhado.

Você é o convidado, então sua posição é muito confortável. Sua postura inicial é a de ser ouvinte, precisa antes de tudo saber o que ele tem para lhe dizer. É diferente de quem está desempregado. Primeiro observe, escute, pergunte, ouça e analise o que o consultor tem para lhe dizer. Inicialmente deverá ser apenas uma sondagem. Se houver alguma proposta, ela deverá vir depois e deve ser algo que vai lhe agregar valor. Nesse caso, discretamente revele um pouco do seu interesse. Nesse momento ele pedirá para você falar sobre sua experiência. Pergunte se ele tem alguma posição para ser preenchida já de imediato. Ele respondeu que não tem, é apenas um contato preliminar para encaminhamento futuro.

Fale com energia e entusiasmo dos seus últimos e mais significativos resultados, objetivamente, sem se alongar. Não precisa contar toda sua história, com certeza ele sabe mais do que imagina. Ele já pesquisou tudo sobre você.

Acredito que nessa primeira conversa ele não vá perguntar sobre remuneração. Mas, se acontecer, quando ele perguntar sobre salário, lembre-se de que foi ele quem lhe chamou para uma conversa. Sendo assim, você pode devolver a pergunta, diga:

"Quando você tiver um cliente e uma posição efetiva para ser preenchida podemos conversar sobre isso." Ou então diga:

"É melhor evoluirmos em nossa conversa para depois você me dizer o que eles têm para me seduzir, também quero saber se vale a pena sair de onde estou."

No primeiro momento provavelmente ele manterá sigilo sobre o nome da empresa, mas acredito que possa lhe oferecer alguns dados básicos e importantes que possam lhe ajudar a fazer uma análise e julgar para dar o "OK" no prosseguimento do processo.

O consultor precisa lhe fornecer o perfil do profissional que estão procurando, quais os desafios e objetivos que deverão ser atingidos, qual seria sua posição no organograma. Ele precisa informar se é um cargo novo ou já existe e neste caso o que ocorreu com quem está ocupando a posição. Se não tem ninguém ocupando "a cadeira", o lugar está vago há quanto tempo? É preciso perguntar sobre plano de carreira, qual o tamanho da empresa, produtos ou área trabalhada por ela, em que região ela está localizada etc. É bem provável que nas primeiras entrevistas ele manterá o nome do cliente em sigilo.

Fazer entrevista quando você ainda está trabalhando e é convidado, é muito confortável. É uma verdadeira massagem no seu ego. É um verdadeiro jogo, mas é preciso tomar cuidado para não "blefar" em demasia.

❖ ESTUDO DE CASOS

Nesse material estou lhe apresentando experiências vivenciadas por meus clientes que serviram de exemplo do que pode ser feito para aumentar sua chance de obter sucesso. Não existe "receita de bolo". Numa negociação, mesmo que seja algo simples, você encontrará inúmeros fatores imponderáveis que não podem ser previstos, mas isso não pode impedir de você fazer um planejamento prévio e tentar imaginar alternativas que usará na hora certa. Tenho citado casos de sucesso e também os outros. Você sabe que nós aprendemos muito mais quando erramos. O erro tem mais valor quando ele nos machuca mais profundamente, pois nos leva a reflexões mais severas. Lembramo-nos dos prejuízos por muitos anos.

Mahatma Gandhi dizia "esforço total, vitória total". Quando você percebe o prêmio que receberá no futuro e o grande valor da oportunidade, o seu esforço fica mais leve e sua motivação aumenta fazendo com que o desafio se torne fonte de prazer. Quando você se entrega com entusiasmo, qualquer resultado será positivo. Lembra do provérbio de **Salomão** o qual citei anteriormente? Segue mais ou menos a mesma linha. Informação e poder. Quem tem informação tem poder.

A geladeira da minha casa estava precisando ser trocada. Nos últimos anos mudamos de endereço duas vezes e a "coitada" aguentou uns bons trancos. Isso afetou bastante o seu funcionamento. Protelamos a troca por uma nova por bastante tempo, mas chegou a hora da despedida. Eu particularmente sou impulsivo e minha vontade era ir à primeira loja e fazer a compra sem pestanejar. Esse autoconhecimento do meu ponto fraco na realidade se torna um ponto forte, pois faz com que eu me esforce e refreie meu impulso. Minha mulher é meu equilíbrio. Qual a primeira providência dela? Pesquisar na internet as ofertas do mercado. Quais as melhores marcas e os preços?

Obviamente essas informações proporcionaram maior poder para nós no momento da negociação. Quando entramos na loja tivemos dificuldade para conseguir um vendedor que nos atendesse. Parecia que ninguém precisava vender. A sensação era de que nós éramos invisíveis. Até que por nosso esforço, um rapaz se predispôs a nos atender. Falamos o que queríamos e perguntamos o preço. O valor que ele nos apresentou era superior à pesquisa realizada. Ele duvidou da nossa fonte e nós fizemos com que ele acessasse o site da sua própria empresa e confirmasse o que havíamos visto.

Lá estava o preço. Ele argumentou que aquele valor é só para quem compra pela internet. Mas o poder estava conosco: argumentamos que nós somos clientes tradicionais da loja e os números estavam ali na tela, na frente dele. Além disso, estávamos presentes com nossa simpatia, forte argumentação, dinheiro para pagar, e as informações que havíamos recolhido sobre o mercado nos dava segurança. Perguntamos: "Você vai deixar de marcar ponto com seu gerente, é mais uma venda no seu placar?"

Quando ameaçamos levantar para ir embora, o vendedor pediu para que esperássemos um pouco, pois falaria com o gerente (nós conhecemos muito bem esse tipo de estratégia). Demorou um pouco além da conta, mas voltou sorridente dizendo que foi difícil, mas o gerente aceitou e ainda nos beneficiou mais um pouco por não cobrar o frete de entrega.

Conclusão: informação nos fornece poder. Mas também devemos nos lembrar que o que ajuda é a nossa atitude, comportamento e autoconfiança.

Henry Ford dizia *"se você acredita que pode, você pode. Se acredita que não pode, não pode"*. Acho que é parecido com o que acontece com o jogador que vai bater o pênalti. Se na cabeça dele aparece uma baliza pequenininha, um goleiro gigantesco, consequentemente suas pernas tremerão. Dificilmente ele fará um gol. Para ele marcar o gol é preciso que a cabeça dele pense no sucesso: a baliza é enorme, o goleiro é pequenino e molenga e ele é forte, com pernas que parecem canhões... Ele tem o poder e o goleiro está perdido. A limitação está na cabeça de quem pensa nela.

No LinkedIn eu vi um vídeo de um cadeirante descendo uma rampa enorme em alta velocidade, ele deu uma pirueta no ar e pousou na outra pista "suavemente", obviamente com muitos amigos aplaudindo e abraçando, emocionante. Enviei para um amigo e ele respondeu concordando comigo, mas com palavras um pouco diferentes: "as barreiras do impossível é a nossa mente quem as cria."

❖ URGÊNCIA AFETA A NEGOCIAÇÃO

Alberto Coimbra realizou seu sonho quando comprou um sítio no interior do estado. Era um matagal. Muitos espinheiros, muita pedra, não havia energia elétrica e nem encanamento de água. Mas era um lugar lindo no pé da serra, com um límpido córrego d'água e um grande bananal.

Com entusiasmo, investiu dinheiro e muito, muito trabalho. Levou um bom tempo para conseguir melhorar a aparência do lugar. Todo fim de semana era dedicado a limpar o terreno, eliminar os espinheiros e plantar algo que produzisse frutas ou flores. Aos poucos foi juntando um monte de pedras para ajudar na construção de uma pequena represa para colocar peixes. Foram anos de trabalho. Com muito esforço e investimento conseguiu trazer energia elétrica. Também canalizou a água do córrego que vinha do alto da serra.

Pensou então em construir uma pequena casa para passar os fins de semana, mas à medida que a obra evoluía, ele acrescentava alguma coisa ao projeto. Resultado: a casa ficou enorme e linda, com muitos quartos, piscina, sauna, churrasqueira e muitas outras coisas como horta, estábulo para vacas, cavalos, porcos, galinhas, codornas, além de muitas ferramentas e um stand de tiro para arco e flecha. Tudo que ele fez ali foi só pensando no seu prazer presente de realizar e construir algo que lhe satisfizesse e que reunisse a família. Ele não inseriu em seu planejamento nenhuma possibilidade para diferentes eventualidades futuras. Não considerou que a vida tem ciclos.

Alberto passou por algumas transformações em sua vida, mudou sua sede profissional e residência para outro estado ficando impossibilitado de desfrutar da sua fonte de prazer a qual se transformou em fonte de despesas e dor de cabeça. Tomou a decisão de vender. Para calcular o valor que colocaria em seu anúncio, fez algumas contas no papel do quanto havia investido sem perceber que o seu emocional e seu afetivo estavam influindo na sua estimativa. Quando chamou corretores imobiliários para fazerem avaliação ficou revoltado, pois os valores apresentados estavam muito abaixo do que ele imaginava.

Ele não tinha dúvida de que deveria se desfazer daquele "precioso tesouro". Também não percebeu que deveria se adequar à realidade do mercado. Quando se deu conta de que não conseguiria reaver o que investiu ficou chocado. Ninguém pagaria o "verdadeiro" valor por toda aquela maravilha. De duas, uma ou ele aceitava o preço de mercado ou ficaria indefinidamente com o sítio a venda, arcando com despesas de manutenção, pagamento de impostos, dores de cabeça com caseiros ou riscos de invasão e sem condições de dar acompanhamento.

Numa negociação você precisa pesar alguns diferentes fatores, por exemplo: o sentido de urgência nos leva a flexibilizar, impede de fazer contraproposta e nos força a ceder. Alberto precisou se desapegar e racionalizar para perceber que se não aceitasse a realidade, o seu prejuízo continuaria aumentando. Lembrou-se da frase de um antigo colega: "toda proposta é digna de ser ouvida por mais indecorosa que seja." Ele ouviu alguns poucos compradores, mas como estava incomodado com as despesas que não paravam de chegar sentiu urgência. Obviamente não conseguiu o valor desejado, mas resolveu o problema.

Provavelmente você já viu belas casas com placa de vende-se durante anos e ninguém compra. Por que será? Em muitas delas o ponto principal é que o proprietário colocou um valor que está muito acima do que o mercado pagaria e ele está irredutível. Cada um pede o que quer.

O que essa história verdadeira tem a ver com o tema do nosso livro? — Negociação salarial.

Ser demitido é um momento frustrante e constrangedor. O profissional que foi demitido do emprego e não admite negociar salário abaixo do que ganhava, como resultado, muitas vezes, correrá o risco de ficar meses desempregado, mesmo sabendo que seu prejuízo financeiro e psicológico continuará aumentando. É preciso ter uma boa dose de humildade e senso de realidade para aprender com erros cometidos. Então qual seria a recomendação? Antes de a situação ficar crítica na empresa, quando surgirem os primeiros indícios de que a demissão poderá acontecer, é para começar a tomar providências. Neste caso, com a máxima antecedência possível é para enviar CVs e acionar o networking com intensidade.

Exemplos de que existem "nuvens de temporal no céu":

- A empresa foi vendida;
- Uma nova Diretoria assumiu e alguns antigos funcionários foram substituídos;

- O profissional foi colocado na "geladeira" e ele está sem função e não participa das reuniões;
- A empresa perdeu seu mais importante cliente e está com dificuldade para conquistar novos;
- O fundador, líder, o patriarca faleceu e os herdeiros estão brigando.

Mas vamos imaginar que nosso amigo tenha se deixado levar pela acomodação, não tomou as atitudes apropriadas e foi demitido. Aí então resolveu "correr atrás do prejuízo". Passaram-se meses, nada aconteceu e ele percebeu a dura realidade. Para estancar o prejuízo ou amenizar, aceitou alguma proposta indecorosa como PJ, mas, pelo menos, está entrando algum dinheiro no caixa. Inteligentemente continuou enviando CVs, intensamente, massivamente. Ele deve se preparar para fazer entrevistas vencedoras e se tornar um campeão nas negociações, como? Lendo livros e vendo filmes sobre o assunto. Tem que se tornar positivo e otimista. Ele deve procurar conversar com pessoas vencedoras e evitar os "amigos" derrotistas. Tem que parar de ver noticiários pessimistas e alarmistas na TV. Melhores atitudes, melhores resultados.

CASO OTIDES, A CARIOCA E A GELADEIRA

Na negociação, o que manda é quem tem mais informações sobre a outra parte. Como vimos a necessidade e o sentido de urgência de uma das partes influirá. Vender ou comprar quando o emocional está acionado aumenta o risco de prejuízo. Exemplos hipotéticos:

O vendedor teve uma reunião "pesada" com seu chefe e foi ameaçado de demissão: "Quero uma venda sua hoje, senão tá demitido." O coitado vai para a rua desesperado. Pela urgência, faz de tudo, inclusive conta para o cliente o drama que está vivendo (entregou o ouro). O comprador se aproveita da situação e "arranca" todas as condições especiais, prazos mais dilatados para pagamento, descontos no limite máximo, bonificações, garantia estendida. O vendedor desesperado oferece até sua comissão, pois precisa fazer a venda.

Outro exemplo, agora é o cliente que está com urgência:

É final de janeiro, alto verão, muito calor no Rio de Janeiro. Otides está preparando a festinha de aniversário de sua filhinha que será no sábado. No dia anterior, sexta-feira, sua casa está "fervendo" de animação. As tias e avós estão ajudando. De repente, estoura o motor da geladeira, que está lotada de comida. O risco de a comida azedar é grande. Otides pega a carteira e sai para ir numa loja para comprar uma geladeira nova, tem que ser pronta-entrega urgente.

Entra na loja que está lotada de clientes, mas finalmente encontra um vendedor livre. Aflita, ela explica para ele o seu drama "é aniversário da minha filha, vamos fazer uma festinha e minha geladeira está cheia de comida, o motor queimou e eu preciso de uma nova, pra hoje, pago à vista. Qual o desconto que você vai me dar?"

Você consegue adivinhar o que ele vai dizer? Imagina a situação desse vendedor: é sexta-feira, fim de mês e ele já bateu a meta de produção. A loja está cheia de clientes e ele está consciente de que a urgência dela é imediata. Ele não tem necessidade de dar desconto nenhum e ainda vai cobrar a taxa de entrega, a instalação e retirada da geladeira velha. O senso de urgência e necessidade vai fazer com que Otides pague tudo que o vendedor pedir.

Estrategicamente, até para comprar geladeira ou ar-condicionado, tem o mês, o dia certo do mês e da semana. A melhor época de trocar esses aparelhos é durante o inverno, nunca no verão. Imagina sair para comprar aquecedor durante o inverno em São Paulo, o estoque está esgotado. Observe que muitas pessoas saem para trocar o aparelho de TV na época da copa do mundo. Você acha que o cliente vai conseguir alguma vantagem? Agora pegue tudo isso que você acabou de ler e faça uma associação com um profissional que está empregado, trabalhando numa boa empresa e um outro que está desempregado há alguns meses. Você percebe a força e a fraqueza de cada um na negociação na frente de um selecionador?

❖ CASO DE SUCESSO: MARIO THEOBALDO

Mario Theobaldo, era meu cliente. Ele havia feito entrevistas com um famoso Headhunter que estava selecionando um CEO para multinacional inglesa. Ele chegou à finalíssima. O "dono da vaga" chegaria de viagem e passaria o dia entrevistando os candidatos no escritório da consultoria. Meu cliente estava agendado para as 10 horas. Quinze minutos antes ele já estava lá. A entrevista começou com pontualidade britânica. Às 13h15 terminou. Na presença de Mario, o inglês chamou o consultor e pediu para desmarcar com os outros candidatos, pois ele já havia contratado o meu cliente. O consultor ficou meio desconcertado, mas a decisão já havia sido tomada pelo inglês. Ele estava convicto e não via necessidade de fazer mais entrevistas. Na mesma semana os dois viajaram para a Inglaterra. Mario precisava conhecer a sede da empresa.

❖ PNL — NOÇÕES

Segundo definição que encontramos na Wikipédia, PNL (Programação Neurolinguística) "é uma abordagem de comunicação". Foi criada por **Richard Bandler** e **John Grinder** na Califórnia (USA) na década de 1970. Preciso lembrar a importante contribuição de **Milton Erickson**.

Para a Sociedade Latino Americana de Coaching (SLAC), "PNL é um processo catalisador de desenvolvimento pessoal em qualquer área da vida, sendo um modelo poderoso de comunicação que traz resultados altamente positivos nos relacionamentos e na aprendizagem".

Os especialistas chamam atenção ao uso das palavras certas, inflexão, tonalidade, ritmo. Tudo no momento e na intensidade que deve ser. Eles fazem um alerta quanto à atitude mental e detalhes pode influir no resultado de uma relação entre pessoas. Recomendo se aprofundar um pouco mais sobre esse assunto. Tenho certeza de que esse conhecimento será útil no seu desenvolvimento em liderança e competência como negociador.

Quando você for pesquisar sobre **PNL** recomendo se deter um pouco mais para entender o que significa a palavra "**rapport**", que tem sua origem no idioma francês. Os mestres também recomendam que estudemos o que eles escrevem sobre "espelhamento". Considere que quando estamos em contato com outra pessoa muita informação se expressa inconscientemente através da linguagem não verbal. Acredito que você tenha grande interesse em melhorar sua comunicação como líder com seus colaboradores, e até com chefes e clientes. Esse conhecimento vai ajudá-lo na sua evolução.

LINKEDIN

12

Encontrei no Google: LinkedIn é uma rede social de negócios fundada em dezembro de 2002 e lançada em maio de 2003. Hoje é utilizada no mundo inteiro, no Brasil são muitos milhões de usuários.

❖ RECOMENDAÇÕES

Antigamente as pessoas pediam "carta de referência" ao sair de uma empresa, mas isso caiu em desuso. Tudo evolui. Em seu lugar, hoje nós vamos procurar as "recomendações no seu LinkedIn", aliás, é algo que deve ser feito enquanto estiver na empresa e não depois de sair. Networking é algo que precisa ser "alimentado" permanentemente, mas algumas pessoas só procuram os "amigos" quando precisam de um favor ou de indicação para um emprego. Nas páginas seguintes vou escrever sobre como o LinkedIn pode lhe ajudar.

Em um processo de seleção, os finalistas serão entrevistados pelo "dono da vaga". Precisamos nos lembrar de que os selecionadores devem ser considerados como profissionais. Eles estão cheios de esperança e expectativa e querem encontrar o candidato certo para a vaga que está em aberto. Lançarão mão das suas "ferramentas" para avaliar os candidatos.

As recomendações que o profissional recebe no LinkedIn é uma forma dos selecionadores terem uma ideia de como você é avaliado pelas pessoas com quem convive: colaboradores, pares, chefes, fornecedores, clientes. O que eles dizem sobre você? Mais na frente você poderá ler mais um pouco sobre a importância das recomendações.

❖ LINKEDIN — SEU PERFIL, SUA MARCA

O que você tem feito para se promover e valorizar a sua imagem profissional e pessoal? Já pensou em como dar maior valor e projeção da sua "marca" para os seus clientes (internos ou externos)? Recomendo aproveitar as redes sociais para se projetar de forma positiva.

"Cliente" é uma palavra que uso frequentemente. Estou me referindo ao comprador de um produto ou serviço, mas também ao empregador ou empresa quando está contratando um funcionário. Qualquer pessoa dentro ou fora da empresa para quem estejamos fazendo alguma coisa, eu considero como cliente.

Não sou mestre em LinkedIn, mas chamarei sua atenção apenas para alguns pontos que para mim são básicos. Reflita sobre a elaboração da sua página no LinkedIn. Ela necessita de bom senso e algumas noções básicas de marketing. Você fará um "mini-site" que deve ser constantemente atualizado com suas últimas conquistas, promoções, trabalhos voluntários, cursos realizados etc. Tudo que possa lhe agregar valor.

Caso ainda não use esse recurso, inscreva-se em uma conta. Coloque seu nome, endereço de e-mail e crie uma senha. Viu como é simples? Agora é só dar início à elaboração do seu perfil.

Nizan Guanaes, presidente do Grupo ABC, escreveu o prefácio do livro *DONO* cujo o autor é **Marcelo Toledo**, publicado pela **Editora Alta Books**. Nele, Nizan fala: "O sujeito pode ser acionista, mas se ele não é comprometido com a companhia, se não dói nele quando dói nela, ele não é dono." O profissional deve cuidar da sua carreira como se estivesse administrando sua própria empresa e não como um funcionário com carteira assinada sem visão de futuro, que apenas cumpre com a estrita obrigação. É um livro que merece ser lido, é um manual para qualquer empreendedor.

Bill Gates há muito tempo já falava que não existe mais privacidade. Câmeras de vídeo registram a hora que saímos de casa, quando entramos no trabalho, o que fazemos durante o dia, ao entrar e sair do shopping ou do motel, quando sacamos dinheiro no banco, quando estamos dirigindo e passamos no sinal vermelho. Temos visto que qualquer telefone pode ser "haqueado", inclusive o dos ministros e o do Presidente de qualquer país.

Corroborando com o pensamento dele, encontramos muitas pessoas que se aproveitam das redes sociais para postar fotos e vídeos mostrando a intimidade familiar com filhos pequenos e esposa, ou então imagens das baladas com namoradas. Na realidade isso não tem nada de mais, mas são situações estritamente pessoais ou até íntimas que pessoas mal-intencionadas têm acesso. Com frequência vemos reportagens sobre esse assunto. Tem ainda aqueles que divulgam na internet sua insatisfação com o chefe ou com a empresa onde estão trabalhando. Eles são demitidos sem tentar imaginar qual foi o motivo.

Hoje as redes sociais têm grande poder. Aproveite-se delas para promover sua imagem de forma positiva. Os profissionais de seleção nas empresas e Headhunters estão se utilizando delas para melhorar e "afinar" o processo de seleção. A pesquisa no perfil dos candidatos está mais rigorosa e precisa.

❖ CUIDADOS COM SEU PERFIL NO LINKEDIN

- Uma fotografia com qualidade é importante elemento no seu projeto de marketing. Ela deve ser da melhor qualidade possível, refletindo a atitude de um profissional que possui espírito dinâmico;
- O fundo da foto sendo liso, neutro ou desfocado fica melhor. Evite sua sombra por estar muito próximo de uma parede por exemplo;
- A iluminação é fator que deve ser considerado. Evite o flash ou luz de baixo para cima ou aquela que produz sombras muito acentuadas. Aproveite a iluminação natural que venha da janela ao lado. O sol direto do meio-dia produz contrastes muito fortes, é preferível um dia nublado;
- O traje pode ser o que usa normalmente no seu ambiente de trabalho. Lembre-se de que o LinkedIn é rede de relacionamento entre profissionais. Qual imagem quer passar?
- A "selfie" deve ser evitada. Peça para alguém fazer algumas fotos suas com ângulos diferentes. Escolha a mais apropriada. Seja autêntico, natural, sorrindo ou sério;
- No perfil do LinkedIn, no espaço reservado para "resumo", logo na primeira linha, coloque seus dados mais importantes para que outras pessoas possam se comunicar com você, como celular e e-mail;
- O logotipo das empresas em que trabalhou pode ser importante. Hoje, até as pequenas têm uma marca para divulgar. O mesmo deve ser feito em relação às instituições onde estudou;

- Algumas pessoas pegam o CV e quase "copiam e colam" no perfil. Seja mais objetivo e coloque ali apenas o que vende. Lembre-se, tem valor "o que" escreve e não "o quanto". As pessoas estão com pressa, não têm tempo para ficar lendo um texto muito grande. O próprio LinkedIn limita;
- Antigamente o funcionário saía da empresa e pedia uma "carta de referência", era apenas uma formalidade que caiu em desuso. Hoje existe algo de muito maior valor que são as recomendações na sua página do LinkedIn. Quantas recomendações você já fez para outras pessoas? Para colaboradores, chefes, amigos, parceiros de negócios, professores ou clientes. Você só recebe o que dá. Quantas recomendações já concedeu? Quantas recebeu? É algo que deve ser providenciado enquanto você está bem, muito antes de sair da empresa. Você tem o hábito de elogiar e verbalizar reconhecimento para outras pessoas? Tem recebido elogio de clientes, de chefes ou colaboradores? Sim, então você tem um tesouro, transforme isto em recomendações no seu LinkedIn.

IMAGEM DE VENCEDOR VENDE

O LinkedIn faz parte das redes sociais de grande poder e visualização. Tenho visto ali muita gente boa aproveitando para se promover com intuito positivo de compartilhamento ao publicar artigos de cunho profissional, técnico ou filosófico. Como é natural, vejo leitores que aplaudem e outros criticam. Mas encontro também alguns comentários de profissionais com dificuldades para conseguir novo emprego. Eles escrevem sobre seu desespero e frustração ou criticam os selecionadores. É como se fosse um "desabafo" e recebem solidariedade com centenas de endossos como se isso fosse resolver o problema. Existem aqueles que em resposta e endosso, aproveitam a inspiração para também escreverem sobre a sua situação, tentando mostrar que o caso dele é o pior de todos. É uma verdadeira competição para ganhar o troféu de o mais triste. Em minha opinião, esse relato de infortúnios não serve como consolo para ninguém. Pelo contrário, é um reforço para aumentar a desesperança, a ansiedade e o negativismo coletivo.

LinkedIn também tem notícia positiva de quem se colocou ou foi promovido. O número de pessoas que se confraternizam com o sucesso dos colegas fica muito abaixo do outro. É algo parecido com os noticiários da imprensa, o que vende e tem mais audiência são as notícias de tragédias como enchente, incêndio, desastre com trem ou avião, desemprego, corrupção, pandemia e outras.

Concluindo: seu perfil no LinkedIn é um importante veículo para fazer seu marketing. Escreva com objetividade sobre seu perfil, é como se fosse um resumo do seu CV. Coloque apenas o que agrega valor. A fotografia tem que ser de primeira qualidade. É interessante que ela consiga refletir uma personalidade de sucesso, postura e atitude de alguém que possui espírito dinâmico. Deixe as fotos com a família e amigos para o Facebook.

O LinkedIn pretende ter um foco mais profissional. Pelo menos, essa foi a intenção no início, quando ele nasceu. Vou explorar esse assunto mais à frente. Sua foto, no topo da página, obviamente é o que chamará atenção logo de saída. "A primeira impressão é a que fica." Ela deve ser quase um convite para quem estiver pesquisando seu perfil. Defendo a ideia de que a qualidade da fotografia é o ponto de partida e necessita ser muito bem cuidada para iniciar agregando valor. Ali o profissional precisa começar demonstrando certo grau de serenidade por sua fisionomia simpática e postura apropriada. O que aparece no início da sua página precisa despertar interesse para que o leitor continue lendo o restante do perfil.

❖ RECEBENDO APOIO DO LINKEDIN

Na sua página (perfil), na parte superior ao lado direito você verá alguns ícones interessantes e que podem lhe ajudar muito. Clique em *Learning*. Ali eles ensinam tudo que você precisa saber para obter o máximo dessa ferramenta e o melhor de tudo é que não precisa pagar nada. Tendo dificuldades para iniciar a elaboração da sua página, digite "como fazer perfil no LinkedIn". Clicando em *Learning*, você vai ver tantos vídeos que poderá se tornar mestre em vários assuntos. Está tudo muito bem explicado. Você encontrará temas como:

- "A arte de retribuir ao fazer *networking*"; ou
- "Recomendações"; ou
- "Para quem é este curso" (como aproveitar ao máximo o LinkedIn).

Sugiro ler o perfil de outros executivos que admira e fazer uma breve vista de olhos, de cima para baixo, veja como esses profissionais fizeram, use como inspiração os pontos interessantes, mas não copie. Logo abaixo da sua foto, você tem espaço para colocar a área em que atua. Não é para colocar título, como "Diretor" ou "Presidente". Escreva o que você faz e não como é chamado. Exemplo: "Desenvolvimento e Implantação de Projetos/Professor/Autor".

Dan Sherman, especialista nesse assunto, autor do livro *Obtendo o Máximo do LinkedIn* publicado pela editora MBooks, recomenda para você escrever um brevíssimo resumo da sua experiência e habilidades. É uma venda, coloque apenas o que agrega valor. Atenção: seu perfil não é o mesmo que currículo, "ele é muito mais que isto, é uma ferramenta de marketing multidimensional". Sendo então uma venda, você tem que pensar nas necessidades dos seus possíveis clientes ou futuros empregadores. O foco precisa estar dirigido sempre para quem potencialmente tem interesse nos seus serviços ou produtos.

Utilize todas as palavras possíveis para aumentar sua visualização nas pesquisas, exemplo: Google adWords. Identifique qual é o seu mercado comprador (empresa ou pessoa física) e descubra como você pode ser útil para eles. Quais os possíveis problemas que eles têm e que soluções você pode oferecer. Destaque resultados positivos que você pode oferecer e que já obteve nas experiências anteriores, é aí que residem suas melhores referências e recomendações.

Reforçando: o que vende mais? Os benefícios ou os atributos? Você sabe que todos nós compramos visando o benefício que receberemos. Elabore seu perfil pensando em como pode ajudar seus clientes ou empregadores nos problemas que eles vivenciam no dia a dia. Escreva o estritamente necessário para despertar interesse. As pessoas estão cada vez mais impacientes. Evite blocos com muitas linhas. Use frases mais curtas.

O LinkedIn é o lugar certo para você expandir e consolidar seu networking, vender seus serviços, fazer promoção profissional, publicar artigos ou vídeos sobre sua especialidade, divulgar algum livro que tenha escrito ou até para encontrar "o emprego dos sonhos".

❖ DESCENDO UM POUCO MAIS NA SUA PÁGINA

Você tem a possibilidade de colocar seus comentários ou textos escritos sobre assuntos de interesse geral e também vídeos de cunho profissional. Fazer análise de trabalhos publicados em outros países colocando seu ponto de vista é mais uma forma de se fazer presente. Aproveite as oportunidades para compartilhar seu conhecimento e se promover para os seus colegas. É também mais uma forma de fazer com que Headhunters e selecionadores de outras empresas tomem conhecimento da sua existência de forma discreta. Recomendo evitar comentários sobre a política.

Em seguida aparece o espaço "experiência" para escrever o nome das empresas nas quais trabalhou, iniciando pela mais recente. Por hipótese, hoje você é um executivo com larga experiência, sendo assim, aquelas empresas do início de carreira, se isso aconteceu há muitos anos quando ainda era analista, não tem necessidade de mencionar.

Escreva o nome da empresa com cargo ocupado e datas. Sempre que possível, coloque o logotipo das empresas e das instituições de ensino frequentadas por você. Empresas que possuem boa imagem no mercado, evolução com cargos ocupados e tempo de serviço que demonstrem certa estabilidade, podem ajudar a agregar valor à sua história profissional.

Quando a universidade onde estudou não tem grande renome, procure compensar fazendo MBA ou Pós numa que tenha mais prestígio e "peso". Você pode fazer isso até com universidades estrangeiras sem sair do Brasil. O importante é não parar de estudar e continuar se atualizando.

Desenvolver sua rede de relacionamento, interagindo com profissionais líderes na sua área, Gestores e Diretores de grandes empresas, no mundo inteiro, é um serviço de grande valia que o LinkedIn pode lhe proporcionar. Inicialmente sugiro que você tome iniciativa e procure conexão em primeiro nível com profissionais que estejam trabalhando em seus concorrentes e similares. É uma ação que pode lhe trazer grandes benefícios como troca de experiências e informações para conseguir solução de problemas ou até mesmo para ajudar algum colega a conseguir um novo emprego.

Procure aumentar o seu relacionamento profissional. É difícil imaginar quando precisará de alguém. Estabeleça esses relacionamentos quando está tudo bem, em momentos de prosperidade. Para fazer algo grandioso na sua vida precisará do apoio de outras pessoas, sozinho é mais difícil. Incrementar networking com pessoas interessantes é tarefa para o resto da sua vida.

❖ SUA MARCA NO LINKEDIN

Vamos imaginar que você tenha sido convidado para participar de um importante evento para premiar "Os Melhores Empreendedores do Ano". Seria uma oportunidade fantástica para conhecer personalidades do mundo empresarial, gente de sucesso. Poderia se relacionar e aprender com pessoas iluminadas. Seu networking daria um salto extraordinário. O problema é que o tempo que você teria para troca de cartões é limitado. Ao iniciar a solenidade, todos se acomodam em suas mesas para apreciar a noite. Quando o evento termina, os convidados se retiram e de repente o salão está vazio.

O LinkedIn é como se você estivesse em um grande evento com possibilidade de contatos inimagináveis. Quando alguém lhe envia mensagem pedindo sua conexão, você abre a página dele e decide se aceita ou ignora, é seu direito. Havendo aceitação é só dar continuidade no prazer do compartilhamento de conhecimento e informações. Pode ser que você seja útil para essa pessoa e vice-versa.

Quem usa o LinkedIn com certeza tem a intenção de fazer marketing da sua "marca". E isso tem que ser feito de forma honesta para que seu objetivo seja atingido. A intenção é vender sua imagem ou serviços, sendo assim as pessoas só vão segui-lo quando sentirem que o que escreve é a verdade e tem qualidade.

Dan Sherman diz que "66% dos seus integrantes (usuários) são tomadores de decisão ou influenciadores. Nele, os profissionais estão focados em somente uma coisa: networking para criar sucesso para si e para seus negócios". O LinkedIn ajuda a quem quer mudar de emprego, mas ele é muito mais que isto. Ele possibilita interação com profissionais em qualquer parte do mundo, com pessoas que você nunca teria possibilidade de fazer contato e obter conselhos sem ter que pagar nada. Se a empresa não tem um site ela praticamente não existe e se "você não está com seu LinkedIn ativo não está no mercado".

A marca de algumas empresas vale mais que seu patrimônio físico, você já sabe disso. A marca do profissional começa pelo seu nome. Tudo de bom e honesto que coloca no LinkedIn sobre você agrega valor. Não sou especialista no assunto e estou fazendo papel de "garoto-propaganda" sem ser remunerado. É apenas testemunho de que é uma ferramenta que pode ajudar muito.

Facebook é um veículo de comunicação social, fantástico. Esse é o lugar onde as pessoas colocam fotos da família e do abraço do filhinho, da balada, cervejada na praia com amigos, fotos com o cachorro, do namorado. São mídias distintas com "público-alvo" diferente um do outro. Tenha consciência de que Linkedin é um canal de comunicação profissional.

❖ MARCA — COMO OS OUTROS LHE VEEM?

Como você se vê? A imagem que você passa para as outras pessoas tem lhe ajudado a progredir?

Lembre-se de que ninguém faz nada grandioso sem o apoio de outras pessoas. Por causa disso, você precisa se preocupar como as pessoas estão lhe vendo, o que seus companheiros de trabalho e seus amigos estão falando sobre você.

Não basta ser competente, precisa parecer que é. Cuide da sua apresentação pessoal para que as pessoas saibam que estão tratando com alguém com elevado senso de responsabilidade, organização e competência. Observe a sua postura, seu andar e sua atitude. E principalmente, como você trata as outras pessoas (com respeito, educação, consideração...). Fale positivamente e com otimismo.

Pessoas sadias evitam quem vive se lamuriando e falando de tragédias. Fale a verdade e afaste-se das "fofocas". Seu vocabulário, verbalização, fluência, sua voz e pronúncia precisam melhorar para que sua comunicação fique mais clara, inteligível e desperte mais confiabilidade. É aconselhável fazer um curso de oratória ou teatro amador. Uma característica comum a todos os grandes líderes é a capacidade de comunicação clara. É algo que pode ser aprendido e que é vital para quem quer progredir.

Quando você for convidado para participar de importante reunião na empresa, procure ter atitude ativa contribuindo com ideias e sugestões positivas. No final do evento as pessoas falarão "que bom que você veio, esperamos você nas próximas". Aproveite cada uma dessas oportunidades para deixar sua marca. Sempre tenha com você uma pequena agenda e uma boa caneta para fazer anotações, principalmente em reuniões. E se for uma entrevista de emprego, leve com você o CV atualizado impresso e também no celular. Obviamente cuide da sua apresentação pessoal, com bom senso.

As fotos que coloca nas redes sociais são importantes e falam muito de quem você é. Separe as profissionais das familiares. Seja pontual nos seus compromissos e se antecipe numa eventual cobrança ao ser incumbido de uma tarefa. Evite postergação, não deixe para "a última hora".

Vince Lombardi foi o primeiro treinador campeão do Super Bowl, vencendo-o três vezes consecutivas. No YouTube você pode ver um pouco sobre ele. Veja *El Segundo Esfuerzo* (*A Segunda Tentativa*, em tradução livre), ali você pode ter uma ideia de quem ele foi. Exemplo: "Se estiver cinco minutos adiantado, você é pontual. Chegar exatamente na hora combinada está atrasado, mas se atrasar cinco minutos, você não compareceu."

Deixe as pessoas encantadas com você. Crie uma "marca" que lhe favoreça.

❖ RECOMENDAÇÕES E SEU GRANDE VALOR — LINKEDIN

Competição é inerente ao ser humano. Lendo o Velho e o Novo Testamento na Bíblia ou outros Livros Sagrados você perceberá que a busca por reconhecimento, poder, ascensão social e profissional, ocorre desde sempre com o ser humano. Você sabe que a competição é muito forte na vida corporativa e muitas vezes de forma acirrada, declarada, hostil e até desonesta. O homem, na sua essência continua o mesmo.

O selecionador, quando precisa preencher uma vaga, depois de anunciar, recebe centenas ou até milhares de CVs. Provavelmente o computador da empresa passa o primeiro filtro, quando grande parte é eliminada. Mesmo assim o trabalho do selecionador é imenso e cansativo. Em seguida ele faz rápida triagem e dá início ao ciclo de entrevistas individuais por telefone e por Skype, dispondo de uma série de ferramentas para identificar o candidato que melhor se adéqua. Pode acontecer de ele encontrar dois ou três ótimos candidatos que estariam tecnicamente empatados. O selecionador começa a colocar na balança detalhes para poder avaliar melhor e acabar com o empate.

Consultar referências ainda é prática de muitas empresas e consultorias, é um dos recursos para buscar desempates e tirar dúvidas. Quem serão as pessoas que o candidato indicou para serem consultadas? Normalmente antigos chefes. Quando o selecionador encontra dificuldade em falar com essas pessoas, a alternativa seria tentar contato com o RH. Dificilmente ele procura colaboradores ou pares do candidato. Pode acontecer de casualmente entrar no circuito um antigo e acirrado competidor, imagina o que ele vai dizer. Pode ser que seja positivo, mas provavelmente não será.

Por várias razões, mais uma vez recomendo que saia bem das empresas onde trabalhou, deixe as portas abertas. É lamentável quando um ótimo candidato é preterido por causa de um comentário "meio atravessado" do seu ex-chefe. Há alguns anos, quando o funcionário saía da empresa, era costume ele pedir "carta de referência". Quase sempre era uma redação padronizada que não dizia muito do desempenho daquela pessoa. Era uma formalidade atendida só para não correr o risco de criar animosidade.

Hoje, quando a empresa tem dificuldade para consultar referências por telefone, o selecionador pode acessar o LinkedIn e ver se o candidato possui recomendações. Ali, encontrará não apenas o perfil do candidato com "flashes" da sua história profissional, mas também possíveis comentários de pessoas com quem trabalhou (chefes, colaboradores, fornecedores, clientes, professores, amigos). As declarações feitas ali são autênticas e totalmente confiáveis. Aparece o nome da pessoa e a foto de quem as fez. Não tem como inventar ou mentir.

Você já fez recomendação para quantas pessoas no LinkedIn? Já escreveu algum elogio, ou agradecimento, ou felicitação para um chefe, para algum colega, para um amigo, ou talvez para um cliente? Já demonstrou reconhecimento pelo valor dos ensinamentos recebidos de um determinado professor da sua pós-graduação? Tem demonstrado admiração e apreço por pessoas de valor na igreja que frequenta ou no trabalho voluntário? NÃO?!!! Amigo, sugiro correr e consertar isso aí!

Agradecer, reconhecer o valor das outras pessoas e elogiar é um hábito que faz bem às pessoas que estão a sua volta, faz bem a você e é uma virtude que deve ser cultivada. Demonstrar gratidão é sinal de boa educação, cortesia e consideração para com as pessoas que convivem com você. Perceba quando recebe um benefício e retribua. A gratidão energiza positivamente.

Algumas pessoas falam que não sabem promover networking. Peço desculpas, mas ninguém precisa fazer um curso para aprender a elogiar, parabenizar e se mostrar grato.

Antes de tudo comece a "vender a ideia" para as pessoas próximas (chefes, colegas, clientes...) das vantagens profissionais dessa poderosa ferramenta. Fale dos benefícios e como o LinkedIn possibilita o compartilhamento de informações com outros profissionais. Mostre como é fácil fazer isso. Você demonstrará sua preocupação em se atualizar e fazendo um grande favor aos seus amigos ao dividir importante conhecimento.

Para dar e receber recomendação é preciso que a outra pessoa tenha sua própria página com o perfil desenvolvido e que vocês já tenham conexão no LinkedIn em primeiro nível. Você sabe que um dia talvez necessite apresentar o seu ex-chefe como referência, então faça conexão com ele imediatamente e em seguida recomende-o, depois veja se ele publicou. Espere alguns dias para pedir que ele faça uma recomendação para você no LinkedIn.

Cada recomendação que fizer deve ser algo sério, honesto, sincero, sem bajulação rasgada, usando duas ou três linhas. Com certeza, você já conhece os pontos fortes daquela pessoa e sabe quais são suas principais competências, habilidades e virtudes. Mesmo assim, antes de fazer sua redação, leia o que ele escreveu no perfil dele. Ali você terá uma excelente base e inspiração para fazer uma recomendação poderosa.

Como você se sentiria recebendo uma bela recomendação de um colega ou do seu chefe sem que você tivesse solicitado? Com certeza, estaria se sentindo muito feliz e honrado. A mesma coisa vai acontecer quando você fizer recomendação espontânea para seu funcionário, colega ou chefe.

Certo dia, quando estiver "bem na fita" por ter conseguido um belo resultado, aproveite que seu chefe fez um elogio verbal, peça para ele fazer uma recomendação na sua página do LinkedIn. Procure extrair o melhor proveito possível desse momento.

Seu gestor, seu cliente, parceiro de negócios ou até mesmo seus professores devem estar na sua lista. O conceito positivo que eles têm sobre você pode ser seu grande diferencial no futuro. Quando estiver disputando uma promoção ou uma vaga em outra empresa, você terá aí uma grande vantagem competitiva. A ampla gama de pessoas que aparecem nas suas recomendações será visto como endosso de grande valor ao seu perfil.

Quando você faz um bom trabalho para o cliente da sua empresa e ele envia mensagem de agradecimento parabenizando pelo ótimo trabalho realizado, é mais uma grande oportunidade para pedir recomendação na sua página do LinkedIn. Com certeza ele vai atendê-lo, principalmente se você já fez uma para ele. Você consegue perceber o valor de um testemunho como esse?

Flamínio, meu grande amigo e mestre, profundo conhecedor da Bíblia me passou uma frase que se encaixa neste momento: "Pedi e recebereis!" Mt 7:7–12. Eu não tenho religião, mas aprecio as mensagens como, por exemplo: "é dando que se recebe", frase atribuída a São Francisco de Assis.

Quando você faz a recomendação para alguém, espere alguns dias. Depois vá até a página dele e veja se ele aceitou e inseriu sua mensagem no perfil dele. Aí então você estará à vontade para pedir que ele faça o mesmo para você. Pode acontecer de ele não atendê-lo de imediato. Ocorre que cada pessoa tem velocidade diferente para cuidar da sua "caixa de mensagens". Pode ser que a pessoa esteja com muitos compromissos naqueles dias e não abriu o LinkedIn. Espere duas semanas. Tem o lugar apropriado para clicar em "reenviar". Dependendo da intimidade entre vocês, telefone e reforce o pedido.

Tenha iniciativa e incremente sua rede de conexões em primeiro nível. Estou com mais de 13 mil, poderia ser muito mais. Todos os dias pessoas pedem conexão comigo. Sou entusiasta em fazer conexões, mas sou seletivo. Analiso o perfil da pessoa e vejo como posso ser útil para ela. Você tem o direito de não aceitar, para isso clique em "ignorar". Não aceito quem não tem fotografia ou quem coloca um desenho bobo no lugar dela. Para aceitar uma conexão precisa haver um fundamento. Aceitar conexão só para dizer que tem um número elevado não contribui nada. Não preciso do título de "campeão das conexões".

Nem todos que estão conectados comigo receberão minhas recomendações. É preciso que tenhamos convivido e que tenhamos um bom nível de conhecimento e relacionamento. Deve haver confiança no profissionalismo dessa pessoa. Não faço recomendação só para agradar ou ganhar simpatia. Faço com sinceridade. Seja honesto ao fazer uma recomendação. E também não insiro no perfil todas as recomendações que recebo.

As pessoas pesquisam meu perfil e pedem conexão quando veem que, tenho larga experiência em recrutamento, seleção e treinamento de executivos. Está escrito que possuo certificação em coaching e veem que trabalho com transição de carreira há mais de 35 anos, além de ter escrito livros sobre o assunto. Eu gosto disso e também procuro criar conexões com pessoas interessantes.

Conversando com diferentes profissionais que têm me contratado, eles falam que o que fez com que tomassem essa decisão foram as recomendações que encontraram no meu perfil. Nesse momento são mais de 90, muitas delas são recentes e outras são de executivos assessorados por mim há mais de 20 ou 25 anos. Estou citando minha experiência positiva no LinkedIn para você ter ideia de que essas ações e testemunhos também podem beneficiá-lo.

Quando o selecionador entra na sua página e encontra recomendações de "peso e valor", verá que pode ganhar tempo, sem necessidade de telefonar para cada uma das suas referências.

Imagine um selecionador que esteja com dúvida entre dois ótimos candidatos. Um deles tem no LinkedIn vários testemunhos que foram escritos por pessoas dizendo que ele é um ótimo profissional, endossando ser ele excelente líder, é alguém que entrega resultados. O outro candidato, embora tenha também um ótimo CV, não tem nenhuma recomendação. É fácil adivinhar quem será o escolhido. O selecionador não terá dúvida da autenticidade daquelas recomendações, pois ao seu lado tem o nome de quem a fez com o hyperlink facilitando a pesquisa e confirmação.

❖ RECOMENDAÇÃO E SEU CONTEÚDO

Quando você influencia um colega a fazer o perfil dele no LinkedIn, e ele aceita, haverá benefício para ambos. Depois de realizada a conexão os dois estarão posicionados no primeiro nível. Agora já será possível você fazer uma recomendação para ele. A forma como você vai recomendá-lo será o ponto de partida para quando ele fizer a dele para você.

Quando você escrever, além de ser honesto e sincero, sua redação precisa ter conteúdo para agregar valor ao seu amigo. Fale da sua ética, habilidade, competência ou dos benefícios que você recebeu dele (orientação, treinamento, metas atingidas...) quando na época em que trabalharam juntos.

Ao receber uma recomendação, você pode decidir por anexar ao seu perfil ou não. Quando recomendar alguém, sugiro tentar algo simples, mas expressando o que você percebe no seu parceiro em termos profissionais e pessoais. Exemplo de uma que encontrei, é simples, objetiva e que transparece sinceridade:

> "Tive a honra de trabalhar com Anderson por alguns anos. É gestor que lidera pelo exemplo, possuindo visão analítica surpreendente, com raciocínio rápido e lógico. Foi um privilégio tê-lo como parceiro."

Encontrei no Google: Redação DuMoney, 1º de agosto de 2018.

❖ INFLUENCIADORES IMPORTANTES PARA SEGUIR NO LINKEDIN

Veja os oito influenciadores para seguir no LinkedIn:

Richard Branson

O fundador do Virgin Group tem uma história conhecida, um jeito peculiar e enormes aprendizados de carreira. E sim, isso tudo está no LinkedIn dele.

Hunter Walk

Hunter Walk é investidor, sócio da Homebrew VC. Liderou as frentes de Produto no Google, YouTube e Second Life.

Tim Brown

Tim é CEO da IDEO, uma das mais renomadas consultorias de design e inovação do mundo.

Gary Vaynerchuk

Gary criou empresas sua vida toda, escreveu três best-sellers no meio do caminho e, recentemente, abriu um fundo que investe em startups de tecnologia.

Steve Blank

Nos últimos 35 anos, ele fez parte ou cofundou oito startups no Vale do Silício. Escreveu alguns best-sellers e dá aula em universidades como Berkeley, Columbia e Stanford.

Daniel Goleman

Tem tudo que você pode querer sobre autoconhecimento e inteligência emocional. Aprenda a negociar consigo mesmo, a entender suas forças e fraquezas ao gerir pessoas e a redescobrir suas paixões.

Guy Kawasaki

Ele é uma das referências quando o assunto é startup — tem 1,6 milhão de seguidores. Se você está começando e quer dicas sobre fazer seu pitch, criar uma cultura e se manter inovador, Guy escreve sobre tudo isso e ainda inclui alguns toques e experiências pessoais.

Adam Grant

Por que seguir: ele escreve sobre comportamento organizacional, relações de trabalho e propósito.

Redação DuMoney, 1º de agosto de 2018.

❖ DESEMPREGADO — O ANO QUE MUDOU O MEU FUTURO

Você conhece bem minha história. Depois de ocupar uma "importante" posição, por alguns anos como Diretor em uma boa empresa, aconteceu o desligamento. Fiquei procurando emprego durante um ano. Aquela experiência foi marcante na minha vida. Depois de muito esforço, ingressei em uma empresa norte-americana que estava iniciando operações no Brasil. Anos depois passei a trabalhar como "caçador de talentos". Conheço bem os desafios que existem nos dois lados da mesa.

Antes de surgir a internet, quando uma empresa necessitava preencher uma vaga anunciava nos jornais. No domingo, nós (os desempregados) comprávamos o jornal *O ESTADÃO* e líamos avidamente quatro imensos cadernos de emprego. Paulatinamente os selecionadores foram deixando de lado esse recurso e substituindo por outros, como LinkedIn e sites de emprego.

Os anos estão passando e as transformações do mundo continuam acontecendo. Os candidatos mudaram a forma de fazer contato com empresas. Em contrapartida, os Headhunters e os selecionadores de empresas estão usando novas ferramentas, técnicas de recrutamento diferentes, seleção e avaliação de profissionais com processos inovadores e mais eficazes. O processo ficou mais dinâmico e assertivo.

As "ferramentas de seleção" ficaram mais afiadas, com recursos digitais, virtuais com perspectivas de surgimento de outros muito mais avançados. Quero contribuir para que você tenha uma visão mais ampla e positiva das suas possibilidades para aproveitar as oportunidades e conseguir dar um salto para o alto em sua vida profissional.

A direção do LinkedIn promove campanhas estimulando selecionadores a usarem essa ferramenta. Veja a mensagem que eles enviaram para mim e para selecionadores de grandes organizações:

Sua empresa está contratando? O **LinkedIn** está aqui para ajudar a conectar sua vaga com candidatos qualificados.

❖ VAGAS NO LINKEDIN

Alcance candidatos no site de carreiras n° 1 para profissionais:

O LinkedIn é a principal plataforma que profissionais acessam para gerenciar suas carreiras. Anuncie sua vaga para acessar mais de 500 milhões de usuários não encontrados em nenhum outro site de empregos. Divulgue suas vagas aos candidatos mais qualificados: nós automaticamente exibimos suas vagas em aberto — em e-mails e em todo o site do LinkedIn — aos candidatos com a experiência e as competências certas.

A tendência da maioria das pessoas, quando perde o emprego, é contratar um site para cadastrar o CV. Depois disso fica esperando as entrevistas aparecerem. É uma atitude de sonho, passiva, e muito mais confortável. Oferece a sensação de que o profissional está fazendo algo para resolver seu desafio. Na realidade o problema está aumentando todo mês por meio das "contas" que continuam chegando. O prejuízo não para de aumentar.

Recomendo "tomar as rédeas" do seu projeto e em vez de deixar por conta da sorte. Coloque AÇÃO no seu problema, pois motivos não faltam. Mexa-se, tenha mais ousadia. Repetindo o que já escrevi, 80% das boas oportunidades não são divulgadas. Sugiro inovar e tentar criar algumas novas formas para descobrir vagas na sua área. Pesquise e descubra nomes de Empresários, Presidentes, CEOs e Diretores de empresas e pense em como fazer contato com eles. Tome a iniciativa.

Sites de procura de emprego, LinkedIn e redes sociais têm grande valor, podem ajudar muito. Mas você precisa estar atento para evitar a acomodação que esses recursos oferecem. É preciso lançar mão de outras "armas" para aumentar seu "poder de fogo". Lembre-se de que está numa batalha na qual os "inimigos" ou adversários são os outros candidatos. Você tem que estar melhor que todos eles. Releia o que escrevi nas páginas anteriores sobre esses diferentes recursos para dar agilidade no seu projeto.

❖ RECRUTADOR

LinkedIn vende para as empresas um serviço chamado de "Recrutador". Percebe-se que eles têm todo interesse em querer facilitar a conexão entre candidatos e selecionadores. Os Headhunters substituíram a publicação de vagas nos jornais pela praticidade colocando as novas oportunidades no LinkedIn. É um excelente "filtro".

Para ser "cobiçado por empresas e por Headhunters", antes de mais nada é preciso que seu perfil no LinkedIn esteja refletindo a imagem do profissional atualizado, competente e organizado. Use as dicas apresentadas nos capítulos anteriores. Repetindo: a segunda ação mais importante é pedir conexão com antigos e atuais chefes, pares, colegas, parceiros de negócio, fornecedores, professores e amigos. A terceira ação é fazer recomendação para eles. E a quarta é pedir para eles fazerem para você. Sei que já escrevi isso, mas preciso que você grave isso na sua memória.

Se você está bem empregado e entregando bons resultados, essa é a melhor hora para buscar uma promoção ou uma nova empresa para trabalhar. Discretamente use a sua rede e numa leve conversa faça insinuações para os amigos dizendo que está com planos de buscar novas oportunidades de crescimento em sua profissão.

Mas se está desempregado sua abordagem tem que ser mais aberta e direta. Diga por exemplo: "Estou em busca de uma nova oportunidade de trabalho, por essa razão elaborei um novo e atualizado CV. Gostaria de ouvir sua opinião sobre o meu histórico profissional." Envie o CV por e-mail com essa mensagem ou entregue impresso em mãos. Poucos dias depois, lembre-se de telefonar para o amigo perguntando o que achou. Complete a conversa "sutilmente" dizendo que ele pode encaminhar seus dados para alguma oportunidade que surja.

Networking é uma força poderosa e você precisa potencializá-la cada vez mais. As melhores oportunidades surgem por meio de relacionamentos e o LinkedIn possibilita isso. Usar "sites de procura de emprego" é um recurso válido, mas é para quem não tem pressa. A pessoa coloca o CV lá e fica esperando... esperando... esperando. Você é proativo, então use também outras ferramentas.

O LinkedIn possibilita você descobrir os contatos certos. Nas empresas mais interessantes para você, descubra as pessoas que decidem e peça conexão. Ali você tem também o ícone que direciona para as vagas anunciadas na sua área. Nele, encontrará algumas oportunidades com os nomes das empresas (abertos) e outros anúncios com apenas o perfil da posição (fechados). Em alguns aparece o nome da pessoa que é responsável pela seleção ou que fez a publicação. Pode ser que vocês já tenham conexão em primeiro grau e isso aumenta sua possibilidade de contato.

❖ SUGESTÕES FINAIS:

- Reserve um tempo diariamente para cuidar do seu LinkedIn;
- Estimule e ensine as pessoas do seu relacionamento a criar o próprio perfil; mostre as vantagens e benefícios dessa ferramenta. Elas farão parte da sua rede;
- Quando terminar um projeto bem-sucedido, divulgue nas suas redes. Aproveite o momento;
- As recomendações que receber criarão o seu maior diferencial em relação aos outros profissionais;
- A sessão "Recomendações" no seu perfil merece atenção toda especial.

IDADE AVANÇADA

13

Os anos passam rápido. "Parece que foi ontem..." é o que as pessoas falam. Estava com 20, logo depois 30, 40, 50... Nossa... E agora? Pois é, pense nisso. O tempo é algo que você tem, mas que não pode vender nem comprar, "ele voa".

Aí está outra situação em que você precisa pensar e planejar com antecedência para não ser pego sem preparo. Já planejou o que vai fazer quando chegar aos 50 ou 60 anos? E quando estiver aposentado, mas ainda cheio de energia? Vai "vestir o pijama" para ficar vendo TV o dia inteiro? Tenho certeza de que você quer continuar ativo e produzindo.

Um amigo me perguntou se o mercado de trabalho está difícil para um executivo conseguir emprego. A minha resposta para esse tipo de pergunta é sempre a mesma: para quem está despreparado qualquer época é ruim e para quem faz planejamento, se prepara técnica e psicologicamente sempre surgirão boas oportunidades.

Já escrevi que acredito em sorte, mas para eu ganhar na loteria preciso comprar o bilhete. Assim é a vida. O sucesso de uma pessoa vem acompanhado de esforço, trabalho, disciplina, foco, coragem, certa dose de audácia, fé e atitude mental positiva. Uma pessoa que tem o hábito de reclamar e lamentar ou que se deixa levar por preconceitos sempre terá dificuldades na vida. As pessoas que colocam o foco no problema permanecerão nele, é um vício. Sendo assim, coloque foco na solução, tenha visão positiva de futuro e um pouco de audácia.

Você consegue imaginar uma pessoa com a síndrome da "vitimização"? Ou com o hábito da "desculpite aguda"? Quando ele era jovem não conseguia emprego porque sua aparência juvenil não inspirava competência. Os anos foram passando e outras desculpas foram surgindo, pois ele precisava justificar as dificuldades. Agora que está com aparência mais madura, acha que está difícil por causa da idade e as empresas só querem saber dos jovens. Será que o problema é real ou é autossabotagem?

O que envelhece uma pessoa não é a aparência física, mas a atitude diante da vida e dos desafios. Frequentemente encontramos pessoas que sofreram graves acidentes e que teriam muitos motivos para se sentirem "coitados", mas pelo contrário, elas nos ensinam como "dar a volta por cima". Lembra que já escrevi sobre o meu amigo Clovis que chama essas pessoas de "lagartixa"? É impressionante a capacidade de recuperação de certas pessoas.

Precisamos aprender a trabalhar com as ferramentas que temos ou até criar algumas novas. Quando somos jovens não temos experiência e corremos o risco de errar, mas em compensação temos muita energia. Quando a idade avança, aquele vigor diminuiu bastante, mas em compensação temos experiência e maior condição de conseguir soluções efetivas e bons resultados. Além disso, podemos mostrar para os iniciantes qual é "o caminho das pedras", o que nos proporciona uma grande satisfação.

Lá atrás você estava como estagiário, passou a supervisor, pulou para gerente e em seguida para diretor. Chegou aos 50. E agora? Imagina o que vai acontecer. Os anos passarão mais rápido ainda. Procurar outra atividade para quando se aposentar é um projeto que precisa ser desenvolvido enquanto você tem energia. Ainda "ontem" você estava iniciando sua carreira e rapidinho chegou à "idade madura", dentro em breve estará na "avançada".

❖ APOSENTADORIA

Seu planejamento já foi feito para sua aposentadoria? E o plano "B" está pronto? Se está lendo este livro é porque pretende continuar em atividade. Meus leitores são ativos e dinâmicos. Ninguém entrega os pontos. Você sabe que à medida que a idade avança, nossas responsabilidades aumentam, assim como também o nível de conhecimento, competência, visão, intuição e sabedoria. Você fica mais observador, detalhista, crítico, mais exigente com a qualidade e até mais lento na movimentação e nas respostas aos estímulos.

Chega um momento em que você começa a perceber que a empresa deveria ter mais controle sobre desperdício ou então que o jogo das vaidades políticas está prejudicando o bom desempenho da empresa, mas você é apenas um funcionário com o título de Diretor. É constrangedor quando percebe que sua voz não é ouvida. Isso é uma hipótese que pode acontecer. Vai esperar chegar aos 60 ou 70 anos para pensar no "plano B"?

Aproveite enquanto tem energia, vitalidade, experiência e muita sabedoria para fazer seu plano de futuro. Como está lendo este livro é demonstração de que não pensa em ficar "à toa na vida pra ver a banda passar". O tempo passa rápido e é você quem cria as oportunidades.

O mundo está mudando demais e muito rápido, inclusive o conceito do "descanso". Parece que cada vez mais e mais a aposentadoria fica distante. Nós estamos vendo as dificuldades do nosso governo. O número de contribuintes jovens diminui ano a ano e a população mais velha aumenta. A "conta precisa fechar". Mantenha atitude positiva usando sua experiência a seu favor. Continue sendo um otimista e perceba que se você conseguiu proporcionar tantos benefícios para as empresas dos outros, tenha certeza de que conseguirá também para a sua. Planeje-se com antecedência.

❖ VAI SER BOM VIVER SEM CHEFE

Chegar ao seu escritório a hora que bem entender, tirar férias quando achar melhor, esticar os feriadões, tratar bem seus clientes como acha que devem ser tratados e muito mais... Tudo isso será possível quando se aposentar e estiver com sua própria empresa. Aí então você terá condição de dar mais atenção à família com melhor padrão de vida. Muita coisa boa está reservada para seu futuro. Relaxe e planeje. A melhor parte da sua vida está chegando. Pense positivo.

Aproveite enquanto tem energia, descubra algo do que realmente gosta de fazer e possa lhe dar retorno financeiro. Tenha um motivo que lhe encaminhe para a ação com entusiasmo. Use seu tempo livre para estruturar seu "plano B". Evite improvisação ou precipitação. Recuse se deixar levar por um sonho sem conteúdo, sem planejamento. Tem que ter um projeto concretamente colocado e desenhado no papel com envolvimento e aval positivo da família.

Enquanto ainda está empregado comece a pesquisar parceiros, clientes, possíveis locais para instalação de escritório, oficina ou loja. Faça cursos para atualização ou reciclagem. Peça o apoio do SEBRAE, inscreva-se no EMPRETEC, frequente Feiras de Franquias, descubra as novidades que estão surgindo. Converse e troque ideias com vencedores, afaste-se dos perdedores fracassados. Sonhe alto, tenha ousadia, arrisque-se com planejamento, calcule a distância antes de saltar. Entusiasme-se e contamine positivamente a família.

Tem muita gente que faz investimentos usando reservas ou pegando empréstimos com parentes ou nos bancos e logo depois está fechando as portas. Segundo o SEBRAE o motivo principal de 80% das empresas falirem nos primeiros anos é a falta de preparo e planejamento dos seus fundadores.

Veja o programa "Pequenas Empresas", ele é inspirador. Já viu na TV "O Sócio" ou "Shark Tank Brasil"? Também são estimulantes. São verdadeiras aulas mostrando o que não se deve fazer e o que pode levar ao sucesso.

Você encontrará casos incríveis, como o executivo que abandonou a vida corporativa para montar uma pousada no Nordeste e outro que sempre foi entusiasmado com vídeos e fotografias e tem obtido grande sucesso com seus trabalhos. Conheço um engenheiro que sempre gostou de velejar. Agora ele tem um veleiro de 40 pés e ganha dinheiro levando empresários com suas famílias para passear em lugares paradisíacos.

Tem aquele que trabalha com reciclagem de eletrônico, além de "ganhar dinheiro pra caramba" ainda faz muito bem ao nosso planeta Terra. E outro que começou ajudando a esposa com uma pequena loja vendendo chocolate e hoje tem uma pequena indústria e algumas lojas próprias. Embora possa expandir, ele diz que prefere como está, quer ficar mais tranquilo, ele optou pela desaceleração.

Tem também outros que aproveitam que os filhos estão criados, "fogem" dos grandes centros e vão morar no sítio e continuam faturando com turismo rural ou criando cavalos de raça, ou fazendo jardinagem e paisagismo. Conheço um que queria descansar, então se mudou para uma cidade mais pacata, mas ficou de "saco cheio" de ficar sem fazer nada, então foi ajudar um amigo que tinha uma imobiliária e hoje fatura alto como corretor de imóveis vendendo fazendas, ele se especializou na comercialização de grandes áreas de terra.

As opções são inúmeras. É gostoso estar em atividade, produzindo e ajudando outras pessoas no seu crescimento. Pense bem, como aposentado, pode ser que esteja na hora de deixar de ser empregado para ser empregador. Será mais um acréscimo na sua larga vivência. O que acha de compartilhar seu vasto conhecimento e experiência como professor em uma universidade? O relacionamento com estudantes é energizante e rejuvenescedor.

Numa ocasião li na revista *EXAME* uma entrevista com um executivo que havia trabalhado muitos anos na XEROX — que na época estava no seu auge. Chegou a Presidente com sucesso e se aposentou. A repórter sabia que ele era conhecido por seu dinamismo e grande capacidade de trabalho. Ela perguntou se ele estava aproveitando bastante para descansar. Ele respondeu que quem tem entusiasmo pelo que faz não se sente cansado. Completou dizendo que já havia montado um escritório de consultoria e que estava indo muito bem.

Mais uma pergunta dela: "Qual a diferença entre trabalhar para uma multinacional e agora para sua própria empresa?" Ele com bom humor respondeu: "A diferença é que antes eu viajava na primeira classe, agora eu vou de econômica. Antes eu me hospedava em hotel cinco estrelas, agora eu procuro 'céu nublado'. Antes eu pensava duas vezes antes de assinar um cheque, agora eu penso dez vezes."

Tudo na vida é assim, existem vantagens e desvantagens. Em minha opinião, liberdade, sentir-se livre para tomar decisões sem ter que dar satisfação aos acionistas e ter paz de espírito é maravilhoso, é algo de grande valor, não tem dinheiro que pague. Eu ainda somaria o prazer de estar com minha família por mais tempo, com amigos, dormindo e acordando sem hora certa e tomando café da manhã sem pressa. Que maravilha desfrutar de melhor qualidade de vida!

Muitas pessoas preferem adotar uma filosofia de vida minimalista e desfrutar o que consideram os verdadeiros prazeres da vida os quais na maioria das vezes não custam nada.

Estou atuando com transição de carreira há mais de 35 anos. Tive oportunidade de apoiar alguns milhares de profissionais e aqui estou compartilhando essas experiências com o objetivo de lhe oferecer esperança e a certeza de que seu futuro continuará sendo de sucesso e muita felicidade, depende da sua atitude.

❖ VIDA DEPOIS DOS 50, 60

Sua vida terá muito mais valor e colorido depois dos 50. Falo isso por experiência própria. As chances de acertar nas suas decisões serão muito maiores. E os acertos, até mesmo os menores, terão mais motivos para comemoração.

Muitos dos meus clientes são bem jovens, mas os que têm um pouco mais de idade já perceberam que o tempo passa rápido, sem que se perceba. Os profissionais que estão em transição de carreira, quando iniciam as sessões de coaching comigo, logo no começo dizem que não conseguem emprego porque já passaram dos 45 anos. Eu olho e vejo uma pessoa saudável, com muita energia, com seu CV contendo ótima formação e excelente experiência profissional. Você consegue perceber o que está atrapalhando ele? É sua atitude mental contaminada por preconceito e algum complexo.

Ele mesmo durante toda sua vida falou com reserva sobre os mais velhos. Agora que chegou nesse nível está com dificuldade para se contradizer. Meus clientes dizem "estou muito velho, ninguém quer me dar um emprego. Perdi minha empregabilidade. Mas eu preciso trabalhar". Tenho ouvido isso de pessoas até com 40 ou 45 anos, imagina quando tiverem 50 ou 60 anos. Você percebe que não é o mercado de trabalho que tem suas reservas. É o próprio profissional que colocou o preconceito na sua cabeça. Se algum selecionador verbalizar esse tipo de objeção, cabe ao candidato contestar e provar sua competência com energia e entusiasmo.

Muitas vezes o profissional recebe reforço de que essa teoria é verdadeira pelos comentários da família e dos amigos que têm a mesma idade. É mais fácil e confortável, concordar e acreditar nisso do que tentar ir contra essa ideia.

O selecionador leu o CV do profissional. Mesmo que não tenha a idade declarada, é fácil calcular quantos anos aproximadamente tem o candidato, é só ver o tempo que ele trabalhou em cada empresa. Muitas vezes sem querer o candidato deixa escapar alguma data ou informação que denuncia o que quer esconder. Os selecionadores são espertos e muito bem treinados para não serem enganados. Mesmo consciente da idade do "idoso de 50 ou 60 anos", o selecionador chamou-o para a entrevista. Por que será? Por sua experiência e competência, bem provavelmente. Mas quando o "idoso" chega lá fica intimamente assustado por ser entrevistado por alguém tão jovem. Ele fica aturdido, nervoso, se enrola todo, se irrita e perde o controle. Depois diz que o problema foi sua idade. Se essa fosse a razão, ele nem teria sido chamado, mas foi!

Você acha que um selecionador vai chamar um candidato com um CV fraco? Claro que não. O profissional foi chamado para a entrevista porque o seu CV impressionou. Apesar da grande vivência, infelizmente um erro básico foi cometido: estava despreparado para a entrevista, não fez nenhum planejamento para aquele encontro. Resultado: cinco minutos depois o selecionador fala "peço desculpas, mas estamos buscando um candidato com um perfil diferente, você é superqualificado". Você acha que ele falaria a verdade? Claro que não. Ele inventa uma desculpa qualquer. Naqueles minutos iniciais, o despreparado e inseguro ou arrogante candidato fica apenas imaginando que deve talvez ter sido a questão da idade. É uma forma confortável de se justificar perante a família.

É apenas uma suposição, porque pela lei o selecionador não pode claramente discriminar nenhum candidato pela idade, cor, religião, raça ou sexo. Ele vai ter que inventar um motivo que seja legal e plausível, caso contrário corre o risco de ser processado. Não existe fórmula mágica que garanta que você vá ganhar todas, mas pense bem, o entrevistador leu o seu CV, ali está demonstrada a vasta bagagem que possui.

Mesmo que não apareçam datas, nem literalmente a idade, é fácil de calcular a idade do candidato pelo tempo de permanência nas empresas trabalhadas e pelos cursos realizados. Quando o nome do candidato é consultado no LinkedIn, fica fácil descobrir muito sobre ele. O selecionador já sabe que não se trata de nenhum jovem recém-formado, mas mesmo assim chamou para conversar. Por qual razão ele chamou o candidato para fazer entrevista? Com certeza, pela competência demonstrada no CV.

Existem duas coisas na nossa mente que podem prejudicar muito a própria pessoa: preconceitos e complexos. Gordo ou magro, feio ou bonito demais, baixo ou alto, preto ou branco, jovem ou velho, católico ou protestante, direita ou esquerda. São forças ou energias que prejudicam mentalmente quem pensa nelas.

Temos relatos sobre pessoas de várias áreas, que venceram apesar das dificuldades. Podemos nos lembrar de políticos, campeões paraolímpicos e até de cientistas que conseguiram superar os obstáculos impostos pela vida:

- **Stephen Hawking**, físico britânico, nos impressiona com sua história;
- **Barack Obama**, por causa de preconceito, muita gente dizia que ele nunca seria eleito presidente dos Estados Unidos da América, no entanto ele fez um governo marcante;

- **Samuel Klein**, imigrante refugiado, já não era tão jovem quando iniciou sua fortuna;
- **Sam Walton** é outro caso semelhante, fundador do Walmart. Ele abriu a primeira loja quando tinha 44 anos. É possível citar muitos outros.

Transforme o que imagina ser um obstáculo em motivação para ir mais longe e vencer. Você sabe que estou em Recursos Humanos há mais cinquenta anos. Tenho encontrado excelentes profissionais ocupando cargos de primeira linha independentemente de idade, raça, cor, religião ou nacionalidade. O que importa é a competência e a capacidade de entregar bons resultados e gerar lucro para a empresa.

Ousadia e audácia são palavras das quais gosto muito. Valorize seus pontos fortes. Cultive autoconfiança, seja positivo, demonstre otimismo e visão positiva de futuro. Fale apenas o que agrega valor. Seja objetivo, evite fazer discurso. Uma resposta que dure dois minutos já é tempo demasiado. Demonstre interesse ao fazer as perguntas certas, descubra quais as necessidades principais do entrevistador e coloque o seu foco aí. Evite dispersão, concentre-se.

❖ CASO MARCOS — O GERENTE FINANCEIRO

Marcos trabalhava há muitos anos como Gerente Financeiro numa empresa familiar. Já estava perto de se aposentar, mas a tão esperada promoção com o título de "Diretor" não saía. Era um sonho que não se realizava. Aumento de salário nem pensar.

Era uma cadeia de lojas na área de Material de Construção. Os sócios eram três irmãos. Eles viviam brigando entre si. O Marcos dizia "eu sou o marisco entre o mar bravio e a rocha"... Sua principal função era apaziguar e apagar o incêndio.

Certo dia ele apareceu no meu escritório e desabafou: "Não aguento mais, vou pedir demissão." Recomendei calma. Sugeri que antes fizesse um bom planejamento para preparar um sucessor. Continue pesquisando o mercado, descubra novas oportunidades e quando estiver com uma proposta concreta, peça demissão. Foi o que ele fez.

Depois de algumas sessões, ele apareceu no meu escritório bastante eufórico, nem parecia o mesmo. Falou que estava negociando com uma empresa que trabalha com cobre. A proposta era para assumir como Diretor Financeiro com um salário que era quase o dobro do que estava ganhando.

Na entrevista com o Presidente da empresa, este falou que precisava que a vaga fosse preenchida de imediato. Marcos argumentou que precisava de alguns dias para passar as funções ao seu sucessor. Combinaram que ele iniciaria em vinte dias. Para firmar um compromisso o Presidente perguntou: "Posso dispensar os outros candidatos?" Marcos respondeu que sim e se despediram.

No 19º dia, Marcos apareceu no meu escritório e me deu a notícia que eu não esperava: "O Presidente da minha atual empresa não aceitou minha demissão, vai me promover a Diretor e vai dobrar meu salário. Como eu estou esperando essa promoção há muito tempo, resolvi aceitar, prefiro sair de lá com o título de Diretor."

Quando o Presidente da empresa de cobre recebeu essa notícia ficou enlouquecido. Ele precisava que a posição fosse preenchida com urgência. Baseado na palavra do Marcos, ele dispensou os outros candidatos. Você consegue imaginar o transtorno? Ele precisou reiniciar todo o processo de seleção. Imagina o desgaste e o tempo perdido.

Três meses depois, Marcos voltou ao meu escritório. Sua fisionomia era de tristeza. Contou-me o que aconteceu.

Um mês depois da nossa conversa, a promoção não foi anunciada e o salário permaneceu o mesmo. Foi dito que os irmãos estavam sendo convencidos, mas que no próximo mês seria tudo resolvido, não foi. A conversa continuou por mais um mês e o combinado não foi realizado, sendo assim o seu "querido chefe", dono da empresa chamou o Marcos e disse que não tinha conseguido convencer os sócios e que assim aceitaria a demissão dele.

Marcos veio me procurar novamente por estar desempregado. Ele aprendeu que numa situação dessa, quando tomar uma decisão, ela precisa ser muito bem pensada, para ter a segurança de que está fazendo o que é correto e o melhor. Voltar atrás nem pensar.

Veja o que encontrei na internet:

VALIOSO TEMPO DOS "MADUROS"

Mário Coelho Pinto de Andrade
(1928–1990) poeta, ensaísta e escritor angolano

Contei meus anos e descobri que terei menos tempo para viver daqui para a frente do que já vivi até agora. Tenho muito mais passado do que futuro.

Sinto-me como aquele menino que ganhou uma bacia de cerejas. As primeiras, ele chupou displicente, mas percebendo que faltam poucas, rói o caroço.

Já não tenho tempo para lidar com mediocridades. Não quero estar em reuniões nas quais desfilam egos inflados. Inquieto-me com invejosos tentando destruir quem eles admiram, cobiçando seus lugares, talentos e sorte.

Já não tenho tempo para conversas intermináveis, para discutir assuntos inúteis sobre vidas alheias que nem fazem parte da minha.

Já não tenho tempo para administrar melindres de pessoas, que apesar da idade cronológica, são imaturas.

Detesto fazer acareação de desafetos que brigaram pelo majestoso cargo de secretário-geral do coral. "As pessoas não debatem conteúdos, apenas os rótulos."

Meu tempo tornou-se escasso para debater rótulos, quero a essência, minha alma tem pressa...

Sem muitas cerejas na bacia, quero viver ao lado de gente humana, muito humana, que sabe rir de seus tropeços, não se encanta com triunfos, não se considera eleita antes da hora, não foge de sua mortalidade...

Só há que caminhar perto de coisas e pessoas de verdade. O essencial faz a vida valer a pena.

E para mim, basta o essencial!

❖ LÍDER COMPETENTE

Júlio César, imperador romano, casado com Pompeia, dizia: "Não basta que a esposa de César seja honesta, ela tem que parecer honesta."

Sem querer fazer um plágio, mas fazendo, eu diria, "não basta o executivo ser competente, ele tem que ter aparência e atitude de competente". Você pretende ser cobiçado por selecionadores de grandes empresas e por Headhunters? Então precisa não apenas desenvolver suas habilidades, competências e atitude, mas também cuidar da sua apresentação e comunicação interpessoal. Isso faz parte do seu marketing para atingir uma liderança corporativa. Esse é um assunto para você estudar profundamente.

Esteja preparado para quando for convidado a fazer uma apresentação de um importante projeto para acionistas ou para a diretoria da empresa, ou até mesmo para um grande cliente. Nesse momento sua maneira de falar eloquente ou não, e sua apresentação pessoal, influirão no resultado final. O ditado popular diz que "a primeira impressão é a que fica". Uma apresentação fraca e que foi reprovada, dificilmente terá uma segunda chance.

O líder que trabalha numa grande empresa e tem a ambição de continuar progredindo precisa estar bem preparado para se comunicar com grandes grupos de pessoas de diferentes níveis sociais. Em um momento fará um pronunciamento para jornalistas e no outro falando de novas regras da empresa para seus operários ou apresentando um projeto em benefício dos moradores da comunidade.

Quando falamos de "elegância", muitas pessoas pensam em finas roupas. Acho que não poderíamos considerar elegante alguém que, de repente, apenas teve a sorte de ganhar muito dinheiro na loteria, e da noite para o dia quer demonstrar riqueza. Para isso compra roupas das mais famosas e de caras grifes, joias, perfumes, carrões importados etc. Mas apesar da repentina fortuna e transformação física, continua sem respeito pelo próximo, demonstrando grosseria e arrogância nas conversas "vazias". Elegância está relacionada não apenas com a indumentária, mas também com o bom humor, atitude diante da vida e respeito ao próximo. Acho muito difícil que essa pessoa consiga desenvolver liderança sustentável e duradoura.

A maneira de ser de uma pessoa reflete na forma de se relacionar com os outros. As pessoas gostam de se aproximar de quem está de bem com a vida, e isso se reflete em pontos aparentemente menos importantes como a maneira de andar, falar e até de se vestir. Devemos respeitar o estilo de cada um.

É possível encontrar líderes que apesar da sua aparência descuidada, simples ou rebelde e meio louca atingiram elevados índices de reconhecimento público por suas competências, com extraordinário sucesso, como por exemplo, Einstein. Você é gênio como ele foi? Se não é, recomendo que procure lapidar sua personalidade cuidando da sua maneira de agir e de se relacionar com sua equipe, colegas, clientes e fornecedores. Procure evoluir na forma de falar bem, comunicando-se com clareza, com entusiasmo para contaminar a sua plateia. Faz parte de uma personalidade elegante e carismática a boa comunicação. Muito disso pode ser aprendido e desenvolvido. Estude técnicas de liderança.

Numa grande empresa, com milhares de funcionários, quantos deles são convidados para participar de reuniões? Um pequeno percentual. E quando o encontro acaba, qual poderá ser o comentário? "Esperamos que você esteja na próxima reunião. Você já devia ter vindo nas anteriores..." ou então "Quem teve a infeliz ideia de convidar esse cara?".

Para você, que é líder ambicioso e pretende obter reconhecimento e promoções profissionais e sociais, vou lhe dizer: não bastará que sua comunicação escrita seja perfeita. É necessário que a verbal também seja. Aproveite cada oportunidade para ser participativo nos eventos da sua igreja, na faculdade, no clube, em festas da sua família, e obviamente em pequenas reuniões na empresa. Quando estiver entre pessoas amigas, use esses momentos de intimidade para exercitar sua comunicação verbal, prepare uma breve mensagem e no momento certo, peça a palavra e fale. Prepare-se, planeje para não ser pego de surpresa nos momentos mais importantes na sua vida profissional. Observe a resposta da plateia aos seus estímulos ou provocações positivas. Procure sentir como eles se contaminam com seu entusiasmo.

Os professores **Reinaldo Polito** e **Reinaldo Passadori** são muito bem-conceituados na área de comunicação, oratória e teatro, com alguns livros publicados. Recomendo assistir a algumas palestras no Instituto **Dale Carnegie Training**. A maneira como você fala diz muito do seu interior.

❖ LIDERANÇA E DOAÇÃO

Você consegue imaginar alguém na liderança, mas com personalidade narcisista, egoísta, centralizador, individualista, arrogante, prepotente ou indiferente, triste e apático? Eu sei que exagerei, mas me diz, conhece algum líder assim? Tenho certeza que não. Para um profissional com esse tipo de personalidade, conseguir liderança sustentável por algum tempo será impossível. Talvez até consiga por uma casualidade, por um golpe de sorte, por ter recebido a posição de líder como herança (o pai faleceu e ele assumiu a presidência da empresa). Mas, com esse tipo de personalidade descrito acima, com certeza, a gestão dele terá vida curta. A história mostra isso.

A boa notícia é que por meio de autoconhecimento, autoanálise, estudo, educação e aprimoramento, podemos desenvolver competências para liderança. Mas o maior mestre nesse caso é a experiência, senso de observação e humildade para aprender com os erros.

Fundadores de grandes empresas, depois de muitos anos no comando, líderes bem-sucedidos colocam no seu planejamento estratégico, com bastante antecedência, o que deve ser feito no seu "plano sucessório". É necessário saber quem ficará no lugar dele no caso de um afastamento por tempo de serviço ou até por doença ou falecimento repentino.

Quem é você como líder? Como você demonstra interesse por seus amigos? Quantos dos seus colaboradores já foram promovidos na empresa por causa do seu apoio? Você sabe se os seus amigos estão felizes no trabalho? Quantas pessoas conseguiram um novo emprego em função de um encaminhamento feito por você? Quando foi a última vez que perguntou se o seu amigo precisa de ajuda? Colocou-se à disposição para uma conversa? Honestamente, você costuma aplaudir o sucesso dos seus colegas? Quando foi a última vez que fez recomendação para alguém no LinkedIn?

É um privilégio ter a possibilidade de apoiar ou ajudar um amigo ou até um desconhecido sem intenção de receber retorno financeiro. Essa é uma prática que deveria ser incorporada à nossa filosofia de vida, é algo que nos torna mais humanos e é uma característica comum aos grandes líderes.

Separe alguns minutos no início ou no fim do dia para enviar mensagem para um dos seus amigos e telefonar para outro. Hoje os recursos que temos para fazer uma rápida comunicação são imensos. Alimente seus relacionamentos com palavras positivas e tom de voz de quem está de bem com a vida. Para um selecionador ou um Headhunter, é ponto de partida descobrir quem é o candidato como pessoa. O lado comportamental e social do candidato tem um "peso" de grande importância.

Nossa vida profissional é feita de doações e recebimento de "presentes". É por isso que estou abordando esse tema. Na posição de líder, qual a sua reação quando alguém lhe presenteia? Com certeza, é de alegria, surpresa, contentamento. A mesma reação deve ser quando você recebe um elogio do seu chefe ou de um cliente. Receber apoio de um colega ou então uma ajuda para concluir um projeto, é um valioso presente, comemore. Aí estão ocasiões em que o agradecimento deveria ser tão efusivo quanto se fosse presenteado com uma joia. Retribuir com gratidão o que recebeu é uma virtude dos grandes líderes.

Meu amigo **Olivio Manzon** diz: "É preciso saber doar, mas também é preciso saber receber." Parece que receber é apenas uma atitude passiva, mas não é tão simples assim. É preciso ter a virtude da gratidão e sinceramente agradecer ao benfeitor.

❖ LÍDER SERVIDOR

James C. Hunter escreveu *Como se tornar um líder servidor* publicado pela editora Sextante, mostra muito bem o papel do líder que está em permanente desenvolvimento. Antes ele escreveu O Monge e o Executivo.

No livro, ele mostra que nem sempre o "chefe" é o líder. Tudo depende fundamentalmente da atitude. Ele aborda temas como autoridade, gentileza, inteligência emocional, equilíbrio, senso de responsabilidade e lealdade. É um livro "gostoso" de ser lido, simples, profundo, objetivo, com exemplos práticos.

Oferecer apoio a um colega ou colaborador, poderia ser apenas uma boa conversa, ou até mesmo troca de ideias sobre que profissão um jovem estudante poderia escolher. Também pode ser uma ligação telefônica para agendar uma entrevista de emprego para seu amigo, o que seria algo de inestimável valor e que não dependeria de esforço absurdo. Em um mundo tão corrido como o nosso atual, cheio de competições, colocar seu ouvido ativamente à disposição de alguém já é um presente de extraordinário valor. Sempre que for possível, disponha-se a ajudar pessoas.

O líder oferece oportunidade para seus colaboradores opinarem, evita a "chave de galão". Ele sabe que quando se dispõe a ouvir opiniões diferentes faz com que as outras pessoas se sintam valorizadas. Além disso, diminui a possibilidade de cometer erros. Às vezes quem tem a solução do problema são aqueles que estão na base da pirâmide. As empresas de ponta valorizam os líderes servidores que se preocupam não apenas com os seus próprios funcionários, mas também com os que se interessam em atender outros diferentes setores e níveis.

Dar atenção a serviços voluntários que beneficiem a comunidade do local onde a organização atua, valoriza a atuação desse líder. Esse tipo de empresa visa não apenas o benefício das pessoas, mas também pretende promover uma imagem positiva com o governo, fiscalização e imprensa. Esse líder deverá receber um forte apoio do Marketing e do Recursos Humanos. **Henry Ford** dizia: "Há dois tipos de pessoas que não interessam a uma boa empresa, as que **não** fazem o que se manda e as que **SÓ** fazem o que se manda."

Visão positiva de futuro, otimismo, bom humor e Liderança.

Ayrton Senna, no GP do Brasil de 1991, era o primeiro no grid. Na hora da largada a caixa de câmbio quebrou, e foi perdendo engrenagens ao longo da corrida de modo que ao chegar às últimas voltas, ele só tinha a sexta marcha funcionando normalmente, mas mesmo assim não deixou o segundo colocado, **Riccardo Patrese**, se aproximar. A câmera *onboard* mostra que nas últimas voltas Senna parou de trocar de marcha. Todos pensaram que ele desistiria e perderia. Aquela corrida foi de muita luta e dor, mas apesar de exausto, ele foi o vencedor! Veja o documentário sobre esse episódio no YouTube.

Situações semelhantes e momentos críticos de muita tensão foram vivenciados por outros desportistas como Jade Barbosa, Daiane dos Santos, Guga, Oscar, Hortência.

Perante as adversidades da vida o otimismo é uma atitude que nos impede de cair na apatia, no desespero e tristeza. Controle do emocional e otimismo realista influencia a forma como as pessoas explicam a si mesmas os seus êxitos. Otimismo ingênuo e inconsequente pode ser desastroso. É recomendado também uma boa dose de bom humor e a virtude da gratidão, são energias que contribuem para a melhoria nos relacionamentos, e isso influi no aumento da produtividade.

Os líderes otimistas têm a tendência de considerar que os seus fracassos se devem a algo que pode mudar e é uma oportunidade para um aprendizado. É por isso que prosseguem com a certeza de que na ocasião seguinte tudo ficará melhor.

Em contrapartida, os pessimistas atribuem os seus fracassos a obstáculos que se consideram incapazes de modificar. Vivem de lamúrias, queixumes, mágoas, rancores, invejas, mau humor, reclamando de tudo e de todos, vendo dificuldades e criticando. Eles precisam encontrar justificativas e desculpas para seu pessimismo e fracasso. É mais confortável.

"Semelhante atrai semelhante." Os pessimistas se "associam" e formam grupos nos quais uns concordam com os outros de que "o mundo vai acabar". "**O Que o Homem Semear, isso Também Colherá**." O líder otimista, ante um insucesso, tende a responder aos estímulos de forma ativa e com esperança no futuro. Busca ajuda e conselho, procura remover os obstáculos, tenta imaginar alternativas e consegue descobrir diferentes soluções para atingir o sucesso.

Albert Einstein dizia que "a imaginação é mais importante que o conhecimento". O pessimista "vê" o fracasso por antecipação. Antes de começar ele diz que "é impossível" ou "vai ser muito difícil". Considera logo os contratempos como algo irremediável, e reage pensando que nada pode ser feito para que as coisas melhorem. Para o pessimista, as adversidades quase sempre se devem a alguma deficiência pessoal insuperável ou a alguma conspiração egoísta e má dos outros (inveja, olho grande...). O pessimista é medroso, influenciável e influenciador. É indolente e rejeita a ideia de sair da zona de conforto.

"O medo petrifica, congela, paralisa. A coragem movimenta e aciona em direção à realização e ao sucesso." O líder otimista é corajoso, audacioso e ativo. Otimismo é uma energia muito importante na vida de quem quer progredir, proporcionando visão positiva do futuro brilhante. Quando as coisas se mostram frustrantes, a fé em nós mesmos e a certeza de que uma energia maior nos ampara, será importante para que continuemos trabalhando para eliminar os obstáculos.

Pense AGORA, que iniciativas tomará para ficar mais motivado, estimulado, entusiasmado para ir mais longe com sucesso em sua vida familiar e profissional? Que ações desenvolverá para estimular de forma positiva seus parceiros, filhos, colegas, colaboradores e chefes? —"Quem estuda e não pratica o que aprendeu, é como o homem que lavra a terra e não semeia." (Provérbio irlandês.)

❖ ORGULHO DE VOCÊ — COMO PESSOA E COMO LÍDER

Ayrton Senna estava certo. Manter o foco no seu objetivo principal e ter paixão por seu trabalho é fundamental para o sucesso. Mas ser positivo, otimista, coragem para correr riscos, ação, ter atitude de vencedor e orgulho pelo que faz, também é muito importante. Sou Vendedor e tenho muito orgulho disto. Agradeço a Deus por ter me colocado nesse caminho.

Você deve ter entusiasmo e orgulho e por trabalhar na administração ou na contabilidade ou na produção ou nas compras ou nas vendas ou na logística. Qualquer que seja a sua área profissional comente com as pessoas sobre como seu trabalho é importante, mesmo que eles não entendam muito bem por ser técnico demais. Faça com que sua família sinta orgulho de você. Comente com eles sobre os aspectos positivos do seu dia a dia. Evite levar os problemas da empresa para casa e vice-versa. Comente só sobre coisas positivas.

Você espera que seu chefe faça uma periódica avaliação de desempenho e venha cumprimentá-lo? Mas se isso não acontecer, pelo menos, uma vez por mês convide-o para um almoço ou happy hour na sexta-feira. Na descontração pergunte o que ele está achando do seu trabalho. Claro que você prefere receber um elogio, mas esteja preparado para algo que não seja agradável. Uma crítica deve ser recebida de forma positiva e construtiva.

É um estímulo e uma oportunidade para corrigir e melhorar. Ruim seria se você estivesse fazendo seu trabalho rotineiramente, imaginando que está tudo bem, mas na realidade perderia ponto diariamente, sem perceber.

Quando seu chefe fizer crítica ou elogio por mais simples ou discreto, será lucro para você. Muito ruim, aliás, péssimo, é quando nada acontece por causa de um ambiente apático e você se contenta com isso. É uma situação confortável, mas que não vai levar a lugar nenhum.

Lembre-se, todo trabalho precisa ter metas bem definidas, prazos para conclusão, acompanhamento, medição, correção. Por melhor que seja o profissional, sempre haverá possibilidade de haver pontos que podem ser corrigidos. É isso que proporciona a evolução. Minha avó dizia que "nada é tão bom que não possa ser melhorado".

Periódica e sistematicamente, você mesmo deve fazer um inventário do seu desempenho e tentar uma autossuperação. Cada vez que conseguir marcar melhor desempenho, ofereça um prêmio para você mesmo. Pode ser que você seja o líder, dono do negócio, então aparentemente não tem ninguém para lhe dar um feedback. Fique atento aos sinais que vêm dos seus funcionários, fornecedores ou de clientes. Preste atenção, é muito importante ser honesto na autoavaliação. Perceber suas próprias falhas é muito difícil. Mas, cuidado com o rigor ou com a complacência.

❖ TODO LÍDER É VENCEDOR

Grandes líderes são campeões de vendas, independentemente da empresa ou área.

Em minha opinião todos nós somos vendedores independentemente da atividade profissional. Sempre atenderemos clientes internos ou externos. Sendo assim, todos nós temos que estar preparados para vender com entusiasmo cada vez mais constante. Temos que fazer com que nosso cliente tenha confiança em nós e fique encantado com nosso atendimento. Não podemos permitir que por uma falha nossa ele vá procurar outro fornecedor, pois o que queremos é que ele se mantenha fiel a nós.

A personalidade de um líder campeão de vendas é composta de muitos elementos, como por exemplo: facilidade de comunicação e a energia do seu entusiasmo.

Nelson Rodrigues, jornalista, escritor e dramaturgo carioca, dizia: "Quem não tem entusiasmo não consegue nem chupar picolé em dia de calor..."

Zig Ziglar, grande mestre na arte de vender, autor de vários livros, escreveu sobre esse assunto: "Nossa mente age de acordo com o alimento que recebe. O perfil de uma pessoa rica é: trabalho árduo, perseverança e principalmente, autodisciplina. Queijo de graça só na ratoeira." Empresários de sucesso, profissionais liberais (médicos, advogados, dentistas...), os melhores professores, líderes militares, políticos e até os religiosos, todos são vendedores de ideias, produtos ou serviços. Posso garantir uma coisa para você: por mais competência que um campeão líder seja em sua profissão, ele nunca conseguirá vender para todo mundo. Tente lembrar-se de nomes de grandes líderes vendedores da história mundial. **Napoleão Bonaparte**, **Mahatma Gandhi**, **John Kennedy**, **Lincoln**...

Jesus Cristo, o maior de todos. Suas mensagens de caridade e amor ao próximo, apesar da sua luz, até hoje tem gente que não aceita suas ideias. É claro que Ele não pode ser comparado com ninguém. Estou tentando ajudar pessoas, mas estou consciente de que farão críticas negativas pelo que estou escrevendo, encontrarão erros e discordar das ideias. E você? Precisa estar preparado para enviar muitos CVs, fazer algumas entrevistas para apenas uma delas ser a vitoriosa. Humildade para aprender coisas novas é uma virtude. Precisamos ter humildade, fé e cultivar o espírito da curiosidade para descobrir novos cominhos e ter sucesso.

Observe que todos tiveram multidões de seguidores. Jesus na sua divindade, pregando amor ao próximo, caridade, bondade, elevação espiritual, foi crucificado. **Lincoln**, **Kennedy** e **Gandhi** foram mortos com um tiro. **Nelson Mandela** ficou preso praticamente a vida inteira. Você pode perceber o que acontece com alguém que seja comum como eu? É claro que jamais vou conseguir vender para todo mundo, mas não será por causa disso que vou me conformar com uma venda perdida. Para cada uma dessa farei uma reflexão e tentarei descobrir onde falhei. É por causa disso que você deve continuar perseguindo a ideia de estudar e evoluir como líder em sua profissão. Descubra o que tem que ser feito para liderar cada vez melhor. Liderança é algo que pode ser aprendido e desenvolvido. Alguns poucos são líderes natos, mas a grande maioria estudou o assunto, praticou, errou e foi aprendendo paulatinamente.

❖ LIDERANÇA — DAVI VERSUS GOLIAS

Narrativas como essa nos trazem muitos ensinamentos e inspiração. Ainda que muitos de nós conheçamos a história de Davi contra Golias, vou brevemente rememorá-la para fazer uma associação com a mensagem deste livro.

O povo de Israel foi desafiado pelo soldado campeão dos filisteus, Golias. Segundo a Bíblia (1 Samuel 17:4), o gigante media cerca de 2,90m de altura. Além de ser muito grande, estava protegido por uma grossa malha feita com fios de bronze (cota de malha). Também tinha um imenso escudo e estava armado com uma enorme lança e espada. Acho que devia ser uma imagem assustadora.

Imagine a cena: aquele gigante rindo e zombando dos amedrontados soldados de Israel, quando um jovem pastor de ovelhas, de trajes modestos, mãos nuas e sem nenhuma proteção, tendo consigo apenas umas "cordinhas", que era a "funda". Todos pensavam que Golias acabaria com Davi, mas se enganaram.

Davi estava imbuído da sua fé. Tinha autoconfiança, determinação, atitude e ousadia. Ele estava revoltado ao ver seu povo ser humilhado pelo inimigo com provocações e afrontas, além de testemunhar a passividade e medo do Rei Saul e seus generais de guerra. Todos esperavam que ele fosse esmagado pelo gigante, mas Davi cheio de coragem partiu para a ação, o enfrentamento. Golias foi surpreendido e vencido por um garoto armado apenas com sua fé e uma funda. Nesse relato encontramos muitas palavras usadas hoje em dia por nossos líderes, principalmente fé, autoconfiança, ousadia e atitude... Há outras tantas que também são qualidades dos profissionais atuais, como compromisso, inovação e coragem.

Caso Davi tivesse se "contaminado" pelo medo dos soldados israelitas, e se deixado levar pela ideia de que era apenas um jovem pastor de ovelhas, também não teria aceitado o desafio. Ele tinha certeza de que havia uma força espiritual superior orientando seus passos. E essa crença tem um poder extraordinário.

A atitude corajosa de um líder carismático já "morava" no seu íntimo. Havia um compromisso "sagrado" com seu povo que não permitia a Davi ser passivo àquela humilhação. Ao arriscar a vida para defender a honra do seu povo ele foi extremamente ousado, já que ninguém do seu exército teve essa coragem com tamanho desprendimento.

Ao tentarem colocar nele uma armadura, escudo e espada, Davi recusou, pois sabia que se usasse as mesmas armas do inimigo seria derrotado. Ele optou pela surpresa e inovação. E fez o que ninguém esperava.

Acredito que Davi intuitivamente usou alguns dos princípios conhecidos dos nossos executivos. Acho que foi ele quem inventou o PDCA (piada).

> **Planejamento**: antes de se defrontar com o gigante ele desenhou mentalmente o seu plano de ação e decidiu como atacaria.
> **Treinamento**: enquanto pastoreava solitariamente suas ovelhas, ele treinava todos os dias o uso da funda usando as pedrinhas a sua volta. Sem saber o que estava reservado para ele no futuro, sua pontaria estava sendo aprimorada. Foi brincando que intuitivamente se preparou para os desafios da vida.
> **SNIOP**: ele se protegeu das nefastas influências dos outros soldados.
> **Atitude mental**: enquanto todos viam um enorme gigante pronto para esmagar quem estivesse na sua frente, Davi olhou e disse: "Caramba, esse cara é muito grande! Não tem como errar. Vou acertar bem no meio dos olhos." Partiu para a ação e todos sabem o resultado.

Ao longo desses anos, tenho apoiado milhares de profissionais em transição de carreira. Vejo conexão dessa história bíblica com a realidade de muitos dos que assisti.

Ousadia, inovação, fé, autoconfiança e ação, são atitudes que precisamos para sair de nossa zona de conforto e atingir objetivos superiores. Revolte-se positivamente contra o conforto, a inércia, a mesmice. É importante ter fé, manter sua espiritualidade, seja lá qual for sua crença ou religião, mas é preciso fazer a sua parte.

Wagner, meu amigo, diz que: "Deus busca pessoas que se revoltam contra as situações críticas e confiam NELE ainda que tudo pareça ser impossível. O primeiro passo para uma mudança é se revoltar contra suas dificuldades do momento e trabalhar para que haja mudança."

Outro amigo, **Alan**, que é gestor de projetos, adiciona um comentário a esse texto o qual acho procedente agregar:

> "A missão (projeto) foi dada. O escopo era vencer o gigante Golias (tão gigante quanto o desemprego) e os riscos do projeto estavam bem claros e eminentes. A estatura, a força, as capacitações e ferramentas do Gigante superavam as de Davi. Ele por sinal sabia disso (risco conhecido deve ser admitido e planejado). Ele não teve medo (desconforto com o desconhecido, ansiedade sobre o que poderia acontecer), pois já conhecia os riscos. Utilizou-se de uma análise simples de como mitigá-lo. Aceitou e estudou as possibilidades que tinha para contorná-lo. Afinal o que ele tinha a perder? Se eles não lutassem, seriam expulsos e mortos pelos Filisteus, portanto, não tinham nada a perder."

Alan ainda acrescenta:

> "Davi tinha virtude, fé e autoconfiança, mas também exercitava diariamente sua capacitação e habilidade em caçar com a funda. Ele sabia que podia acertar qualquer coisa com aquilo. Ele precisava ser rápido, aproveitar a oportunidade... (sorte = oportunidade + preparo), tinha poucas chances, pois não teria tempo para outras tentativas (aproveite as chances que lhe são dadas), precisava ser preciso, pois de nada adiantaria acertar a armadura. A meta era a cabeça, a única parte vulnerável à pedra (foque a meta, seja preciso e eficiente). E lá foi ele...
>
> Ele avaliou os riscos, mitigou-os, definiu a estratégia a ser utilizada, escolheu as ferramentas evidenciando suas capacitações, fez seu planejamento, acreditou no plano e o executou com perfeição. Lembro-me que estava com minha confiança abalada quando cheguei na Attitude RH. De nada estavam adiantando minhas capacitações e ferramentas, pois elas só estavam servindo para vender projetos dos outros. O que eu precisava era encontrar as ferramentas certas para vender as do Alan, e foi isso que aprendi com vocês."

Autoconfiança, otimismo e atitude positiva, são possíveis de você desenvolver já. É o ponto de partida para ampliar sua carreira e se tornar líder e mentor. Pense, tente se lembrar dos resultados positivos que já obteve em sua vida, desde os tempos de garoto, procure valorizá-los, mesmo que sejam aparentemente pequenas vitórias.

Na escola, nos esportes, ou até nas brincadeiras, o que lhe dava grande prazer e alegria? Já foi campeão no videogame? No jogo de cartas, no pingue-pongue? Bem-humorado ao contar anedotas? Já obteve sucesso ao aprender a tocar um instrumento musical ou um idioma estrangeiro, ao fazer um curso de oratória, vendas ou teatro amador? Talvez navegação oceânica, asa-delta, escalada, canoagem? Algumas vitórias na corrida de kart? Na conquista de um amor na juventude? No que você é bom e quais características o tornam, hoje, diferente dos demais? Valorize-se!!! Eleve sua autoestima.

Davi, com sua ousadia e autoconfiança tornou-se o líder de sua nação e seu nome é lembrado até hoje, sendo cultuado por algumas das maiores religiões do mundo.

Você é o líder da sua própria vida, na sua casa, e na sua família. Tenha a atitude correta com ações positivas e que façam com que "seu povo" esteja seguro, confiante e certo de que você atingirá seu objetivo. Reflita e descubra como foi capaz de conseguir resultados positivos nas empresas pelas quais passou, na sua família, em sua vida social e na acadêmica. Escreva no computador ou na sua agenda. Muitos dos meus clientes ficam surpresos depois de fazerem esse tipo de reflexão. Eles dizem: "Eu não sabia que tinha conseguido tantos resultados positivos na minha vida."

❖ LIÇÃO DE VIDA

Bill Gates: "Tente uma, duas, três vezes e se possível tente a quarta, quinta e quantas vezes mais for necessário. Só não desista nas primeiras tentativas. A persistência é amiga da conquista. Se você quer chegar aonde a maioria não chega, faça então o que a maioria não faz."

Franc, meu primo me enviou por WhatsApp: "Lembra daquele cara que desistiu? É... nem eu!"

❖ JOVEM — SAINDO DO NINHO. INGRESSANDO NA VIDA PROFISSIONAL

A infância e adolescência são fases da nossa vida que são uma delícia. Algumas pessoas procuram estendê-las até idade avançada. São pessoas idosas que continuam com atitude e pensamento de jovens. O corpo envelheceu, mas o espírito continua com muita beleza e cheio de luz. O que importa é isso, se sentir saudável, entusiasmado e energizado para desfrutar bem a vida enquanto pode e feliz quando pode compartilhar conhecimento, sabedoria com outras pessoas e ser útil. Existem pessoas que desde muito cedo vivem pensando no futuro. São realizadores e empreendedores.

Shark Tank Brasil é um programa interessante na TV. Tive o privilégio de ver um jovem de 14 anos de falando para um grupo de "ferozes" empresários de grande sucesso. Ele estava fazendo um convite com a intenção de conseguir sócios investidores na sua empresa. Recomendo que vejam esse vídeo no YouTube. É verdadeiramente inspirador. É exemplo de elevado senso de iniciativa, empreendedorismo e coragem de uma pessoa tão jovem.

Algumas pessoas ficam esperando que a boa sorte caia do céu. Não vai cair. Você quer realizar algo bom e valioso na sua vida? Vai ter que correr atrás. As boas coisas da vida só acontecem quando existe ação. Quando eu era garoto, ouvia minha avó (espanhola) repetir um ditado: "Cobra que não anda morre de fome."

O jovem precisa se preparar para o futuro. Quanto mais experiências colher, boas ou não, mais forte ficará. Participe e colabore em todos os movimentos da sua comunidade, na igreja que frequenta, no clube ou na escola. Aprenda um idioma estrangeiro, participe de algum coral, estude um instrumento musical, pratique esportes, mesmo que não seja um campeão.

Você que é jovem, quando chegar a hora de buscar sua primeira oportunidade de emprego, faça de tudo para aproveitar o programa do governo "Jovem Aprendiz". Será de grande valia para seu futuro. Se passar da idade vai ter dificuldade.

É possível fazer pesquisa e saber quais as boas empresas que adotaram esse programa e estão aceitando candidatos. Caso não consiga de imediato, continue tentando, tenha coragem e seja insistente. Enquanto espera um chamado, levante-se da cama e ofereça-se em alguma ONG para um trabalho voluntário. Tenha certeza de que sua contribuição ajudará outras pessoas, você sentirá um grande bem-estar e agregará valor ao seu histórico curricular. As empresas apreciam esse tipo de atitude. Alguém acomodado, parado, sem nenhuma experiência, terá muita dificuldade para conseguir o primeiro emprego.

Quando o selecionador pergunta qual a sua experiência, ele não quer saber se é com ou sem "carteira assinada", se você era remunerado ou não, isso não importa. Ele quer saber o que você tem feito de produtivo em sua vida além de estudar.

Haemin Sunim escreveu no livro *As coisas que você só vê quando desacelera*, presente do meu amigo Douglas: "Mesmo que tenha outros motivos para fazer trabalho voluntário, ao ajudar e se conectar com as pessoas você pode descobrir o significado da vida e da felicidade. Por isso é importante ser voluntário sem importar o que o impeliu a fazê-lo em primeiro lugar." Ele ainda acrescenta dizendo que um profissional veterano não é necessariamente melhor que um jovem apaixonado pelo que está fazendo. O entusiasmo e a atitude muitas vezes valem mais que a experiência.

Em minha opinião, o jovem precisa de experiência, sem ela não existirá emprego para você no futuro. De imediato a questão salarial é absolutamente irrelevante nessa etapa da vida. Nesse primeiro momento é melhor trabalhar mesmo sem ganhar nada do que ficar em casa vendo TV. Todas as experiências, remuneradas ou não, devem ser consideradas e valorizadas pelo jovem, até mesmo quando o trabalho é desenvolvido em algum negócio da família. Numa entrevista de emprego, as experiências deverão ser valorizadas e apresentadas com entusiasmo. Cada chefe que você tiver, mesmo que ele seja muito exigente, será um mestre como ponto de apoio e referência na sua subida. Demonstre e verbalize sincera gratidão, sem ser "puxa-saco", pelo que aprendeu com ele. A gratidão engrandece o seu espírito.

Mais à frente, quando estiver no segundo ou terceiro ano de faculdade é a hora de buscar estágio. É algo de extraordinária importância. Repito: salário é o último ponto a ser considerado, o mais importante nesse momento é a experiência.

Imagine alguém que acabou de se formar na faculdade, estudou quatro ou cinco anos, cujo pagamento da mensalidade só dependia da mesada do papai. Consequentemente esse jovem não tem experiência de nenhum tipo, nem antes da faculdade, muito menos durante, e depois, piorou. Com certeza, vai ter muita dificuldade para conseguir se colocar no mercado de trabalho. Sem estágio na sua área de formação é muito mais difícil de conseguir o primeiro emprego. Ele necessitará demonstrar senso de iniciativa e que desenvolveu ações fora do currículo escolar para se preparar para a vida profissional.

❖ ESTAGIÁRIOS/*TRAINEES*

Acompanhe na internet "feiras" para estagiários. Ali, várias boas empresas estão buscando jovens estudantes. É uma excelente oportunidade. Use as redes sociais a seu favor de forma positiva, produtiva e construtiva. Ação!

Jovem, quando estiver procurando um trabalho, faça-o com entusiasmo, esperança, alegria, com intensidade e determinação. Tenha atitude positiva. Evite conversar com pessoas que falem de dificuldades. Energia positiva atrai coisas boas e sucesso. O pessimismo atrai o contrário. Procurar emprego é uma experiência enriquecedora, desfrute o momento e aprenda o máximo que puder. Cada selecionador, cada entrevista tem que funcionar como uma verdadeira aula. Memorize e anote todos os detalhes. Entusiasme-se com cada oportunidade e verbalize seu sentimento para o selecionador.

Tenha atitude proativa, senso de iniciativa e responsabilidade, energia positiva, otimismo, boa comunicabilidade... São pré-requisitos que terão grande peso em um processo de seleção.

Mahatma Gandhi escreveu: "Tenha pensamentos positivos, pois seus pensamentos se tornam as suas palavras. Mantenha suas palavras positivas, pois suas palavras se tornam seus comportamentos. Mantenha seus comportamentos positivos, pois seus comportamentos se tornam seus hábitos. Mantenha seus hábitos positivos, pois seus hábitos se tornam os seus valores. Mantenha seus valores positivos, pois seus valores se tornam seu destino."

Assista no YouTube a vídeos que possam mostrar caminhos novos e diferentes. São histórias de empresários que se esforçaram, enfrentaram muitos obstáculos, cometeram erros, perseguiram seus sonhos, trabalharam muito e hoje são vitoriosos.

Recomendo nomear alguém como seu mentor ou conselheiro. Pode ser um amigo, parente, antigo professor ou chefe. Também pode ser alguém que você nunca teve contato pessoal, mas que admira seu modo de viver ou seu sucesso profissional. Poderia ser um autor de livros que você tenha lido, pode ser que ele ainda esteja vivo ou não. Talvez um filósofo ou um empresário.

Por exemplo:

Abilio Diniz foi entrevistado no programa Show Business por **Sonia Racy** na BAND. Ele deu um depoimento no qual fala de sucesso e também comenta que teve reveses em sua trajetória: "Um dia a vida virou, às vezes acontecem coisas que você não sabe de onde vem, você tem que aceitar e se redirecionar, flexibilizar, improvisar e se reinventar."

Veja o que **Abilio Diniz** também fala em um dos programas do **TED** no YouTube. Grandes ensinamentos em suas mensagens. Em suas palestras ele recomenda: "Tenha ambição de fazer algo grande e importante. As coisas não acontecem por acaso. Tenha disciplina e seja melhor a cada dia."

Ele ainda diz:

"Quando entrevisto um candidato, a primeira coisa que procuro perceber é se ele tem aderência com meus valores, no que acredito de acordo com minha cultura. Humildade para mim é fundamental. Humildade não é usar roupa velha e fazer votos de pobreza. Humildade é saber ouvir, dialogar e saber que não se sabe tudo e que sempre podemos aprender mais."

Abilio Diniz disse que para trabalhar com ele, o candidato precisa estar alinhado com os valores, propósitos, com a filosofia e cultura da sua empresa. Tenho certeza de que você percebeu a importância dessa mensagem direta. Isso é a base da liderança que ele exerce no mundo corporativo. É um empresário respeitado por todos.

Se houver alguma deficiência técnica no candidato, um treinamento em um bom curso pode resolver, mas se ele é complicado como pessoa fica muito difícil de solucionar. É possível perceber o valor que tem uma entrevista de emprego com foco no comportamental e no emocional. Deficiência técnica tem conserto, atitude e comportamento é mais difícil. Você é testemunha de como o mundo está em transformação, mas o que acabei de escrever será imutável, pois é inerente ao ser humano.

Profissões serão extintas por força do progresso tecnológico e outras surgirão. Mas sempre serão exigidos e valorizados pré-requisitos como valores morais, atitude e experiência.

Haemin Sunim recomenda: "Quando estiver procurando emprego, tente descobrir por quanto tempo os funcionários ficam na empresa. Isso é mais importante que o tamanho da companhia ou o salário oferecido. Se as pessoas sempre saem de lá, isso evidencia muita coisa." Eu acrescentaria: se as pessoas já estão lá há muito tempo ocupando as mesmas posições sem haver promoção, isso também evidencia muita coisa.

Algumas pessoas tentam explicar seus insucessos colocando a culpa no destino, na falta de sorte, nos pais, na inveja. Vou citar alguns casos de homens vitoriosos que tiveram muitos motivos para justificar uma vida infeliz e improdutiva, mas aconteceu o contrário. Trocarei alguns nomes por questão ética.

Joaquim Rosa é um deles. Foi abandonado numa cestinha ainda recém-nascido, foi adotado e mais algumas vezes abandonado, viveu nas ruas. Mas apesar disso, conseguiu sair da marginalidade, na adolescência vivia fazendo "bicos" como pedreiro, ajudante de caminhão, vendedor ambulante... Ele conseguiu estudar em escolas públicas à noite e quando adulto trabalhou como balconista em diferentes tipos de lojas. Sua remuneração provinha principalmente das suas comissões. Ele se esforçava e tornou-se um vendedor campeão. Todos os meses separava um pouco de dinheiro para sua poupança. Sua independência começou com uma pequena banca de frutas que ele conseguiu numa calçada. Levantava de madrugada para ir ao mercado municipal para repor seu estoque. Foi assim até se tornar comerciante com grande cadeia de lojas na área de autopeças.

Gilberto Camargo tem uma história impressionante para mim. Ele me contou que quando criança, apanhava quase todo dia do seu pai. Aos 17 anos fugiu de casa. Hoje ele é dono de uma grande imobiliária, tem uma cadeia de hotéis, fazenda de gado no Rio Grande do Sul, mina de exploração de pedras preciosas em Mato Grosso, tem uma empresa de importação e exportação e faz suas viagens em seu jatinho particular. É uma história que se repete.

Djalma Rezende (nome verdadeiro), ao ser entrevistado pela revista *Veja* falou sobre sua história e seu casamento "milionário". A "chamada da reportagem" na revista, dizia que ele fez sua festa de casamento sem se utilizar da Lei Rouanet, mas gastou R$5 milhões. Na minha visão, o mais importante da reportagem é quando ele fala da sua infância. Foi criado na roça, era o filho mais velho. Fez de tudo: carvoeiro, tirador de leite das vacas, ajudante de pedreiro e todo dinheiro que ganhava ele entregava para o pai. Mas apesar disso, apanhava todos os dias, até que a mãe dele não aguentou mais, pegou os filhos e foi para a capital. Ele era analfabeto, só então começou a estudar. Com muito esforço, estudou Direito e se especializou em causas agrárias, defendendo grandes fazendeiros. Ficou milionário.

Salomão dizia: "Só com esforço hercúleo você obterá resultados diferentes e melhores que os outros." Esse pensamento foi colocado por Djalma na sua entrevista na revista *Veja*.

Você teria coragem de dizer que esses homens venceram na vida por causa da boa sorte? Se quiser que eu cite mais alguns casos é só me enviar um e-mail.

Veja no YouTube a reportagem com **Djalma Rezende** no programa da TV Record, "Domingo Maior" do dia 29 de junho de 2016.

Leonídio Balbino da Silva também tem a história dele narrada no Google. É inspiradora, vale a pena ler.

Conheço homens que tiveram todo o apoio dos pais e muito carinho. Estudaram nas melhores escolas e faculdades, viajaram para outros países, receberam de presente automóvel e outros bens materiais. Apesar de todo investimento feito neles vivem reclamando da vida, infelizes e "marcando passo". Alguns continuam acomodados e reclamando da vida, mas outros enveredaram no caminho do crime ou então já partiram numa viagem de overdose.

Geraldo Rufino, veja no YouTube, ele conta sua inspiradora história com entusiasmo. É imperdível. Quando era criança, vivia catando restos no "lixão". Hoje, depois de incríveis subidas e descidas, com muito aprendizado e bom humor, está milionário. Ele tem ótima verbalização e brinca dizendo que alguns olham para baixo e veem a bosta, outros olham para cima e veem um lindo cavalo. Cada um escolhe o que quer ver.

Davi Mendonça, no YouTube, é mais uma história verdadeira com o título "de camelô a milionário e palestrante mundial", vale apena ver.

Arnon Afonso de Farias Melo, grande senador alagoano, dizia: "As dificuldades ensinam e fortalecem, as facilidades iludem e enfraquecem..." Aprendi a apreciá-lo quando trabalhei com sua filha Ana Luisa, grande amiga, com quem aprendi muito.

❖ CASO JOATA — O COMUNICADOR

Tive oportunidade de conversar com um jovem que estava indeciso, sem saber o que fazer da sua vida. Joata era formado em Comunicação há mais de dois anos. Nunca trabalhou em nada e quem arcava com todas as suas despesas era o pai (faculdade, gasolina do carro, festinhas, viagens ao exterior etc.). No último ano da faculdade, só para conseguir pegar o diploma pediu a um amigo do pai (empresário) uma declaração de que havia feito o mínimo de horas necessárias como estagiário, mas foi só isso. O incrível é que ele poderia ter pedido para trabalhar de verdade com o amigo, mas não o fez. Sendo assim, na realidade, honestamente, nunca teve experiência na área de formação.

Perguntei o que havia feito para conseguir trabalhar depois que concluiu seu curso na faculdade. Ele disse: "Tem sido muito difícil, o mercado está muito ruim, então fiz alguns 'bicos' como vendedor de loja no fim de ano, fui porteiro de boate, nada com carteira assinada." Menos mal. Fiquei com pena dele.

É triste, é dramático ver alguém que aplicou e investiu muitos anos da sua vida como estudante, mas depois de formado se sentir tão perdido. Durante anos pegou dinheiro do pai para pagar as mensalidades da faculdade e depois de tudo, ele não sabe o que fazer. Mas, e agora? Depois de tanto esforço chegar aos 30 anos, ainda com dificuldade para conseguir o primeiro emprego.

O que deve estar acontecendo no íntimo desse jovem? Como ele está se sentido ao encontrar colegas trabalhando, progredindo e ele não? Qual será o seu futuro? Você consegue imaginar o que deve estar acontecendo no seu íntimo? O que pode ser feito para ajudá-lo a encontrar solução e bons caminhos? Ele precisa de sólido e firme apoio de um profissional que não esteja emocionalmente envolvido com ele, urgentemente, alguém que não seja parente e nem mesmo amigo. Minha avó dizia que você só pode ajudar quem quer receber sua ajuda.

A ERA DO CONHECIMENTO

14

Até bem pouco tempo atrás as pessoas ficavam aliviadas quando terminavam o curso superior, imaginando que haviam se livrado de um fardo e que nunca mais precisariam frequentar os bancos escolares. Ledo engano. Quando a pessoa encara os desafios sem prazer, isso se torna um "fardo". Depois da formatura, após a entrega do diploma, no lugar da faculdade entrou o que algumas pessoas chamam de a "batalha" para conseguir o primeiro emprego. Quando conseguiu trabalho, a pessoa diz que foi uma "luta após outra", "tem que matar um leão por dia". Em seguida assume o "pesado compromisso do casamento". E vai por aí afora, esse indivíduo coloca títulos negativos para cada etapa da sua vida, percebeu? "Batalha", "luta", "guerra", "obrigação", "pesado compromisso"... Será que consegue ser feliz? Lembre-se das palavras do **Mahatma Gandhi**:

"Tenha pensamentos positivos, pois seus pensamentos se tornam as suas palavras. Mantenha suas palavras positivas, pois suas palavras se tornam seus comportamentos. Mantenha seus comportamentos positivos, pois seus comportamentos se tornam seus hábitos. Mantenha seus hábitos positivos, pois seus hábitos se tornam os seus valores. Mantenha seus valores positivos, pois seus valores se tornam seu destino." Uma pessoa que vive usando palavras "pesadas", negativas, terá dificuldade em sentir prazer, alegria e felicidade na sua vida. Cuidado com as palavras que usa, elas influenciam no seu comportamento e atitude. As palavras têm energia. Alguém que vai para um culto religioso e fica torcendo para acabar logo é a mesma que vai trabalhar e diz que está indo para a batalha, para a luta ou suplício. E quando o relógio bate 16h já começa a se arrumar para ir embora. A segunda-feira é o pior dia da semana. Tudo de bom ou ruim da nossa vida começa na nossa cabeça e nós podemos decidir o que vamos sentir. Hoje, qualquer executivo com boa formação, mesmo que tenha nota dez na mais famosa Universidade sabe que não pode parar de estudar. Deverá continuar fazendo especialização, pós-graduação, MBA, mestrado, doutorado, aprendendo e dominando outros idiomas, diversificando conhecimentos em outras áreas. Obviamente você deseja ter melhor qualidade de vida, progresso, evolução, segurança e poder.

A motivação virá da sua ambição positiva de crescimento, visão de um futuro promissor com foco, disciplina, com esforço consciente e equilibrado. Porém, lembre-se, tudo tem um preço. Prosseguir fazendo cursos, participando de palestras e de congressos na sua área, representa não apenas investimento financeiro, mas também muitas noites estudando e alguns fins de semana sem a companhia dos familiares e amigos. Escreva e mantenha na mente a recompensa que obterá **lá na frente**.

❖ VIVER COM A FAMÍLIA OU PARA A FAMÍLIA? QUAL A DIFERENÇA?

Viver para a família é pensar em dar o melhor para quem se ama. Bons colégios para os filhos. Sente prazer e alegria quando pode comprar aquele vestido novo ou a joia especial para a esposa (ou o marido). A vida flui tranquila sem se preocupar com o "caixa", pois sabe que tem saldo no banco. Mas para chegar nesse nível precisou trabalhar muito, estudou pra valer, procurou cursos de especialização e evoluiu profissionalmente. Pessoas motivadas, interessadas e que têm espírito aguerrido, buscam evolução social e intelectual. Pode ser tanto um executivo trabalhando em multinacional como também uma pessoa com elevado senso de iniciativa que faz um curso de empreendedorismo e resolve trabalhar por conta própria.

PEGN é um programa da TV. Nele, uma ocasião, eu vi moças que iniciaram fazendo roupinhas para cachorro, conseguirem transformar a "brincadeira" em lucrativo negócio online concedendo franquias. Também vi um rapaz que começou apenas dando apoio para a esposa que fazia brigadeiro e hoje eles têm uma fábrica com dezenas de funcionários. É possível ver muitos exemplos positivos de descobertas e prosperidade. Hoje em dia ninguém pode parar de estudar, independentemente da profissão, caso contrário, seus concorrentes evoluirão e quem se deixa levar pelo conforto ficará para trás.

Gostar de estudar é questão de atitude e a visão de um futuro promissor pode ajudar. Você deve se imaginar sendo promovido na empresa, ganhando um salário maior, sendo respeitado por sua família e por colegas de trabalho. Quem vive com a família tem outro estilo de vida, que é inegavelmente bom, é bem mais confortável. Também tem um preço para pagar, não é de graça. Tudo depende do propósito da existência que cada um quer para si. Quem escolhe essa linha tem horário certo para chegar a sua casa, janta, vê o jornal na TV com as notícias trágicas do dia, e a emocionante novela, inclusive nos fins de semana. Consegue viver com o salário limitado que recebe, sem fazer "extravagâncias". Esse indivíduo fala que prefere ter "qualidade de vida". Vou deixar por sua conta para definir o conceito destes estilos de vida. Tente imaginar como é o dia a dia de quem prefere viver com a família e o cara que vive para a família. O que você acha? O importante é ser feliz e ter boa qualidade de vida. **Napoleon Hill** escreveu no seu livro *A Lei do Triunfo*: "It is literally true that you can succeed best and quickest by helping others to succeed." Sem fazer uma tradução literal, na minha interpretação ele passa o seguinte: "Você tem muito mais sucesso quando ajuda outras pessoas a terem sucesso."

Paulo Kajiwara, meu amigo, me enviou:

"Eu gosto da citação do **William Ward**. Se eu não estiver enganado em que diz:
'Estude enquanto eles dormem,
Trabalhe enquanto eles folgam,
Prepare-se enquanto eles se divertem,
Então viva o que eles desejam.'"

❖ QUANDO COMEÇAR O "PLANO DE CARREIRA"?

Você já está formado há muito tempo e ainda não havia feito uma reflexão sobre esse assunto? Então está na hora de se mexer. Na realidade você deveria ter pensado nisso há muito tempo, quando ainda estava na faculdade ou antes dela. Então agora é correr atrás do prejuízo. Vamos ver o que ainda pode ser feito.

Observando a "pirâmide organizacional", você perceberá que o Presidente está na parte superior, a mais estreita. Conforme descemos, ela fica mais ampla. Na base encontram-se os Estagiários. À medida que o profissional vai subindo na escala hierárquica a disputa vai ficando mais acirrada. Normalmente, nas empresas existe vaga para apenas um Presidente e muitas para Estagiários e Analistas. São médias aproximadas:

Diretor/Presidente — 35 aos 40 anos

Gerente — 30 aos 35 anos

Supervisor/Coordenador — 25 aos 30 anos

Analista — 21 aos 25 anos

Estagiário — 18 aos 21 anos

Para atuar como estagiário é exigido que o candidato já esteja no terceiro ou quarto ano de faculdade. As oportunidades são muitas e é um momento que é fundamental e que tem que ser aproveitado. Caso contrário, vai dificultar muito para conseguir emprego depois de formado. É aí que o estudante começa a desenvolver sua competência para melhorar sua condição como candidato no futuro e superar os obstáculos.

Certa ocasião eu encontrei uma mensagem na minha caixa postal, com certeza é uma criativa fantasia, mas achei interessante. Era hipoteticamente uma redação que foi criada por um estagiário que buscava seu primeiro emprego, no qual o selecionador pedia que ele escrevesse sobre sua experiência.

❖ REDAÇÃO VENCEDORA — QUAL A SUA EXPERIÊNCIA?

Encontrei na internet, mas não sei quem é o autor:

Já fiz cosquinha na minha irmã só pra ela parar de chorar, já me queimei brincando com vela. Eu já fiz bola de chiclete e melequei todo o rosto, já conversei com o espelho, e até já brinquei de ser bruxo. Já quis ser astronauta, violonista, mágico, caçador e trapezista. Já me escondi atrás da cortina e esqueci os pés pra fora. Já passei trote por telefone. Já tomei banho de chuva e acabei me viciando.

Já roubei beijo. Já confundi sentimentos. Peguei atalho errado e continuei andando pelo desconhecido. Já raspei o fundo da panela de arroz carreteiro, já me cortei fazendo a barba apressado, já chorei ouvindo música no ônibus. Já tentei esquecer algumas pessoas, mas descobri que essas são as mais difíceis de esquecer.

Já subi escondido no telhado pra tentar pegar estrelas, já subi em árvore pra roubar fruta, já caí da escada de bunda. Já fiz juras eternas, já escrevi no muro da escola, já chorei sentado no chão do banheiro, já fugi de casa pra sempre, e voltei no outro instante.

Já corri pra não deixar alguém chorando, já fiquei sozinho no meio de mil pessoas sentindo falta de uma só. Já vi pôr do sol cor-de-rosa e alaranjado, já me joguei na piscina sem vontade de voltar, já bebi uísque até sentir dormentes os meus lábios, já olhei a cidade de cima e mesmo assim não encontrei meu lugar. Já senti medo do escuro, já tremi de nervoso, já quase morri de amor, mas renasci novamente pra ver o sorriso de alguém especial.

Já acordei no meio da noite e fiquei com medo de levantar. Já apostei em correr descalço na rua, já gritei de felicidade, já roubei rosas num enorme jardim. Já me apaixonei e achei que era para sempre, mas sempre era um para sempre pela metade. Já deitei na grama de madrugada e vi a Lua virar Sol. Já chorei por ver amigos partindo, mas descobri que logo chegam novos, e a vida é mesmo um ir e vir sem razão.

Foram tantas coisas feitas, momentos fotografados pelas lentes da emoção, guardados num baú, chamado coração. E agora um formulário me interroga, me encosta contra a parede e grita: "Qual sua experiência?" Essa palavra ecoa no meu cérebro: EXPERIÊNCIA!

❖ INTERPRETANDO A REDAÇÃO

Como você pode ver, essa é uma redação cheia de poesia, fantasia, emoção, repleta de criatividade, e com a qual nos identificamos, pois já tivemos quase as mesmas experiências, mas não estávamos dando o devido valor. A redação é tão bem-feita que sou levado a acreditar que foi elaborada por alguém especial e com muita experiência e não por um estagiário inexperiente. É uma ficção.

Na realidade, quando o selecionador faz essa pergunta "qual sua experiência?", muitos candidatos jovens e despreparados perdem o controle emocional e respondem: "Eu não tenho experiência, só trabalhei como estagiário..."

Isso é o que o selecionador quer ouvir? Essa informação agregará valor? Não. Muitas vezes o estagiário trabalha mais que os funcionários efetivos e com entusiasmo dobrado produzindo resultados muito mais positivos. Mas ele próprio não percebe o valor que tem.

A sociedade incutiu na mente do jovem que a "carteira assinada" é a solução do problema. Com certeza não é! Todos os resultados obtidos pelo trabalho dele têm grande importância, não apenas nos acertos, mas também nos erros, pois é daí que vêm os maiores ensinamentos. A carteira assinada está com os dias contados para desaparecer. Cada vez mais o "Home Office" se torna uma boa opção para o profissional e para a empresa.

Trabalho voluntário tem grande valor para seu histórico profissional, mesmo que não tenha sido remunerado por ele. Será muito valorizado quem é autodidata e aprendeu a tocar violino sem mestre. Ou então foi campeão de luta livre, escoteiro, viajou para o exterior e trabalhou cuidando de um asilo de velhinhos. Outros trabalharam como *baby sitter*, jardineiro, pedreiro assentando piso, foi voluntário na selva e pegou malária, foi professora de dança contemporânea ou atuou como *hostess* em feira de amostra.

Toda atividade que foi feita como um trabalho tem valor, seja como temporário, voluntário, meio expediente ou fim de semana. Todos têm grande valor, são experiências absolutamente válidas e elas fazem parte da história de cada um. Elas precisam ser citadas com entusiasmo durante uma entrevista, sem modéstia. Seja ele candidato a "jovem aprendiz" ou estagiário.

O que o jovem fizer nesse momento da sua vida será marcante e deve ser muito bem considerado por ele próprio, registrado por escrito em uma pasta especial em seu computador. No mesmo arquivo deve guardar fotos de eventos dos quais tenha participado e até mesmo em vídeos. Registros que forem feitos dentro de uma empresa, que não seja de domínio público, tem que ter autorização explícita por escrito.

O jovem que está buscando uma oportunidade de trabalho, não pode ficar esperando que algo maravilhoso caia do céu. Mantenha foco no seu futuro, mas cuidando do presente. Se o jovem está no primeiro ou segundo ano de faculdade, o mais recomendável é que procure trabalho em lugares que tenham afinidade com o que está estudando.

Nikolas, estuda engenharia no Canadá. Motivou-se a procurar emprego quando viu que vários dos seus colegas já estavam com alguma independência em relação ao dinheiro que recebiam dos seus pais. Foi algo que o deixou motivado a buscar algum lugar para trabalhar.

Trocamos ideias e sugeri que seria interessante se ele buscasse alguma atividade que tivesse conexão com a área em que está estudando. Falei para ele:

"Você poderia procurar uma oportunidade em empresas com as quais tenha uma relação de afinidade com a atividade deles. Como por exemplo: uma construtora, empreiteira, ou talvez na área de TI, indústria etc. Não importaria a função, muito menos remuneração. Trabalhe como mensageiro, recepcionista, *office boy*, mas numa empresa onde exista afinidade. A vantagem é que já estará no "clima" que será o seu futuro, convivendo com o jargão próprio do ambiente, além de iniciar relacionamento com profissionais que serão referências importantes para sua carreira no futuro."

Se você estuda Direito, procure se colocar em um escritório de advocacia ou em um cartório, empresa de cobrança judicial, cargos públicos, ou como auxiliar no departamento jurídico de alguma empresa. Se você estuda Turismo procure estagiar numa agência de viagens ou em um hotel, por exemplo. Caso o jovem esteja estudando Comunicação, Jornalismo, Marketing ou Relações Públicas, sugiro buscar conexão no LinkedIn com profissionais da sua área. Procure oportunidades nas empresas que trabalham com diferentes mídias como Agências de Publicidade, Assessoria de Imprensa, *Startups*, TVs, Jornais, Rádios, formadores de opinião pública. Pesquise em boas empresas comerciais ou industriais que tenham algum departamento ligado à área de comunicação.

Esse jovem deveria desenvolver seu *networking* com pessoas da sua área de formação.

❖ EMPREGO TEMPORÁRIO, POR HIPÓTESE

No fim de ano o jovem tentou algo na sua área, mas só conseguiu "emprego temporário" numa loja de roupas em um shopping. Ótimo, toda experiência é válida, nada contra, é melhor do que ficar vendo TV em casa.

Citei o caso do jovem que está estudando comunicação e conseguiu um trabalho como balconista numa grande cadeia de lojas de roupas. Aproveitando a oportunidade, ele deveria fazer um esforço extra para conseguir contato com a pessoa que é responsável pelas promoções de vendas, atendimento ao cliente e divulgação da marca no departamento de marketing, publicidade ou comunicação. Isso pode ser feito durante os intervalos. Poderia tentar mostrar que também que tem potencial e interesse para atuar em outras áreas afins com a que está estudando.

Autoestima elevada, acreditar e ter fé no seu potencial são características do líder. Ousadia e coragem de arriscar também fazem parte desse perfil. Assim como também ter visão positiva de futuro e perceber a beleza da área que escolheu. Essa atitude mental ajuda a estudar e trabalhar com mais alegria, entusiasmo e prazer.

Como escrevi acima, os especialistas dizem que "carteira assinada" está com os dias contados. No futuro ela vai ser substituída por outro sistema. Não é pecado ser autônomo, pelo contrário. Vários profissionais trabalham dessa forma: advogados, médicos, dentistas, engenheiros, arquitetos. E também os empreendedores que iniciaram como pequenos ambulantes ou vendedores e hoje são prestigiados como comerciantes e industriais. Temos vários exemplos de empresários de grande prestígio que iniciaram suas vidas como autônomos, sem carteira assinada. Eles alcançaram grande sucesso.

Executivos americanos quando estão com dificuldade para conseguir emprego devido a alguma crise, se oferecem para fazer um *test drive*. Eles desafiam:

"Deixe-me trabalhar durante um ou dois meses, se eu não der o resultado esperado me retiro e o senhor não precisa me pagar nada..." É uma mentalidade na qual existe um pacto de confiança entre as partes. Nenhum dos dois quer tirar vantagem e nem passar o outro para trás.

Quando o empresário percebe que se trata de um profissional competente e aceita o desafio, o candidato dará tudo de si para atingir os objetivos. Durante o período trabalhado passou a entender melhor o negócio da empresa tendo assim melhores condições de ganhar a simpatia e confiança dos chefes. Além disso, descobriu as principais necessidades da empresa para colocar seu foco naqueles pontos e conseguir resultados positivos. A consequência é a efetivação — releia na página 37 sobre "O Ano Perdido".

Em uma ocasião, meu filho, quando conseguiu seu primeiro emprego, comentou com a mãe "na faculdade nós pagávamos muito e aprendíamos pouco. Agora com meu trabalho eu aprendo muito mais e ainda recebo um salário no fim do mês. Quer melhor que isso?"

Trabalhe e esteja sempre computando e registrando em seu "livro-caixa" os resultados que está entregando. Lembre-se: quem paga o seu salário é você mesmo com o que produziu de bom para a empresa. Quando acontece um *downsizing*, os demitidos são os que deixaram de dar resultados positivos ou têm dificuldade com relacionamento interpessoal. Nenhuma empresa dirigida por pessoas inteligentes demite seus campeões. Sua postura física e atitude mental podem influir nos resultados que conquistará durante sua vida profissional. Dentro da minha experiência posso falar com segurança, a atitude vale mais que a competência. Um pouco de audácia pode ajudá-lo a encontrar novos caminhos.

❖ BARÃO DE ITACARÉ

"**Barão de Itararé**" era o pseudônimo de um jornalista que fazia críticas e sátiras usando muito humor. Veja o que encontrei no Google sobre ele quando esteve procurando emprego no jornal *O Globo* no Rio de Janeiro:

"Precisando trabalhar, buscou emprego no *O Globo*, jornal recém-fundado por **Irineu Marinho**." O jornalista perguntou a **Aparício Torelly** o que ele sabia fazer. "Tudo, de contínuo a diretor de jornal", respondeu impávido. Irineu Marinho gostou da irreverência do rapaz e se dispôs a ler o texto que Aparício levara.

Há mais de 30 anos ouvi a história desse encontro. Aquele relato tinha mais "colorido", pena que eu não consigo lembrar qual foi a fonte. Seria necessário pesquisar muito mais. Aparício já havia tentado contato com o empresário, mas sem sucesso. Então, ficou na porta do edifício onde funcionava o jornal esperando a hora em que Irineu estivesse saindo. Nesse momento, o rapaz foi ao encontro do empresário e simulou um tropeço em algo imaginário no chão. Caíram alguns papéis de suas mãos, em seguida abaixou-se para pegá-los, ao mesmo tempo que pedia desculpas. Irineu era uma pessoa muito especial, juntou-se a Aparício para ajudá-lo, quando foi surpreendido com o pedido de emprego. Os dois riram e a conversa fluiu. O resto da história você já sabe.

Conclusão: quem quer faz acontecer. Quem não quer inventa desculpas e fica esperando que alguma coisa caia do céu. Milagres acontecem, mas é preciso saber para que santo dirigirá o pedido, pois cada um tem sua "especialidade". Apparício fez o pedido com fervor e para o "santo" certo.

No dia 10 de agosto de 1925, com o título "Despreso", foi publicada a crônica escrita por ele na primeira página do jornal, no qual trabalhou até a morte de Irineu Marinho, em 21 de agosto de 1925. Só para ilustrar vou colocar algumas das mais famosas frases do Barão de Itararé:

"Banco é uma instituição que empresta dinheiro à gente, se a gente apresentar provas suficientes de que não precisa de dinheiro."

"Tudo seria fácil se não fossem as dificuldades."

"Não é triste mudar de ideias, triste é não ter ideias para mudar."

"Nunca desista do seu sonho. Se acabou numa padaria, procure em outra!"

"A criança diz o que faz, o velho diz o que fez e o idiota o que vai fazer."

"Quem não muda de caminho é trem."

"Se tem dívida, não se preocupe, porque preocupações não pagam dívidas. Nesse caso, o melhor é deixar que o credor se preocupe por você."

As frases não têm muito a ver com nosso tema, mas elas mostram um pouco da sagacidade irônica e cáustica desse jornalista/escritor/humorista. Vale a pena conhecer um pouco mais sobre ele.

❖ OPORTUNIDADES PARA JOVENS

Muitas vezes sou acusado de ser muito direto para colocar minhas ideias, mas existem assuntos que precisam ser tratados dessa forma.

Repetindo: recomendo que veja no YouTube um filme bem antigo e com qualidade de gravação ruim, mas que vale a pena ver e fazer séria reflexão. É sobre um caso real. O título é *O Homem Milagre*. Ele conta a história de **Morris Goodman**.

Ele pilotava seu próprio avião. Quando foi aterrissar bateu numa torre e se "quebrou" todo. No hospital, o médico falou para a família que ele nunca mais poderia respirar sem aparelhos, não conseguiria mais falar, beber, comer ou andar. Ele só conseguia piscar os olhos. A irmã escreveu o alfabeto numa folha de papel e com piscadas ele enviou mensagem para o médico: "Dentro de seis meses sairei andando com meus pés." Obviamente os médicos e enfermeiros diziam que aquilo seria impossível. Ele sofreu muito. O seu esforço físico e mental foi absurdo.

Ele saiu do hospital conforme havia determinado. Na despedida, entregou uma placa de metal para a enfermeira na qual estava escrita a sigla "SNIOP". Não vou lhe contar o filme. Lembra o que significa **SNIOP**?
— Descubra.

Muitas vezes, nós que somos pais e amamos nossos filhos procuramos proporcionar a eles todo conforto possível. Cama com um colchão bem macio, comida no pratinho, café da manhã, almoço, jantar... E não raro, várias outras mordomias e facilidades lhes são oferecidas. Infelizmente, alguns desses jovens ficam absolutamente dependentes do apoio dos pais, ficam iludidos e enfraquecidos. Quando chega a hora de encarar a realidade da vida adulta têm dificuldades terríveis.

A intenção dos pais foi boa, mas na realidade causou um grande prejuízo na formação do filho. Um dia os genitores não estarão por perto, eles partirão. Como esse filho vai encarar as dificuldades que fatalmente surgirão? É muito importante que ele esteja preparado para se **S**alvar das **N**efastas **I**nfluências de **O**utras **P**essoas. Ele mesmo será vítima de seus próprios medos, insegurança, incertezas e pensamentos negativos.

Jovem, até que ponto você está tentando novos caminhos e descobrindo boas oportunidades? Quais são suas ambições? Qual sua visão de futuro? O tempo passa rápido evite desperdício.

Temos visto a imprensa falar muito sobre as dificuldades para o jovem conseguir o primeiro emprego. Sim, isso é verdade. O mercado de trabalho tem altos e baixos, se transforma e ele é frio e impiedoso. Em todos os níveis a competição é muito grande, e ela aumenta à medida que você vai subindo na "pirâmide organizacional". Mas até que ponto esses jovens, recém-formados, desempregados, estão fazendo um honesto e inteligente esforço para conseguir superar os desafios desse início de vida? Cada um escolhe o seu caminho.

Algumas páginas antes escrevi sobre **Djalma Rezende**. Em sua jornada ele precisou de muita força e determinação para se livrar de nefastas influências. Ele foi um jovem pobre que trabalhou muito para se tornar um Advogado famoso e milionário. Ele cita um provérbio do **Rei Salomão**, você se lembra? Eu também gosto deste que é atribuído a ele:

"É melhor ouvir a repreensão de um sábio do que escutar elogios de um tolo." (Eclesiastes 7:5.)

❖ DERAM A VOLTA POR CIMA

No Google, lendo sobre os jogos paraolímpicos encontramos relatos sobre jovens com casos emocionantes. Vou mostrar aqui alguns desses exemplos sem corrigir datas nem o tempo dos verbos que foram usados pelos autores:

"Jovane é gaúcho, nascido em Barros Cassal, tem 33 anos. Ele perdeu o movimento das pernas ao reagir a um assalto e levar um tiro, em 2004. Anos depois, em 2008, começou na esgrima. Na **Paraolimpíada de Londres**, em 2012, ele conquistou o ouro em sua classe, e luta pelo bicampeonato nos Jogos Rio 2016."

"Ricardinho é gaúcho, nascido em Osório, tem 27 anos. Aos 8 anos ele ficou cego, depois de lutar por dois anos contra um deslocamento da retina. Dois anos depois, começou a praticar futebol de cinco para cegos. Ele é bicampeão dos Jogos Paraolímpicos, em Pequim, 2008, e Londres, 2012. Também ganhou o prêmio de Melhor Jogador do Mundo da modalidade em 2006 e 2014."

"Daniel é paulista, nascido em Campinas, tem 28 anos. Nasceu com má-formação congênita dos membros superiores e da perna direita, mas, inspirado no nadador paraolímpico Clodoaldo Silva, se aventurou no esporte e acabou se tornando o maior medalhista paraolímpico brasileiro. Em 2008, na sua estreia nos Jogos, conquistou nove medalhas e recebeu o troféu Laureus, considerado o "Oscar do Esporte". Quatro anos depois, em Londres, foram seis medalhas, todas de ouro. Nesse ano, o multicampeão quer aumentar o número de recordes mundiais, que são seis até agora."

Você vai esperar que lhe aconteça um acidente para realizar algo grandioso ou marcante? Comece agora, aproveite que tem o apoio da família ou de amigos, aproveite que tem saúde e a energia da juventude. Seja agradecido e valorize o que tem agora. O futuro lhe pertence e ele chega muito mais rápido do que imagina. O tempo voa. Tenha uma visão positiva do futuro. Rebele-se e saia da zona de conforto, descubra como é gostoso ser independente e ter vida própria. Desenvolva seu senso de iniciativa e responsabilidade. Saia de onde está e vá conquistar o mundo.

Você consegue imaginar as dificuldades que **Cristóvão Colombo** teve de enfrentar para conseguir sair da Espanha com seus navios e descobrir o Novo Mundo? Todos os desbravadores enfrentaram desafios inimagináveis, como tempestades, motins, doença, fome.

Foguetes espaciais, você sabe quantos deles explodiram antes de o primeiro astronauta pousar na lua? — A Apollo 1 explodiu sem sair do chão e matou seus três astronautas. Você consegue imaginar o trauma que ficou para todo o país, principalmente para aqueles que estavam programados para as próximas partidas? Todas as conquistas foram antecedidas de muitas derrotas. Então eu pergunto: você quer seu primeiro emprego ou um estágio numa bela empresa sem fazer esforço?

Estamos acompanhando nos noticiários que os cientistas estão querendo ir até Marte. Até há bem pouco tempo isso era algo inimaginável. Já ouviu dizer que tudo que o homem pode imaginar ele pode realizar? Tudo começa em nossa mente. Então se imagine como executivo de sucesso numa bela empresa ou na sua própria. Agora pense em um grande objetivo a ser atingido. Planeje e determine o que você terá que fazer para superar cada meta e em quanto tempo. Quem poderá lhe ajudar a vencer cada etapa até chegar onde você quer? "Ninguém faz nada grandioso sozinho."

Arthur Ashe tem uma frase interessante: "Uma chave importante para o sucesso é a autoestima elevada, autoconfiança. Uma chave importante para a autoconfiança é a preparação." É isso que vemos nos grandes campeões. Eles chegaram ao pódio depois de trabalho árduo, derrotas e muitas vitórias. Foram muitos anos de preparação. Quem me mostrou essa realidade foi meu amigo **Pedro**, campeão de kart.

A ERA DO CONHECIMENTO

❖ FICÇÃO E REALIDADE — MARINO E SEU FILHO

Uma história que se repete.

Perto do meu escritório havia uma kombi velha, mas adaptada para funcionar como *Foodtruck*. Marino, o dono, muito simpático, via sua clientela crescer. Era ele quem preparava os lanches. O "perfume" da sua comida era seu marketing. Eu passava por ali, mas ainda longe já ficava com água na boca. Aquele cheirinho ia longe e atraia os passantes. Seus clientes eram funcionários e executivos da região, faziam fila na hora do almoço. Não sei como Marino conseguia atender bem tanta gente.

Com aquela kombi velha ele sustentou a família durante muitos anos. Seu filho queria fazer faculdade. Por "sorte", entrou numa federal. Fez Economia. Conseguiu o diploma e saiu procurando emprego. Rapidamente "caiu na real" e descobriu as "grandes" dificuldades. Os meses foram passando e nada acontecia.

Até que um dia, o pai percebeu a tristeza do filho, comentou com ele sobre o aumento da clientela e que estava difícil atender todo mundo, então ele sugeriu: "Enquanto procura emprego, você poderia me ajudar no lanche?" Naquele desespero, o filho aceitou.

Foi um sucesso! O rapaz ficou impressionado com o movimento e como os clientes elogiavam e se tornavam fiéis. O pai, entusiasmado, comentou que estava pensando em comprar um *Foodtruck* novinho e bem equipado para participar de eventos. Ele já tinha visto preço de tudo, carro e adaptações, equipamento de cozinha, e também financiamento.

"Você está louco?", falou o filho cheio de erudição acadêmica, aquela que foi adquirida na faculdade. Falou da sua apreensão com relação à situação do país. Pegou as manchetes dos jornais, chamou atenção do "velho" e explicou detalhes sobre a crise nacional e mundial. Comentou sobre os políticos corruptos e as empresas falidas. Para provar que sua teoria estava certa, tirou fotografias de casas que estavam para alugar há meses, fotografou fachada de fábricas que faliram há muitos anos e fez o pai assistir com mais atenção aos noticiários da TV. Completou: "É por causa disso tudo que ninguém consegue emprego."

Criticou o "velho" por não se atualizar com as notícias. Criticou por gastar muito comprando matéria-prima de alta qualidade. Falou que a margem de lucro era muito pequena. E finalmente provou que era uma péssima ideia investir numa hora tão ruim.

Marino, o pai, se sentiu humilhado, mas ponderou e pensou, "meu filho deve ter razão, ele é estudado, fez faculdade e eu estou velho".

Passou a economizar na qualidade da matéria-prima para aumentar a margem de lucro. O filho não atendia os clientes tão bem quanto o pai. Consequentemente a qualidade do lanche e do atendimento caiu, os clientes perceberam. Gradativamente Marino foi perdendo a fidelização dos clientes, a produção do dia foi encalhando, o negócio encolheu, os planos de expansão foram esquecidos e agora os dois estão parados.

Concluindo: a sua mente é quem comanda a sua vida. Você já percebeu que o seu pensamento gera energia que pode ser positiva ou não? Observe e inspire-se no exemplo que temos nos atletas que se tornaram campeões nas olimpíadas. Todos os vencedores que entraram na competição estavam convictos de que subiriam ao pódio. Aqueles que pensam na possibilidade de perder, já perderam.

❖ PERSONALIDADES E WIKIPÉDIA

Ali você vai conseguir inspiração em pessoas que também encontraram barreiras que pareciam "intransponíveis". Mas que com autoconfiança, entusiasmo, determinação, planejamento, trabalho extenuante e muito mais, superaram expectativas e se tornaram exemplo de sucesso, ficaram famosos e mundialmente multimilionários.

Não vou contar a história deles, mas citarei apenas os nomes. Se você não sabe quem é, deixarei sua curiosidade funcionar para que pesquise sobre eles. Descubra como iniciaram a jornada, dificuldades enfrentadas e superadas, que objetivos atingiram. Pode ser que entre eles você encontre o seu mentor preferido.

Alguns deles: **Flávio Augusto da Silva, Romero Rodrigues, Luiza Helena Trajano, Rachel Maia, Marcio Kumruian, Jeff Bezos, Larry Page, Steve Jobs, Richard Branson e muitos outros.**

Leia no Google, em especial a história de David de Mendonça Portes. Ele foi reportagem de capa na revista *PEGN*. Quando garoto, vivia abaixo da linha de pobreza no Rio de Janeiro. Com muita luta, criatividade, senso de iniciativa e responsabilidade conseguiu vencer os obstáculos. Tornou-se empresário de sucesso e palestrante. Sua história mostra como superou suas dificuldades, apesar de ainda falar com erros de português. Em várias situações ele dá aula de marketing: quando se apresenta nos programas de TV ou em convenções de grandes empresas, inclusive fora do Brasil faturando em dólares.

❖ TUBARÕES

Você já deve ter assistido na TV ao programa "Shark Tank Brasil". Os apresentadores, hoje pessoas de grande sucesso, dizem que tiveram origem humilde: **Robinson Shiba, João Appolinário, Cristiana Arcangeli, Camila Farani** e **Caito Maia**. Eles são ótimos exemplos de trabalho, determinação e sucesso.

O programa é construído em cima de negociações reais. Os convidados são inventores ou empreendedores com ideias que têm algum diferencial e que buscam investidores. Nós, como espectadores, que não sabemos como essas negociações funcionam, somos surpreendidos. Parece muito fácil alguém chegar lá com uma ideia maluca e sair de lá com o bolso cheio de dinheiro. Não é tão simples, pois os "investidores" são verdadeiras águias, ou melhor, tubarões, e não se deixam levar por algo sem consistência. Eles têm que ter certeza de terão um bom retorno do possível investimento que fizerem.

As pessoas que se apresentam nesse programa com uma "história de venda" muito bem elaborada querem conseguir um investidor com a promessa de que o investimento vale a pena e que o retorno será fantástico e garantido. É muito dinheiro. O mais bobo dos investidores é mais esperto que uma raposa. De modo geral esses candidatos têm a idade de aproximadamente 25 a 35 anos.

Embora já tenha citado, relembro que em um dos programas apareceu o mais jovem de todos os empreendedores. Ele montou sua própria empresa e foi até lá fazer o convite para que um deles se tornasse sócio. Foi uma verdadeira aula cujo professor tinha apenas 14 anos. Apresentou a ideia e o produto da sua empresa com uma fluência impressionante, entusiasmado, corajoso, audacioso, com muitos predicados e diferenciais. Todos os investidores ficaram com cara de surpresa e admiração. Aprendi muito com ele. Seu nome é **Davi Braga**.

Recomendo que continue sua pesquisa e aumente sua fonte de inspiração.

Mais uma que encontrei no Google:

> "Nós somos muito bons em nos autoconvencer a continuar na zona de conforto. A gente é muito bom em enrolar a gente mesmo."
>
> Murilo Gun.

Murilo Gun foi um dos pioneiros da internet no Brasil. Ganhou dois prêmios iBest como melhor site pessoal, publicou dois livros sobre internet e foi empresário por dez anos. Formado em Administração, com MBA em Gestão, largou a vida de empresário para ser comediante.

PARA QUEM VOCÊ TRABALHA?

15

❖ PARA A EMPRESA MAIS IMPORTANTE DO MUNDO: VOCÊ!

Qualquer coisa de bom ou de ruim que faça afetará sua empresa: você. Como diz o ditado popular: "Alegria do palhaço é ver o circo pegar fogo." Palhaço que pensa assim não é inteligente. Se o circo pega fogo ele não precisa trabalhar, mas também não ganha e fica no prejuízo. Pessoas inteligentes e saudáveis querem progredir, gostam de conforto e de ter uma vida com qualidade cada vez melhor. Seja inteligente e esperto, torça pelo sucesso da sua empresa. Alguém que tenha como objetivo ser admirado por sua família, patrões, colegas e clientes precisa adotar postura profissional com responsabilidade, respeito, seriedade e entusiasmo. Todo dono de empresa quer manter esse profissional em seus quadros. Seu passe é valorizado a cada dia. O salário de um bom profissional é pago por ele mesmo e não pelo DP. Uma carreira profissional bem desenvolvida não tem lugar para queixas ou reclamações. "Não sou pago para fazer isto..." Quem fala isso não sabe o mal que está fazendo a si mesmo. Quanto mais você faz o que não é sua obrigação, mais assume novas responsabilidades e aprende coisas novas e importantes. As pessoas estão lhe observando. O que você faz ou não faz será anotado e lembrado. Seja o dono da sua empresa. Adote postura profissional, seja o líder de você mesmo. Tenha consciência da importância da sua atividade profissional. Tenha orgulho do que faz e da sua profissão. Quando temos carinho pelo que fazemos nos tornamos mais felizes e produzimos mais, não sentimos cansaço e lamentamos quando temos que parar. Você fala com sua família e com amigos do quanto você ama sua profissão? Entusiasmo pelo que faz é o combustível certo para uma jornada de sucesso.

❖ AVALIAÇÃO DE DESEMPENHO

Como você sabe as boas empresas, periodicamente desenvolvem programas de "avaliação de desempenho". São usadas diferentes ferramentas para que o objetivo seja atingido. Pode ser 180° ou ampliando para 360°

quando são ouvidos colaboradores, pares e chefes. Mas está havendo uma tendência mundial de fazer a de 720° que é quando são ouvidas pessoas de fora da empresa. É o caso de um funcionário que se relaciona com clientes, fornecedores ou parceiros externos. Pode ser que haja necessidade de ouvir a família como no caso da atividade de um profissional que viaja muito ou que tenha que trabalhar todo fim de semana.

Os "catedráticos" de RH discutem para descobrir quais as melhores ferramentas e indicadores para fazer avaliação de desempenho dentro das empresas. Algumas delas são bastante questionadas quando procuram pontuar aspectos subjetivos e que não podem ser medidos concretamente.

Quando alguém comenta que a empresa deverá iniciar um projeto para mensurar o desempenho dos funcionários, alguns ficam numa expectativa muito grande por estarem despreparados e por serem obrigados a sair da zona de conforto. As lideranças precisam desenvolver um inteligente trabalho para fazer com que as equipes se sintam motivadas a participar e colaborar. Implantar e manter um plano de gestão do desempenho é uma tarefa complexa para o RH, o qual precisa ser adequado aos objetivos estratégicos da empresa.

O que será medido e avaliado? Volume de vendas, satisfação dos clientes, produtividade, resultados financeiros etc. São itens facilmente medidos.

Mas existem outros, de caráter mais pessoal que necessitam de percepções mais apuradas como liderança, coragem, persuasão, comunicabilidade, assertividade, resiliência, trabalho em equipe, motivação, entusiasmo, criatividade, inovação, senso de iniciativa, responsabilidade, engajamento, proatividade, concentração, velocidade na entrega, alinhamento com a filosofia da empresa etc.

Tem feito sua autoavaliação? Está satisfeito? Está preparado para ser avaliado?

Meu filho estudou e se esforçou muito para fazer a prova para a OAB. Ele estava muito bem preparado, mas, mesmo assim, a pressão era grande e ele estava um pouco tenso. É natural que aconteça parecido quando você sabe que está sendo avaliado. O feedback que receber será de extrema importância para sua evolução profissional e pessoal. Mesmo que imagine que foi injustiçado, deve procurar superar e observar os aspectos positivos.

Mahatma Gandhi: "esforço total, vitória total." O que mais importa é o quanto se dedicou para superar suas metas.

Você tem tirado bom proveito dos projetos de avaliação de desempenho promovidos por sua empresa? Registre no seu computador e faça acompanhamento da sua evolução.

Independentemente das ferramentas apropriadas que o RH estiver se utilizando, você precisa estar consciente de que seus resultados têm sido positivos. Apenas esperar que seu gestor faça isso por você é um erro.

Já tentou se colocar no lugar do empresário? Nessa situação você estaria preocupado em saber se o investimento que está fazendo vai lhe proporcionar um retorno compensador (ROI). Você teria essa preocupação não apenas quando compra ou aluga uma máquina, equipamento ou serviço, mas também quando contrata um novo funcionário. Folha de pagamento de salários é investimento, tem que dar retorno. Perceba que quem paga seu salário não é a empresa, mas é o que o seu trabalho está produzindo. Se perceber que suas metas não estão sendo atingidas é hora de se mexer e fazer algo a mais, novo ou diferente.

Sua atitude tem sido de quem está motivado e proativo? Tem procurado fazer mais que sua obrigação? Seus resultados concretos têm justificado o salário que tem recebido? Nas vezes em que a empresa pediu para fazer "avaliação de desempenho", você ficou com cópia? Já analisou os seus resultados de meses e anos anteriores? Tem percebido evolução positiva?

Você tem que ser o maior interessado em receber feedback e acompanhar os seus próprios resultados. É como acontece com uma empresa, o caixa deve ser feito com periodicidade regular, digamos diariamente, para que o empresário possa agir quando a luz amarela acender. Tem certeza de que sua luz verde está acesa? As contas do "livro-caixa" têm que ser escritas, se ficar apenas na memória do dono, com certeza, ele ficará desnorteado e o prejuízo será grande. Seus resultados e desempenho também precisam ser anotados. Coloque no papel ou no computador. Acompanhe a evolução e sinta orgulho.

Vamos imaginar que você fez uma autoavaliação crítica e descobriu que não está atingindo as metas mensais. Não adianta buscar justificativas. Tente ver se existe alguma coisa que você pode fazer para solucionar o problema. Já pensou honestamente se está cometendo algum erro? Você tem feito o máximo esforço para atingir a meta? Você tem recebido as "ferramentas" apropriadas para desenvolver seu trabalho? Seus pares possuem as mesmas "ferramentas" ou existem diferenças? A dificuldade é só sua? Entre os seus pares, quantos estão batendo metas? Como ou por que eles estão conseguindo? Já pediu apoio ou ajuda ao seu líder? O que você pode sugerir para resolver seu problema de produtividade?

Fazer autoavaliação é muito difícil. Precisamos anotar as vitórias e acertos, e registrar o que devemos melhorar assumindo os erros cometidos ou prejuízos provocados. Exige que saiamos do nosso conforto. Isso vai atingir nossa vaidade, orgulho e amor-próprio. Existem pessoas que têm muita dificuldade em admitir um erro, e quando ele acontece tentam encobrir e apagam o ocorrido da sua memória. Nós sabemos que ninguém é perfeito, mas precisamos estar atentos aos erros e aos acertos cometidos por nós mesmos pelo bem da nossa da evolução. Procure tirar bom proveito, de forma positiva das críticas que receber, até mesmo das mais "ácidas".

Recomendações no LinkedIn é uma forma do selecionador descobrir qual a avaliação que colaboradores, pares, chefes, fornecedores, clientes e parceiros fazem de você como profissional. Ali não tem como mentir, pois aparece o nome e a foto da pessoa que escreveu algo sobre você. Cuide muito bem das suas recomendações. Você já fez recomendações para quantas pessoas? Se não fez para ninguém, fica difícil pedir para alguém fazer para você. Seu crescimento profissional também depende de relacionamentos interpessoais.

❖ ESTAGIÁRIO/ANALISTA/COORDENADOR/SUPERVISOR/GERENTE

Este livro foi escrito não apenas para quem já percorreu uma grande distância na "estrada profissional", mas também para quem está iniciando a caminhada. Sendo assim vai aí mais uma dica: as empresas também têm grande interesse de encontrar bons estagiários. Algumas ficam de olho naqueles que conseguem as melhores notas na faculdade. A "caça" por novos talentos acontece muitas vezes no fim e no começo do ano.

A perspectiva de efetivação após a colação de grau é bem possível, depende do desempenho de cada um. É hora de enfrentar a realidade com entusiasmo e esperança de progresso.

"Menor Aprendiz" é um programa de grande valor. Toda experiência adquirida, mesmo as que sejam fora da sua área de interesse serão de grande importância para seu futuro. Já escrevi que até mesmo aqueles trabalhos que realizou como voluntário, sem remuneração, serão considerados de forma positiva pelos selecionadores, tanto no Brasil como em outros países. O que não pode é ficar parado. Para atingir seu objetivo tem que haver esforço inteligente, planejado e diário.

Vamos imaginar que você tenha conseguido uma vaga como estagiário, parabéns! Agora é arregaçar as mangas, trabalhar com muito entusiasmo e ganhar grande experiência. Observe bem como o seu gestor lidera a equipe, perceba que o clima corporativo muitas vezes provoca sérias competições, o que pode ser saudável, fazendo com que cada um procure dar o melhor de si. Como é natural, existem bons companheiros, mas também encontrará os invejosos que têm prazer em "puxar o tapete", além dos fofoqueiros, pessimistas. Livre-se das nefastas influências de outras pessoas.

Na empresa você tem a realidade do mundo. E obviamente tem que estar preparado positivamente para todas as situações. Dê o melhor de si, supere as expectativas e prepare-se para as surpresas.

O que deve ser feito para ganhar a confiança do seu novo chefe? Em primeiro lugar "entregue o que foi vendido quando foi entrevistado, e se possível um pouco mais". Tenha um "livro-caixa diário" e anote seus resultados. Já escrevi que quem paga seu salário não é seu chefe e nem a empresa, é você mesmo. Sua remuneração é fruto do que conseguiu trazer de benefícios para a empresa. Nenhuma empresa quer ficar com um funcionário "peso morto". Você vai encontrar colegas que fingem que estão trabalhando, são os enganadores. Eles se acham mais espertos que todo mundo. Mas o que fazem é trocar mensagens pelo WhatsApp, pesquisando no Facebook, colocando fotos da balada no fim de semana etc. Esses são os candidatos da próxima demissão e se conseguirem um novo emprego, com certeza, passarão muitos anos sem ter nenhuma promoção, são irresponsáveis, desonestos e acomodados.

Seja proativo. Quando terminar uma tarefa não espere o chefe lhe dar uma nova ordem. Descubra onde você pode ser útil, antecipe-se, ofereça--se, esteja disponível, participe entusiasticamente. Alguns colegas vão criticá-lo por trabalhar demais, é um bom sinal, é demonstração de que estão com ciúme e inveja. Minha avó já dizia: "Ninguém dá pontapé em cachorro morto..." Faça com que seu chefe fique "encantado" com seus resultados.

Mahatma Gandhi dizia "ninguém, nem nada é totalmente bom e nem ruim". Reconheça os pontos positivos da empresa e do seu chefe. Todos nós temos essa polaridade universal. Você não precisa verbalizar para todos eles o quanto está maravilhado, mas é importante que mentalmente agradeça o fato de eles terem lhe acolhido. Seja grato e saia de perto dos colegas que reclamam ou que falam mal do seu chefe. É ali que você está aprendendo coisas novas, está evoluindo e tendo o seu salário. Você gostaria de ser reconhecido pela empresa como um bom colaborador? Então isso deve começar por você. Faça com que seu chefe fique encantado com sua dedicação e ética. Trabalhe como se a empresa fosse sua.

Demonstre interesse e curiosidade, mas também fale das suas boas intenções, a de colaborar. É muito importante trabalhar se sentindo feliz e entusiasmado. Impeça que coisas pequenas interfiram no seu ânimo. Chega um momento em que você já começa a ganhar mais confiança, percebe o próprio potencial e a vontade de crescer fica lhe chamando pra cima.

Dentro de um planejamento de carreira o que deve ser feito para subir mais alguns degraus? Quando acessar o LinkedIn, observe e analise a página de alguns executivos de primeira linha e descubra que cursos eles fizeram, onde estudaram, onde trabalharam, viagens realizadas, idiomas dominados e associações a que pertencem. Observe a qualidade da fotografia e a imagem que eles passam etc. É uma forma para descobrir o que cada um fez para subir profissionalmente. Peça conexão com eles.

Observe onde existe uma carência por parte da empresa na qual está trabalhando. Pode ser que seja na área de comércio exterior, contábil, auditoria, financeira, administrativa, TI, RH, produção, comercial, contratos ou *compliance*. Onde? Antecipe-se, leia livros sobre o assunto, pesquise na internet, assista a palestras, faça uma pós-graduação ou até um curso a distância (EAD) que lhe ofereça uma gama variada de ótimos cursos gratuitos. Invista em você. Não espere que a empresa lhe pague algum curso.

Imagine você ser pego de surpresa com um convite para assumir a gestão de um departamento na empresa na qual está trabalhando, mas ainda não se sente seguro, falta preparo. Recomendo que aceite o desafio, seja audacioso, embora sabendo que existe um sério risco. Uma característica dos grandes líderes é coragem de correr riscos. Pode ter certeza de uma coisa, antes de chegar lá no topo, eles erraram muito e consequentemente aprenderam e acertaram.

Lembra-se da frase do **Nelson Mandela** no filme *Invictus*?

O correto é preparar-se, ler, estudar e investir no seu desenvolvimento enquanto é jovem. Se por acaso se apaixonar e decidir se casar, com certeza, seu foco no objetivo profissional ficará repartido. E vai se dividir muito mais quando nascer um filho. São novas responsabilidades que não poderão ser deixadas de lado. Você será cobrado pela nova família se ficar estudando até tarde ou se tiver que ir até a empresa no fim de semana.

Imagino que você seja um jovem ambicioso e tem sonhos de crescer e progredir. Por hipótese está no seu primeiro ou segundo emprego, mas já está com seu filho de um casamento que se antecipou. Repentinamente surge um convite para uma viajem para fora do Brasil, a qual seria decisiva para seu desenvolvimento profissional. Haveria necessidade de ficar longe do Brasil por alguns meses e não pode levar a família. Consegue imaginar as possíveis complicações que poderiam surgir? Faça tudo que tem que fazer antes de se casar. Planejamento de vida profissional é algo que tem que ser feito e executado.

Participe de feiras na área de TI, Automóveis, Alimentação, Hotelaria etc. Esteja de "antena ligada" e observe novos nichos de mercado. Mexa-se, saia da zona de conforto. Estude novos idiomas, conheça as novidades da Tecnologia, aprenda técnicas de Negociação e Liderança.

Quando estiver com algum domínio de um novo assunto comunique ao seu chefe e fale da sua disposição para colaborar em outros setores. Caso não exista demonstração de interesse, continue estudando o assunto, pois pode acontecer dele reconsiderar. Na pior das hipóteses você estará com novas habilidades, e no futuro terá mais competência para oferecer seu CV a outras empresas caso tenha que procurar um novo emprego.

Você era um estagiário e foi efetivado graças ao belo trabalho realizado, seu empenho, entrega de resultados, superou expectativas. Parabéns! Já se passou um ano e pouco. Seu networking está "bombando", está para concluir sua pós-graduação, e está pensado no próximo degrau da sua escalada para o sucesso.

❖ COLOQUE AÇÃO

Agora fique atento às oportunidades que boas empresas estão oferecendo para jovens recém-formados que queiram participar do programa de trainee.

Para ter condições de competir com centenas de candidatos para uma vaga você precisará de um bom planejamento e se destacar em seus diferenciais. Faça uma constante análise do seu currículo, atualize-o. Ele conseguirá despertar interesse no meio de tantos outros? E sua entrevista, como está? Já pensou em se preparar para essa competição?

Nós aprendemos muito ao apreciar as competições esportivas. Quanto tempo dura uma luta de boxe? Algo em torno de trinta minutos ou apenas alguns minutos. No entanto, os contendores levaram meses de preparação física e mental. Acontece parecido no futebol, arco e flecha, tênis, esgrima etc. A preparação é fundamental. Mas quando se trata de entrevista de seleção a maioria das pessoas faz opção pelo improviso. Quando não atingem o objetivo colocam a culpa na má sorte ou no selecionador.

Quer aproveitar bem as boas oportunidades que surgirem? O que fazer para se preparar de forma correta? Como superar seus competidores? Como ter chance com um selecionador experiente ou com um Headhunter? É o seu futuro que está em jogo. Vamos ver isto mais à frente.

Um amigo que trabalha com "qualidade" me falou: "Procure não errar, mas se acontecer, evite que o erro se repita." Sendo assim, preciso lembrar, pelo menos, dos erros mais graves que cometi, para que não mais ocorram.

❖ A PRIMEIRA GERÊNCIA NINGUÉM ESQUECE

A águia saiu do ninho! Você está por volta dos seus 25–26 anos de idade, está na hora de alçar seu primeiro voo. Qual seu nível de ambição? Qual sua visão de futuro? Fez um planejamento para que isso acontecesse ou foi por acaso? Está preparado? Já investiu em alguma Pós-Graduação, em Gestão Contemporânea de Elevado Desempenho? Já fez algum curso sobre Gestão de Pessoas, Negócios e Liderança? Já está pensando em um Mestrado ou Doutorado aqui mesmo ou fora do Brasil? Continue investindo para colher os deliciosos frutos em breve no seu futuro. Lembre-se: O tempo voa.

Quando o jovem sai da posição de iniciante e assume uma supervisão ou gerência, de modo geral tem certa dificuldade em adotar uma posição de liderança, isso é natural. Seus antigos colegas de equipe agora são seus liderados, o relacionamento será diferente. Você precisa perceber isso rápido, pois ao mesmo tempo em que o líder precisa ter a equipe "colada" com ele deve haver um certo distanciamento. Estrategicamente são posições bem diferentes.

Vocês eram colegas, mas agora você é o gerente deles e precisa liderar com o exemplo, como conselheiro, servidor, mentor. Também precisa estimular estabelecendo metas e objetivos, acompanhando e cobrando resultados. Talvez a sua promoção tenha provocado inveja ou ciúme em alguns elementos da sua equipe, seus colaboradores. Sem falar na competição acirrada, e na maioria das vezes bem disfarçada, que, com certeza, surgirá com seus pares, principalmente quando você se destacar com bons resultados. Como resolverá esses conflitos? Procure se preparar para manter-se firme e continuar progredindo. Estude técnicas de liderança. É possível aprender e desenvolver.

❖ ESPADA DE DÂMOCLES/DIONÍSIO — LIDERANÇA

Quando falo de liderança, lembro que na mitologia grega você pode ler sobre a "espada de Dâmocles". Sugiro que tenha melhores informações sobre esse interessante assunto na Wikipédia.

Dâmocles era um bajulador que tinha inveja do rei Dionísio. Ele falava de como era bom ser atendido por belas mulheres, saborear deliciosas comidas servidas em bandejas de ouro e prata. Dionísio convidou o cortesão a trocar de lugar por um dia e este deveria ficar sentado em seu trono. Quando o bajulador estava se preparando para assumir a posição do rei, viu que sobre o trono havia uma grande espada pendurada sobre sua cabeça e presa por apenas um fio do rabo de cavalo. Quando ele viu o risco que correria desistiu.

A lenda é apenas uma alusão aos perigos que o líder enfrenta durante o seu exercício. Dâmocles estava seduzido pelo lado bom daquela corte, mas não havia percebido os riscos que o líder sofre na posição que ocupa. Quanto mais elevada sua posição, maior é o risco.

A espada está pendurada sobre a cabeça do gestor permanentemente, qualquer vacilada ele pode ser fulminado por sua própria espada. O líder tem que estar preparado não apenas para receber os louros da vitória, mas também tem que saber arcar com as responsabilidades de uma derrota. Quanto mais você sobe na escala hierárquica de uma corporação, mais será cobrado.

Na história de Dâmocles, Dionísio mostrou como a posição do líder é solitária, ele pode desfrutar de uma série de mordomias, mas vai ter que "pagar" por tudo que receber. O risco é bem grande. Você está psicologicamente preparado para se submeter às severas cobranças dos seus superiores e até dos colaboradores de equipe? O foco estará sobre você como líder.

Invista no seu desenvolvimento, aprenda sobre liderança, gestão de pessoas, negociação. Pesquise no Google, leia livros sobre esses assuntos e estude em cursos especializados nesses temas. Quem foi promovido à posição de gerente, conseguiu essa promoção por causa da sua competência em produzir bons resultados. É uma nova experiência em que o profissional precisa equilibrar respeito por seus colaboradores e autoridade. "Sem apertar demais e sem afrouxar."

O novo gerente precisa estimular seus liderados para que o ambiente seja produtivo e as metas sejam superadas dentro dos prazos. A equipe necessita estar alinhada com os objetivos propostos pelo líder dentro de um ambiente positivo.

❖ VOCÊ FOI PROMOVIDO, MAIS UMA VEZ — DIRETOR!

Você agora passou de Gerente a Diretor, a viagem continua, está subindo. Cuidado com a "vertigem das alturas". Mantenha-se humilde com respeito aos mais experientes, continue aprendendo com eles, saiba cativá-los, eles serão muito valiosos como apoio na sua escalada. Seja respeitoso com seus colaboradores. Seja cordial e educado com o Presidente da empresa e com o porteiro, com a moça do café, com o office boy e obviamente com seus liderados, integrantes da sua equipe.

Tenha coragem de se arriscar. Calcule os riscos mantendo boa dose de ousadia, pois cautela demais prejudica. Aprenda com seus erros, sem valorizá-los demais. Evite repeti-los. Esse é um aprendizado que pode ser de grande importância quando estiver dando continuidade ao seu planejamento estratégico para desenvolvimento de carreira. Esse estudo também ajuda a cultivar um pouco de humildade. Lembre-se de que o céu é o limite, tenho certeza de que você chegará a Presidente da empresa e depois se tornará acionista, Empresário.

❖ PERGUNTAS NO MOMENTO DA PROMOÇÃO

Quando lhe comunicaram sua promoção, você perguntou o que esperavam de você? Quais objetivos deverá alcançar? Quem fará parte da sua equipe? Terá autonomia para demitir e admitir? Quem será seu chefe direto? Quem é o chefe do chefe? Está consciente das marcas que foram anteriormente atingidas pelo seu antecessor? Qual a sua referência? Dos seus pares, quem é o melhor de todos no seu setor? Sabe quais as ferramentas que a empresa colocará à sua disposição? Quais os recursos financeiros? Qual sua posição no organograma? Qual sua autonomia ou limite? Qual sua perspectiva de continuar sendo promovido? Dentro de um "plano de carreira" o que terá que ser feito para conseguir a próxima promoção ou expansão da sua operação? Quando? Fazendo viagens em favor da empresa qual deverá ser a verba de representação? Qual o seu *budget*? Havendo transferência para uma cidade distante, a empresa pagará despesas de mudança?

Em relação a você mesmo, sugiro que esclareça e coloque no papel:

Havendo transferência de CLT para o regime PJ, as mudanças serão colocadas no contrato? Os benefícios serão mantidos ou ampliados? Assistência médica, férias remuneradas, estacionamento, combustível, bônus, celular etc.?

Para elaborar seu plano de ação, algumas dessas informações e muitas outras serão necessárias. Para obter respostas você necessita aplicar um pouco de diplomacia e sutileza.

Qual a próxima etapa na sua escalada? Aonde quer chegar? No pico do Himalaia? Você já percorreu toda a base da montanha, o tempo está ótimo e o céu está bem azul. Pegue sua tralha e vá em frente, esperar por um momento melhor pode ser prejudicial. Aguardar muito tempo para pensar o que deve ser feito pode prejudicar sua escalada. Fuja da zona de conforto. O que fazer então? Tenha coragem, ação! Como se tornar visível e cobiçado por selecionadores de empresas e Headhunters? Não se engane pensando que isso é fácil de fazer. Não é.

Sua visibilidade, com certeza, provocará inveja e ciúme de colegas e superiores, de forma que isso precisa ser muito bem planejado e feito com elegância e sutileza, para que seu objetivo seja atingido sem grandes transtornos. Quando você comentar no seu ambiente de trabalho que está com intenção de fazer um curso de especialização ou pós-graduação, prepare-se para encontrar alguns colegas que tentarão lhe desencorajar. Eles ficarão ansiosos para lhe dizer o que deve e o que não deve fazer. Deixe para comentar depois de concluir seus estudos.

É bom trocar ideias sobre seus planos com alguém, mas somente com quem você confia e tem certeza de que pode lhe dar apoio positivo. Peça conselhos sobre seus planos com um verdadeiro amigo que seja vitorioso na vida, otimista, experiente, inteligente, confiável e que esteja torcendo pelo seu sucesso. Não adianta falar com quem vive estagnado na vida. Deve ser de preferência alguém com visão de mundo e atualizado.

❖ SURPREENDA SEU CLIENTE (INTERNO E EXTERNO)

Quando você pensa na palavra "cliente" deve perceber que ela pode ser muito mais abrangente. Em termos corporativos podem ser clientes internos ou externos. Surpreender seu cliente, sua parceira ou seu parceiro é entregar mais do que foi "vendido". O "estrito cumprimento do dever" é nossa obrigação. O que surpreende? É o que ninguém está esperando. É quando você leva flores para a esposa ou uma caixa de bombons ou uma joia em momento inesperado. Ou então quando leva o café da manhã na cama em um fim de semana especial. Surpreender na empresa é quando você colaborou para que um cliente ficasse satisfeito, quando houve criatividade e inovação. Liderou a equipe para que houvesse mais interesse, união, estímulo, empolgação e assim a produtividade aumentou. Encabeçou uma campanha beneficente de apoio às pessoas carentes e com isso o nome da sua empresa apareceu na mídia. Fez parte da brigada de incêndio depois do horário do expediente. Fora do horário de trabalho deu aula de inglês para os colegas sem cobrar nada ou então foi o criador do boletim interno promovendo melhor relacionamento entre todos os funcionários. Entregar relatórios nos prazos não é surpresa, é obrigação, assim como atingir metas dentro do previsto. Faça tudo que puder pensando em melhorar sua imagem e no quanto está crescendo como pessoa e como profissional. Se o reconhecimento imediato de um chefe vier ótimo, se não vier também, pois o mais importante é a sua satisfação interior, ela só aumentará por estar se superando.

❖ QUANDO MUDAR DE EMPREGO?

Quais os motivos que podem levá-lo a pensar em mudar de emprego? — Você está há alguns anos ocupando o mesmo cargo e não vê perspectivas de promoção? Você tem percebido que a empresa não consegue se expandir e não existe intenção de fazer novos investimentos? A diretoria está acomodada, a empresa está sendo "engolida" pela concorrência e ninguém faz nada? Existem comentários de que transferirão as principais operações para outro país? Está sendo desenhado um processo sucessório e os herdeiros assumirão?

São situações em que você estaria vendo suas possibilidades diminuírem cada vez mais. É a hora de assumir as rédeas da sua vida. Esperar para ver o que acontecerá é temerário. A sugestão é que o profissional tome providências com antecedência.

Esse é o momento de você fazer o melhor trabalho possível, e não deixar a "peteca" cair. Você tem que estar por cima. Se a sua motivação e produtividade cair, sua imagem será prejudicada e suas referências irão "por água abaixo". Sua atitude mental tem que estar altamente positiva. Seus colegas podem fazer comentários negativos sobre a empresa, mas você, espertamente vai se afastar das nefastas influências de outras pessoas. Não se deixe contaminar, mesmo que eles tenham o direito de criticar e reclamar. Afaste-se, saia de perto desses comentários.

Todos nós somos influenciáveis tanto para o bem como para o mal. Alerto mais uma vez, saia de perto dos colegas "reclamões", porque mesmo que a princípio você não concorde com eles, de tanto ouvir o falatório, corre o risco de concordar. Conseguir mais um aliado é o que eles querem, é a missão deles.

Eu estou escrevendo sobre a possibilidade de a empresa não evoluir e você tomar a iniciativa de encontrar uma empresa na qual possa produzir e prosperar, certo? Esse é um momento para reconhecer os aspectos positivos da empresa, da sua chefia e se preparar para uma despedida honrosa, em alto estilo.

Coloque uma pedra em cima dos aspectos negativos. Agradeça e verbalize sua gratidão pelo fato deles terem lhe acolhido durante tantos anos, lugar onde aprendeu muito e teve oportunidade de colaborar e obter tantos resultados positivos. Faça isso sempre que puder de forma sutil e elegante nos meses que antecedem a sua despedida. É importante fazer com que eles sintam saudades de você no caso de um desligamento.

Na hora que você entrega a carta comunicando sua demissão, poderá perceber mais nitidamente o quanto é bem querido ou não. O lamento da equipe fará bem para você, mas não é o principal. O mais importante será a atitude da chefia e do dono da empresa em relação a você. Como eles reagiram no momento em que entregou sua demissão? Foram indiferentes? Ou tentaram fazer com que desistisse e permanecesse na empresa? Ofereceram aumento de salário com alguma promoção ou simplesmente disseram "vai com Deus, boa sorte"?

Quando o profissional se desliga da empresa e deixa um legado com marca muito forte, vejo isso de forma muito positiva. Naquele momento, toda a empresa, tanto a chefia quanto a equipe, sentiu muito a falta daquele que está saindo. Tempos depois, a situação melhorou e aquele profissional pode ser convidado para voltar, ele aceita e mais uma vez faz um belo trabalho.

Quando entregou o pedido de demissão, caso a reação da chefia e da equipe tenha sido a de frieza, o profissional precisa rever sua atitude no relacionamento interpessoal. Se disser que o problema é deles, corre o risco de ir para outra empresa e acontecer a mesma coisa. Mas se eles demonstram apreço e tentam demovê-lo fazendo uma contraproposta, mesmo que tenha tocado a sua emoção e vaidade, recomendo permanecer firme na decisão de se afastar.

Hoje em dia os jovens mudam de emprego com muita facilidade, os relacionamentos são rápidos e superficiais. Aprecio quando encontro alguém que demonstra estabilidade e pode mostrar que trabalhou muitos anos em uma empresa, desde que nesse lugar ele tenha ocupado diferentes posições em vários departamentos (*job rotation*). Em função de uma evolução, demonstração de interesse e participação, periodicamente recebeu promoções. Ninguém fica muito tempo numa empresa se não houver bom relacionamento interpessoal com entrega de resultados positivos.

O que não é bem-visto é o profissional que está há vinte anos na mesma empresa com o título de analista. Por muito competente que seja sempre vai haver uma interrogação. O que será que aconteceu? A mesma pergunta existirá para quem não consegue se fixar por algum tempo em empresa nenhuma. É claro que sempre podemos inventar uma argumentação positiva para favorecer o candidato que esteja numa dessas situações críticas (estável demais ou instável). A defesa do profissional tem que ter criatividade com imaginação argumentativa.

Quando sair em busca de um novo emprego que iniciativas devem ser tomadas?

Dentro de um planejamento estratégico, faça uma análise das suas **F**orças, habilidades, competências e resultados positivos que tem obtido na sua gestão nos últimos anos. Coloque tudo no papel. Faça uma pesquisa de mercado e descubra em que áreas ou em quais empresas você teria melhores **O**portunidades. É necessário também considerar o que pode lhe prejudicar. Pense então em quais fatores poderão estar suas **F**raquezas e o que pode ser feito para neutralizá-las. E finalmente considere possíveis **A**meaças e o que fazer para enfrentá-las. Aplique os princípios SWOT.

❖ VANTAGENS E DESVANTAGENS PARA O DESEMPREGADO

Procurar emprego desempregado é dureza. A pessoa não sabe quanto tempo ficará na procura. Cada mês é dinheiro que sai da reserva e não entra nada. À medida que o tempo passa, a ansiedade vai aumentando e obviamente isso interferirá no emocional quando surgir uma entrevista. O senso de urgência faz com que o candidato perca o poder de negociação e, dependendo da sua necessidade, aceitará qualquer posição e salário. Claro que é melhor do que ficar completamente sem receita. Além disso, nada impede de continuar enviando CVs e procurando algo melhor.

Mas o lado positivo do desempregado é que ele terá o tempo todo disponível para se dedicar a esse projeto. O problema é que a maioria das pessoas se deixa levar por problemas menores em forma de autossabotagem fazendo assim com que perca o foco no que é mais importante. Logo após perder o emprego, a pessoa imagina que tem tempo e resolve fazer reforma da casa, tirar férias, levar as crianças ao parquinho ou a sogra ao médico. Se ele estivesse empregado, deixaria de ir à empresa para fazer essas coisas? O tempo vai passando, mas as contas continuam chegando, depois "não adianta ficar chorando pelo leite derramado".

Procurar emprego empregado é dureza. Oitenta por cento das boas oportunidades são obtidas por meio de relacionamento com pessoas que podem encaminhar o CV para quem decide. Sabendo disso, você precisa determinar um horário na agenda para telefonar para seus amigos, parentes, antigos colegas de faculdade, professores, chefes e colegas com quem trabalhou em empresas anteriores.

Numa conversa inicial por telefone com alguma dessas pessoas fale que é só para saber "como está passando, tudo bem?". Demonstre interesse pela pessoa, se for sincero será melhor. Faça isso por mais duas ou três semanas antes de perguntar se pode lhe enviar seu novo modelo de CV. Procure ser sutil em vez de uma abordagem direta. Diga que fez algumas mudanças no novo CV e que gostaria da opinião dele. Todo mundo gosta de dar palpite na vida dos outros. Isso dá muito trabalho, de forma que você vai ter que ter disciplina para reservar um determinado horário na sua agenda, diariamente.

Você que está trabalhando, não deve colocar seu CV em sites de procura de emprego, devido ao risco da sua empresa descobrir que tem um plano de desligamento. Repetindo: no seu atual emprego, mesmo que esteja com intenção de pedir demissão, faça o melhor trabalho possível. É importante que seu chefe sinta saudades de você. Ele será sua referência no futuro.

Você precisa reservar um momento para pesquisar em diferentes fontes (internet, revistas, TV, suas antigas agendas, cartões de visita...) nomes de diretores e de empresas para fazer envios personalizados dos seus CVs. Enquanto a família está vendo TV, quando você chegar do trabalho, vá para o computador para cumprir sua tarefa do dia que é pesquisar seu networking, fazer contatos, pesquisar boas oportunidades, agendar encontros. Fazer novas conexões no LinkedIn.

A família foi dormir, mas a tarefa continua. No fim de semana a mesma rotina. As metas com prazos têm que ser cumpridas, disciplina, mentalize o "prêmio" quando o objetivo for atingido. Tenha visão positiva de futuro para manter sua motivação.

Você que é o líder e a ideia do seu projeto precisa ser vendido para a sua mulher e filhos. Mostre os benefícios que esse esforço trará para toda a família. O estímulo de quem está por perto é de fundamental importância para que todos colaborem na mesma direção. Eles têm que estar com você nesse projeto.

Estímulo, motivação, disciplina e determinação, pois em algum momento a família começará a cobrar e reclamar a ausência, embora esteja em casa. Em algum momento terão dificuldade para aceitar e entender muito bem o motivo da sua concentração e esforço. Esse é um obstáculo que precisa ser contornado, pois não vale a pena ter conflito com a família. Fazer todo esse trabalho usando um curto tempo disponível no fim do dia e nos finais de semana, provavelmente fará com que os prazos sejam mais dilatados para atingir um resultado.

Para quem ainda está empregado, outro desafio vai ser quando surgir uma entrevista. Será desonesto e antiético inventar uma desculpa e faltar ao trabalho para ir ao encontro do selecionador. O que fazer? — A grande vantagem para esse profissional é que ele está mais seguro, sua negociação é mais firme, sem medo de perder. Seu senso de urgência é pequeno ou inexistente. Essa segurança deve ser equilibrada, mantendo respeito pelo entrevistador e isso aumenta a cobiça dele pelo candidato.

Procurar emprego quando ainda está bem colocado é mais confortável. Uma pergunta clássica: qual a melhor hora para trocar o telhado de uma casa? Quando estiver fazendo sol sem risco de chuva. Qual a melhor hora de vender uma empresa? Quando ela está no auge. Parecido ocorre conosco. A pessoa precisa estar bem pessoalmente e profissionalmente para fazer uma mudança de empresa que lhe seja vantajosa.

❖ INVENTANDO DESCULPAS/JUSTIFICATIVAS

"Eu, como professor, não dou sorte, só pego aluno cabeça dura."; "Fui reprovado porque o professor perguntou o que não ensinou."; "Eu, como gerente de vendas sou muito exigente, mas meus vendedores são malandros, ninguém quer trabalhar e a empresa não me dá suporte."; "Eu, como vendedor, tenho que batalhar num mercado recessivo que está em crise, com uma concorrência muito desleal e, além disso, o meu gerente só dá chicotada. Lá tem umas meninas que vendem muito porque são bonitinhas e os caras que conseguem vender têm muitas vendas canceladas e os clientes deles estão reclamando muito"; "Eu me divorciei porque minha ex-mulher era uma bruxa."

Como você pôde perceber, estou procurando imaginar situações em que algumas pessoas tentam se eximir de responsabilidade e transferem o resultado negativo para alguém que está longe, ou tentam depreciar quem está tendo sucesso.

Nos últimos anos vimos empresários e políticos receberem sérias acusações e enfrentarem julgamento por corrupção, tráfico de influências, corrupção e outros delitos. Inicialmente eles se disseram vítimas inocentes, mas depois, quando perceberam que não teriam escapatória resolveram assumir o crime. Mas para diminuir a pena "por livre e espontânea vontade" ou esperteza aceitaram falar tudo para receber os benefícios da denúncia premiada, culpando antigos aliados e chefes em troca da diminuição da pena. Muito conveniente.

Quando você tiver dificuldades para obter o resultado desejado, antes de dizer que o problema é da situação mundial, é do governo, ou são os clientes ou que o mercado está contraído, ou é a empresa, são os colegas ou o chefe, pare e pense no que você pode fazer de diferente para resolver a questão. Evite transferir responsabilidade, assuma.

Quando o problema está nos outros, realmente fica mais difícil para nós resolvermos, mas quando o "nó" está em nós, só depende do que vamos fazer para a solução aparecer. Temos que contar com nosso equilíbrio, senso de iniciativa, criatividade, atitude, determinação, entusiasmo, trabalho e ações. Um preceito de qualidade diz que você deve fazer seu trabalho sem erros. Se errar, tenha hombridade, assuma e peça desculpas, concerte e faça de tudo para não errar outra vez. "Palavra de Honra" era uma expressão muito usada antigamente, use-a e pratique. Mas em primeiro lugar seja honesto com você mesmo. Assuma que o progresso da sua vida só depende de você. Não transfira responsabilidades.

Quando a pessoa não consegue o quer, de duas uma, ou o seu desejo de ter aquilo era muito fraco, ou não estava querendo pagar o preço devido.

❖ ENCONTRAR UM BOM CANDIDATO — É FÁCIL?

Não! — De forma que quando um Headhunter descobre um candidato "mosca branca", o interesse dele é grande. O consultor precisa marcar pontos positivos com a empresa cliente. Um bom candidato é a sua garantia de aumentar o faturamento. Por causa disso qualquer consultoria necessita ter um vasto "banco de talentos" para que seja certeira e rápida na entrega do serviço contratado.

Os especialistas em *talent acquisition* ficam atentos para descobrir quem são os melhores alunos nos cursos de pós-graduação, quem tem experiência em outros países, quais são os executivos que aparecem nas reportagens e entrevistas. Eles procuram descobrir e contatar quem está se destacando nas boas empresas. Eles querem saber quais são os profissionais que estão aparecendo como novos líderes, os que escreveram e lançaram livros de sucesso ou estão se destacando como palestrantes.

Estão com "antena ligada" o tempo todo para descobrir novos talentos. Eles são "caçadores", sendo assim a alça de mira deles tem que ser de alta precisão. Por hipótese, você está trabalhando numa ótima empresa, sendo o *head* em seu setor. Certo dia o seu celular toca e alguém diz que é um Headhunter. Ele diz que gostaria de conversar com você.

Calma, atenda com educação, simpatia e diplomacia. Em primeiro lugar você precisa identificar e saber o nome da pessoa que está lhe telefonando (memorize). Pergunte qual o nome da empresa ou consultoria (memorize). Pode ser um trote. O número dele deve estar na memória do seu celular ou aparece "não identificado". Demonstre interesse, embora você deva ser um pouco mais contido, sem ser desconfiado demais. Afinal foi ele quem lhe telefonou. Ele necessita completar informações sobre você.

Pergunte como ele descobriu seu nome e seu telefone. Pode ter sido indicação de algum amigo. Ou talvez tenha guardado um antigo CV que você enviou em função de anúncio publicado no LinkedIn. Ou localizou você ao pesquisar nas redes sociais. Escute o que dirá e sinta se existe coerência. Descubra até que ponto o interesse dele é genuíno ou será que ele apenas está especulando?

Um Headhunter conceituado e tradicional tem preocupação com aspectos éticos e manterá sigilo tanto em relação à empresa que é cliente dele quanto em relação às informações que o candidato fornecerá. Tem que haver confiabilidade.

Talvez a pessoa que está lhe chamando se identifique como sendo um selecionador e lhe pergunte qual o seu último salário. Se ele for realmente um Headhunter, não tocará nesse assunto de imediato. Mas se a pergunta surgir responda que por questão de ética você não pode passar essa informação por telefone, argumente que isso pode ser esclarecido quando houver a entrevista pessoal. Se a pessoa insistir diga que é a média do mercado e ele como profissional de RH sabe qual é esse número. Tenha coragem de conversar com ele em igualdade de condição. A submissão ou arrogância pode prejudicar.

Para falar de salário você precisa saber detalhes da posição que está em aberto, quais as responsabilidades, qual a necessidade da empresa, tamanho e área em que ela atua, em que lugar ela está localizada, quais objetivos precisam ser atingidos... São aspectos que o selecionador também prefere falar na entrevista.

Se tiver dificuldade de identificar com quem está falando, e você está trabalhando, é melhor não continuar com a conversa. Delicadamente é melhor abrir mão de um possível convite. Diga que a empresa onde está é muito boa, seu trabalho é bem-conceituado e reconhecido, gosta do que está fazendo e que não tem interesse em ouvir proposta. Mas é preciso ser firme para o desconhecido não voltar a ligar. Caso ele tenha realmente uma proposta concreta, a sua resistência aumentará a certeza de que ele precisa fazer entrevista pessoal com você.

Se porventura já ouviu falar bem desse **Headhunter**, e existe interesse em ouvir uma proposta dele, recomendo fazer um teste. Exemplo: fale que está liderando um importante projeto e que no horário de trabalho, até por questão ética, você não poderá se afastar. Se depois disso, se ele aceitar uma entrevista em um horário de sua conveniência, isso é um ótimo indício.

Tenha certeza de que está lidando com um profissional sério, que respeita a ética e que manterá sigilo do que for falado durante a entrevista.

Você não pode correr o risco de se "queimar". Pode ser que esse encontro aconteça em um local neutro, talvez em um café ou restaurante, ou no escritório da consultoria.

Existe a possibilidade de haver "jogo aberto". Ou seja, quando já está definido que você, que ainda está na ativa, vai ser desligado. A Diretoria da empresa aceitou que você poderá procurar emprego e fazer entrevistas no horário de trabalho. Nesse caso, se alguma consultoria ligar, não haverá nenhuma restrição.

Quando o profissional estiver desempregado, os cuidados acima recomendados podem ser menos, pois nessa situação existe urgência. O novo emprego só acontecerá se existirem entrevistas. Quanto mais selecionadores ligarem melhor. Se houver muitas entrevistas é demonstração de que seu CV está "vendendo" bem e que sua estratégia para descobrir oportunidades nas empresas está no caminho certo. Lembre-se: cada entrevista representa novos aprendizados, você evoluirá na sua técnica como candidato. Faça anotações sobre as perguntas de cada entrevistador, assim como também as suas respostas. Prepare as perguntas que fará e registre as respostas dele. Anote os pontos em que você precisa melhorar.

Se estiver enviando CVs e não acontecem as entrevistas, faça mais uma análise, descubra a razão e faça as devidas correções. Pode ser: número de envios insuficiente por ser seletivo demais. Redação ou layout do CV não está vendendo bem. Ou talvez esteja enviando para as pessoas e empresas erradas.

Numa conversa por telefone pode acontecer do candidato desempregado fazer colocações inconvenientes e sem propósito. Isso faz com que o entrevistador perca o interesse e imagine que se trata de um "criador de caso", impertinente ou "muito chato". Com certeza, não haverá agendamento de entrevista. A sua "venda" começa na conversa por telefone, mas lembre-se, por mais bem preparado que você esteja, será impossível ganhar todas. Continue buscando sua evolução depois de cada contato.

Lembre-se de que as agências de emprego e as consultorias que trabalham com recrutamento e seleção são remuneradas pelas empresas. Por compromisso assumido com seus clientes elas não dirão o nome da empresa enquanto não tiverem certeza de que o profissional é um bom candidato. Não adianta perguntar isso por telefone, mas pode pedir para informar qual a área de atuação, cargo que está em aberto, localização, porte da empresa, são dados que não comprometerão a consultoria.

Recomendo nunca, jamais, você perguntar salário ou benefícios, isso é para ser analisado na entrevista pessoal. É uma questão que tem que partir do selecionador, e não do candidato. Quero evitar que você corra riscos de prejuízo. Um mínimo de informações a pessoa do outro lado da linha (o selecionador) deverá fornecer para você, tipo:

Nome de quem está ligando para você (consultor, secretária ou selecionador), faça anotações em um papel para não esquecer. Nome da consultoria ou da empresa e para qual posição está se candidatando, como descobriram seu nome ou como seu CV chegou até eles, número do telefone deles, dia da entrevista e horário, endereço deles com alguma referência (perto de algum estádio, faculdade, estação de metrô, hotel, hospital etc.).

Terminando a ligação, a primeira coisa que deve ser feita é ir ao computador e pesquisar o nome da referida consultoria ou empresa. Confirme o endereço e veja como o SITE está construído (foi feito por profissionais ou é improvisado e bagunçado), há quanto tempo ela existe, quem é o principal Diretor, para quais clientes eles já trabalharam etc. Depois vá até o LinkedIn e descubra a página da pessoa que vai lhe entrevistar (há quanto tempo trabalha lá, onde trabalhou antes, em que instituições estudou, nível de formação, quem são suas conexões...). Essas informações possibilitarão que você crie um *rapport* (vínculo) com o entrevistador quando acontecer o contato pessoal.

Na pesquisa que fizer pode acontecer de descobrir que se trata de uma "consultoria de recolocação". Essa é uma área fácil de encontrar pessoas desonestas. Cuidado para não ser enganado e ter prejuízo. Honestidade e desonestidade são polaridades inerentes ao ser humano. É comum acontecer de pouco tempo depois do serviço ser contratado, o escritório deles já não existir mais, ou mudaram de nome e de endereço. Antes de contratar um serviço desses é preciso fazer uma boa pesquisa sobre eles.

Nesses mais de 35 anos trabalhando como coach em transição de carreira, já encontrei muitos profissionais experientes que foram enganados por essas pessoas desonestas. Não quero que você tenha este tipo de prejuízo.

Quando receber um contato de alguma consultoria, cuidado para não assustar nem ofender os honestos com uma atitude desconfiada demais. Tenha certeza de que também existem consultores competentes, muito experientes e honestos. Eles podem lhe oferecer suporte sólido, experiência e apoio para que você encontre o caminho do sucesso.

❖ LENDA INCA-PERU — FRAQUEZAS E AMEAÇAS

Meu pai era um homem cheio de histórias e anedotas. Ele era muito sociável, bem-humorado e sabia tirar do bolso o "causo" apropriado para o momento certo.

Uma ocasião ele foi ao Peru e voltou encantado com o que viu. Trouxe com ele uma lenda dos Incas que falava de como Deus criou o mundo. O planeta Terra era cheio de coisas perfeitas, boas e lindas. Não havia lixo, injustiça e muito menos corrupção.

Mas o diabo também apareceu e começou a fazer das suas. Ele sempre foi um ótimo vendedor. Andava pelas ruas e avenidas com um tabuleiro pendurado no pescoço. Ali as pessoas poderiam ver frascos de vidro colorido, cada um mais lindo que outro. Dentro, encontravam um pó perfumado e muito fino. Os frascos tinham os nomes do conteúdo: um deles era a inveja (vendia demais). O outro era a gula, também vendia fácil. Tinha também ódio, soberba, luxúria, preguiça, vaidade.

Foi um sucesso! O diabo vendeu tudo rapidinho. Os pedidos chegavam e ele ficava louco, pois não tinha para atender. Mas teve um daqueles vidrinhos que ficou encalhado e por mais que ele tentasse convencer os clientes, usando de argumentos e artifícios, ninguém queria comprar. Você sabe o que tinha dentro daquele vidrinho rejeitado? — Era o pó do desalento.

O diabo sempre foi muito temperamental e num ataque de fúria abriu o vidrinho e jogou o pó para o ar. O vento saiu fazendo o seu trabalho e espalhando o maldito pozinho pelo mundo afora. Sobre quem esse fino pó cai, entranha na pele e vai dar muito trabalho para tirar.

Uma forma de se proteger contra a maldição do desalento é, com antecedência, identificar suas fraquezas e medos, possíveis ameaças de autossabotagem e trabalhar para neutralizá-las. Outra ação é valorizar suas realizações, resultados positivos, cercar-se de pessoas ativas, otimistas, realizadoras e empreendedoras. Pratique esportes. A ação física, além de proporcionar melhor saúde física e mental ajuda a afastar os maus pensamentos. Todos nós temos momentos de fragilidade, quando estiver em um deles procure ler livros que inspirem recuperação, veja filmes de humor, ficção e ação, evite tragédias, dramas existencialistas. Evite ver noticiários na TV, eles só vendem tragédia. Entusiasmo, bom humor, visão positiva de futuro, ação... Aí estão os melhores elementos contra o "desalento".

QUAL O FUTURO DA SUA PROFISSÃO?

16

❖ PLANEJAMENTO — É QUANDO TUDO COMEÇA — PDCA

Lembre-se de que muitas das "ferramentas" que usamos na empresa também podem ser usadas em nossa vida particular, como por exemplo P. D. C. A., com certeza, você se lembra dessa sigla. Não pretendo dar aula de administração e muito menos sobre projeto. Estou apenas invocando aquilo que você já conhece. Como sabe, essa é uma ferramenta usada para controlar e melhorar os processos de forma contínua. Aplique isso quando estiver pensando no seu futuro, mudando de empresa, de carreira ou de área. Ou até quando resolver trabalhar por conta própria.

Como você sabe a sigla tem base no idioma inglês.

PLAN: planejamento com definição de metas e objetivo final. Havendo dúvida ou dificuldade deve-se iniciar treinamento e promover capacitação antes de iniciar.
DO: fazer, como executar o plano para desenvolvimento de processos.
CHECK: checar, verificar, acompanhar e corrigir eventuais falhas na execução/cronograma.
ACTION: ação para conclusão de metas e objetivo final dentro do prazo estabelecido.

❖ O QUE VOCÊ VAI SER QUANDO CRESCER?

Nascer, crescer, viver e morrer, é lei universal. Existe uma natural renovação no mercado de trabalho — empresas morrem, outras nascem. Interessante é que com as profissões acontece o mesmo. Com os avanços tecnológicos, os especialistas e futurólogos estão prevendo que muitas das atuais atividades profissionais desaparecerão.

Mas em compensação muitas outras profissões, "novinhas", estão surgindo. Muito do que temos no nosso dia a dia deixará de existir, como a "carteira de trabalho". Suas compras já não serão pagas com o dinheiro impresso, pois o papel-moeda já está sendo substituído por cartões, celulares e até por outros métodos que estão surgindo. As transações financeiras estão se transformando, na realidade, tudo está. Recebemos mensagens diariamente no WhatsApp mostrando automóveis e caminhões sendo conduzidos sem necessidade de motoristas. Drones fazendo entregas e sendo utilizados de múltiplas formas. Fábricas inteiras serão robotizadas e seus operários demitidos. O que eles, os desempregados, farão? Ficarão parados, sem nada pra fazer? Tem um ditado popular que diz que "o ócio é a oficina do diabo". Tenho dificuldade de imaginar o que acontecerá.

Estão falando em "Renda Mínima Universal" para o futuro. No Google você pode ver: "Renda Básica Universal, é uma quantia paga em dinheiro a cada cidadão pertencente a uma nação ou região, com o objetivo de propiciar a todos a garantia de satisfação de suas necessidades básicas."

Médicos, engenheiros, arquitetos, advogados e muitos outros profissionais serão substituídos por computadores. São notícias que vemos frequentemente nos meios de informação e nas palestras a que assistimos. Com certeza, você não quer ser substituído por um robô. Planeje seu futuro, prepare-se! Não tem volta, invista pesado em TI. Seu futuro depende de você adquirir competência nessa área. Ficar parado esperando para ver o que vai acontecer é temerário. Então o que você vai fazer?

Primeiro: desenvolva autoconhecimento. Coloque no papel as coisas que mais gosta de fazer, que lhe dão prazer e que fazem bem. Hoje quais são suas principais habilidades e que podem ser úteis no seu futuro?

Segundo: pesquise e descubra quais as atividades profissionais que estarão em alta no futuro e que poderiam ter afinidade com você.

Terceiro: crie relacionamentos com pessoas que já estejam atuando nesses campos e similares. Recolha seus depoimentos sobre as experiências deles e sinta seu nível de afinidade.

Quarto: invista em você mesmo, no seu futuro e faça intensivamente cursos com bons professores para conseguir credenciamento, competências e habilidades.

Quinto: tenha atitude positiva, imagine o futuro com perspectivas otimistas e gradativamente vá praticando e se apaixonando por sua nova profissão e seja um vencedor. Sugiro que se torne astronauta. O que acha da ideia?

Esteja atento, informe-se e descubra quais as mudanças que estão ocorrendo no mercado, quais as empresas que estão se colocando como ponta de lança, startups tipo unicórnio. Já escrevi sobre quatro matérias que você precisa continuar se aprofundando. Prevejo que todas essas quatro continuarão tendo cotações superiores, mesmo que o mundo esteja com elevado nível de automação e informatização: liderança, negociação, inglês e obviamente TI.

Enquanto estou escrevendo, recebo na tela do meu computador pequenas mensagens sobre as novidades de algo que pode facilitar hoje a minha vida. Dentro de pouco tempo essas novidades já estarão superadas. Exemplo de algo (pop-up) que acabo de receber:

Bootstrap é um framework web com código-fonte aberto para desenvolvimento de componentes de interface e front-end para sites e aplicações web usando HTML, CSS e JavaScript, baseado em modelos de design para a tipografia, melhorando a experiência do usuário em um site amigável e responsivo (fonte: Wikipédia).

Bem-vindo ao futuro!

Lembra-se desta frase?

"Uma chave importante para o sucesso é a autoconfiança. Uma chave importante para a autoconfiança é a preparação." (**Arthur Ashe**)

❖ CASO EXPECTATIVA FRUSTRADA

Carmencita era espanhola das Ilhas Canárias, mas radicada no Brasil há muitos anos. Estava bem colocada numa excelente empresa norte-americana (petróleo).

Um dia um **Headhunter** entrou em contato com ela e acenou com uma proposta muito melhor. Seria o dobro do salário naquele momento. Usaria diariamente o seu idioma espanhol (nativo) e o inglês. Ela é fluente nos dois e também em português. Seria ótima oportunidade para expandir seus conhecimentos, pois trabalharia com o vice-presidente para a América Latina. Ela estava muito entusiasmada com essa possibilidade de progresso profissional.

Vez por outra ela me procurava pedindo orientações e conselhos, mas como nos conhecemos há muito tempo, o envolvimento de amizade bloqueava e ela ficava resistente quando eu lhe apresentava alguma sugestão. Até hoje, quando nós nos encontramos, ela quer que eu ouça, enquanto ela fala sem parar, apenas isso.

Ela me procurou eufórica, eletrizada. Já havia feito uma entrevista com o Headhunter e estava se preparando para o primeiro contato com a gerente de recursos humanos. Sugeri que procurasse levantar mais algumas informações sobre a empresa e a concorrência (nunca é demais) e que procurasse planejar as perguntas que faria logo no início da conversa e em todo o transcorrer da entrevista.

Sei que já abordei esse assunto, mas sinto que preciso reforçar. Quando o candidato faz perguntas, ele mostra que tem um forte diferencial em relação aos seus concorrentes. Mas para começar a perguntar recomendo "pedir autorização" ao selecionador. Demonstrar interesse pela empresa e pela vaga que precisa ser preenchida é positivo e isso é feito por meio de perguntas inteligentes. O candidato entusiasmado é participativo. O candidato desinteressado é passivo, amorfo e fica apenas esperando ser conduzido.

Alertei que quem ganha o emprego é quem tem atitude, quem demonstra interesse, entusiasmo e vontade. O vencedor é quem fala o que o selecionador quer ouvir. Nem sempre quem tem o melhor currículo. Carmencita me perguntou como descobrir o que ele quer ouvir?

Em primeiro lugar, como já havia lhe falado, pesquisando mais sobre a empresa (seus planos, produtos, diretoria, faturamento, clientes, dificuldades, quem são seus maiores concorrentes e qual sua posição em relação a eles). Em segundo lugar, na hora da entrevista, fazendo perguntas inteligentes, oportunas, procedentes, no momento certo e de forma correta.

Voltaire, relembre mais uma vez: "Devemos julgar um homem mais pelas suas perguntas que pelas respostas."

Dias depois ela me telefonou dizendo que a entrevista NÃO foi boa. Ela não fez perguntas, estava muito nervosa e mais uma vez falou demais.

Neste caso, acho que a culpa foi minha e não da Carmencita. Eu deveria ter falado com mais ênfase, como sempre faço, para sair de casa com algumas perguntas planejadas mentalmente. Logo no início da entrevista o candidato deve "pedir permissão" para fazer perguntas. Você precisa ter essa autorização para perguntar. No início da entrevista, a selecionadora pede para ela falar da sua experiência. Por hipótese, imagine o diálogo:

"Carmencita, seu CV é muito bom, mas gostaria de ouvir você falar da sua experiência."

"Peço desculpas, mas antes de falar da minha experiência, também posso fazer uma pergunta?"

A selecionadora diria que sim, Carmencita poderia então explicar:

"A consultora que me entrevistou inicialmente, me falou pouco do perfil da vaga. A senhora pode me falar um pouco mais? O que está procurando no profissional?"

O que ocorreu é que ela confiou na informação recebida anteriormente lá na consultoria sobre o perfil da vaga e não confirmou com a gerente de RH com quem estava naquele momento.

Algumas vezes acontece de o dono da vaga fazer importante alteração no perfil da vaga no transcorrer do processo, mas não comunica isso aos selecionadores.

Na hora da entrevista é sempre positivo perguntar sobre o perfil da vaga em todas as etapas do processo seletivo, com cada entrevistador novo que surja. Pode acontecer que cada um tenha uma visão diferente da vaga em aberto. Você precisa se certificar de que está falando o que o selecionador quer ouvir.

Fiz um comentário para Carmencita: você precisa estar atenta para aprender com cada experiência. Seu senso de observação deverá ficar apurado para desenvolver autoaperfeiçoamento.

Logo em seguida surgiram outras entrevistas para Carmencita, felizmente ela estava mais bem preparada. Acabou sendo contratada por uma empresa norte-americana (óleo e gás) e naquele mesmo ano acabou sendo transferida para Nova York, feliz da vida. Eu também fiquei muito feliz por ela.

Lutador de Boxe despreparado fica torcendo para ir a nocaute.

Candidato despreparado também sente um grande alívio quando a entrevista termina. Para esse tipo de candidato, quanto mais rápido o selecionador encerrar a conversa, melhor. Quem pratica esporte sabe que precisa se preparar técnica, física e psicologicamente para vencer.

Ter um bom CV não é suficiente. Ter muitas entrevistas, também não. Ser indicado por um amigo e não estar preparado para conversar com o "dono da vaga" é o mesmo que nada. Para ser vitorioso na procura de um bom emprego é preciso preparo e atitude.

Planejamento estratégico é algo para ser praticado na empresa e também na sua vida particular. Tenha visão de futuro e saiba realmente o que quer. Isso tem que estar muito bem definido na sua mente. Saiba o que tem que ser feito para chegar lá, etapa por etapa e mantenha o foco com muita motivação.

Na consultoria em que trabalho atualmente, HR ATTITUDE INC, nós entrevistamos algumas centenas de profissionais todos os anos. Quase cem por cento deles não leram minha página no LinkedIn e não pesquisaram o nosso SITE com profundidade. Não procuraram informações sobre nós. Não sabem quem são nossos concorrentes e nem para quem trabalhamos. Deduzo que esses candidatos fazem o mesmo quando vão para outras entrevistas. Eles acham que estão preparados para fazer entrevista, negociar salários e conquistar um novo emprego. Ledo engano.

Para a vitória, você precisa se preparar, pois tem o Antes, o Durante e o Depois. Depois? Você poderia perguntar o que vem depois?

Eu responderia que existem algumas AÇÕES importantes que precisam ser desenvolvidas.

Concluído o contato pessoal, antes de sair da sala, ainda com o selecionador, fale do seu interesse e entusiasmo pela oportunidade. Faça um nítido agradecimento pela entrevista e peça um cartão com o e-mail dele. Pergunte QUAL deve ser a próxima etapa e QUANDO isso deve acontecer. Pergunte também QUEM deve ser seu próximo entrevistador, cargo ou posição dele na empresa.

Do lado fora da empresa, no seu carro ou na mesa de uma lanchonete, escreva na sua agenda o que aconteceu nessa entrevista. Exemplo: o que ele perguntou e suas respostas, o que você perguntou e o que ele respondeu. Observações que fez sobre a empresa como: organização, cortesia entre funcionários etc. Registre o nome da recepcionista e da secretária. Anote perguntas que você deveria ter feito e que não fez. Essas anotações vão lhe ajudar na preparação para a próxima entrevista nessa empresa. Também vai lhe conduzir para uma análise de seus pontos fracos e correção do que for preciso.

Quando retornar para sua residência a primeira ação a ser desenvolvida é um agradecimento (curto e simples) por e-mail para seu entrevistador. Reafirme seu entusiasmo por participar do processo de seleção, interesse em trabalhar naquela empresa e convicção de que pode entregar o que eles necessitam. Essa ação criará um diferencial positivo a seu favor. Os outros candidatos não farão isso.

Procurar emprego é vender. E todo vendedor sabe que precisa fazer acompanhamento dos seus possíveis clientes (prospects). O envio do agradecimento fará com que o entrevistador se lembre do seu nome mais uma vez. Uma semana após o envio, telefone para ele e pergunte se recebeu sua mensagem de agradecimento. Perceba que você não está perguntando pelo emprego, mas é uma forma de marcar presença.

Mesmo que tenha conseguido seu novo emprego, continue enviando CVs, pois durante o período de adaptação muita coisa pode acontecer. Jamais recuse uma entrevista. Quando for contatado por algum selecionador diga que está trabalhando, mas tem interesse em conhecer outras propostas e tente marcar a entrevista para depois do expediente ou no fim de semana. Se o interesse dele for realmente genuíno, aceitará e dará um jeito de entrevistá-lo fora do horário comercial. Hoje existem muitos recursos para entrevistar candidatos, até mesmo, digitais.

Ao ser contratado, lembre-se: você é um estranho no ninho e precisa desenvolver ações para conquistar sua equipe, parceiros, concorrentes e chefia. Como líder você sabe que precisa ser firme e moderado, mas próximo, participativo e bom colaborador. Faça seu marketing discretamente e imprima sua marca, exemplo: se o seu colaborador lhe interfona perguntando se pode ir até sua sala por estar com alguma dúvida, diga que você vai até ele em vez de ficar trancado em sua sala. É uma oportunidade de circular pela empresa. Os funcionários verão quem é o novo líder e terão uma imagem positiva sobre você.

❖ CLIENTE ENCANTADO E SATISFEITO É FIEL

Mensagem dirigida às universidades:

Os alunos de uma faculdade são clientes e para que eles façam propaganda positiva da instituição é necessário desenvolver estratégias administrativas e de marketing, para que isso ocorra de forma positiva. Temos visto todos os anos as universidades fazendo campanha publicitária, anunciando o vestibular com intenção de conquistar novos clientes (alunos).

Como um cliente pode ficar encantado e se tornar fiel? Quando ele percebe que é tratado de forma especial, quando sente que existe um relacionamento diferenciado e recebe mais do que foi combinado no momento da compra. Ações promocionais de marketing podem ser desenvolvidas com investimento zero e com ótimo retorno. Muitas universidades gastam uma soma considerável de dinheiro todo fim e começo de ano em campanhas publicitárias para atrair e seduzir novos alunos. Os investimentos feitos no patrimônio, nas instalações e na contratação de professores cada vez mais qualificados e competentes, devem e precisam continuar.

E em benefício dos alunos, pode ser feito um pouco mais? Sim! Nos Estados Unidos, em boas universidades, existe um diretor chamado *Placement Service*. Ele está encarregado de, no último ano, orientar os alunos mostrando o que pode ser feito para se encontrar uma boa empresa para trabalhar. Esse diretor mostra como planejar o futuro profissional do jovem que receberá seu diploma de conclusão do curso.

Sou um entusiasta do Trabalho Voluntário e quero colocar a minha vivência como executivo para essa nova geração. Estou me propondo a fazer palestras de orientação nesse campo para os jovens que queiram se desenvolver profissionalmente. Temas:

- Como descobrir as melhores oportunidades no mercado de trabalho;
- O currículo que vende;
- Como se preparar para uma entrevista vitoriosa;
- Como negociar salário;
- O valor das referências e recomendações;
- Como desenvolver seu network;
- Planejamento de carreira;
- Fui promovido! E agora?
- Fidelidade *corporative*, ética e *compliance*.

Esses e muitos outros assuntos de capital importância para o recém-formado deverão ser apresentados para os jovens a fim de que estejam mais bem preparados para o início de sua vida profissional.

É comum encontrarmos profissionais experientes, bem formados, desempregados e ansiosos há meses na procura de um novo emprego. O mesmo, ou pior, ocorre com um jovem que acabou de sair de uma faculdade e cuja única vez que esteve numa empresa foi "apenas como estagiário". Como esse jovem estará se sentindo na sala de espera que está cheia de outros candidatos ansiosos? Precisamos prepará-los e apoiá-los.

Estou em Recursos Humanos há mais de 35 anos, atuando em Marketing, Vendas, Serviços e também com Seleção. Tenho atuado como Palestrante, e também em Treinamento de Executivos e Gestão de Pessoas. Sou autor de livros sobre esses assuntos. Formado em Administração de Empresas e em Direito pela Universidade Federal do Estado do Rio de Janeiro. Coloco minha experiência como executivo, empresário, palestrante e consultor voluntário à sua disposição.

CONCLUSÃO E RESUMO — FUI ADMITIDO! QUE ALEGRIA!

1) Quando sentir que a carreira estagnou ou que existe a possibilidade de demissão comece a acionar seu networking e pesquisar oportunidades do mercado, intensamente. Algumas pessoas fazem isso de forma muito leve, não obtêm nenhum resultado e têm uma ideia irreal do mercado. Tem que ser determinado, disciplinado e obcecado como um atleta campeão ao se preparar antes da olimpíada.

2) Atualize o CV, acione seu networking e coloque-o em exposição nas empresas que lhe interessem, com as pessoas certas. Procure saber como se faz isto.

3) "Trabalhe conosco, envie seu CV", saiba que somente em um lance de sorte a "pessoa que decide" lerá, pois serão centenas de concorrentes. Sem falar das "cartas marcadas". Mas mesmo assim arrisque-se, envie seu CV. Não abra mão de nenhuma possibilidade.

4) Procurar emprego ainda trabalhando é muito mais confortável, você se sente mais seguro e inspira mais confiança ao selecionador. Surgindo entrevista numa boa empresa, garanta ao entrevistador que você vai se demitir. Saiba que existe candidato venal que faz "leilão". Esse tipo de candidato é contratado e na hora "H" não aparece. Quando decidir que vai pedir demissão não faça leilão por um salário melhor. Fez a comunicação, não mude a decisão.

5) Faça o trabalho atual o melhor possível, sem displicência e nem "rancor". Caso aconteça a demissão, você deve sair de cabeça erguida, por cima, com ótimos resultados positivos como referência. Ficar de "saco cheio", jamais! Tome providências e saia com imagem positiva. Você continuará dependendo da recomendação, da referência do seu ex-chefe por muitos anos.

6) Tenha nítido e anotado em seu computador os resultados mais significativos obtidos. Colecione elogios. Faça com que eles sintam saudades de você.

7) Desenvolva um ótimo relacionamento com o chefe, pois haverá necessidade de colocá-lo na sua lista de referências. Também vai precisar pedir a ele para colocar "recomendação" no LinkedIn. Aprenda a "engolir sapo". Todos têm um lado bom, veja qual é o dele. Todos gostam de elogios, inclusive o chefe, verbalize, mas faça isso de forma discreta, em particular para não parecer "bajulação barata".

8) Sentiu-se injustiçado? Nem pense em entrar na justiça. Mais uma vez, lembre-se de que haverá necessidade de referências.

9) Demissão confirmada? As férias programadas precisam ser adiadas. É imprevisível o tempo que gastará até a nova colocação. Invista em um experiente e conceituado consultor para lhe fornecer apoio, com quem poderá trocar ideias sem emoção.

10) Cada mês que passa o seu caixa diminui. O dinheiro do passeio pode fazer falta. Racionalize despesas. Contenha o emocional. Procurar trabalho dá muito trabalho.

11) Frutificou o envio de CVs? Que legal! Preparado para competir com os outros candidatos e ser o melhor de todos? Entusiasmado? Atitude positiva? Que perguntas fará ao selecionador? Que perguntas ele fará para você? Planeje-se.

12) Sabe negociar salário ou vai "entregar o ouro"? Leia e estude sobre técnicas de negociação.

13) Ansiedade na hora da entrevista? Nelson Rodrigues já dizia "relaxe e goze". Esteja tranquilo, prepare-se em todos os detalhes, inclusive para frustrações, pois é claro que mesmo tendo um planejamento muito bem-feito você não vai ganhar todas. Não existe receita de bolo.

14) Agradecer? Demonstração de educação. Gratidão é virtude que precisa ser cultivada. Como é você? Virtuoso ou desvirtuado? Agradecer faz bem para quem o faz e também para quem recebe. Verbalize e materialize o agradecimento, com ex-chefes, colaboradores, selecionadores, consultores. Deixe sua marca positiva.

15) Anote o nome e e-mail do seu entrevistador e, imediatamente após o contato, envie mensagem de agradecimento, independentemente do seu nível hierárquico (seja a estagiária ou o presidente da empresa).

16) Você foi contratado. Acabou o sofrimento, a ansiedade. E agora? Comunique o seu sucesso a todas as pessoas que lhe ajudaram, principalmente ao consultor que lhe encaminhou. Agradeça efusivamente. "Dor de barriga não dá só uma vez." Pode ser que você precise do apoio daquela pessoa mais algumas vezes. "O futuro a Deus pertence."

17) Alimente relacionamentos enviando mensagens no aniversário, Natal etc. Invente pretexto para manter contato. Agende encontro para café em um fim de semana. Acompanhe pelo LinkedIn e no Facebook a evolução profissional dos seus antigos colaboradores e chefes. Mantenha vínculo com eles. Envie-lhes mensagem sempre que souber que eles mudaram de empresa ou foram promovidos.

18) Depois de admitido, alguns dos CVs enviados frutificaram. Chamaram-no para entrevista. Diga que está trabalhando em um projeto, mas tem interesse de conhecer a proposta deles, mas só poderá fazer a entrevista fora do horário do expediente. Indo para essa entrevista, você continuará exercitando sua técnica como candidato, no mínimo aumentando seu networking e massageando o seu ego.

19) As empresas têm noventa dias para avaliar o desempenho do novo funcionário. Não havendo adaptação (esse risco existe), eles demitirão o recém-ingressado. Não abra mão de nenhuma entrevista que possa aparecer. Continue atento para as oportunidades que surgirem.

20) Deixe para anunciar na rede social seu desligamento e sua nova empresa somente depois de noventa dias, quando tiver certeza da nova efetivação.

21) Não pare de enviar CVs mesmo depois de colocado, pelo menos, durante os primeiros noventa dias, não se sabe o que pode acontecer.

22) Marketing Pessoal, você deve cuidar bem dele. Colecione resultados positivos. O que tem feito para promover sua imagem? Escreva livros e artigos, ofereça-se para dar aulas até como voluntário, crie seu blog, participe de grupos profissionais no LinkedIn, eleve seu padrão intelectual, acrescente nomes de novos amigos em seu *mailing* todos os meses, alimente seu networking. Estabeleça conexões de primeiro nível com pessoas realmente interessantes no LinkedIn.

23) Quando ocorrem as grandes mudanças e evolução? Quando nos sentimos desconfortáveis. Fique atento e aproveite. Se por acaso um dia for demitido, veja no desafio a oportunidade para evoluir. Pense positivamente. Choramingar e reclamar só atrapalhará. Coloque uma pedra por cima da mágoa, se houver.

24) Muitos profissionais trocam de emprego em média cinco vezes durante sua vida. Qual a sua idade? Já chegou ao seu limite? Fique esperto e não espere chegar lá. Comece a "montar" o projeto do seu "Plano B" agora. Está longe do limite? Saia fora do conforto e da acomodação. Desejo-lhe sucesso.

25) Todos nós somos influenciáveis, alguns mais e outros menos. Quando estamos doentes procuramos um médico, ou se o problema for com a justiça nós buscamos um advogado. Quero dizer que devemos lançar mão de um bom profissional especialista quando estamos com alguma dificuldade. Acho que se o problema é emocional ou sentimental também devemos procurar, por exemplo, um psicólogo. Ele ouvirá, apoiará e não se envolverá com a emoção, assim teremos condição de descobrir soluções alternativas. Espero ter sido claro em minha mensagem. Devemos evitar "desabafar" com quem não pode ajudar.

Robert H. Schuller, escritor e palestrante norte-americano. Ele perguntava frequentemente para sua plateia: "O que você faria se soubesse que não pode falhar?"

Fico pensando em situações críticas em que o homem não pode cometer nenhum erro, caso contrário pode ocorrer uma tragédia. Um exemplo é a história do arqueiro Guilherme Tell, que vivia no cantão de Uri na Suíça. Conta a lenda que ele não fez a saudação de praxe ao governador sendo preso por causa disso. Ele era conhecido por sua habilidade como arqueiro, assim a sua punição foi um desafio: acertar com a flecha uma maçã que seria colocada sobre a cabeça do seu filho. Se ele falhasse os dois seriam mortos. Ele manteve a serenidade e acertou. A história tem alguns desdobramentos, mas vou deixar para você descobrir.

Imagine que você estivesse com uma pequena maçã sobre sua própria cabeça e, fantasiando a imaginação, ao mesmo tempo você é o próprio arqueiro. Você teria o mais absoluto compromisso de acertar o alvo. Sua vida e seu futuro dependeriam única e exclusivamente de você, do seu controle emocional, da sua técnica, habilidade, competência e foco para acertar o alvo.

Tenha certeza de uma coisa: para adquirir excelência é preciso praticar muito. Tenha coragem de arriscar. Desejo-lhe muito sucesso. Tendo alguma dúvida, envie-me um e-mail que eu lhe responderei.

BIBLIOGRAFIA

Boll, Carl R. **Executive Jobs Unlimited**. Macmillan, 1979.

Bordin Filho, Sady. **Marketing Pessoal. 100 Dicas para Melhorar Sua Imagem**. Rio de Janeiro: Record, 2002.

Cohen, Herb. **Você Pode Negociar Qualquer Coisa**. Rio de Janeiro: Record, 1980.

Cole, Kenneth J. **The Headhunter Strategy**. Nova Jersey: Wiley, 1985.

Cury, Augusto. **Você é Insubstituível**. Rio de Janeiro: Sextante, 1958.

Dale Carnegie Training. **Liderança: Como Superar-se e Desafiar Outros a Fazer o Mesmo**. São Paulo: Companhia Editora Nacional, 2012.

Diamond, Stuart. **Consiga o Que Você Quer**. Rio de Janeiro: Sextante, 2005.

Diniz, Arthur. **Líder do Futuro**. São José dos Campos: ABG Comunicação & Design.

Frankl, Viktor E. **Em Busca de Sentido**. Rio de Janeiro: Vozes, 2008.

Gitomer, Jeffrey. **A Bíblia de Vendas**. São Paulo: M.Books, 2009.

Goleman, Daniel. **Liderança: A Inteligência Emocional na Formação do Líder de Sucesso**. Rio de Janeiro: Objetiva, 2014.

Lama, Dalai. **Uma Ética para o Novo Milênio**. Rio de Janeiro: Sextante, 2000.

Rangel, Alexandre. **As Mais Belas Parábolas de Todos os Tempos**. Rio de Janeiro: Vozes, 2015.

Sinek, Simon. **Líderes se Servem Por Último: Como Construir Equipes Seguras e Confiantes**. Rio de Janeiro: Alta Books, 2019.

Sunim, Haemin. **As Coisas que Você só Vê Quando Desacelera**. Rio de Janeiro: Sextante, 2019.

Toledo, Marcelo. **Dono**. Rio de Janeiro: Alta Books, 2017.

Watkins, Michael. **Os Primeiros 90 Dias: Estratégias de Sucesso para Novos Líderes**. Rio de Janeiro: Alta Books, 2019.

ÍNDICE REMISSIVO

Símbolos

4ª Revolução Industrial 156

A

acompanhamento 23
adapte o CV 143
administração do tempo 63
adversidade 89
afinidade
  intelectual 63
  profissional 63
agência de emprego 120
agregar valor 180
ambiente de camaradagem 216
análise
  comportamental 236
  crítica 23
  SWOT 39
anúncio perfeito 144
apoio moral 139
Aprenda com os erros 375
atitude
  mental 79
  positiva 38
atualização 24

autoavaliação 26
autoconhecimento comportamental 51
avaliação
  de desempenho 27
  do chefe 26
avanços tecnológicos 25

B

Banco de talentos 161
benefício ou atributo? 177

C

campanha de sucesso 39
carreira consistente 29
casos
  Alan 233
  Alfonsin 164
  Alípio 171
  Amilton Borges 67
  Barão de Itacaré 353
  Carlos Palmeiras 76
  Concessionária de automóveis 79
  Dino Côngelle 73
  Estória bem conhecida 272
  Estudo de 279

Expectativa frustrada 395
Ficção e Realidade 358
João Marreiro 139
Joata 340
Marco Antonio 80
Marco Aurélio 100
Marco Kinjawara 145
Marcos 318
Mario Theobaldo 285
Otides 283
Rui Moura 122
Saulo Nakajima 86
círculo virtuoso 24
clima de simpatia 72
Coaching 171
compartilhamento de experiências 73
Competência Profissional 29
compromisso de sigilo 50
comunicação
  interpessoal 109
  veículos de 109
  vibrante 29
concorrência empresarial 25
condições de pagamento 50
consultoria de recolocação 387
contato comercial 120
controle burocrático 203
corrente do bem 184
correr riscos 117
Cortesia e cordialidade 68
Cover Letter
  exemplo 124
  Seja breve 128
crise mundial 78
crítica construtiva 85
Currículo customizado 199

D

deixar sua marca 30
demissão
  o que aprender 214
desafios inimagináveis 357
descobrir alternativas 79
desempregado
  Vantagens e desvantagens 380
desenvolvimento de carreira 51
desgaste
  moral 121
  psicológico 121
despertar interesse 131
Dinâmica de Grupo 180
DISC
  teste de avaliação comportamental 234
distanciamento social 77
divergências de ideias 251

E

Empregabilidade (Employability) 24
emprego temporário 351
empresas 4.0 25
EMPRETEC 44
enaltecer as virtudes 23
entrevista
  a distância 203
  busca
    aberta 210
    em sigilo 207
  comportamento 226
  Envio de CVs 211
  faça

anotações 242
perguntas 240
Pessoal 180
por telefone 217
Preparação técnica 204
vitoriosa 35
equilíbrio 60
esperança otimista 43
espírito
criativo 57
de responsabilidade 99
político 60
estimular pessoas 146
excesso de confiança 35

F

falta
de reconhecimento 78
de sorte 38
fatores
adversos 89
negativos externos 78
ferramentas
BSC
(Balanced, Score, Card) 47
PDCA 47
Flexibilidade 203

G

Gestão do Conhecimento 72
Gratidão 185

H

habilidades

de comunicação 69
desenvolvidas 200
história de venda 131
Home Office 203

I

importância do lucro 198
instabilidade 29, 38
interagir com profissionais 30
interesses pessoais 77
isolamento social 78

L

Lei de Pareto 111
lenda dos três pedreiros 182
líder vencedor 42
LinkedIn 289
Recomendações 298
Listagem de empresas 134
levantamento de nomes 134
livros citados
Admirável Mundo Novo
de Aldous Huxley 10
A Lei do Triunfo
de Napoleon Hill 347
A Realidade de Madhu
de Melissa Tobias 156
As coisas que você só vê quando
desacelera
de Haemin Sunim 12
Como se tornar um líder servidor
de James C. Hunter 324
Consiga o que Você Quer
de Stuart Diamond 18
Dono

de Marcelo Toledo 290
Em Busca de Sentido
  de Viktor Frankl 18
Felicidade dá Lucro
  de Márcio Fernandes 62
Friend of a Friend
  de David Burkus 72
Liderança
  de Dale Carnegie 203
Memórias da Segunda Guerra Mundial
  de Winston Churchill 164
Obtendo o Máximo do LinkedIn
  de Dan Sherman 144
O Monge e o Executivo
  de James C. Hunter 324
O Profeta
  de Khalil Gibran 159
Taking the Work Out of Networking
  de Karen Wickre 72
Virando a Própria Mesa
  de Ricardo Semler 62
lugar-comum 113

M

Marketing Pessoal 29
mensagem
  de acompanhamento 131
mensagens
  especiais 140
mercado
  comprador 28
  perfil 28
  de trabalho
    Renovação 151

exigências do 25
necessidades do 24
Método SMART 46
modelos de negócios 25
mostrar competências 170
motivação 87
mudança
  de área 35
  de empresa 35
  do cenário 25

N

necessidade do comprador 177
negociação
  salarial 251
  técnicas de 251
networking 30
  "alimentar" os relacionamentos 70
  cativar amigo 69
  pessoas influentes 68
nível de flexibilidade 27
Novas profissões 157
novos talentos 57

O

objetivo social 198
orgulho dos seus resultados 31

P

pacote de benefícios 50
PDCA 393
pesquisa salarial 252
pirâmide organizacional 35
planejamento

de evolução 25
  estratégico 28
plano
  de ação 42
  de carreira 35
poder de negociação 206
ponto de partida 27
possibilidade de progresso 30
preparação para a entrevista 51
preparo psicológico 35
processo de seleção 245
procurar emprego
  o que é? 175
    competir 176
    Projeto 176
    vender 177
produzir resultados 27
Programação Neurolinguística (PNL) 285
programa de outplacement 23
projeto 39
  cronograma 39
  medição de resultados 39
  metas 39
  objetivo final 39
  Ponto zero 39
promoção 23
Propósitos da Empresa 234
prospecto
  Diferenciais 196
  filtros 199
  publicitário 178

R

rapport 66

reciclagem 35
reclamações trabalhistas 27
recursos internos 49
reduzir reclamações 179
relacionamento interpessoal 57
Remuneração 270
resiliência 57
responsabilidade 23
  da derrota 374
resultados 179
  positivos 78
rol de recomendações 37

S

satisfação interior 377
Selecionador 180
senso
  de iniciativa 29
  de responsabilidade 29
servir de inspiração 73
síndrome da vitimização 311
SNIOP 61
solucionar problemas 27
Storytelling 72
sugerir soluções 170
superar dificuldades 80

T

talent acquisition 118
técnicas
  de comunicação 25
  de negociação 25
TED TALK 43
tempo livre 27
trabalho

de seleção 49
voluntário 179
troca
  de experiências 30
  de informações 30
turnover 180

V

vagas
  Anúncios de 142
  no LinkedIn 143

vaidades políticas 312
vender sua imagem
  apoio 23
  ensaio 23
  estudo 23
  planejamento 23
  preparação técnica 23
viagens profissionais 179
Virtudes 85
visibilidade 32

Projetos corporativos e edições personalizadas
dentro da sua estratégia de negócio. Já pensou nisso?

Coordenação de Eventos
Viviane Paiva
viviane@altabooks.com.br

Assistente Comercial
Fillipe Amorim
vendas.corporativas@altabooks.com.br

A Alta Books tem criado experiências incríveis no meio corporativo. Com a crescente implementação da educação corporativa nas empresas, o livro entra como uma importante fonte de conhecimento. Com atendimento personalizado, conseguimos identificar as principais necessidades, e criar uma seleção de livros que podem ser utilizados de diversas maneiras, como por exemplo, para fortalecer relacionamento com suas equipes/ seus clientes. Você já utilizou o livro para alguma ação estratégica na sua empresa?

Entre em contato com nosso time para entender melhor as possibilidades de personalização e incentivo ao desenvolvimento pessoal e profissional.

PUBLIQUE SEU LIVRO

Publique seu livro com a Alta Books.
Para mais informações envie um e-mail para: autoria@altabooks.com.br

CONHEÇA OUTROS LIVROS DA **ALTA BOOKS**

Todas as imagens são meramente ilustrativas.

 /altabooks /alta-books /altabooks /altabooks

Este livro foi impresso nas oficinas gráficas da Editora Vozes Ltda.,
Rua Frei Luís, 100 – Petrópolis, RJ.